A Orquestra Vermelha

Anne Nelson

A Orquestra Vermelha

Tradução de
MARIA LÚCIA DE OLIVEIRA

2ª edição

EDITORA RECORD
RIO DE JANEIRO • SÃO PAULO
2016

CIP-BRASIL. CATALOGAÇÃO NA PUBLICAÇÃO
SINDICATO NACIONAL DOS EDITORES DE LIVROS, RJ

Nelson, Anne, 1954-
N349o   A Orquestra Vermelha: a história do grupo
2ª ed.   de amigos que resistiu a Hitler / Anne Nelson; tradução Maria Lúcia de Oliveira. –
           2ª ed. – Rio de Janeiro: Record, 2016.

           Tradução de: Red Orchestra
           ISBN 978-85-01-08774-4

           1. Hitler, Adolf, 1889-1945. 2. Nazismo. 3. Alemanha – História – 1933-1945. I. Título.

                                         CDD: 943.086
13-01849   CDU: 94

Texto revisado segundo o novo Acordo Ortográfico da Língua Portuguesa.

Título original em inglês:
Red Orchestra

Direitos exclusivos de publicação em língua portuguesa para o Brasil
adquiridos pela
EDITORA RECORD LTDA.
Rua Argentina, 171 – 20921-380 – Rio de Janeiro, RJ – Tel.: (21) 2585-2000,
que se reserva a propriedade literária desta tradução.

Impresso no Brasil

ISBN 978-85-01-08774-4

Seja um leitor preferencial Record.
Cadastre-se e receba informações sobre nossos
lançamentos e nossas promoções.

Atendimento direto ao leitor:
mdireto@record.com.br ou (21) 2585-2002.

AOS FILHOS E FILHAS DA ORQUESTRA VERMELHA:

Stefan, Hans, Karin, Saskia, Ule, Irene e tantos outros mais.

Sumário

O elenco

OS CASAIS

OS KUCKHOFFS

Greta Lorke: Socióloga. Conheceu Arvid e Mildred Harnack quando estudava em Wisconsin na década de 1920. Conheceu Adam Kuckhoff na Alemanha em 1930 e casou-se com ele em 1937.

Adam Kuckhoff: Dramaturgo, romancista, jornalista, roteirista. Contemporâneo de Bertolt Brecht no teatro de Weimar.

OS HARNACKS

Arvid Harnack: Economista. Vinha de uma importante família de intelectuais alemães. Era um bolsista da Fundação Rockefeller na Universidade de Wisconsin, onde conheceu a americana Mildred Fish em 1926; casou-se com ela no mesmo ano. Diversos primos seus — inclusive Dietrich e Klaus Bonhoeffer e Ernst von Harnack — estiveram envolvidos na tentativa de golpe de 20 de julho de 1944.

Mildred Fish: Intelectual e professora de literatura americana, de Wisconsin. Também trabalhava como tradutora profissional e professora particular de inglês na Alemanha.

Falk Harnack: Irmão mais novo e apoiador de Arvid Harnack. Foi também um dos primeiros membros do grupo Rosa Branca, formado por estudantes em Munique.

OS SIEGS

John Sieg: Jornalista, operário industrial e empregado de ferrovia. Nasceu em Detroit e cresceu nos Estados Unidos e na Alemanha. Fixou-se na Alemanha em 1928 e casou-se com Sophie Wloszczynski. Entrou para o Partido Comunista Alemão em 1929.

Sophie Wloszczynski: Secretária e datilógrafa. Os membros de sua família eram poloneses que sofreram sob a ocupação alemã.

OS SCHULZE-BOYSENS

Harro Schulze-Boysen: Descendente de uma importante família de militares. Estudante de jornalismo antes do golpe nazista, mais tarde entrou na Luftwaffe, onde trabalhou na divisão de informação da aeronáutica. Casou-se com Libertas Haas-Heye em 1936.

Libertas Haas-Heye: Agente publicitária cinematográfica e produtora. Neta de um príncipe prussiano, sua família era amiga da família de Hermann Göring.

OS HUSEMANNS

Walter Husemann: Jornalista. Enviado para Sachsenhausen e Buchenwald nos anos 1930 como prisioneiro político comunista; libertado. Casou-se com Marta Wolter em 1938.

Marta Wolter: Atriz. Antes do golpe nazista, atuou na peça *A Mãe*, de Brecht/Weisenborn, e no filme de Brecht *Kuhle Wampe*. Enviada para o campo de concentração de Moringen em 1937 por ocultar um fugitivo político; libertada. Amiga de Günther Weisenborn; conheceu John Sieg nos círculos do Partido Comunista.

OS SCHUMACHERS

Kurt Schumacher: Escultor premiado. Também criava peças decorativas para composições arquitetônicas. Seus pais eram operários que entraram para o Partido Comunista nos anos 1920. Casou-se com Elisabeth Hohenemser em 1934. Alistado no exército alemão em 1941.

Elisabeth Hohenemser: Artista gráfica e fotógrafa, descendente de judeus. Quando era uma jovem estudante, foi sustentada por parentes judeus em Frankfurt.

Herbert Engelsing: Advogado e produtor cinematográfico da Universum-Film (UFA). Apresentou os Kuckhoffs aos Schulze-Boysens. Um "parceiro oculto" nas atividades de resistência da Orquestra Vermelha. Seu sócio no escritório de advocacia, Carl Langbehn, esteve envolvido na tentativa de golpe de 20 de julho de 1944.

Ingeborg Engelsing: Descendente de judeus, de uma família de importantes advogados e acadêmicos. Ela e Engelsing usaram suas conexões na indústria cinematográfica para obter de Hitler a permissão para se casarem.

HIMPELS/TERWIELS

Helmut Himpel: Dentista. Tinha muitos pacientes na indústria cinematográfica, graças à amizade com o produtor Herbert Engelsing. Teve um longo noivado com Marie Terwiel, que era descendente de judeus, mas foi proibido de casar-se com ela pelas leis raciais de Nuremberg de 1935.

Marie Terwiel: Estudante de Direito e música. Descendente de judeus, católica praticante.

OS COPPIS

Hans Coppi: Jovem operário comunista. Preso repetidas vezes pelos nazistas por atividades de protesto e enviado para o campo de concentração de Oranienburg. Ouviu Harro Schulze-Boysen falar numa reunião e, mais tarde, concordou em ajudar como operador de rádio. Casou-se com Hilde Rake em 1941.

Hilde Coppi: Jovem ativista, envolvida com a juventude comunista antinazista clandestina.

OUTROS INDIVÍDUOS

Adolf Grimme: Funcionário do Partido Social-Democrata e ex-ministro da Cultura prussiano. Amigo íntimo de Adam Kuckhoff desde os tempos de faculdade. Após o golpe nazista, tornou-se ativo no círculo de Dietrich Bonhoeffer, da Igreja luterana dissidente.

John Graudenz: Jornalista, fotógrafo e empresário. Durante algum tempo, repórter da United Press e do *New York Times* em Berlim.

Günther Weisenborn: Dramaturgo e jornalista. Colaborador de Brecht na década de 1920, amigo de Harro Schulze-Boysen e Marta Wolter.

Helmut Roloff: Pianista clássico. Conservador, amigo de Helmut Himpel e Maria Terwiel. Levado à ação pela revolta diante do tratamento dado pelos nazistas a judeus amigos e vizinhos.

Cato Bontjes van Beek: Jovem ceramista. Fazia conexões entre Harro Schulze-Boysen e círculos estudantis.

Katja Casella e *Lisa Egler-Gervai*: Jovens judias estudantes de arte e amigas de Cato Bontjes van Beek.

OS AMERICANOS

Embaixador William Dodd: Embaixador americano na Alemanha (1933-1937). Entre os primeiros críticos dos nazistas. Seu trabalho era dificultado por sua indisciplinada filha, Martha.

Donald Heath: Funcionário da embaixada americana em Berlim (1937-1941). Amigo íntimo de Arvid e Mildred Harnack, repassava para o Departamento de Estado as informações secretas sobre a economia alemã fornecidas por Arvid.

OS AGENTES DO SERVIÇO SECRETO SOVIÉTICO

Leopold Trepper: Comunista judeu polonês, recrutado como agente do serviço secreto soviético nos anos 1930. Depois de escapar dos expurgos de Stalin, criou uma base de inteligência soviética em Bruxelas, na Bélgica. Coordenou algumas das operações na Europa Ocidental, mas nunca encontrou o grupo de Berlim nem teve nenhum contato direto com ele.

Anatoli Gourevitch (codinome "Kent"): Agente soviético encarregado da operação de Trepper em Bruxelas. Enviado a Berlim no final de 1941 para restabelecer contato e resolver problemas com o rádio.

Alexander Korotkov (também chamado de "Alexander Erdberg"): Agente soviético. Contatou Arvid Harnack em 1940, estabeleceu comunicações com Moscou e saiu da Alemanha após a invasão de 1941.

Prefácio

E ste livro começou porque o Reichstag não estava encerrado. Era abril de 1999, e um amigo e eu, a negócios na Alemanha, havíamos tomado um trem para passar o fim de semana em Berlim. Ele estava ansioso para ver o grandioso domo projetado por Norman Foster para o novo Reichstag, a sede do Parlamento alemão. Este símbolo da democracia alemã havia sido consumido pelo fogo nos dias do golpe nazista e pulverizado pelo assalto soviético 12 anos mais tarde. Agora, estava sendo reinaugurado como uma consequência tardia da reunificação. Mas ficamos desapontados: o guarda na entrada nos disse que o edifício só estaria aberto para visitantes a partir do dia seguinte, e tínhamos que viajar naquela noite.

Assim, fui dar um passeio. Sendo nova-iorquina, eu apreciava Berlim como uma cidade para se caminhar. Ainda era possível sentir o ar gélido e arrepiante do passado em alguns lugares, mas fiquei impressionada com a palpável energia investida na construção do futuro.

Dobrando uma esquina, vi o que parecia ser o local de uma construção. O chão estava todo revolvido e, em alguns lugares, coberto por telhados improvisados. Pessoas andavam pela área, lendo cartazes explicativos fixados nas paredes.

Aproximando-me, descobri que estávamos em meio às ruínas do quartel-general da Gestapo na Prinz-Albrecht-Strasse, número 8. A mostra consistia em fotos e explicações sucintas sobre as pessoas que haviam sido detidas ali, muitas delas torturadas e mortas. Fiquei surpresa ao ver que vários prisioneiros eram identificados como *Widerstand* (resistência).

Entre esses, havia duas mulheres. Uma que imediatamente chamou minha atenção foi Mildred Fish Harnack, uma bela professora de literatura de Wisconsin, com uma expressão séria, gentil. O texto dizia ter sido ela "a única mulher americana executada por Hitler". Outra fotografia, de data posterior, mostrava uma mulher mais velha, com ar obstinado, chamada Greta Kuckhoff. Ela também estudara na Universidade de Wisconsin e pertencera ao mesmo grupo da *Rote Kapelle* (Orquestra Vermelha). Surpreendentemente, sobreviveu tanto à Gestapo quanto à guerra e chegou a ocupar a posição de presidente do Banco Central da Alemanha Oriental.

Os nomes eram novos para mim. Eu ouvira falar de Claus von Stauffenberg e da conspiração militar contra Hitler e assistira a um filme sobre Sophie Scholl e a Rosa Branca. Mas não tinha nenhuma ideia do que fosse a Rote Kapelle e nem sabia nada sobre americanos membros de um movimento alemão de resistência durante a guerra. Quando regressei aos Estados Unidos, comecei a exploração. De início, avancei lentamente: uma nota de pé de página aqui, um artigo obscuro ali. No entanto, quanto mais eu descobria a respeito de Greta, Mildred e seu círculo, mais atraente e convincente se tornava a história.

Uma razão para isso era minha própria trajetória profissional. Como jovem jornalista, vivi sob ditaduras militares na América Central e do Sul e escrevi relatos sobre as dinâmicas da oposição. Havia testemunhado as estranhas alianças que se formam em tais circunstâncias, alinhando indivíduos de diferentes religiões e crenças ideológicas em torno de um compromisso com uma mesma e única humanidade. Havia também notado que, sob governos repressores, a população tende a se dividir em três grupos: os que aprovam a ditadura, os que não gostam, mas convivem com ela, e os que resistem. Mais tarde, trabalhei em muitos outros países que estavam apenas começando a emergir de um passado brutal, entre eles o Camboja e a Romênia. Os três agrupamentos sociais também existiam ali, só variavam as proporções.

E me perguntei: por que a Alemanha nazista era diferente? Pois, afinal, nos haviam ensinado que a sociedade alemã passou por uma generalizada conversão ao nazismo da noite para o dia, tornando-se uma nação de assassinos.

Uma revelação inicial surgiu no Museu do Holocausto em Washington, D.C., que sabiamente direciona os visitantes durante a exposição em uma sequência que segue a evolução do nazismo. O primeiro andar conta a história dos esforços da democracia alemã para ser preservada, o modo como foi sobrepujada no início da década de 1930 e como suas instituições foram desmontadas e subvertidas pelo regime.

Prossegui com minhas perguntas sobre Greta e Mildred ao mesmo tempo que explorava a história da sociedade que as forçou a assumir papéis tão improváveis. Nas mentes de muitos americanos, a Segunda Guerra Mundial começou em 1941. Mas muitas lições históricas cruciais já haviam se desenrolado muito tempo antes de Pearl Harbor. O Holocausto não poderia ter ocorrido se os nazistas não tivessem tido sucesso em expurgar o sistema legal alemão de seus respeitáveis juízes e advogados. Os fascistas tinham que intimidar e silenciar repórteres e transformar os meios de comunicação nacionais em veículos de propaganda e entretenimento barato. Os nazistas tiraram proveito de tensões internacionais existentes e, ampliando-as através da propaganda, fizeram com que fossem vistas como "ameaças". E então obrigaram os alemães a provar seu patriotismo apoiando guerras cruéis, impensadas, já perdidas de antemão. Os soldados recebiam ordens de violar as Convenções de Genebra, e os oficiais que protestavam eram marginalizados ou subitamente mandados para a reserva.

Uma jovem integrante do grupo de Greta e Mildred expressou sua impaciência com a passividade dos alemães diante da crise pela qual passavam. "Todo mundo está falando sobre o assunto", disse ela, "mas ninguém está fazendo nada". Eu me perguntava: o que terá feito com que esses alemães, especificamente, se decidissem a "fazer alguma coisa"? Os riscos eram inconcebivelmente altos — a maior parte dos resistentes pagou suas convicções com as próprias vidas. Explorei as diferenças em suas motivações e condutas e usei como ponto de partida as observações de primeira mão que já havia feito em outros países. Quem, entre os resistentes, evitava o perigo, e quem o achava atraente? Quais as diferenças entre as ações dos membros jovens, solteiros, e as de resistentes mais velhos, casados e com filhos? Como cada indivíduo comparava e pesava as consequências do exílio, da conformidade e da oposição? De que forma a grande percentagem de mulheres afetava a identidade do grupo?

Subjacente a cada linha de pesquisa estava a questão que ronda todos os livros sobre a Alemanha nazista: como eles deixaram que isso acontecesse? Este livro não trata diretamente do Holocausto, mas é necessário que a sombra do evento compareça como pano de fundo em cada relato que se faça do período. O círculo de Greta e Mildred tinha poucos e preciosos recursos para contestar os gigantescos males que assolavam seu tempo: a destruição da sociedade, a matança de prisioneiros de guerra soviéticos, ou o próprio Holocausto. Mas arriscaram suas vidas para fazer o que pudessem. Muitos outros, inclusive poderosas figuras em Londres e Washington, não poderiam dizer o mesmo.

Por fim, eu tinha que retornar à pergunta de por que a história deste grupo era tão pouco conhecida no Ocidente. Essa indagação conduziu-me ao emaranhado da política da guerra fria que surgiu tão logo terminou a guerra. A Gestapo havia inventado a ideia de que a Rote Kapelle era uma conspiração soviética, e, depois da guerra, os soviéticos, os americanos e os nazistas sobreviventes exploraram essa concepção errônea, cada um à sua moda, para promover seus próprios fins. Ao fazer isso, distorceram e diminuíram o legado histórico do grupo durante mais de cinquenta anos.

Foram necessárias a reunificação da Alemanha e uma nova geração de pesquisadores dedicados para que as coisas começassem a ser postas no lugar e esclarecidas. Fiz uso intensivo de uma notável instituição em Berlim, o Memorial da Resistência Alemã (Gedenkstätte Deutscher Widerstand) e de seus escrupulosamente organizados arquivos e exposições sobre a resistência alemã. Também me beneficiei do trabalho de Stefan Roloff, um artista brilhante, filho de um integrante do grupo, que produziu um documentário notável e um livro sobre as experiências de seu pai.

Sempre que possível, deixei que meus personagens falassem por eles mesmos, por meio de seus escritos e de suas memórias. O círculo era constituído por intelectuais e escritores profissionais, e suas vozes transmitem o clima singular de sua época.

Todas as citações diretas neste livro são tiradas das memórias e da correspondência de participantes ou testemunhas oculares e, em alguns casos, de entrevistas que eles me concederam.

Desde o início, decidi construir a história a partir da perspectiva de Greta Lorke Kuckhoff; primeiro, porque ela era o elo entre muitos dos outros participantes, e, segundo, porque foi um dos poucos integrantes que viveram para contar a história. Tive que fazer alguns malabarismos para citar suas memórias. O livro foi publicado na Alemanha Oriental, e, embora ela tivesse ocupado uma posição pública de destaque, lutou uma batalha perdida com o Partido Comunista sobre o direito de contar sua própria história tal como a via.

Incluí citações diretas de seu livro, mas tentei achar um ponto de equilíbrio entre as passagens em sua própria voz e a retórica inserida pela editora estatal conforme as exigências do partido. Consegui ver a correspondência entre Greta e seu editor, contestando essas passagens, nos arquivos do Memorial da Resistência Alemã. De acordo com todas as evidências disponíveis, Greta era uma mulher inteligente e decente, esposa e mãe devotada, e uma intelectual séria. Mas não era nenhum agente secreto, e é irônico que seu grupo tenha sido pintado como "espiões soviéticos". Nenhum agrupamento de indivíduos poderia estar mais distante da imagem popular de um James Bond que aquele. Greta não tinha absolutamente nada de hábil, oculta ou glamorosa. Em vez disso, era desajeitada, ignorava o mundo da espionagem e era uma idealista cética. Mas, a meu ver, suas qualidades de uma mulher comum eram o que a tornava atraente. Aqui estava uma mãe trabalhadora tentando derrotar o fascismo quando não estava lavando pratos. Greta frequentemente expressava a crença de que, se um número suficiente de pessoas comuns se erguer para enfrentar um governo abusivo, a decência vencerá.

Mais tarde em sua vida, Greta amargamente observou que não houve um número suficiente de pessoas que se erguessem na Alemanha nazista. Mas a história deve reconhecer a coragem e o sacrifício dos que o fizeram. O que é contado nestas páginas é uma crônica de muitos fracassos e frustrações, mas ela deve ser lida no contexto mais amplo dos muitos alemães para os quais o verdadeiro patriotismo exigia que se opusessem a seu próprio governo.

Não se pode dizer que Greta Kuckhoff, Harro Schulze-Boysen, Arvid Harnack ou qualquer outro resistente tenha mudado o curso da história. Mas, tomadas como um todo, as ações dos antinazistas na Alemanha são impressionantes. O chefe do serviço secreto militar alemão, almirante Wilhelm Canaris, ajudou a privar os nazistas de sua cabeça de ponte estratégica em Gibraltar, abrindo caminho para a campanha na África do Norte. Seu ajudante, o tenente-coronel Hans Oster, ofereceu informações secretas militares às democracias da Europa Ocidental. Antifascistas alemães estavam ativos fora do país. Na Suíça, Rudolf Roessler passou informações secretas militares alemãs para os suíços, franceses e soviéticos, e Fritz Kolbe entregou segredos de Estado aos americanos. O grupo "Hammer" da OSS (*Office of Strategic Services*, ou Agência de Serviços Estratégicos do governo americano, criada após a guerra e precursora da CIA), formado por exilados alemães, corajosamente saltou de paraquedas sobre Berlim para orientar ataques aéreos dos Aliados nos últimos dias da guerra.

Incontáveis outros alemães dentro do país enfrentaram o regime por convicção, com discretos atos de humanidade por suas vítimas e sabotagem dos objetivos nazistas. Muitos desses indivíduos trabalhavam para o governo alemão ao mesmo tempo que ajudavam seus inimigos, cortejando acusações de traição e flertando com a morte.

Poucos anos após minha primeira visita a Berlim, consegui ir ao Reichstag com minha família. Valeu a pena esperar para ver o domo de vidro. Como um símbolo vivo de transparência no governo, ele inunda o parlamento com rios de luz. Dentro do domo existe uma instalação em espiral, complementando a exposição do Museu do Holocausto, ambas contando a história de como a democracia alemã foi perdida e recuperada a um preço terrível.

Prólogo

1941

Naquela premente primavera de 1941, era fácil acreditar que a Alemanha fascista dominaria o mundo, especialmente para alguém que tomasse Berlim como o epicentro do que estava acontecendo. A Áustria e a Checoslováquia haviam caído sob o domínio nazista em 1938 e inícios de 1939, seguidas pela Polônia poucos meses depois. Então, durante o ano de 1940, em uma sucessão fácil, caíram França, Bélgica, Holanda, Dinamarca e Noruega. A Inglaterra deveria ser a próxima, mas Hitler suspendera temporariamente a invasão. Isso não impediu que bombardeiros britânicos e alemães fizessem violentas visitas aos céus das principais cidades de cada um, deixando para trás pilhas de cadáveres de civis e ruínas fumegantes.

Em junho de 1941, as forças armadas alemãs lançaram a Operação Barbarossa, a invasão maciça da União Soviética. O regime informou ao povo alemão que aquele era o começo do fim da guerra. Uma vez que sua tática de ataques-relâmpago conjuntos (*blitzkrieg*) derrotasse os russos, o Reich poderia se empanturrar com os vastos recursos naturais do país e explorar o trabalho escravo de milhões. Nada poderia se atravessar no caminho da dominação global. Os americanos estavam se mantendo fora da guerra, e em pouco tempo os ingleses não teriam nenhuma opção a não ser pedir a paz.

Apenas duas décadas antes disso, a Alemanha havia oferecido ao mundo um espetáculo de humilhação e derrota. Agora, o Partido Nazista prometia transformar o país, e assim o fez, brutalmente comandando o processo com a doutrina da *Gleichschaltung*, algo como "coordenação e conformação forçada". Todos os setores da sociedade civil — o parlamento, as forças armadas, as escolas, os meios de comunicação de massa — foram rigorosamente expurgados de dissidentes, ensinando-se aos sobreviventes o valor do silêncio e da submissão.

Ainda assim, havia rachaduras no monólito. Quatro dias depois da invasão soviética, uma estação de monitoramento do exército alemão captou uma mensagem de rádio codificada enviada a Moscou e emitida de algum lugar no norte da Europa — possivelmente da própria Alemanha. A transmissão interceptada levantou perturbadoras possibilidades. Nas semanas seguintes, tropas alemãs foram surpreendidas por unidades do Exército Vermelho à sua espera em obscuros vilarejos no interior da Rússia. Era difícil evitar a conclusão de que a máquina militar alemã tinha um vazamento.

Também havia falhas dentro do próprio Reich. Todo mundo sabia que até uma crítica ocasional ao Führer, feita privadamente, poderia resultar numa sentença de morte. A Gestapo passara anos fechando jornais da oposição, prendendo dissidentes em campos de concentração e registrando cada uma das máquinas de escrever existentes no país. Ainda assim, em certas manhãs, os cidadãos de Berlim acordavam e encontravam adesivos antinazistas colados às paredes de suas casas, ou cartas anônimas em suas caixas de correio denunciando o regime. Esquadrões de policiais vigorosos eram despachados para supervisionar a raspagem de paredes e o recolhimento de folhetos e cartas ofensivos.

Ainda assim, o vazamento continuava — até mesmo nas fronteiras. As fronteiras alemãs haviam estado totalmente cerradas durante anos. Mas, de tempos em tempos, ouviam-se rumores. Um prisioneiro político escapara de um campo de concentração e conseguira chegar à Suíça através de uma "ferrovia subterrânea", formada por um conjunto de casas seguras. Uma família de judeus alemães, privada de seus direitos civis, bens econômicos e contatos sociais, de alguma forma conseguira os vistos e as moedas estrangeiras para fugir do país. Esses relatos eram banidos dos meios de comunicação controlados pelo Estado, mas, ainda assim, a notícia circulava.

Como parte de seu obstinado esforço de simular uma vida normal, os berlinenses faziam de conta que não notavam tais acontecimentos. O cenário urbano havia sido tristemente alterado. Antigas placas de rua, que antes homenageavam estadistas liberais, escritores livres-pensadores e artistas judeus, haviam desaparecido; na realidade, foram magicamente transformadas. Os novos nomes das ruas prestavam deferência a oficiais nazistas que, até muito recentemente, eram vistos como criminosos e assassinos. O agitado e ruidoso ambiente de música, teatro e arte da Berlim dos anos 1920 havia se tornado algo tão previsível e pesado como uma daquelas bandas de cervejaria.

Greta Kuckhoff facilmente se misturava às fileiras de esposas arianas berlinenses louras, bem-vestidas, quando entrava em filas para comprar mantimentos ou caminhava por entre os escombros para chegar ao parque com o filho de 3 anos. Na juventude, Greta sonhara em se tornar uma profissional, mas agora o regime havia declarado que seu lugar era em casa. Passava a maior parte do tempo às voltas com racionamentos e estoques minguantes, correndo atrás do pequeno Ule e mantendo as coisas em ordem para seu marido, Adam.

Como muitos outros de sua geração, Adam havia alimentado, em algum momento, altas ambições literárias. Conseguira algum sucesso como escritor antes da guerra, mas agora as artes eram julgadas de acordo com sua utilidade para o Reich. Adam juntou-se a vários de seus antigos amigos do teatro que haviam ido trabalhar na indústria cinematográfica do Reich, controlada pelo governo, alguns nas unidades de filmes de propaganda dirigidas por Joseph Goebbels, outros ajudando a produzir musicais açucarados para distrair os alemães e tirar sua atenção da guerra. O trabalho de Adam frequentemente o levava a viagens às cidades ocupadas de Praga e Posen (também conhecida pelo seu nome polonês, Poznań). A empresa de cinema estatal alemã havia se apossado de alguns dos estúdios de primeira linha na Checoslováquia, e o público estava sempre interessado em ver imagens dos rapazes em uniforme. Adam voltava de suas viagens cansado e mal-humorado, e Greta se encarregava de dar uma aparência agradável às coisas em casa.

Outros no círculo de Adam e Greta eram ainda mais ativos no serviço que prestavam à pátria. Arvid e Mildred Harnack, dois dos mais antigos amigos de Greta, desde o tempo em que estudavam na Universidade de Wisconsin, estavam trabalhando para o Reich. Como não tinham filhos, era mais fácil para eles organizar seu tempo. Arvid sempre fora uma estrela no mundo acadêmico, inibido apenas por seus escrúpulos. Depois de se juntar ao Partido Nazista em 1937, teve uma rápida ascensão na estrutura do Ministério da Economia. Agora, estava bem no centro da ação. Passava os dias administrando os sustentáculos econômicos do Reich: monitorando a produção industrial que alimentava os ávidos militares; supervisionando a alocação de recursos, as quotas de trabalho e estatísticas de produção. Quando estudante universitário, a paixão de Arvid era o planejamento econômico centralizado. Agora, com pouco mais de 40 anos, desempenhava um papel decisivo no planejamento da mais poderosa economia da Europa.

Mildred também fazia sua parte, mesmo sendo americana. Não havia sido fácil juntar-se ao grupo de mulheres auxiliares do nazismo, e tivera que apresentar seu certificado de *Filhas da Revolução Americana* como prova de sua "pureza ariana". Mas, uma vez aceita, recebia a mesma deferência com que era tratada qualquer outra esposa do Partido Nazista. Até seus diplomas de Wisconsin em literatura inglesa provaram-se úteis. Pusera um anúncio num jornal oferecendo seus serviços como professora particular de inglês, e um jovem oficial do exército, esperando distinguir-se durante a iminente invasão da Inglaterra, havia se inscrito para lições semanais.

Outros amigos eram igualmente esforçados. Talvez as pessoas mais glamorosas do círculo de Greta fossem seus novos amigos, Harro e Libertas Schulze-Boysen. Harro era um vistoso jovem oficial do serviço de inteligência da Luftwaffe, a força aérea alemã, e vivia com os nervos desgastados pelo trabalho com planos supersecretos para a frente oriental. Sua esposa, Libertas, era uma mariposa social. Filha mimada de uma aristocrata e de um professor de arte, Libs trabalhava na indústria cinematográfica. A alta linhagem de sua família funcionava como um ímã para os nazistas em busca de ascensão social rápida, a começar pelo patrão de seu marido no Ministério da Aeronáutica, Hermann Göring. Göring achou Libs absolutamente encantadora quando se conheceram durante uma caçada. Greta e seu marido foram apresentados a Harro e Libs num jantar oferecido por um amigo comum da indústria cinematográfica. Agora, todos eles se reuniam com frequência.

Nem todos os amigos de Greta e Adam Kuckhoff eram aristocratas como os Schulze-Boysens. Os Siegs, por exemplo, eram claramente operários, embora John e sua esposa polonesa, Sophie, uma mulher miudinha, fossem surpreendentemente versados em literatura e música. Alguns anos antes, Adam Kuckhoff havia publicado os escritos de John em sua revista, e achava que ele era realmente promissor. Mas a política se intrometera. Agora, John trabalhava para a Reichsbahn, a empresa estatal ferroviária alemã. Não era uma vida ruim. Graças à ambição e ao trabalho duro, havia sido promovido a chefe de uma movimentada estação em Berlim. As estradas de ferro eram as artérias do esforço de guerra alemão, transportando soldados e material para a linha de frente e levando para o Reich produtos de saques e prisioneiros. A tarefa de John, literalmente, era fazer os trens andarem no horário.

Todos os amigos de Greta tinham outros amigos, é claro, e era comum que se juntassem nas casas uns dos outros periodicamente. Assim, os quatro casais se reuniam em diferentes combinações em salas de estar espalhadas pela cidade: os tipos caseiros que eram os Kuckhoffs, os intelectuais Harnacks, os aristocratas Schulze-Boysens e os proletários Siegs. Cada um deles organizava seus próprios programas noturnos, que iam dos cantos e danças animados nos Schulze-Boysens até os papos-cabeça durante os chás nos Harnacks. Essa era a melhor forma de descobrir o que estava acontecendo. As discussões públicas estavam fora de questão, de modo que, se as pessoas ficassem sabendo de notícias quentes, boatos ou especulações, partilhavam tudo privadamente. Os membros que participavam de mais de um círculo levavam aos demais o que haviam escutado, com a ardente esperança de que não houvesse informantes em volta para denunciá-los à Gestapo.

Mas, sob o divertimento e a bisbilhotice dos círculos, havia uma camada adicional de atividades. Greta e seus amigos, os quatro casais no cerne do empreendimento, viviam vidas duplas. Além do trabalho diário para o regime nazista, realizavam atividades que teriam deixado atônitos seus colegas nos ministérios.

Durante anos, o austero economista Arvid Harnack, com seus óculos de aros redondos, desejava boa-noite à secretária e ia para casa com a cabeça entupida de informações secretas que usaria contra o regime. O tenente da Luftwaffe Harro Schulze-Boysen fazia o mesmo todas as noites quando saía pela porta do Ministério da Aeronáutica de Göring. As informações que eles contrabandeavam chegavam, clandestinamente, aos inimigos de Hitler no exterior.

Libertas, a esposa de Harro, sentada em sua escrivaninha no Ministério da Propaganda, bajulava os soldados para que lhe dessem fotografias de atrocidades cometidas nas frentes de batalha e as armazenava num arquivo secreto. Adam Kuckhoff voltava de suas viagens portando evidências ainda mais comprometedoras. Algum dia, diziam uns aos outros, haverá um ajuste de contas, e devemos ter as provas em mãos.

John Sieg, o frustrado "jornalista transformado em chefe de estação", havia encontrado, afinal, um jeito de empregar suas habilidades de escritor. Ele e os amigos operavam uma gráfica secreta que publicava folhetos antinazistas, inclusive informações obtidas de Arvid, Libertas e outros membros do círculo. Produzir e distribuir os folhetos era algo infernalmente difícil — a mera posse de um exemplar poderia significar prisão e tortura. Amigos de amigos de amigos, pertencentes a muitos círculos interconectados, ocultavam-nos em caixas de correios, jogavam-nos dentro de cabines telefônicas e chegavam a enfiá-los nas mochilas de soldados que partiam para as linhas de frente. Greta recebia cada uma daquelas pessoas em sua modesta cozinha e ajudava de todas as formas que pudesse, como tradutora, mensageira e recrutadora de novos membros para o grupo.

À altura do verão de 1941, o Estado nazista chegara ao auge, havendo esmagado todas as instituições alemãs preexistentes que se interpuseram em seu caminho. Mas, ainda assim, o Estado totalitário não era completamente total. Por baixo da superfície congelada da sociedade fascista, tão obstinadamente como aquelas plantas que resistem sob a neve, apenas esperando a primavera, estava o pequeno universo do *Zirkel*. À medida que os círculos começaram a se superpor, formaram uma nova geometria. A palavra alemã para isso era *Querverbindung*, uma "rede de relações". Os membros dessa rede empreendiam um esforço imenso não apenas para minar o regime, mas para manter viva a cultura alemã perdida, recorrendo a atos de desafio e ao poder da palavra escrita.

Às vezes, Greta Kuckhoff — Greta, a mãe preocupada, a socióloga frustrada, a espiã relutante — ficava pensando de onde teriam surgido todos aqueles comportamentos que desafiavam a morte. Por que esse pequeno bando não sucumbira ao oportunismo, ao fatalismo ou ao medo paralisante que havia afligido a maior parte da população alemã? E como essa bizarra coleção de indivíduos, tão radicalmente diferentes em antecedentes, origens sociais e temperamento, havia se juntado em torno de atividades tão perigosas, nobres e possivelmente destinadas ao fracasso?

Por mais improvável que parecesse, a própria Greta havia sido a principal agente daquela união, o fio condutor que mantinha íntegro todo o novelo.

Mas, por enquanto, a questão mais urgente era: quais deles, se é que algum, sobreviveriam?

1

Greta vai para a Amerika

1927-1929

Numa agradável manhã do veranico de 1927, uma mulher esguia, de 26 anos, estava no convés do navio *President Harding* olhando a silhueta de Nova York que gradualmente se expandia e preenchia o horizonte. O porto de Nova York estava apinhado de navios, muitos deles, como o seu, vindos da Alemanha. Após um hiato forçado durante a Grande Guerra, os imigrantes alemães estavam novamente afluindo para os Estados Unidos.

Greta Lorke não era uma imigrante, mas uma estudante estrangeira que chegava à América para fazer sua pós-graduação. Embora a moda das melindrosas esguias estivesse no auge, Greta tinha um ar mais de intelectual que de sedutora. Era magra, mas desprovida de estilo. Seu rosto longo, de testa alta e arredondada e perscrutantes olhos cinza-esverdeados, podia passar, subitamente, de duro a melancolicamente belo. Mas Greta, uma jovem feminista, afirmava não estar interessada em sua aparência; o importante eram as ideias. Olhando-se no espelho, ela apenas comentava que não havia muito "do que se queixar" — e então prosseguia queixando-se de sua pele clara e sardenta e de seus ralos cabelos louros.

A atenção de Greta estava focada em sua educação. Para os três filhos de sua família de classe operária, havia sido uma batalha fazer a faculdade e, mais difícil ainda, fazer uma pós-graduação no exterior. Seu pai, Georg, era um metalúrgico em Frankfurt an der Oder, uma acinzentada cidade industrial nas margens elevadas de um rio turvo, a leste de Berlim. Ele trabalhava para a empresa de Julius Altrichter, a maior fábrica de instrumentos musicais da Alemanha. Quando ainda era uma garotinha, Greta adorava ficar olhando o pai enrolar as folhas de metal, recortá-las e transformá-las em tubas e trompetes, e depois andava pelas oficinas vizinhas observando os fabricantes de violinos e tambores.

A mãe de Greta, Martha, era costureira, filha de um alfaiate analfabeto. Sendo uma mulher extremamente obstinada, ensinara o pai a escrever o próprio nome. A família havia herdado uma pequena quantia na década de 1870 e a usou para comprar uma casa de cômodos na periferia da cidade. Quando se casaram, os pais de Greta mudaram-se para lá e alugavam quartos para ajudar a cobrir os gastos da família.

Greta, que nasceu em 14 de dezembro de 1902, herdou a ética do trabalho de sua mãe, bem como sua consciência católica. Quando jovem, ficava fascinada com os folhetos que encontrava no vestíbulo da igreja falando sobre o trabalho de missionários na África. Decidiu juntar todo o dinheirinho que ganhasse para salvar a alma pagã de uma criança africana. Trabalhou durante um ano fazendo pequenas tarefas, então amarrou num lenço as moedas e procurou o padre para fazer uma encomenda.

"Deve ser um *garotinho* negro, padre", foi seu pedido. "E, por favor, não deve ser mais velho que eu — no máximo 8 anos. E será que ele poderia chegar para o Natal? Seria uma surpresa para a mamãe."

O padre, atencioso, pegou um atlas e mostrou a Greta a longa e árdua viagem que seria necessária para trazer seu "garotinho negro" desde os trópicos até Frankfurt an der Oder. O dinheiro que ela havia economizado, explicou ele, era suficiente para educar uma criança africana durante um ano, mas não o bastante para trazê-la à Alemanha — se, de fato, ela quisesse mesmo vir. Greta chorou de desapontamento, mas, de qualquer forma, doou os centavos.

A família de Greta fazia sacrifícios em benefício da educação. Seus pais viviam frugalmente a fim de economizar o dinheiro suficiente para pagar a *Oberschule*, um prelúdio necessário à educação universitária. Com frequência, o que comiam no jantar era apenas um queijo branco macio,

chamado *quarck*, e óleo de linhaça. Os Lorkes só se permitiam luxos durante os feriados de fim de ano, quando a família desfrutava carne e aves,
castanhas carameladas e muitas canções. A mãe de Greta costurava lençóis
e roupas para uma loja de departamentos de Berlim e ajudava a pagar a
escola, e Greta colaborava engraxando sapatos e ajudando o tio a vender
gravuras religiosas em sua loja.[1]

Os esforços de Greta durante a infância para manter o padrão de
respeitabilidade da classe operária logo foram abalados pela guerra e por
distúrbios políticos. Faltava pouco para ela completar 11 anos, em 1914,
quando estourou a Guerra Mundial. Muitos alemães saudaram a guerra
com euforia, mas logo surgiram dificuldades inimaginadas. O inverno de
1916 ficou conhecido como o "inverno do nabo". A escassez de alimentos
na Alemanha era tão séria que a jovem Greta e sua família saíam à noite,
às escondidas, para procurar raízes comestíveis que tivessem sobrado no
campo depois da colheita. Perto do final da guerra, o pai de Greta foi
temporariamente despedido de seu trabalho na fábrica de instrumentos.
Ressentido, ele abandonou a submissa Associação dos Operários Católicos
e juntou-se ao militante Sindicato dos Metalúrgicos, esperando encontrar
ali uma defesa mais vigorosa de seus interesses.

Greta Lorke havia acabado de completar 15 anos quando a guerra
chegou ao fim, e o tema do socialismo estava por toda parte. No entanto,
como muitos de seus concidadãos, ela não tinha muita certeza do que significava "socialismo". Preferia experimentar a política pela via da literatura
e das artes. "Procurávamos todo tipo de teatro que nos permitisse sentir
o gosto dos novos acontecimentos."[2]

Uma líder que encarnava o "ar do novo" era a revolucionária Rosa
Luxemburgo, filha de um comerciante judeu de uma pequena cidade
numa região polonesa controlada pelos russos. Rosa participava ativamente do Partido Social-Democrata Alemão (SPD), mas se retirou, em
protesto, quando o partido apoiou, logo no início, a guerra do *kaiser*. Em
1916, ela foi uma das fundadoras de um grupo dissidente chamado Liga
Spartacus, que, mais tarde, gerou o Partido Comunista Alemão (KPD).
Em novembro de 1918, à medida que a revolta ganhava mais impulso,

Rosa ajudou a criar e editar um jornal, *Die Rote Fahne* (*A Bandeira Vermelha*), para coordenar os conselhos de grevistas.

Rosa Luxemburgo participou relutantemente da revolta de 1918 e pagou alto preço por seu envolvimento. Em 15 de janeiro de 1919, forças paramilitares da Freikorps em Berlim capturaram, torturaram e mataram Rosa e seu colega Karl Liebknecht. Os aliados de Rosa continuaram a lutar por um governo revolucionário, mas acabaram derrotados pelos social-democratas que agiam de comum acordo com as milícias da Freikorps.

O legado de Rosa Luxemburgo teria grande importância na vida de Greta. Tal como Rosa, ela ficaria enredada nas tensões entre socialistas e comunistas e seria forçada a escolher entre os papéis de acadêmica ou ativista. As cartas de Rosa exibiam seu brilhantismo, mas também revelavam sua profunda amorosidade. (Greta as considerava "profundamente comoventes".)[3] Seu feminismo apaixonado não reduziu em nada o anseio por uma casa e filhos — as mesmas tensões que Greta experimentaria ao longo de toda a sua vida.

Mergulhada na pobreza, a Alemanha negociou uma paz desconfortável. Cerca de 2,4 milhões de soldados alemães haviam morrido na Primeira Guerra Mundial, e muitos deixaram viúvas e crianças desamparadas.[4] No inverno de 1919, a gripe espanhola assolou o país como uma maldição que se cumpria, vitimizando principalmente os fracos e os famintos. Nas ruas das cidades, os exércitos de destituídos cresciam como uma ferida supurada. A praça do mercado próxima da casa de Greta em Frankfurt an der Oder foi tomada por demonstrações de protesto; uma delas chegou a reunir cerca de 3 mil trabalhadores.

Os descontentes de Munique incluíam um amargurado jovem veterano austríaco chamado Adolf Hitler. Antes da guerra, havia sobrevivido com dificuldades em Viena, pintando paisagens sentimentais, e depois servira como mensageiro nas horrendas linhas de frente, ganhando uma medalha por bravura. Ficara chocado com a rendição da Alemanha e a dissolução de seu país natal; depois do Armistício, juntou-se a outros veteranos revoltados que participavam dos conflitos de rua da Freikorps. Em setembro de 1919, Hitler recebeu a atribuição de cobrir uma reunião política de um grupo pequeno e desorganizado que se apresentava como o Partido dos Trabalhadores Alemães. Percebendo a oportunidade, inscreveu-se como membro — e ali começou a trajetória do futuro Partido Nazista.

Por volta de 1923, a Alemanha havia entrado na triste e famosa fase da hiperinflação. As prensas do governo trabalhavam sem parar para imprimir notas que nada valiam, e a moeda alemã despencou a ponto de ser possível comprar 4 trilhões de marcos com um dólar americano (ou 4 bilhões de marcos com um centavo de dólar). Milhões de cidadãos perderam as economias de toda uma vida. Aposentadorias acumuladas por trabalhadores durante décadas de esforços desapareceram da noite para o dia, bem como sua confiança nos ideais da classe média, como trabalho esforçado e frugalidade.

Em resumo, aquele tempo oferecia uma perspectiva deprimente para uma jovem e ambiciosa estudante católica. Ainda assim, Greta persistiu. Em 1924, começou a estudar na Universidade de Berlim. Matriculou-se como estudante de economia e ganhou um estágio num orfanato que ficava em meio às sombrias casas de cômodo de Neukölln, um bairro operário na região sul da cidade. Ali, tomava conta de 23 meninos, ajudando a catar piolhos em suas cabeças e a acompanhá-los nos estudos.

Nas apavorantes ruas de Berlim em meados da década de 1920, podiam-se ver oficiais aleijados reduzidos a mendigos, jovens decentes levadas à prostituição e aposentados idosos forçados a vender por quase nada suas poucas posses. Mas a visão mais cruel era a das crianças que sofriam com fome e frio. A maior parte dos "órfãos" de Greta possuía pais que já não tinham como mantê-los. Uma pessoa que trabalhava numa equipe de ajuda internacional descreveu crianças como as de Greta em Neukölln: "Rostos minúsculos, com grandes olhos embaçados ensombrecidos por testas enormes, inchadas; braços pequenos que eram pele e ossos e, sobre pernas tortas, com juntas deslocadas, os estômagos pontudos, estufados, que revelavam o edema da fome."[5] Neukölln era uma das áreas mais arruinadas de Berlim. Greta sofria com seus pequenos protegidos, enfurecida e se perguntando de quem era a culpa de tudo aquilo.

Contudo, sua experiência não a converteu à esquerda ortodoxa. Na verdade, achava os estudantes comunistas da universidade uns tipos insolentes e rudes. "Eles me chocavam com seus vozerios, com a maneira como se cumprimentavam ostensivamente dando tapas nos ombros uns dos outros, tentando demonstrar o quanto eram 'proletários'", escreveu mais tarde. Tentou conversar com eles, "mas a primeira coisa que fizeram foi perguntar: 'Você está conosco ou não?' Também fui repelida pela forma como expressavam sua desaprovação no auditório durante uma palestra, batendo os pés no chão e fazendo um barulho tremendo". Greta decidiu manter distância. Também não teve sucesso com a literatura comunista. Conseguiu ler *O manifesto comunista*, uma obra curta de Marx e Engels, mas teve menos sorte com o exaustivo tomo de Marx, *O capital*. "Tentei, mas simplesmente não consegui ler aquilo", confessou.

Ainda assim, Greta levava a sério a economia. Na época, era um campo de estudos volátil, com maciços experimentos sociais sendo deslanchados na Rússia e com a economia americana em forte expansão. Os jovens europeus acreditavam que as velhas instituições europeias — monarquia, aristocracia, igreja — haviam criado uma grande confusão e que era tempo de recomeçar. O mundo já não estava sujeito aos velhos modelos de comando e controle autocráticos; em vez disso, a sociedade humana precisava ser documentada, analisada e racionalmente organizada. Greta, recém-saída das linhas de frente dos cortiços alemães, estava pronta para se juntar a esse exército intelectual decidido a consertar o mundo. "Minha ideia a respeito da vida em geral", evocou, "era que as pesquisas acadêmicas poderiam tornar o mundo um lugar melhor".

Em 1925, uma das amigas de Greta na universidade, uma americana, lhe fez um convite surpreendente: que voltasse com ela para os Estados Unidos e pedisse sua matrícula na Universidade de Columbia, em Nova York. Greta economizou 500 marcos na nova moeda corrigida e começou a planejar sua aventura.[6] Estava mais do que pronta para deixar a universidade em Berlim, cujo reitor era tão hostil com as mulheres estudantes, que se recusava a estender a mão para cumprimentá-las.

Ainda assim, não foi fácil dizer adeus. Na noite anterior à partida, seu pai lhe perguntou, com pesar, onde ele havia errado, criando uma filha que preferia vagar pelo mundo sozinha em vez de se contentar com um bom emprego de professora, um bom marido e alguns filhos de bochechas rosadas.

Greta foi tomada pela culpa, especialmente porque seu pai havia perdido o emprego na fábrica de instrumentos. Agora, ele sobrevivia com um trabalho informal, indo duas vezes por dia a Berlim para coletar pacotes de jornais católicos que vendia em Frankfurt.

A viagem oceânica foi uma novidade, mas não se comparava à sensação que teve ao chegar a Nova York. Greta andava a esmo pela cidade com a amiga, desde as ruas do Harlem até os brilhos da Broadway, embriagando-se com a experiência. Nova York era tentadora, mas também muito cara, e Greta percebeu que suas modestas economias não durariam muito em Columbia. As duas jovens tinham acabado de receber uma bolsa da Universidade de Wisconsin em Madison, que estava se tornando um ponto de atração para progressistas, reformadores e livres-pensadores. Seria mais fácil para Greta ganhar algum dinheiro lá. Ela estava tonta com a rapidez com que os planos iam se alterando; como alemã, estava acostumada a lidar com infindáveis processos burocráticos. Maravilhava-se com aqueles americanos que nem ao menos exigiam vistos de residência. Então, juntou coragem e tomou o trem para Madison.

Wisconsin foi uma surpresa agradável. Na Alemanha, os professores eram orgulhosos e distantes; um mero estudante nem sonharia com uma conversa pessoal, a menos que tivesse excelentes ligações familiares. "Em Madison, não se passava uma semana sem que um dos professores viesse a nosso pequeno apartamento e se sentasse no tapete conosco", escreveu Greta.[7] "Mastigavam amendoins e bebiam café barato, querendo ouvir todos os novos detalhes possíveis a respeito dos acontecimentos na Alemanha do pós-guerra."

Greta estava fascinada com a mera diversidade de pessoas à sua volta: "Japoneses, chineses, sul-americanos; mórmons, batistas, metodistas e presbiterianos", observou, num fôlego só, em suas memórias. Eram todas interessantes, e todas tinham muitas perguntas a respeito da Alemanha. Mas Greta ficava perturbada com a relutância dos estudantes brancos em socializar com seus amigos negros. Na contabilidade que mantinha sobre as virtudes e falhas da América, as relações raciais foram lançadas na coluna de débito.

No curso de sociologia, os trabalhos de campo de Greta incluíram uma visita à fábrica de automóveis da Ford, onde viu, pela primeira vez, uma linha de montagem. Viu operários com aparência miserável, forçados a trabalhar ininterruptamente a uma velocidade absurda. Contrastou aquela situação com a lembrança de uma manhã em que estava no trem noturno a caminho de Wisconsin, quando uma parada brusca a despertou. Enfiou a cabeça para fora da janela a tempo de ver o jovem Edsel Ford descer do trem para encontrar o pai, Henry, na plataforma — "numa pequena estação particular reservada à família Ford e a seus convidados", observou com ironia. Tais privilégios pareciam zombar dos princípios democráticos. A América também, pensou ela, estava madura para uma reforma.

A Universidade de Wisconsin estava cheia de gente que pensava como ela. Greta ficou feliz ao ser convidada para participar dos *Friday Niters*, um círculo de discussão semanal promovido às sextas-feiras por John Commons, um eminente professor conhecido por explorar a relação entre a economia e o direito. Seus amigos entre os *Friday Niters* incluíam Elizabeth Brandeis, filha do primeiro juiz judeu da Corte Suprema dos Estados Unidos, que mais tarde foi uma das integrantes do *brain trust* de Roosevelt. A companheira de quarto de Greta, Elsie Gluck, veio a se tornar uma destacada sindicalista americana especializada em história das relações trabalhistas.

Na época, havia relativamente poucos estudantes alemães na América, e Greta desfrutava sua condição de exclusividade. Assim, não foi com prazer que ouviu um estudante dirigir-se a ela num alemão impecável. Então soube que aquele era o outro alemão no campus, Arvid Harnack.

Arvid era, ostensivamente, um intelectual. Usava óculos de aros grossos e seu rosto magro irradiava intensidade; alguns o achavam um tipo frio. Era apenas um ano e meio mais velho que Greta, mas, em 1924, quando ela começava a faculdade em Berlim, ele já havia completado o curso de direito e estava indo passar um tempo na London School of Economics. Enquanto Greta era uma batalhadora vinda de uma família de operários, Arvid pertencia a um dos mais prestigiosos clãs alemães de advogados, intelectuais e sacerdotes. Pessoas com pretensões intelectuais disputavam um lugar à mesa da família apenas para ouvi-los falar. Um tio de Arvid, Adolf von Harnack, era um dos mais importantes teólogos liberais da Alemanha.

O primo mais jovem de Arvid, Dietrich Bonhoeffer, seu companheiro de infância, seguiu os passos do tio e foi estudar teologia nos Estados Unidos poucos anos depois de Arvid. Os Harnacks e seus parentes próximos, os Bonhoeffers, os Delbrücks e os Dohnanyis, pertenciam a uma sociedade que atribuía prestígio às realizações intelectuais. Chegavam a ter a mesma aparência física: uma tribo de pessoas vigorosas, amantes dos livros, com feições delicadas e olhos penetrantes, a maior parte delas usando óculos com armação de metal.

Greta achou que as credenciais de Arvid eram mais impressionantes do que apreciáveis. Ela tivera que batalhar por cada centavo para financiar sua viagem à América, enquanto Arvid chegara a Madison nas asas de uma muito disputada bolsa de estudos da Fundação Rockefeller, uma das quatro que existiam em todo o país. Greta reconheceu o brilhantismo de Arvid e notou como o próprio professor Commons se curvava às opiniões do jovem europeu. Mas, ao mesmo tempo, ela se aborrecia com aquele ar de superioridade, especialmente quando ele se referia a seus companheiros alemães. Greta o citou, debochando: "Eles são pensadores mais profundos. São melhores nisso e naquilo. Têm mais bom gosto até em matéria de comida e bebida." Em suma, Greta achou que Arvid era o clássico esnobe intelectual alemão. Tentou evitá-lo, mas um segundo encontro a fez mudar de ideia.

Isso aconteceu quando um grupo de estudantes se reuniu para navegar no gelo e patinar. Greta aconchegou-se perto da fogueira na margem do lago, deliciando-se com o cheiro de costeletas de porco vindo do braseiro. De repente, levantou a cabeça e viu duas figuras que patinavam em sua direção, dois corpos que ondulavam em uníssono sobre o gelo. Quando se aproximaram, viu que era Arvid, acompanhado por uma jovem pálida, lânguida, com um sorriso suave. Arvid ficava muito melhor, pensou Greta, na companhia de sua esposa: "mais relaxado, mais sereno, em tudo mais agradável".

Arvid Harnack conhecera Mildred Fish pouco depois de chegar a Wisconsin em 1926. Um dia (assim diz a história), procurando o curso de John Commons, ele entrou na sala errada e, em vez do professor, encontrou uma jovem assistente que estava começando a dar uma aula de literatura. Ela era magra e clara, irradiando uma beleza serena e inteligente. Extasiado, ele ficou ali, ouvindo-a até o final, e depois se apresentou. Os dois concordaram em trocar aulas de inglês e alemão e poucos meses mais tarde se casaram diante de um pastor metodista, na fazenda do irmão de Mildred.

Mildred Fish Harnack era só três meses mais velha que Greta. Havia nascido em Milwaukee, um enclave teuto-americano, mas seus antepassados eram ianques da Nova Inglaterra (e incluíam alguns puritanos com nomes gloriosos como Peixe em Conservas ou Estranho Cinzento). Tal como Greta, Mildred tinha sido obrigada a trabalhar para pagar sua educação, e contara com o apoio moral de uma mãe dedicada. Desenvolveu um interesse apaixonado por literatura e idiomas. Decorou longas passagens de poesia em alemão e grego antigo e planejava ganhar fama como escritora e crítica. Juntos, ela e Arvid faziam um casal dourado: altos, louros e austeros.

Apesar de todas as importantes conexões de sua família, Arvid também sobreviveu a uma juventude perturbada. Seu pai, um intelectual melancólico, havia se suicidado, afogando-se quando o filho tinha 12 anos, e a mãe perdera a modesta pensão durante a crise econômica. Perto do final da Primeira Guerra Mundial, Arvid fugiu de casa para entrar no exército. Foi mandado de volta porque não tinha idade suficiente, mas juntou-se às milícias direitistas da Freikorps imediatamente após a guerra, decidido a combater a insurreição comunista.[8] Iniciou então os estudos, distinguindo-se em todas as matérias. Mas a teoria acadêmica não tinha nenhuma utilidade para ele, a menos que pudesse encontrar uma forma de aplicá-la às realidades sociais à sua volta.

Greta e Mildred logo se tornaram amigas. Greta achava Mildred um pouco sonhadora, especialmente sua noção da Alemanha, que, matizada com castelos e florestas encantadas, parecia saída diretamente de um conto dos irmãos Grimm. Mas tinha um coração generoso e era sincera, e Greta admirava sua paixão pela literatura americana, um tema que apenas começava a ser tomado seriamente na Alemanha. Mildred era o tipo de mulher que os homens admiram e as outras mulheres invejam, flutuando suavemente acima das disputas. Ainda assim, suas raízes pobres da Nova Inglaterra levavam alguns estudantes a murmurar que ela não tinha como se pôr à altura de Arvid.

Greta fez amizade com Arvid, mas nunca chegou a realmente gostar dele. Ele era ardoroso num debate e apreciava ganhar pontos com sua lógica implacável. Mas valia a pena conhecê-lo, especialmente porque recebia de casa um fornecimento constante de jornais alemães. Mandados por via marítima, os jornais chegavam com algumas semanas de atraso, e as notícias que traziam iam de mal a pior. O desemprego crescia continuamente, e o governo de coalizão em Weimar nunca conseguiu exercer um controle real.

Com sua maneira irritantemente pedante, Arvid dizia a Greta que o problema verdadeiro estava na economia, e que a solução estava em dar mais poder aos trabalhadores. Os donos das grandes fábricas haviam acumulado imensas quantidades de dinheiro produzindo armamentos durante a guerra e multiplicado seus lucros durante a paz conturbada recorrendo à especulação. Enquanto os exploradores pudessem usar desastres como hiperinflação e desemprego para seus próprios fins, a Alemanha nunca poderia alcançar a paz e a estabilidade. A única salvação para a Alemanha, Arvid lhe disse, eram os Estados Unidos e sua oferta de empréstimos para ajudar o país a sair da crise.

A vida em Madison não eram só encarniçados debates políticos. Arvid e Mildred gostavam de promover leituras de Shakespeare à noite, e Greta frequentemente participava dos encontros. Ficava admirada com Arvid, que sempre escolhia os papéis mais difíceis — Lear, Coriolano, Henrique IV — desempenhando-os com um comando sofisticado do conteúdo, mas estorvado por seu forte sotaque alemão.

Greta também era fascinada por filmes de todos os tipos. A União Soviética havia produzido, durante sua primeira década, uma generosa quantidade de trabalhos *avant-garde* amplamente celebrados. Greta ficou impressionada com o filme de Sergei Eisenstein, *A linha geral* (também chamado *O velho e o novo*), que dava uma visão arrebatadora do novo fenômeno das fazendas coletivizadas. Mas também se encantou com *Aleluia*, um dos primeiros filmes americanos com um elenco negro, e ficou maravilhada com o primeiro filme falado de Mickey Mouse, lançado em julho de 1928.

Greta e seus amigos tinham paixão por ficção, e liam avidamente os mais recentes trabalhos de Theodore Dreiser, Sinclair Lewis, Upton Sinclair, William Faulkner e outros escritores que estavam criando uma idade de ouro da literatura americana. Enquanto a Alemanha se tornava mais opressiva e caótica, a América se parecia cada vez mais com a terra de infinitas possibilidades.

À altura de 1929, o visto de estudante de Greta ia expirar e ela estava no estágio final de seus exames de doutorado. Não tinha vontade de voltar para a Alemanha e começar a procurar um emprego naquele ambiente universitário conservador. Antes de sair da Alemanha, já sabia como ele era limitado e misógino, e duvidava que tivesse mudado. Mas tinha saudades de casa. Escreveu aos pais:

> Estou voltando. Encontrarei um trabalho de verdade, estou cansada de estudar durante tanto tempo. Tenho medo de perder meu contato com a realidade se continuar mergulhada em meus livros, e, de qualquer modo, acho que nunca chegarei a fazer uma carreira como professora. (...) Ainda alimento o velho desejo de acordar um dia com a forte certeza de que posso escrever um livro convincente. Eu daria tudo que tivesse em troca disso.[9]

Greta fez as malas com relutância. Sua última parada na América foi no Brooklin, onde um colega e amigo de Madison, chamado Saul, a convidou a passar uns dias com sua família. Os dois caminharam ao longo das margens do Hudson até encontrar o melhor ângulo da ponte, e terminaram a noite comendo um saco de bolinhos quentes acabados de sair do forno. Saul a levou a um pequeno restaurante judeu, seu preferido. Greta pensou como aquilo parecia seguro e familiar, cada vez mais tristemente consciente de que seu tempo na América estava se esgotando. Quando embarcou no navio, já havia um delicado telegrama de Saul esperando por ela. "Construirei uma ponte sobre o oceano", prometia ele. Mas o romance não tinha nenhum futuro.[10]

Os dois anos de Greta na América haviam sido provocativos, irritantes e estimulantes ao mesmo tempo, dando a ela uma perfeita fluência na língua inglesa e selando uma relação com o país que duraria até o fim de sua vida. Em outubro de 1929, ela disse adeus não apenas a uma aventura estudantil, mas a toda uma era. Mais ou menos na época de seu retorno à Alemanha, posou para uma fotografia numa ponte. A América havia feito dela uma nova mulher. Era agora uma figura depurada e sóbria, até mesmo elegante com seu casaco escuro e uma boina. Mas sua expressão está perturbada. A imagem na fotografia é de uma mulher no limite.[11]

2

Greta e Adam

1929-1930

Greta voltou da América com uma nova perspectiva. Na Universidade de Wisconsin, havia sido tratada com respeito; havia encontrado muito mais facilidade para abrir caminho em Madison, com recursos próprios, do que no tempo em que trabalhava nos cortiços de Berlim.

"Eu era um pouco mais esperta quando desembarquei em Hamburgo", escreveu ela. Agora, conseguia prosseguir os estudos sem se preocupar com casa e comida, e refletiu: "Esses dois anos na América não apenas me libertaram das pressões desses velhos problemas, mas também me ajudaram a ver as questões internacionais de uma nova perspectiva."[1] Parte dessa perspectiva era sua apreciação por uma sociedade mais igualitária, onde podia discutir suas ideias com professores catedráticos e onde até a filha de um metalúrgico podia aspirar a altos cargos.

Durante a viagem de volta, enfrentou novamente a literatura de esquerda, tomando como um caso pessoal a análise do conflito de classes. "Nunca esqueci que eu era filha de um operário", escreveu.[2] Com o olhar perdido sobre o Atlântico, refletia sobre como o desemprego de seu pai havia imposto a ele uma vida limitada e feito com que ela enfrentasse empecilhos às suas próprias ambições.

A Alemanha havia mudado durante a ausência de Greta — em muitos aspectos, para melhor. Os ingentes esforços de recuperação do país estavam sendo recompensados, e os berlinenses desfrutavam um breve período de prosperidade conhecido como "os Dourados Anos 20". Para os otimistas, parecia a estrada para o progresso. Infelizmente, tudo começaria a refluir a partir de 1928.

Grande parte do crédito devia-se ao influxo de empréstimos americanos que permitiam ao governo alemão pagar suas reparações aos franceses sem comprometer totalmente a capacidade produtiva do país.[3] A nova prosperidade trouxe um florescer de expressões artísticas e liberdade política. Parecia que, finalmente, a Alemanha podia tolerar, e mesmo celebrar, um mercado de ideias onde todos os modos de pensar circulavam livremente. Os alemães não estavam acostumados a tais liberdades, e não as veriam novamente durante toda a geração que se seguiu. Por volta de 1928, o governo sentiu-se seguro o suficiente para revogar a proibição de partidos extremistas e permitir que apresentassem candidatos ao Reichstag.

Beneficiando-se com a prosperidade nacional, a coalizão moderada dos social-democratas triunfou nas eleições de setembro, ganhando quase o dobro de cadeiras que seus rivais mais próximos. Por outro lado, o Partido Nazista, recentemente legalizado, teve um desempenho deplorável, ganhando apenas 12 das 491 cadeiras (pouco mais de 2%). Adolf Hitler e seus colegas haviam caído em desgraça com sua fracassada tentativa de golpe na Baviera cinco anos antes, e a maior parte dos alemães achava difícil levá-los a sério. Mas havia sinais de um rebote. Grupos de estudantes direitistas multiplicavam-se em universidades regionais. Nas vilas do interior, os clubes esportivos e as sociedades musicais tradicionais eram apropriados por nacionalistas que usavam uma linguagem dura. Isso praticamente não preocupava a elite intelectual e cultural de Berlim, que ignorava os acontecimentos nas províncias.

Como muitos de seus amigos, Greta preferia a teoria política à confusa política partidária. Muitos alemães viam sua democracia como uma caricatura, com um Reichstag cheio de homens gordos de meia-idade que gritavam uns com os outros, sem produzir nada, e, de tempos em tempos, realizavam mais uma afrontosa eleição cujo objetivo era apenas confirmar, por mais uma legislatura, os nomes dos que já estavam instalados. Trabalhadores industriais e pequenos lavradores frequentemente votavam seguindo instruções de seus sindicatos ou líderes religiosos, enquanto muitos artistas e intelectuais assumiam uma postura extravagante, trocando de partido tão casualmente quanto trocavam de roupa. Seu único compromisso sério estava reservado aos movimentos artísticos.

Os avanços intelectuais eram a boa-nova na Alemanha. Berlim era o berço de grandes progressos em todos os campos imagináveis, desde as revolucionárias inovações matemáticas de Albert Einstein na universidade até as aventuras de Arnold Schönberg no campo da atonalidade realizadas na Academia Prussiana de Artes. Jornais e periódicos floresciam, com páginas recheadas de debates e cofres engordados pela venda de propagandas. Qualquer um que aspirasse a um lugar ao sol, inclusive Greta, queria estar em Berlim.

Nas duas primeiras décadas do novo século, a cidade havia mais que dobrado de tamanho, passando de uma população de 1,8 milhão em 1900 para mais de 4 milhões na década de 1920.[4] Novos teatros, salas de espetáculos musicais e galerias brotavam por toda a cidade. Operetas antiquadas e pinturas clássicas conviviam, lado a lado, com trabalhos novos, sem grandes elaborações, muitos deles produtos de jovens artistas irados que exibiam cicatrizes da Grande Guerra tanto no corpo quanto na alma. O fruto dos labores artísticos de Berlim poderia ser irregular, mas era abundante.

E então aconteceu a Sexta-feira Negra. Wall Street desabou em 25 de outubro de 1929, apenas alguns dias depois de Greta estar de volta. Inicialmente, os europeus ouviam falar do assunto apenas como um eco distante de Nova York, mas, em questão de meses, a crise americana tornou-se um fenômeno mundial. Nenhum país foi mais duramente atingido que a Alemanha. Os empréstimos americanos (chamados de "seguro de vida alemão") evaporaram quando os Estados Unidos tiveram que acudir o próprio desastre. Os investimentos estrangeiros que haviam migrado para a Alemanha agora emigravam, e os poucos alemães que tinham dinheiro para investir enviaram seu capital para outros mercados. Fábricas foram fechadas e obras em andamento foram suspensas, lançando às ruas milhares de trabalhadores enfurecidos, confusos e desesperados. Somente no mês de janeiro de 1930, o desemprego passou de 1,5 milhão de pessoas para 2,5 milhões.

Naquele ano, um jornal berlinense noticiou que o número de clientes vendendo seus pertences nas lojas de penhor da cidade havia dobrado. A quarta parte deles eram mulheres desempregadas.[5] Greta poderia ter sido uma delas. Suas perspectivas financeiras eram desoladoras, e, para pagar as contas, os sonhos ocorridos na América, de alcançar a glória acadêmica, tiveram que ser reduzidos a uma vida de trabalhos editoriais isolados e aulas particulares. Passou o inverno e a primavera de 1930 numa série de empregos avulsos, buscando um novo rumo.

"Meus pensamentos começaram a retornar ao antigo amor pelo teatro", escreveu, relembrando seus dias de teatro no curso secundário, quando consumia dramas alemães, franceses e ingleses a uma taxa de quatro ou cinco por dia.[6] "Eu nadava, extasiada, naquele imenso rio de peças teatrais."

Assim, Greta se entusiasmou quando soube que, durante nove dias em junho de 1930, aconteceria em Hamburgo o Quarto Congresso Internacional de Teatro. O evento prometia muitos destaques atraentes, inclusive apresentações da *Comédie Française* e de uma companhia de teatro experimental de Moscou. Impulsivamente, catou todos os tostões e partiu para Hamburgo.[7]

Ao chegar, foi atraída pela delegação francesa. Ela falava um francês suficiente para se sentir confortável no grupo, e deleitava-se com o espírito gaulês. O Congresso foi tudo que ela poderia ter desejado. O presidente honorário da assembleia era o lendário produtor Leopold Jessner, uma das três mais poderosas figuras do mundo teatral berlinense. Jessner chefiava o Teatro Estatal Prussiano (Staatstheater), que ocupava um edifício neoclássico em Unter den Linden, na mesma quadra da universidade de Greta.[8]

Os olhos de Greta se fixaram, no entanto, em um colega menos renomado de Jessner que o acompanhara ao Congresso. O dr. Adam Kuckhoff era o dramaturgo principal de Jessner, uma posição que oferecia a escritores um estipêndio em troca de editar roteiros e mediar discussões entre escritores, diretores e a administração.[9]

Adam Kuckhoff era um homem de compleição taurina, com quase 43 anos, ar sombrio, traços fortes e lábios carnudos. Dada a augusta posição que ocupava, Greta esperava que ele fizesse uma apresentação formal sobre as complexidades da administração teatral. Em vez disso, Kuckhoff fez um discurso apaixonado sobre nada menos que "a natureza do teatro e do filme na nova Era".[10]

No ano anterior, ele havia exposto muitas de suas ideias num ensaio intitulado *Trabalho e filme* (*Arbeiter und film*). Tinha desprezo pelas "mentiras sentimentais do típico filme de entretenimento" e era igualmente crítico do "brado patriótico" do cinema nacionalista:

> Este espírito ultrapassado que, infelizmente, persiste até hoje, lentamente envenena as forças vivas que deram início ao novo cinema como uma forma de arte popular. (...) Mas o filme, como todas as outras expressões do espírito, é determinado por condições socioculturais.[11]

Greta escutava, tão visivelmente embevecida, que Kuckhoff aproximou-se ao final da apresentação e dirigiu-se a ela em francês, já que estava entre os franceses. E perguntou se o que ele dissera correspondia à sua experiência. Ela respondeu em francês, continuando com o joguinho. Kuckhoff decidiu que precisavam continuar a discussão sobre "os problemas da dramaturgia" e levou-a a um romântico passeio de barco pelo porto de Hamburgo. Do barco, foram jantar, e, do jantar, passaram a outras diversões. Foi exatamente como ocorre em milhares de conferências nas quais incontáveis homens mais velhos e carismáticos seduzem incontáveis jovens de olhos sonhadores, totalmente fascinadas, sentadas nas primeiras filas.

Em seu último dia em Hamburgo, Greta confessou a Kuckhoff que estava apaixonada. Somente depois de voltar a Berlim ela descobriu que ele era casado.

Adam Kuckhoff tinha uma coleção de complicações. Para começar, havia nascido em 1887, o que significava ser 15 anos mais velho que Greta. Filho de um fabricante de agulhas, cresceu em Aquisgrana (também conhecida como Aachen), a antiga cidade na fronteira belga onde Carlos

Magno durante algum tempo reinou e foi enterrado. Durante séculos, a região havia sido administrada, intermitentemente, por governantes de língua alemã e francesa, e seus habitantes tendiam a ter famílias formadas por alemães e franceses e a ser bilíngues. Havia rumores de que a família Kuckhoff tinha ancestrais judeus, mas Adam foi criado na tradição do catolicismo negligente da Renânia.

Como muitos dos estudantes de sua época, Kuckhoff fez algumas tentativas em diferentes áreas de estudo, que iam da Literatura até o Direito, em pelo menos quatro universidades. Finalmente, encontrou um tema que reuniu seus entusiasmos: Friedrich Schiller, o escritor alemão do século XVIII. Kuckhoff identificava-se com a missão do dramaturgo de criar poesia a partir de sua paixão pela liberdade e igualdade. Uma de suas mais famosas citações era *"Eine Grenze hat Tyrannenmacht"* ("Existe um limite ao poder de um tirano").[12] Kuckhoff completou seu curso com uma tese sobre a teoria da tragédia de Schiller, e a influência do escritor coloriu o restante de sua carreira.

Ao mesmo tempo que explorava a literatura, Kuckhoff estava experimentando questões mais práticas. Em 1912, quando tinha 25 anos, teve um filho, Armin-Gerd, e só foi se casar com a mãe da criança, a atriz Marie Viehmeyer, no ano seguinte.* Em 1914, Kuckhoff, tomado pelos ânimos da guerra que assolava a Alemanha, alistou-se no exército. Pouco depois, foi designado como ator para o "teatro da frente de guerra" na cidade francesa de Laon. Situada a menos de 300 quilômetros da cidade natal de Kuckhoff, aquela bela mas traiçoeira região do interior francês era chamada de Aisne, nome do rio que serpenteava por ela.

Kuckhoff e sua companhia haviam sido designados para um dos mais ferozmente disputados teatros de guerra da época — não tão infernal quanto os campos de batalha vizinhos de Ypres e Somme, mas brutal segundo qualquer outro critério. A primeira Batalha do Aisne, em setembro de 1914, foi um dos experimentos pioneiros com guerra de trincheira e matanças com metralhadoras. A segunda, um encarniçado engajamento

---

*Marie e sua irmã Gertrud usavam o nome artístico "Paulun".

de três semanas na primavera de 1917, foi um banho de sangue implacável. Foram registradas 96 mil baixas entre os franceses, mas acredita-se que o número tenha sido maior. Entre os alemães, morreram mais de 160 mil.[13]

As apresentações teatrais na frente de guerra incluíam tanto civis quanto atores profissionais que haviam se juntado às forças armadas. Muitos deles, inclusive o diretor e produtor Erwin Piscator, seguiram a carreira e tornaram-se figuras teatrais de destaque após a guerra. Os papéis femininos eram desempenhados por atrizes importadas e por soldados travestidos. As companhias apresentavam suas produções sob as condições mais primitivas. Existe o relato de um caso em que os atores chegaram à linha de frente e, num instante, converteram em teatro uma estação sanitária de desinfestação de piolhos, improvisando a iluminação com faróis de caminhões e conseguindo "levantar a cortina" uma hora após a chegada.[14]

Adam Kuckhoff emergiu do exército cheio de energia teatral. Escreveu uma peça, *O alemão de Bayencourt* (*Der Deutsche von Bayencourt*) descrevendo um morador da fronteira que se debate entre seu patriotismo alemão e sua identificação cultural com os franceses. O trabalho de Kuckhoff como administrador teatral o levou a uma sucessão de posições cada vez mais elevadas em companhias teatrais maiores. Por volta de 1923, era diretor da companhia itinerante de um teatro em Frankfurt.

Kuckhoff, inclinado tanto para o teatro quanto para uma carreira literária, seguiu ambas ao mesmo tempo. Em 1927, recebeu a oferta tentadora de uma nova oportunidade. Eugen Diederichs, destacado dono de uma editora, convidou-o para editar sua publicação mensal de caráter político e cultural chamada *Die Tat* (*A Proeza*). Diederichs esperava de Kuckhoff a revitalização da revista, que havia ficado defasada. Conhecida por promover o nacionalismo alemão e a autossuficiência econômica de uma perspectiva conservadora, *Die Tat* havia gerado seu próprio círculo político, os *Tatkreis*, composto de influentes figuras da política, dos negócios e das forças armadas.

Mas, com Kuckhoff, Diederichs ganhou mais do que havia esperado. Seu novo editor criou um subtítulo irresistível, "a revista mensal para a formação de novas realidades", e um novo perfil esquerdista que combinava. Convidou uma lista atraente de novos colaboradores, inclusive Armin Wegner, um aristocrata prussiano que tivera a coragem de denunciar os massacres de armênios pelos turcos; ele assistira aos assassinatos pessoalmente quando trabalhava como médico durante a guerra.[15] Wegner foi uma das primeiras vozes do século XX que se elevaram contra o crime do genocídio.

Outra das descobertas de Kuckhoff nunca alcançou a fama de Wegner, mas era alguém destinado a desempenhar um papel muito mais importante no futuro de seu descobridor. Tratava-se de um jovem jornalista teuto-americano chamado John Sieg.[16] Kuckhoff gostou do rapaz e de seus ensaios atraentes, cheios de clima, e os dois se tornaram bons amigos.

O trabalho de Kuckhoff como editor da *Die Tat* chegou a um fim abrupto em 1929 quando ele teve um desentendimento com Diederichs, que temia ver a revista tendendo excessivamente para a esquerda. Kuckhoff, como muitos outros intelectuais em Berlim, havia perdido a paciência com os desafortunados social-democratas e começara a olhar os comunistas com maior interesse. Não há nenhuma evidência de que ele tenha alguma vez se associado ao Partido Comunista Alemão, mas tinha bom conhecimento dos conceitos de Marx e Lenin. Um número cada vez maior de intelectuais de classe média estava gravitando para a esquerda. A questão que ecoava infindavelmente em ensaios teatrais, nos editoriais e em cafés era se o teatro e outras formas de arte poderiam ser atrelados aos interesses do trabalhador. Kuckhoff estava ansioso para entrar na rixa, mas não Diederichs.[17] Então, foi despedido.

Apesar do quadro econômico desolador, o período de desemprego de Kuckhoff foi breve. Foi resgatado pelas mãos de Adolf Grimme, o novo ministro da Cultura prussiano. Um educador respeitado e social-democrata convicto, Grimme era um dos amigos mais próximos de Kuckhoff desde quando tinham ambos 20 anos e estudavam em Halle. Agora, Grimme movimentou alguns cordões ministeriais para conseguir que Kuckhoff fosse nomeado primeiro dramaturgo no Staatstheater dirigido por Leopold Jessner em Berlim. Foi devido a essa posição que ele compareceu ao Congresso de Teatro em Hamburgo poucos meses depois.[18]

Assim era Adam Kuckhoff, o homem que arrebatou totalmente a melancólica Greta Lorke. E, apesar de todas as complicações que o caracterizavam, Greta não estava disposta a perdê-lo. Após a excitação de sua aventura na América, Greta temia que, aos 28 anos de idade, pudesse cair numa existência sombria e virar uma solteirona desempregada. Adam Kuckhoff poderia ser pouco atraente, com suas teorias bombásticas e uma aparência de gnomo, mas seus pensamentos sobre as grandes questões do momento eram maravilhosamente semelhantes aos dela. Além disso, uma associação com ele poderia projetá-la no centro do redemoinho que era Berlim, para onde convergiam o teatro experimental e a política de esquerda, livrando-a do marasmo de uma vida de secretária.

Os berlinenses estavam ansiosos para tirar sua alta cultura do pedestal em que se encontrava e arrastá-la para as ruas, misturá-la à vida do homem comum. Para isso, o teatro clássico foi reelaborado a fim de se ajustar aos ritmos das sátiras de cabaré e às baladas populares. Mas havia motivações sombrias por trás da frenética energia cultural de Berlim. Muitos artistas importantes eram movidos pela raiva, pelo niilismo e pelo desespero. Toda uma geração de jovens alemães havia visto como a arrogância do *kaiser* levara o país a um conflito insano e devastador. Agora, duvidavam da habilidade dos social-democratas para promover a unificação. Mais ainda, muitos artistas jovens haviam servido nas frentes de batalha e vivenciado pessoalmente aquela carnificina sem precedentes. O trauma se expressava de maneira feroz e obsessiva em seus trabalhos.

Um dos rivais de Adam Kuckhoff no mundo teatral de Berlim era um desalinhado jovem dramaturgo chamado Bertolt Brecht. Durante grande parte da década de 1920, as carreiras dos dois escritores correram em trilhos paralelos. Trabalhavam com muitos dos mesmos atores e enfrentavam tribulações semelhantes. Ambos faziam experiências com a forma, usando o mesmo material básico e retrabalhando-o como drama, ficção e roteiros cinematográficos. Brecht, 11 anos mais jovem que Kuckhoff, vinha de condições sociais semelhantes e servira como estagiário de medicina no estágio final da guerra. Depois, tanto Brecht quanto Kuckhoff passaram a viver cercados de "mortos ambulantes" que vagavam pelas ruas de

Berlim, aleijados e mutilados por granadas. As experiências do tempo de guerra foram traduzidas por aquela geração em uma nova forma dramática chamada *Heimkehrerdrama*, que mostrava as dificuldades enfrentadas pelos soldados ao se deparar com "a dificuldade, ou impossibilidade, de reintegração numa sociedade que os rejeita como símbolos de um passado recente que ela deseja esquecer".[19]

Tanto Brecht quando Kuckhoff escreveram poesia e drama. Mas poesia era autoexpressão; do teatro, esperava-se que mudasse o mundo. Seus trabalhos ganhavam vida como resultado dos esforços de produtores extraordinários. Leopold Jessner, patrocinador de Adam Kuckhoff, combinava encenações inovadoras e forte engajamento político. O produtor e diretor Erwin Piscator era mais radical e ainda mais influente. Piscator sustentava que o propósito do teatro era servir como um motor de mudanças sociais.

Grande parte do trabalho teatral de Piscator era motivada por seu ódio pela guerra. Em 1928, produziu um inesperado sucesso de bilheteria sob a forma de uma peça contra a guerra. *Submarino S-4* era obra de um estudante universitário desconhecido chamado Günther Weisenborn, que, no futuro, viria a trabalhar associado a Kuckhoff e Brecht. A peça, retirada de histórias de jornal, falava de seis marinheiros americanos presos num submarino no litoral de Nova Jersey. Um dos atores era Heinrich George, uma das figuras de maior destaque tanto no teatro comercial quanto na *avant-garde* comunista; ele havia acabado de estrelar no filme *Metrópolis*, a sensação do momento.

A imprensa nacionalista denunciou a peça de Weisenborn como propaganda pacifista, mas isso era de se esperar (e pode haver contribuído para seu grande sucesso). O autor, um jovem delgado, cativante, com sobrancelhas volumosas e um sorriso largo, imediatamente se mudou para Berlim. Piscator apresentou-o a Brecht, e os dois escritores logo se tornaram amigos e colaboradores.[20]

No início de 1930, Erwin Piscator pediu a Weisenborn que fizesse uma adaptação para sua companhia teatral, a Volksbühne, do romance *A mãe*, escrito por Maxim Gorki em 1906. Brecht interessou-se pelo projeto e convidou Weisenborn para colaborar numa outra adaptação baseada no roteiro da Volksbühne. A versão Brecht-Weisenborn da peça estreou em Berlim em 1932, dirigida por Brecht e estrelando sua esposa, Helene Weigel. Também no elenco estava uma jovem loura de 19 anos, chamada Marta Wolter, que acabara de trabalhar num novo filme com Brecht.

A mãe começou a ser apresentada em salões e clubes de operários, mas os nazistas consideraram a peça uma provocação escancarada. Faziam tumultos durante as apresentações, e a polícia a proibiu em fevereiro. (Foi a maior produção teatral de Brecht na Alemanha antes de os nazistas tomarem o poder no ano seguinte.)[21] Weisenborn manteve durante décadas sua amizade com Brecht e também permaneceu próximo de Marta Wolter, que desempenharia um papel fundamental em suas atividades de resistência no futuro.

Antes da guerra, o teatro alemão ainda estava imerso nas convenções do século XIX, adornado com floreados literários e exibindo figurinos, cenários e iluminação elaborados. Mas as apresentações nas frentes de guerra ensinaram a uma geração de dramaturgos como Adam Kuckhoff e Erwin Piscator que o teatro poderia florescer sob as mais extremas condições e falar sobre a experiência contemporânea. O teatro de *avant-garde* mudou-se para os porões de Berlim, com alguns grupos regionais em centros como Hamburgo e Munique. Durante a década de 1920, ganhou impulso. Muitos artistas viam uma convergência natural entre marxismo, reforma política e experimentação criativa. Bertolt Brecht decidiu abandonar suas origens de classe média e adotou uma imagem de proletário: cabelos cortados como os de um prisioneiro e jaqueta de couro preto. À altura de 1928, ele havia começado a fazer um esforço consciente de escrever peças com temas marxistas.[22] Naquele ano, quando estreou seu novo musical, *A ópera dos três vinténs*, a produção incluiu seus atores favoritos que trabalhavam em grupos teatrais comunistas, inclusive uma beldade chamada Carola Neher, que desempenhou o papel da ingênua Polly Peachum.[23]* Brecht converteu-se ao marxismo no mesmo ano em que se tornou um sucesso comercial.

---

*Seu pai foi representado por outra descoberta de Brecht, o jovem ator húngaro Peter Lorre.

As vidas de Brecht e Kuckhoff entrecruzaram-se novamente na pessoa de um jovem ator de Dresden, extremamente belo, chamado Hans Otto. Adam Kuckhoff havia se encontrado com ele em 1920, em Frankfurt am Main.

Otto estreou como ator profissional no teatro de Kuckhoff, desempenhando o papel principal em *Intriga e amor*, um dos primeiros clássicos de Schiller.[24] Ele acabara de completar 20 anos e seu personagem era uma figura encantadora: peruca empoada estilo século XIX e gravata de renda, representava um aristocrata que se apaixona tragicamente pela filha de um humilde músico.[25]

Kuckhoff e a companhia logo perceberam que estavam com um astro em suas mãos. Em pouco tempo, Otto já escrevia a Kuckhoff em termos pomposos a respeito de seu contrato, sugerindo a programação e fazendo exigências: "A respeito da cláusula que diz 'possível acomodação em quarto sem aquecimento', eu objeto".[26] Otto também chamou a atenção de Marie, casada com Adam havia dez anos. Ela o viu como um "jovem tenso, impressionantemente pálido, um homem que, sem ser um estraga-prazeres, era muito reservado — um verdadeiro lobo solitário".[27] (Marie, em contraste, era "frágil, elegante e espirituosa", de acordo com a definição de Elspeth, irmã de Otto.)

A elegante e espirituosa Marie e o tenso Otto se apaixonaram. Ela se divorciou de Adam Kuckhoff e casou-se com Hans Otto em 1923, e Adam casou-se com Gertrud, irmã de Marie. Num curto espaço de tempo, Hans Otto simultaneamente tornou-se o marido da ex-esposa de Adam Kuckhoff e seu novo cunhado. Por tudo que se sabe, Marie e Hans Otto tiveram um casamento feliz. Mesmo sob circunstâncias tão complicadas, Kuckhoff, Otto e as irmãs Viehmeyer continuaram sendo todos bons amigos.

"Queridos Gertrud e Adam", escreveu Otto, com entusiasmo, em 1928. "Tem sido difícil escrever com toda essa abundância de trabalho — perdoem-me! Talvez eu consiga ir a Berlim no ano que vem, afinal. É tão difícil decidir... Devemos buscar o sucesso, ou nossos próprios interesses?"[28]

Otto buscava ambos. Ele e Marie uniram-se a um grupo de artistas comunistas em Hamburgo, e Otto entrou no KPD, o Partido Comunista

Alemão, em 1924. Foi logo recrutado para trabalhar com as publicações artísticas e as exibições coletivas do partido. Em 1926, estrelou numa produção da peça de Brecht *A vida de Eduardo II*, e os dois homens tornaram-se grandes amigos.

Todo mundo parecia gostar de Hans Otto. Tornou-se mais aberto à medida que amadurecia, e as pessoas eram atraídas por seu olhar franco e acolhedor e pelo cabelo negro encaracolado. Para ele, o comunismo e o teatro eram meios de expressar sua paixão pelos trabalhadores. Otto exerceu uma forte influência sobre Brecht, que o mencionava frequentemente em sua correspondência.

Por volta de 1930, Otto, Kuckhoff e Brecht estavam trabalhando no Staatstheater em Berlim, chefiado por Jessner. Otto era um exemplo extraordinário daquele fenômeno de Weimar, mistura de ídolo de matinês de cinema e agitador esquerdista. Em 1930, escreveu um folheto promovendo o programa de teatro *agitprop* (uma combinação de agitação e propaganda comunista) da Associação Teatral dos Trabalhadores Alemães afiliados ao KPD. Ele convocava "as massas para a tarefa gigantesca" de criar um movimento cultural de trabalhadores. Grupos musicais cantariam "novas canções revolucionárias que as massas deveriam aprender", reunindo-se em locais de trabalho e diversão dos operários.[29] No ano seguinte, estrelou na comédia de Jean Giraudoux, *Amphitryon 38*, ao lado de duas atrizes de destaque, Elisabeth Bergner e Lil Dagover.

Mas, em 1932, Otto elevou o valor da aposta, escrevendo um panfleto confrontando o ministro da Cultura, o social-democrata Adolf Grimme, velho amigo de Adam Kuckhoff. Ele acusava os social-democratas de trair os artistas alemães, fechando teatros por razões orçamentárias e mandando a polícia proibir uma produção teatral coletiva da peça de Brecht (e Weisenborn), *A mãe*. Como o ministério ousava dizer que apoiava o "Teatro do Povo"? Otto mostrava o contraste com os soviéticos, que, segundo ele, haviam aumentado o número de teatros e audiências nos dois anos anteriores.

Adam Kuckhoff seguia um caminho intermediário entre os de seus dois amigos, o burocrático Adolf Grimme e o incendiário Hans Otto. Ainda estava tentando convicções políticas e arte dramática, mas não era fácil. Mesmo Piscator e Brecht, com suas explícitas lealdades ao marxismo, frequentemente se enredavam em problemas com o Partido Comunista. Os bolchevistas russos, agora sob o comando de Joseph Stalin, haviam transformado num fetiche suas raízes proletárias e camponesas. Suspeitavam particularmente dos cosmopolitas marxistas alemães, que combinavam um ar de superioridade e um incômodo grau de independência.[30]

De sua maneira usual, Adam Kuckhoff estava dominado por conflitos que nada tinham a ver com ideologia. Incapaz de se dedicar inteiramente a qualquer uma de suas disciplinas, dividia o tempo entre as duas. Continuava como dramaturgo do Staatstheater, mas também vinha trabalhando num romance, *Scherry*, baseado na figura de um célebre palhaço suíço chamado Grock. O livro explorava o arrogante ego do artista, que esmagava seres mais fracos que se interpunham em seu caminho.[31] (O tema pode ter sido inspirado pela experiência recente de Adam, de perder a primeira esposa para um ator.)

Greta Lorke, que havia achado Adam Kuckhoff tão irresistível em Hamburgo, afastara-se das complicações em que ele vivia. Para ela, foi "um grande golpe" descobrir que era casado. Adam tentou se justificar, explicando as complexidades de sua vida de casado com as irmãs Viehmeyer, mas Greta não queria saber nada daquilo. Emocionalmente arrasada, ela se recolheu. "Eu me enterrei no trabalho", escreveu mais tarde, "embora, dadas as circunstâncias, não pudesse esperar nenhuma satisfação, nada além de ganhar o dinheiro suficiente para me sustentar e poder mandar algum extra para meus pais".[32]

3

Berlim

1928-1930

Os amigos que Greta fizera em Wisconsin, Arvid e Mildred Harnack, passaram os anos 1928 e 1929 nas universidades de Jena e Giessen, duas cidades pequenas da Alemanha. Lá, tomaram conhecimento de um novo e perturbador fenômeno: um partido direitista radical chamado Nacional Socialista estava tendo um sucesso extraordinário recrutando apoio entre os estudantes.

Mildred compreendia a frustração dos alemães, mas temia a direção que estavam tomando. Escreveu à sua mãe: "Existe um grande grupo aqui que, reconhecendo os erros da situação atual e diante de sua própria pobreza ou do perigo de pobreza, salta para a conclusão de que, como as coisas estavam melhores antes da guerra, seria uma boa ideia ter novamente um governo mais absoluto."[1]

Arvid reagiu juntando-se a grupos de estudantes pacifistas e aos social-democratas, esforçando-se para aplicar seu treinamento acadêmico à crise do momento. Enquanto a economia alemã afundava mais e mais no caos, ele desenvolveu um interesse crescente pela ideia de um planejamento econômico centralizado. Não era o único nisso. À medida que as nações capitalistas ocidentais debatiam-se na Grande Depressão, os americanos perdiam todas as poupanças que haviam depositado em contas sem garantia, os trabalhadores ingleses marchavam pelas ruas e os alemães entravam em pânico diante da ameaça de mais uma fome generalizada. Será que o planejamento econômico poderia proteger a sociedade de tais dificuldades e perturbações? Em Londres e Washington, funcionários governamentais estavam começando a explorar as ideias radicais do economista John Maynard Keynes. Arvid Harnack fazia perguntas semelhantes e imaginava se os novos economistas soviéticos poderiam criar um sistema mais racional, partindo do zero.[2]

Em 1930, Arvid e Mildred mudaram-se para Berlim, onde ela recebeu uma bolsa para estudar na universidade. Estavam felizes por retornar ao conforto da família de Arvid, e Mildred se excitava com as promessas da vida na cidade grande. "Ontem, fui a Jena e comprei material para fazer um vestido de noite para usar em Berlim", contou numa carta à mãe. "Crepe da China branco (cintura ajustada, um pouco acima do normal, saia até os pés, duas flores de cetim amarelo aplicadas). Usei para ir ao teatro."[3] Seis semanas depois, escreveu: "Meus dias [em Berlim] são ocupados até a meia-noite. (...) Cheios de estudo, palestras, seminários, concertos, encontros com vários membros da família e outros."[4]

Mas Berlim não agradava a todo mundo. Adolf Hitler, por exemplo, desprezava a cidade, vendo-a como um esgoto: decadente, cheia de comunistas, artistas audaciosos e judeus — três grupos que ele tendia a ver como uma só coisa. Ele chamava Berlim de *Trümmerfeld*, um "terreno cheio de entulhos", e a condenava por ser "cosmopolita", ou seja, um lugar onde a cultura alemã era corrompida por influências estrangeiras decadentes e pela *avant-garde*.[5] (No linguajar nazista, "cosmopolita", "estrangeiro" e "*avant-garde*" eram, com frequência, termos ligeiramente velados para designar "judeus".)

Berlim era inegavelmente cosmopolita e se orgulhava disso. Alguns observadores gostavam de compará-la a Chicago, mas a maior parte dos berlinenses sentia uma afinidade mais forte com Nova York. Ao final do século XIX, essas duas cidades haviam ajudado suas nações a passar de economias agrícolas a potências industriais e financeiras. Essas dinâmicas não poderiam deixar de propiciar intenso interesse em Greta como socióloga em Mildred, como crítica literária, e em Arvid, como um economista inquiridor.

De fato, era possível encontrar várias semelhanças entre Berlim e Nova York. O Central Park de Berlim era o Tiergarten, o velho parque de caça real enfeitado por pequenos lagos com peixes decorativos e aleias românticas. Nos fins de semana, Arvid e Mildred frequentemente se juntavam a seus amigos berlinenses para caminhar pelas trilhas do parque. O Tiergarten cruzava a ampla alameda de Berlim, a Unter den Linden, na qual ficavam hotéis elegantes, embaixadas e a Universidade de Berlim, onde Greta, Arvid e Mildred estudavam e ensinavam.

A Friedrichstrasse era uma combinação de Broadway e Madison Avenue, com lojas movimentadas e restaurantes que complementavam os teatros onde Adam Kuckhoff e colegas produziam seus trabalhos. Neukölln era um bairro de classe operária que fazia lembrar o Lower East Side, o bairro de imigrantes e operários de Nova York: ficava na zona sul da cidade, onde famílias imigrantes do Leste Europeu se amontoavam em casas de cômodos e onde Greta havia catado piolhos na cabeça de meninos órfãos.

Berlim foi fundada no século XII numa faixa de terra alagadiça (dizia-se que seu nome derivava da palavra *birl*, ou pântano). Durante séculos, permaneceu como um local política e culturalmente periférico. Mas, no século XVII, um arguto governante reformista, o *kaiser* Frederico Guilherme, modernizou a cidade; fez dela um paraíso para grupos perseguidos — protestantes franceses e judeus vienenses — que ali se enraizaram e prosperaram. À altura de 1871, quando foi nomeada a capital da nova Alemanha unificada, Berlim tinha pouco mais de 800 mil habitantes, a metade da população de Nova York. Em 1880, havia na cidade cerca de 45 mil residentes judeus, 10% do total existente no país.[6] A população judia alemã atingiu o auge em 1910, 615 mil pessoas, que correspondiam a aproximadamente 1% da população do país.

Os judeus em Berlim alcançaram status e influência com os quais nem se sonhava na maior parte da Europa. Ainda assim, o antissemitismo infestava a sociedade alemã. Parte dele surgiu de uma tendência de culpar os banqueiros e os empresários judeus pelos pânicos financeiros. Outras formas de intolerância resultaram dos *pogroms* iniciados na Rússia tsarista na década de 1880. Esses ataques levaram a Berlim multidões de refugiados de fala polonesa e russa — graças, em parte, ao trabalho de agências judaicas internacionais de ajuda que promoviam Berlim como um destino propício para o reassentamento daquelas populações.[7] Os judeus cosmopolitas assimilados em Berlim, que haviam lutado durante anos para conquistar plenos direitos na sociedade alemã, agora expressavam ambivalência a respeito da chegada dos *Ostjuden*, cujas vestes, falas e práticas religiosas recendiam a um outro século. Eles temiam, com alguma razão, que o influxo de estrangeiros pudesse desencadear uma reação adversa entre os mais maléficos e ignorantes de seus concidadãos. Ao mesmo tempo, muitos berlinenses não judeus denunciavam o antissemitismo como barbárie. Em 1880, um grupo de importantes professores, políticos e homens de negócio berlinenses assinou a "Declaração dos Notáveis", deplorando o antissemitismo como uma "desgraça nacional" e alertando contra aquela "loucura antiga".[8]

O cataclismo da Primeira Guerra Mundial afetou os berlinenses mais drasticamente ainda que no caso de outros alemães. Após a revolução bolchevique, os refugiados russos inundaram a cidade. Outro resultado da guerra foi a reconstrução da Polônia: o novo governo lançou nova série de ataques contra os judeus poloneses, e muitos fugiram para Berlim.

Por volta de 1930, a coleção de 4 milhões de almas berlinenses era mais eclética que nunca, uma estonteante colisão de culturas, idiomas, gerações e ideologias. Isso produzia um cenário político turbulento, mas também resultava em boa literatura. Desde que o renano Johannes Gutenberg dotara sua impressora do século XV com tipos móveis de madeira, os alemães haviam se tornado apaixonados consumidores da palavra impressa. Não foi por coincidência que Adam Kuckhoff e os Harnacks conseguiram publicar seus trabalhos; havia uma abundância de oportunidades. A Alemanha tinha mais jornais que os Estados Unidos (embora tivesse menos da metade da população americana), e mais que França, Inglaterra e Itália juntas.[9]

Intelectuais como os Harnacks podiam seguir os acontecimentos políticos a partir de dezenas de diferentes perspectivas editoriais. Todos os principais partidos políticos estavam representados em suas próprias publicações ou nas de seus afiliados. As mais antigas pertenciam aos social-democratas e ao Partido Católico do Centro, seguidas pelas do Partido Comunista e, por fim, pelas dos nazistas.[10] Em Berlim, a imprensa independente e de qualidade estava dominada por duas grandes editoras, Ullstein e Mosse, ambas pertencentes a judeus. Nas cidades menores, o florescente negócio de jornais locais compunha a diversidade regional; em 1928, 80% dos jornais do país eram empresas familiares.[11] Era um bom lugar e uma boa hora para quem quisesse ser jornalista.

Isso estava claro para o jovem protegido de Adam Kuckhoff, John Sieg, que entrou no jornalismo com total dedicação. Muitos membros do círculo de Kuckhoff tinham simpatias esquerdistas, mas John era o único que poderia reivindicar uma experiência "proletária" real. Também tinha outra qualidade exótica que fascinava os berlinenses cosmopolitas: John Sieg era, pelo menos em termos, um americano.

Ignatius John Sieg nasceu em 3 de fevereiro de 1903 em Detroit, no estado de Michigan, filho de um casal de operários alemães católicos que havia migrado para a América quando jovem. John perdeu o pai quando tinha 7 anos, e, alguns anos mais tarde, o avô levou o garoto para uma visita à Alemanha. O eclodir da Primeira Guerra Mundial impediu que retornassem à América, e John se viu fazendo o curso secundário nas cidades prussianas de Schlochau e Krone.[12] Em 1920, aos 17 anos, John, identificado como "Johann", tornou-se um cidadão alemão naturalizado. Em 1923, sua educação foi mais uma vez interrompida quando o avô morreu e a mãe o intimou a voltar para Detroit.

Ele deve ter ido com alguma relutância. Estava cursando uma faculdade na Prússia, preparando-se para ser professor, e tinha uma namorada polonesa chamada Sophie Wloszczynski. Formavam um casal atraente. Sieg era um homem bonito, sólido, com um sorriso de garoto e abundante cabeleira castanha. Sophie era um pouco mais velha que ele, um tipo miúdo, com cachos escuros e o ar cativante de uma jovem Lillian Gish.* Seis meses depois, ela também estava em Detroit. Ao chegar, foi contratada

---

*Lillian Gish (1893-1993) foi uma famosa atriz americana do cinema mudo. Trabalhou em *O nascimento de uma nação* e *Intolerância*, ambos dirigidos por D.W. Griffith. (*N. da T.*)

como secretária do extravagante maestro russo da Orquestra Sinfônica de Detroit, Ossip Gabrilowitsch. Uma das vantagens do emprego era que Sophie e John assistiam a concertos sinfônicos duas vezes por semana.

Mas a carreira de John foi menos refinada que isso. Em 1924 e 1925, trabalhou em duas grandes fábricas de automóveis, a Ford e a Packard — talvez nas mesmas linhas de montagem que Greta Lorke observaria alguns anos mais tarde, como estudante de sociologia. John trabalhava no turno da noite para poder cursar durante o dia a Faculdade Municipal de Detroit (hoje Universidade Wayne). Ford havia introduzido o método de linha de montagem em 1913. O Ford T arrebatara o país e, cinco anos depois, representava a metade dos carros nos Estados Unidos. John juntou-se à longa fila de candidatos a um emprego na fábrica da Ford fora de Detroit, em Rouge, que logo se tornaria o maior complexo industrial do mundo. Essas experiências proveriam as sementes de sua carreira como escritor.

Henry Ford não era um patrão fácil. O trabalho na linha de montagem era torturante, e havia grande rotatividade de operários. A empresa procurou solucionar o problema reduzindo o número de horas e elevando os salários. Mas muitos empregados rejeitavam o paternalismo e a intolerância de Ford — ele era virulentamente contra os sindicatos e ainda mais ostensivamente antissemita. A partir de 1920, Ford assumiu a tarefa de publicar nos Estados Unidos o livro *O Protocolo dos Sábios de Sião*, o conhecido livro antissemita usado para desenvolver, na mesma época, a ideologia racial nazista.

John Sieg estava entre os inúmeros jovens trabalhadores que se lançaram ao ativismo sindical. Ainda não era um comunista, mas, mesmo assim, foi despedido da fábrica da Ford sob suspeita de ser um agitador vermelho.[13] Conseguiu continuar na faculdade até janeiro de 1926, mas os tempos difíceis o obrigaram a desistir. Andou de cidade em cidade à procura de emprego, trabalhando na construção civil em Pittsburgo e nos matadouros de Chicago e absorvendo, com olhos de escritor, as pessoas e os lugares que via.

Finalmente, John e Sophie decidiram retornar à Alemanha. Chegaram a Berlim em fevereiro de 1928 e encontraram uma atmosfera eletrizante.

Tudo convergia para o mês de maio, quando ocorreriam as eleições nacionais. Dos oito maiores partidos, o Social-Democrata era claramente dominante, com 153 das 491 cadeiras. Assim como o KPD comunista, tivera ganhos modestos; os conservadores perderam um número significativo de votos e os incontroláveis nazistas quase desapareceram do mapa parlamentar.

Mas as eleições não eram o único acontecimento político na cidade. Maio também trazia o Primeiro de Maio, quando as tradicionais marchas de trabalhadores viravam imensas manifestações políticas. Com frequência, elas degeneravam em pancadarias entre comunistas, nazistas e policiais. As simpatias de John claramente iam para os sindicalistas de esquerda. Em pouco tempo, ele se juntou ao Rote Hilfe, um grupo que começara como fundo de apoio a grevistas e havia se transformado numa atividade permanente de ajuda a organizadores sindicais presos ou feridos.

Em 30 de maio de 1928, John e Sophie casaram-se numa cerimônia discreta em seu modesto apartamento na zona norte da cidade. O dinheiro ainda estava curto, mas Sophie havia conseguido retornar a um emprego anterior como estenógrafa e secretária de um advogado judeu chamado Harry Wolff, cujo escritório ficava na Potsdamer Strasse.

John tinha a alma toda voltada para o ato de escrever. Começou a trabalhar e, dentro de poucos meses, vangloriava-se de haver publicado um artigo na prestigiosa revista literária e política mensal do dr. Adam Kuckhoff, *Die Tat*. Kuckhoff decidira testar seu novo autor na resenha de um livro. A editora havia acabado de lançar o livro de um controvertido escritor chamado Adolf Halfeld. *Amerika und Amerikanismus* pintava a sociedade americana como primitiva, sem cultura e materialista. "O americano vive e negocia no presente", escreveu Halfeld, "idealista em palavra, realista em ações".[14]

Kuckhoff perguntou a John Sieg, recentemente chegado da "Amerika" em questão, se poderia responder à crítica de Halfeld. John lhe mostrou uma série de cartas autobiográficas e esboços que havia escrito sobre suas experiências nos Estados Unidos, e Kuckhoff as editou como comentários aos pontos de Halfeld.

As cartas de John começam em 1925, descrevendo seu retorno a Detroit e a inundação de memórias da infância que isso lhe provocara. "A vitalidade da América faz com que a Alemanha pareça um navio avariado, prestes a soçobrar", escreveu. "A América está familiarizada com a bússola, mas nem mesmo sabe que precisa de um leme." Mas a América também tinha seus problemas. John reconhecia a vitalidade de Frank Lloyd Wright e Carl Sandburg, mas, quando foi procurar trabalho nos matadouros da cidade, só conseguia pensar nas palavras de Upton Sinclair: "Lá eu vi e compreendi o que é, verdadeiramente, 'a Selva'."[15]

De volta a Michigan em 1927, ele notou que algumas fábricas haviam fechado. "É uma lástima para os trabalhadores", disse, embora pensasse ser loucura ficar de pé numa linha de montagem "repetindo o mesmo movimento com a mão 8.500 vezes por dia."

Em sua última carta, John deixa seu olhar vagar pela noite imensa de Nova York, meditando sobre a essência da cidade: o som de saxofones nas ruas do Harlem, as ondas de seres humanos que afloravam das saídas de cinemas e salas de concertos — a esplêndida outra face do *Amerikanismus* que precisava ser vivenciada em primeira mão.

John concluiu que a crítica à América tinha alguma base. Sim, o trabalho nas fábricas pode ser brutal e alienante, e, sim, os americanos podem ser medíocres e obcecados com tecnologia e dinheiro. Mas ainda assim... Quando John passeia o olhar por Nova York e outras grandes cidades americanas, percebe uma energia e um potencial inexplorado que os teoristas alemães, a distância, não conseguem apreender. Ele já nem se dá o trabalho de ler jornais alemães pontificando sobre a América, pois, a seu ver, são ignorantes e tacanhos. John tem suas próprias reclamações da América, mas elas se baseiam na experiência pessoal e são temperadas com uma afeição considerável. "América, meu lar", conclui ele, "agora eu a deixo e me vou."

O adeus de John à América acabou sendo uma primorosa entrada no jornalismo alemão. Adam Kuckhoff ficou satisfeito e ofereceu-lhe outras tarefas. Em abril de 1929, publicou outros esboços americanos de John, e o número de junho trazia uma de suas crônicas de viagem, "Andanças pelo Sul".

John estava em excelente companhia. A lista de colaboradores da *Die Tat* mostrava o alcance cada vez maior do empreendimento de Kuckhoff. Incluía o filósofo existencialista russo judeu, Leo Schestov; Thomas Ring, um renomado astrônomo, e Kurt Grossman, o secretário-geral judeu da Liga Alemã pelos Direitos Humanos. John Sieg, com seu passado de empregos em linhas de montagem e cursos em faculdades de segunda categoria, pode ter se sentido um tanto intimidado por tão imponentes colegas.[16]

Por outro lado, os aspectos menos elaborados de John e suas experiências com a vida real eram parte de seus atrativos. Pouco depois, Kuckhoff foi demitido da *Die Tat*, mas ele e John permaneceram amigos por toda a vida. Kuckhoff apresentou seu protegido a membros de seu círculo, incluindo Hans Otto, o belo ator que se casara com Marie, sua ex-esposa. Como um veterano do Partido Comunista Alemão, no qual se alistara havia cinco anos, Otto era ativo tanto no partido quanto no movimento teatral operário. John Sieg e Hans Otto descobriram que tinham muito em comum, inclusive o interesse pelo Partido Comunista.

Os artigos de John para a *Die Tat* abriram-lhe outras portas. Em agosto de 1929, o conceituado *Berliner Tageblatt* publicou um texto sobre suas experiências como operário na construção de um arranha-céu americano. Hermann Grosse, o editor do jornal *Rote Fahne* [*Bandeira Vermelha*], viu a matéria e aprovou o retrato favorável da classe trabalhadora apresentado por Sieg. Foi atrás do escritor de 27 anos e o recrutou para seu jornal. Pouco tempo depois, John também entrou para o KPD.[17]

Ele estava fascinado pelos comunistas alemães, e a admiração era recíproca. Grosse publicou uma série de artigos, esboços e histórias de John sob o pseudônimo "Siegfried Nebel".[18] A autenticidade proletária de John ajudava-o a se destacar. "Na opinião de Grosse, John tinha algo de um Jack London", recordou-se um amigo. "Um trabalhador que havia dominado o conhecimento do marxismo, um autodidata. ... Um homem ponderado, fisicamente ágil, mas não exibicionista."[19]

Dentro de poucos meses, Grosse ofereceu a John um trabalho no corpo de redatores. No cruel inverno de 1929, um emprego no jornalismo com um salário fixo era mais do que providencial.

O *Rote Fahne* era agora o maior dos cinquenta jornais comunistas da Alemanha. Em 1932, sua circulação alcançava 130 mil exemplares, praticamente igual à do principal diário liberal, o *Berliner Tageblatt*. O *Rote Fahne* era, explicitamente, um órgão do partido e desempenhava a função de solapar o governo e promover a violência política. Mas também contava com uma impressionante lista de colaboradores artísticos que incluía obedientes membros do partido e espíritos livres da *avant-garde*, como o crítico literário Walter Benjamin, o compositor Hans Eisler e ilustradores como George Grosz e John Heartfield.

John Sieg se afiliou ao Partido Comunista Alemão numa época em que o partido estava sendo atacado em sua própria identidade, embora a ofensiva, emanada da distante Moscou, fosse invisível para a maior parte dos membros em Berlim. A discórdia entre os alemães e os soviéticos remontava às origens do socialismo. Os comunistas alemães e os stalinistas partilhavam a retórica marxista, mas os alemães agiam como se fossem donos do marxismo e do próprio Karl Marx — que, afinal, havia nascido na Alemanha, descendente de uma longa linhagem de rabinos alemães. O stalinismo, por outro lado, germinou na brutal incubadora do terrorismo bolchevique; Stalin era tão cruel e intolerante, que mesmo Lenin — ele próprio um homem violento — o considerava um vilão. Mas Lenin havia morrido em 1924, incapaz de deter a caminhada de Stalin em direção ao poder. Seu fracasso haveria de ter consequências fatais para os alemães.

No início, o KPD exibia uma rica diversidade entre seus membros — artistas e intelectuais idealistas, sindicalistas, trabalhadores desempregados e combatentes de ruas que viam o comunismo como um princípio organizador da guerra entre gangues. Diferentemente dos bolcheviques russos, o KPD funcionava como um partido legítimo na Alemanha.

Mas o KPD alemão havia sido um dos principais integrantes da Internacional Comunista desde sua fundação, em 1919. Foi nesse fórum que os partidos comunistas do mundo se reuniram para discutir política e estratégia. Da perspectiva da Internacional, Stalin era uma figura pouco importante, mas ele viu uma maneira de usar a organização para seus próprios fins pessoais.[20] Durante anos, conseguiu pôr sob seu controle a Internacional Comunista e, com ela, os vários partidos comunistas nacionais. Como observa o historiador Alan Bullock, "nenhum outro partido comunista sofreu tanto ou foi tão afetado com essa subordinação quanto o KPD".[21]

Quando o Sexto Congresso da Internacional Comunista se reuniu, em 1928, o esquema de Stalin estava completo. Instado por ele, o Congresso resolveu que todos os partidos comunistas locais teriam que estar subordinados à Internacional. Stalin então forçou a passagem de uma resolução adicional estabelecendo que, em toda parte, os partidos comunistas deveriam ver os partidos socialistas como seus mais perigosos inimigos, "mais perigosos que os manifestos defensores do imperialismo predatório".[22] Em termos alemães, isso significava que o KPD e o Partido Social-Democrata, que algumas vezes haviam apoiado uma mesma legislação social, não poderiam mais colaborar um com o outro.

Os riscos eram desesperadoramente elevados. Nas eleições parlamentares de 1928, os dois partidos alemães de esquerda ganharam mais de 40% dos votos, entre um total de oito partidos. (Os nazistas, em comparação, haviam caído para menos de 3%.) Se tivessem feito uma coalizão entre eles — em vez de serem vitimados pela sabotagem de Stalin —, o rolo compressor da direita poderia ter sido bloqueado.

À medida que a década de 1920 chegava ao fim, a Alemanha se via à beira de uma nova crise econômica que iria contrapor trabalhadores urbanos desesperados, com suas perspectivas de prosperidade industrial arruinadas, e trabalhadores rurais que temiam ser abandonados à pobreza e ao isolamento. Muitos ansiavam pelo retorno aos tempos autoritários do *kaiser*; outros davam ouvidos ao conto de fadas sobre o paraíso dos trabalhadores soviéticos. O socialismo democrático parecia, cada vez mais, um experimento fracassado que durara apenas dez anos.

A maior parte dos berlinenses esqueceu-se de se preocupar com os nazistas, que ainda eram vistos como uma piada. Mas a maioria também deixou de perceber a ameaça de Stalin, que puxava os cordões por trás das cenas. Secretamente, ele estava contra todos os partidos comunistas não russos e tinha desígnios assassinos com relação a grupos étnicos alemães e a outras minorias que se encontravam sob seu poder. Os alemães comunistas eram duplamente vulneráveis.

Mas essas percepções cruciais não estavam ao alcance de diletantes políticos como Adam Kuckhoff e de soldados rasos do partido como John Sieg.

4

As massas e a mídia

1929-1932

Greta não via nenhum motivo para permanecer na Alemanha. Graças à crise, os empregos eram escassos e seu novo interesse amoroso, Adam Kuckhoff, era um homem casado. A Alemanha estava mudando e, claramente, não para melhor. O discurso público havia se tornado insuportavelmente estridente, a imprensa mostrava um alto grau de polarização e os transeuntes tinham que se esquivar de brigas nas ruas.

Greta foi resgatada pelo convite de um advogado amigo para acompanhar sua família à Suíça. Sua única atribuição seria pôr em ordem a grande biblioteca pessoal do patrão e ensinar algum inglês a seus filhos. Zurique era uma ilha de luxo e calma. Greta era paga generosamente e, além disso, tinha seu próprio quarto, alimentação, e era incluída nas atividades da família como uma entre iguais.

Deu para sentir o gosto de uma boa vida, recordou mais tarde. "Não posso negar que gostava daquilo também. (...) Havia trufas Perigord e moluscos que vinham de Berlim por via aérea."[1] Na primavera, o cenário visto de seu quarto transformava-se num tapete de violetas. Greta conseguia mandar dinheiro para os pais, aplacando a culpa de abandoná-los à pobreza da classe trabalhadora. "Ocasionalmente, eu ficava pensando em meu pai. Eu o via carregando pacotes de jornais e os enfiando no compartimento de bagagem do trem duas vezes por dia, sem uma palavra de queixa."[2]

Quando estava se recuperando do golpe com Kuckhoff, Greta viveu um romance com um artista suíço chamado Leo Leuppi. Um dos retratos que ele pintou durante o período, sem título, mostra uma jovem com uma longa face como a de Greta contra um fundo azul, enfeitada com uma única rosa.[3]

Isso a ajudou a se distrair de seus problemas. "Lentamente, o rosto de Adam Kuckhoff foi esmaecendo", escreveu mais tarde. "Suas cartas eram raras, e eu escrevia a ele com menos frequência ainda."[4]

Uma vez terminado o trabalho na Suíça, Greta relutantemente aceitou um emprego em Frankfurt, dessa vez como assistente pessoal de um professor de sociologia. Karl Mannheim era um brilhante teorista, mas o emprego era menos lucrativo e menos satisfatório que o anterior. Trabalhava longas horas pondo em ordem outra enorme biblioteca, sonhando com ter tempo disponível para terminar seu doutorado. Depois do expediente, ela se retirava para um café na vizinhança onde estudantes debatiam, apaixonadamente, o deplorável estado da nação, e todos concordavam em que o governo social-democrata no poder era um desastre. Ali, novamente, Greta encontrou estudantes comunistas que a pressionaram para entrar no partido. Mas ela não se sentia confortável com a ideia.[5] Não compreendia seus debates e não partilhava o vocabulário. Manteve sua própria perspectiva e permaneceu à distância.

Mas seus amigos Arvid e Mildred Harnack achavam cada vez mais difícil evitar os debates ideológicos. Chocado, no início, com o impulso nazista, Arvid foi levado a se associar a uma organização social-democrata que existia no campus da universidade em Giessen. Mas, à medida que a economia alemã mergulhava no abismo, os social-democratas tornavam-se mais vulneráveis a críticas tanto da esquerda quanto da direita.[6] Arvid Harnack juntou-se à onda esquerdista. Gradualmente, passou a se ver, em termos filosóficos, como um comunista (embora não haja nenhuma evidência de que tenha alguma vez se filiado ao partido). O KPD tinha muitos atributos que em nada atraíam um homem como Arvid: as brigas que promoviam nas ruas, as divisões internas e frequentes cisões e expurgos.

Arvid Harnack, totalmente mergulhado em sua pesquisa, não tinha nenhuma inclinação para lutas internas. Estava decidido a progredir em sua carreira. Já havia produzido uma tese sobre o movimento operário nos Estados Unidos e planejava publicar uma análise do planejamento econômico soviético. Mildred estava muito mais interessada nos transcendentalistas americanos que nos bolchevistas soviéticos. Mas, uma vez estabelecida na Alemanha, descobriu que a política era inevitável.

Recém-casada e vivendo fora de seu país pela primeira vez, Mildred era uma observadora interessada e sentia muita saudade de casa. Suas frequentes cartas à família ofereciam um relato detalhado e íntimo do rápido declínio de sua nova terra.

Em outubro de 1929, ela descreveu sua vida modesta na pequena cidade universitária de Giessen onde Arvid estava completando os estudos. O jantar consistia em repolho, batata e sopa de salsicha e custava 15 centavos. Seria possível alimentar-se com 35 centavos por dia "se a pessoa comer simplesmente, como fazemos. (...) Penso que a melhor política é não chamar a atenção sobre si mesmo de nenhuma forma ostensiva, pois, entre alemães pobres, não seria gentil parecer rico".[7] Três dias depois do Natal, pediu ajuda da mãe para descontar um título. Como muitas outras pessoas espalhadas por todo o país, ela diz: "Estamos com dificuldades financeiras."[8]

Poucos meses mais tarde, Mildred escreveu que as condições econômicas haviam piorado:

A situação é mais difícil no caso de muitas crianças de classe média ou baixa, de famílias que não conseguem o suficiente para comer e estão em grande risco econômico. (...) O problema é que a guerra não era somente contra o *kaiser*. As pessoas na Alemanha estavam numa situação tenebrosa, e o pior ainda não passou. Não existe compaixão nem amor entre nações, e, ainda assim, as nações são compostas de pessoas, e as pessoas têm que sofrer. (...) Você pode ver, assim, a razão de estarmos sendo cautelosos com nosso dinheiro.[9]

Arvid orgulhosamente apresentou sua noiva à família, inclusive ao tio Adolf von Harnack, um eminente teólogo que havia liderado campanhas contra o antissemitismo na Igreja luterana. A reunião ocorreu em Berlim no início de 1930, poucos meses antes da morte do tio, e o velho sábio causou uma profunda impressão. Pouco tempo depois, o jovem casal visitou o filho de Adolf, Ernst von Harnack, um destacado membro do Partido Social-Democrata. Mildred escreveu à família a respeito de sua imponente residência. A mesma carta, com um sombrio prenúncio, descrevia sua experiência com um fantasma decapitado.

> Queridíssimos: Segue junto uma foto do belo castelo no qual eu e Arvid estivemos como hóspedes de seu primo Ernst von Harnack e de sua esposa Aenne quando fomos a Berlim nesta semana. Ernst é o *Regierungspräsident* (governador regional) de uma parte da Alemanha e vive de maneira magnífica, embora simples, nos grandes e suntuosos cômodos do castelo de Merseburg, um subúrbio de Halle. Dormi num quarto à esquerda, por detrás das árvores. (...) Depois, Ernst contou-me a história do fantasma decapitado de um pajem que assombrava o castelo e, especialmente, meu quarto. O resultado dessa história foi que sonhei a noite toda com o infeliz.

A Alemanha estava mais instável a cada dia, e mesmo uma novata na política, como Mildred, podia ver uma nova crise em progresso. Ela atribuía parte da culpa a uma nova facção violenta:

> Os líderes do grupo são pagos pelos grandes industriais que desejam usar o movimento como arma contra os trabalhadores organizados, contra os seguros concedidos aos operários etc., e, por fim, contra o comunismo, que quer, atuando de uma forma temporariamente violenta, derrubar os homens ricos e elevar os pobres, até que estejam ambos no mesmo no nível, até que todos tenham o suficiente e ninguém tenha demais ou muito pouco.
>
> O grupo se autodesigna nacional-socialista, embora não tenha nada a ver com o socialismo e o próprio nome seja uma mentira. Ele se concebe como tendo uma moral elevada e, como a Ku Klux Klan, faz campanha para promover o ódio contra os judeus.

Mildred partilhava a opinião de Arvid sobre o conflito e esperava que a Alemanha conseguisse manter a paz por meio da cooperação entre social-democratas e comunistas. Ela mantinha a perspectiva social-democrata da família de Harnack e temia a ameaça que o KPD pudesse representar para a ordem pública:

A existência dos [nazistas], bem como a dos comunistas, em menor número, cujos propósitos são mais positivos, põe em risco o governo na Alemanha. Nenhum dos dois grupos deseja atuar por meios parlamentares, embora ambos tenham cadeiras no Reichstag. Se os "nacional-socialistas" tiverem sucesso em criar uma ditadura, poderá haver muita agitação, porque o partido dos social-democratas, junto com o dos comunistas, constitui uma forte ala esquerdista no Reichstag e se oporá aos esforços dos direitistas (que querem diminuir os salários, cortar o auxílio-desemprego etc.).

Neste exato momento, começa uma grande greve dos metalúrgicos, diante da tentativa de se cortar 8% de seus salários (que não são muito altos para se viver aqui agora).[10]

Os berlinenses sofisticados estavam acostumados a ver as vulgares camisas pardas dos nazistas como uma piada de mau gosto.[11] Agora, subitamente, tinham boa razão para se preocupar. Em setembro de 1930, entre uma eleição e outra, os nazistas passaram do último lugar (entre nove partidos) para o segundo, logo abaixo dos social-democratas. Multiplicaram por nove suas cadeiras, beneficiando-se da decisão secreta de Stalin de rachar a esquerda.

Os intelectuais berlinenses ficaram chocados. O jornal diário liberal mais importante da cidade, *Berliner Tageblatt*, levantou-se contra o "fato monstruoso ...[de que] 6,4 milhões de eleitores neste país altamente civilizado tivessem dado seus votos ao mais vulgar, vazio e grosseiro charlatanismo".[12] A vitória nazista parecia ter surgido do nada, mas somente porque os editores do *Tageblatt* e outros intelectuais urbanos haviam estado distraídos, mais absorvidos em assuntos da *avant-garde* e em minúcias ideológicas do que no que se passava nos cortiços e nas áreas rurais à sua volta.

A estratégia dos nazistas era simples: explorar as fissuras existentes na cultura política de Weimar. A Alemanha oferecia muitas possibilidades. A área rural, os meios de comunicação de massa e as ruas eram os alvos principais.

Os partidos tradicionais estavam vulneráveis nas três frentes. O governo social-democrata tinha uma desafortunada história de compadrio político, favorecendo os sindicatos e as organizações civis afiliadas ao partido. Os partidos de esquerda cultivavam áreas urbanas à custa do abandono do eleitorado rural. Os nazistas exploraram o vácuo existente, atacando a sociedade civil em suas bases. Mildred Harnack assistira à forma como atuavam na pequena cidade em que vivia. Entre 1924 e 1928, os nazistas se infiltraram em corais locais, clubes esportivos e até em grupos religiosos. Algumas cidades resistiram ao assalto. Outras, rancorosamente, se dividiram em dois clubes de ciclismo, duas sociedades teatrais, e, numa comunidade da Alemanha central, em dois corpos de bombeiros voluntários e inimigos.[13] Em certa cidadezinha, os 46 integrantes locais do Partido Nazista estavam afiliados a não menos de 73 organizações religiosas e civis.[14]

O partido cresceu rapidamente, com uma estrutura organizacional singular. Por volta de 1928, havia 100 mil membros do Partido Nazista organizados em minúsculas células espalhadas por todo o país. Durante os dois anos seguintes, o partido quadruplicou seus membros, com mais de 3.400 seções e 2 mil oradores treinados para levar adiante o esforço de recrutamento nacional. E continuou a se expandir rapidamente em 1931 e 1932.[15]

O sucesso dos nazistas foi alimentado pelo mero pânico. Entre 1928 e 1932, a taxa de suicídio aumentou 14% entre homens alemães e 19% entre as mulheres.[16] Os nazistas ofereciam uma mensagem tranquilizadora: se a Alemanha estava desmoronando, era porque o país havia sido enfraquecido por divisões internas e vitimizado por inimigos externos. Aquela situação poderia ser revertida se os alemães pudessem se unir sob uma bandeira de força e autodisciplina.

Os nazistas estavam prontos para assumir a liderança, participando do processo eleitoral com o único propósito de destruí-lo. Essa filosofia foi explicitada em abril de 1928, num ensaio escrito por Joseph Goebbels, candidato ao Reichstag:

> Somos um partido antiparlamentar que rejeita, por boas razões, a Constituição de Weimar e suas instituições republicanas. Nós nos opomos a uma democracia falsa que trata o inteligente e o estúpido, o esforçado e o preguiçoso de uma mesma forma. (...) Entramos no Reichstag para nos armarmos com as armas da democracia. (...)
>
> Se conseguirmos fazer com que sessenta ou setenta dos agitadores e organizadores de nosso partido sejam eleitos para os vários parlamentos [nacional e regionais], o próprio Estado pagará para que nossa organização o combata. Isso é suficientemente interessante e divertido para que seja tentado. (...)

Os nazistas precisavam de alguém que pudesse vender sua mensagem aos deserdados da sociedade alemã, e Joseph Goebbels era o homem para isso. Sob circunstâncias ligeiramente diferentes, ele poderia ter sido outro dos protegidos de Adam Kuckhoff. Os dois tinham muito em comum.

Tal como Kuckhoff, Goebbels vinha de uma família católica da Renânia, um homem pequeno, frágil, prejudicado por uma infecção durante a infância. Estudou numa sucessão de universidades alemãs em busca de uma vocação e, por fim, conseguiu fazer um doutorado em literatura e drama alemães em 1922, em Heidelberg. Goebbels também aspirava a ser um escritor, e contava com que seu romance autobiográfico, escrito logo depois de se formar, fosse um grande sucesso. A obra melodramática chamava-se *Michael: ein Deutsches Schicksal in Tagebuchblättern* (*Michael: um destino alemão nas páginas de um diário)*. Contava a história de um jovem estudante inspirado por ideais populares alemães que se desespera com o declínio do país e é levado ao suicídio.[17]

O jovem Goebbels submeteu *Michael* aos principais editores e o viu rejeitado por todos. Escreveu duas peças teatrais — uma delas, *Der Wanderer* (*O andarilho*), baseava-se na vida de Jesus Cristo —, mas não foram encenadas. Também enviou dezenas de artigos ao *Berliner Tageblatt*, que recusou tanto os textos quanto seu pedido de um emprego como repórter.

Finalmente, Goebbels encontrou a aceitação nos braços do Partido Nazista. Participou de um comício em Munique, em 1922, e logo depois se filiou à seção renana do partido. Tornou-se um dos maiores apoiadores de Hitler, movido por uma apaixonada lealdade pessoal.[18] O partido, por sua vez, reconheceu seus talentos literários (coisa que a indústria editorial alemã não havia feito) e encarregou-o de editar as publicações partidárias.

Em 1926, Hitler enviou Goebbels para a "Berlim Vermelha". Isso era um desafio; a sólida cultura socialista e comunista da cidade era mais resistente à ideologia nazista que o interior. Pouco depois de chegar, Goebbels fundou um semanário chamado *Der Angriff* (*O ataque*) que, para sua conveniência, lhe permitia publicar o quanto quisesse de seus próprios escritos. Ganhou uma cadeira no Reichstag em 1928, tornou-se o principal estrategista de propaganda do partido e pôde então prosseguir com suas paixões: as artes dramáticas, o culto da celebridade e os meios de comunicação de massa.

Goebbels era um propagandista nato, e frequentemente lhe é creditada a criação do mito de Hitler como um Führer todo-poderoso. Também tinha talento para usar técnicas teatrais, impregnando o movimento nazista e o culto à personalidade de Hitler com aberrantes mutações da pompa e da iconografia católicas.[19]

Ao longo da década de 1920, os meios de comunicação alemães passaram por um maciço processo de consolidação. A resultante concentração da propriedade beneficiou os nazistas. Grande parte das empresas do setor foi parar nas mãos do conservador Alfred Hugenberg, o barão da mídia. Ao final da década, suas propriedades incluíam uma grande editora de livros e revistas, uma cadeia de jornais, uma agência de notícias internacionais e a principal empresa cinematográfica alemã, a Universum-Film (UFA). Hugenberg começou a cortejar os nazistas. Eles rapidamente se apossaram de seu império e o usaram para transformar todo o cenário da comunicação de massas do país, sob a direção de Goebbels.

Em novembro de 1930, Goebbels recebeu recursos do partido para transformar seu semanário em um diário, o que também lhe permitiu reduzir o preço de banca e expandir o conteúdo. (Uma de suas primeiras inovações foi a ficção em capítulos, iniciada com seu próprio romance,

Michael.)[20] Goebbels usou *Der Angriff* para criar um universo paralelo nazista de ideologia, comportamento e mito. Como os outros jornais, o *Angriff* cobria questões políticas e econômicas, mas Goebbels acrescentou uma seção feminina, comentários sobre livros e música e até cobertura esportiva, tudo isso formatado segundo uma perspectiva nazista. Como escreve o especialista Russel Lemmons,

> *Der Angriff* foi parte de uma tentativa do [Partido Nazista] de assentar as bases de uma futura sociedade totalitária; uma na qual o Führer e seus apaniguados teriam a palavra final em todos os assuntos, públicos e privados, e ninguém teria informações para se opor a eles. *Der Angriff* e jornais semelhantes forneceriam um valioso campo de treinamento para os futuros líderes do aparato de propaganda do Terceiro Reich, e essa tendência no sentido de criar uma visão de mundo todo-abrangente continuou e, de fato, se acelerou durante os anos de Hitler no poder.[21]

Talvez nem mesmo Goebbels percebesse isso à época, mas sua visão de *Der Angriff* seria um esboço da futura política nazista de *Gleichschaltung*, ou seja, a coordenação e unificação forçada de todos os aspectos da vida, cobrindo todos os setores da sociedade a fim de extirpar as dissidências e envolver o público em valores nazistas.[22]

O foco de Goebbels ia além de meras discussões de ideias na imprensa. Ele trabalhava estreitamente com Hitler, encenando comícios de massa em cidades afastadas, oferecendo um eletrizante espetáculo às audiências desalentadas e exibindo a oratória do Führer.

Goebbels via promessas infinitas no cinema. Sendo um dramaturgo fracassado, prestava grande atenção às peças e filmes e sistematicamente os comentava em seu jornal, dando uma atenção especial à produção do filme de Brecht em 1930, *A ópera dos três vinténs*. Goebbels estava absorvido pela questão de como adaptar o cinema para transformá-lo numa ferramenta política, e considerava que *A ópera dos três vinténs* era um modelo negativo. Embora o filme projetasse a mensagem comunista de solidariedade com os pobres e os sem-poder, ele acreditava que a polêmica havia ficado diluída em meio ao humor e ao cinismo.

Ainda assim, Goebbels reconhecia que os comunistas estavam muitos passos adiante dos nazistas no que se referia à politização das artes e da mídia. Uma razão para isso estava na extraordinária figura de Willi Münzenberg, o tsar da mídia esquerdista. Münzenberg, que cultivava uma aparência pessoal desalinhada para destacar seu passado de classe operária, também era um gênio das relações públicas. Ele havia se aproveitado das facilidades oferecidas pela política de reparação da Alemanha em benefício de seu próprio consórcio, conhecido como o Truste Münzenberg. Durante os 19 anos seguintes, transformou-o num império internacional de mídia que incluía dois jornais diários, um jornal semanal de ampla circulação e uma coleção de revistas empresariais. Também financiou para as massas o teatro *agitprop* de Erwin Piscator e fundou as Produções Prometeu para financiar filmes esquerdistas.

Mas Münzenberg carecia da rapacidade e da perícia financeira dos nazistas. Seus ocasionais sucessos cinematográficos eram entremeados com tremendos fracassos de bilheteria recheados de pura propaganda.[23] Em 1931, quando a situação política se aproximava do ponto de ebulição, decidiu produzir um roteiro em coautoria com Bertolt Brecht. O épico proletário chamou-se *Kuhle Wampe* (que literalmente significa "fogão frio", mas, na gíria berlinense, também era "barriga vazia") e contava a história de uma família de trabalhadores desempregados e refugiados num acampamento na periferia de Berlim.

A jovem heroína do filme foi representada por Marta Wolter, a delicada atriz de 19 anos que havia recentemente se afiliado ao KPD. Haveria de ser o primeiro e o último papel de sua carreira. O cataclismo nazista estava poucos meses à frente, e, com isso, a produção de filmes esquerdistas chegaria a um fim abrupto. Münzenberg e Brecht seriam lançados a extremos opostos do planeta. Marta Wolter permaneceria em Berlim e aprenderia um novo papel, como integrante da resistência.

Kuhle Wampe estreou em 1932. No mesmo ano, os nazistas o proibiram, mas, ainda assim, o estudaram cuidadosamente. Alguns autores têm especulado que as cenas de desfiles de trabalhadores e competições atléticas que aparecem no filme inspiraram passagens semelhantes em dois filmes nazistas, *Olimpíadas* e *Triunfo da vontade* (ambos dirigidos por Leni Riefenstahl). Antes disso, Joseph Goebbels havia tomado emprestados alguns detalhes de *A ópera dos três vinténs*. O ministro da Propaganda, que tocava um pouco de piano, escreveu em seu diário que detestara o filme, especialmente a trilha musical com influências jazzísticas do compositor judeu Kurt Weill. Ao mesmo tempo, deu ordens para que músicas populares daquele tipo fossem levadas ao público alemão pelas rádios do Reich.[24] Era bastante fácil censurar as expressões culturais, mas, às vezes, era mais útil cooptá-las.

5

As coisas desmoronam

Janeiro de 1932-Janeiro de 1933

Foi ficando mais difícil, mesmo para os moderados, imaginar como a democracia poderia sobreviver na Alemanha. Mildred Harnack, audiência cativa dos temíveis conflitos de rua de Berlim, foi tomada pela indignação diante dos eventos. Em janeiro de 1932, assistiu a uma rixa entre nazistas e comunistas em frente à Karl Liebknecht Haus, que servia de quartel-general do KPD e de escritório do jornal *Rote Fahne*. Mildred escreveu à família expressando sua indignação com a resposta do governo. "A polícia ostensivamente assistiu a tudo, protegeu os fascistas, atacou com cassetetes de borracha os trabalhadores que protestavam e cercou toda a praça com cordões, permitindo que somente nazistas passassem."[1]

Isso não era suficiente para que os nazistas se fortalecessem; a fim de assumir o poder, era preciso romper o *status quo*. Nesse aspecto, o destino os favorecia em todas as circunstâncias. Violentas ações policiais eram apenas um sintoma do colapso social. O mesmo mês de outubro que assistiu à queda de Wall Street testemunhou também a morte de Gustav Stresemann, ministro do Exterior e o mais talentoso estadista da Alemanha. Stresemann havia negociado tratados econômicos e políticos que levaram a uma recuperação em meados dos anos 1920, e partilhara o Prêmio Nobel da Paz com o ministro do Exterior francês, Aristide Briand, em 1926. Agora, em plenas negociações cruciais com os franceses, ele morria subitamente aos

51 anos de idade. Stresemann havia encorajado seus beligerantes colegas a se unirem contra os extremistas, alertando: "Estamos dançando sobre um vulcão, e enfrentaremos uma revolução se não formos capazes de produzir uma sábia e decisiva política que conduza à conciliação."[2]

Havia um perigoso vácuo de liderança. Parte do problema era estrutural. A Constituição de 1919 atribuía muitos poderes ao presidente, inclusive a habilidade de convocar eleições parlamentares, nomear um chanceler e, em casos de emergência, governar por decreto. Desde 1925, esses poderes haviam sido assumidos pelo marechal de campo prussiano Paul von Hindenburg. O velho general foi um herói de guerra, mas não tinha ideia de como responder ao crescente caos político. Nos quatro anos após 1928, Hindenburg nomeou quatro chanceleres.

O parlamento era igualmente instável. Haviam sido realizadas cinco eleições parlamentares nos nove anos que se seguiram à fundação da República, em 1919. Mas agora os levantes políticos haviam levado a quatro eleições entre os dois anos e meio transcorridos entre setembro de 1930 e março de 1933; cada eleição resultava numa queda da posição do Partido Social-Democrata e no crescimento dos partidos radicais que tentavam substituí-lo.

O Partido Comunista Alemão foi um dos que ganharam cadeiras no parlamento. O partido recrutava trabalhadores desempregados revoltados e os usava para levar adiante as ordens de Stalin de sabotar os social-democratas. Eles eram confrontados pelas gangues das organizações paramilitares nazistas: a SS (*Schutzstaffel*, ou Esquadrão de Proteção), inicialmente um grupo formado por guarda-costas de Hitler, e a SA (*Sturmabteilung*, ou Divisão de Assalto), conhecida como os "camisas pardas". Comunistas e nazistas se chocavam com frequência e, às vezes, mortalmente. As brigas eram chamadas de *Zusammenstösse* (colisões). Muitas vezes, mas nem sempre, a polícia ficava do lado dos nazistas.

Ainda era minimamente possível para a classe média berlinense preocupar-se apenas com seus interesses e esperar que tudo aquilo terminasse. Adam Kuckhoff, por exemplo, estava ocupado com outra reencarnação profissional. Em 1931, teve um desentendimento com a direção do

Staatstheater e deixou o emprego de dramaturgo para se tornar um escritor independente. Foi coautor de uma comédia apropriadamente chamada *Wetter für morgen veränderlich* (*Amanhã, tempo instável*) produzida em Berlim em 1932. Então, começou a escrever um novo romance e passou a trabalhar como leitor da divisão de edição de livros de Ullstein.[3]

Os Harnacks também se agarraram à normalidade. Mildred retomou os estudos na Universidade de Berlim e ficou encantada quando recebeu um convite para lecionar literatura americana ali. Dedicou-se, feliz, a conhecer a família do marido, e Arvid a acompanhava em reuniões da ativa comunidade americana berlinense.

Deve ter sido um providencial intervalo de sanidade. Berlim estava fervilhando de expatriados americanos e ingleses, atraídos pelo câmbio extremamente favorável e pela atmosfera exótica. Christopher Isherwood, W.H. Auden e Stephen Spender foram em busca da "divina decadência" que Isherwood mais tarde descreveu em suas histórias berlinenses. As atividades de Mildred e Arvid eram mais saudáveis: palestras na hora do almoço no Clube das Mulheres Americanas, fóruns durante o jantar na Igreja americana e chás na embaixada dos Estados Unidos. A comunidade americana era uma grande mistura de estudantes, turistas e empresários, mas muitos membros mantinham uma perspectiva liberal, refletindo os primeiros tempos da administração Roosevelt.

Os Harnacks partilhavam um forte interesse pela União Soviética, tal como ocorria com muitas de suas contrapartes alemãs e americanas. Mildred estava fascinada pela ficção e pelo cinema russos e inspirada pelas notícias sobre reformas sociais soviéticas, especialmente aquelas que afetavam as mulheres. Entusiasmada, ela partilhava suas ideias com os estudantes. Arvid estava mais convencido que nunca de que os experimentos soviéticos com o planejamento centralizado ofereciam esperanças para o Ocidente. Afinal, observou, os soviéticos estavam empobrecidos, mas haviam escapado do pior da Grande Depressão. Arvid decidiu criar um novo grupo de estudo chamado ARPLAN, sigla em alemão do Grupo de Trabalho para o Estudo do Planejamento Econômico Soviético. Foi lançado em janeiro de 1932 tendo Arvid como secretário, e dele faziam parte diversos intelectuais alemães importantes. Eram assessorados por dois funcionários soviéticos lotados em Berlim, Sergei Bessonov, um economista de destaque, e Alexander Hirschfeld, funcionário da embaixada.[4] Os soviéticos haviam instruído Bessonov a recrutar tecnocratas alemães para visitas à União Soviética e a extrair informações úteis para a missão comercial soviética.[5]

Estava claro que 1932 seria um ano decisivo. Os social-democratas estavam em desordem, e os nazistas e comunistas vinham crescendo. A Alemanha teve eleições presidenciais em 13 de março, com um segundo turno em 10 de abril. Os três principais candidatos à Presidência eram Hindenburg, Hitler e o candidato do Partido Comunista, Ernst Thälmann, um grosseiro estivador leal a Stalin.

O presidente Hindenburg ainda era a figura política mais importante da Alemanha, mas foi mal assessorado por auxiliares que o convenceram de que Hitler poderia ser facilmente manipulado. Além disso, aos 84 anos de idade, ele estava cansado e cada vez mais senil. Ainda assim, na mente do público, o marechal de campo representava ordem e disciplina diante do tumulto crescente. A despeito de uma campanha dura, Hindenburg ganhou facilmente no segundo turno com o apoio de todos os grandes partidos, exceto nazistas e comunistas. Hitler chegou num distante segundo lugar, e Thälmann ficou em último, com uma diferença ainda maior. As altercações entre nazistas e comunistas se agravaram, e o número de mortes aumentou. Instalou-se um clima político arrepiante, e a influência dos nazistas começou a se fazer sentir em outros pontos, não apenas nas ruas.

Em maio de 1932, uma das primeiras baixas foi o emprego de Mildred Harnack. Ela era uma professora competente e popular, mas a divisão de estudos americanos da universidade havia sido tomada por um nazista importante.[6] Depois de receber relatos sobre os ensinamentos liberais de Mildred e sua paixão pela literatura russa, ele encerrou o contrato.

O outro golpe veio no mês seguinte, quando os Harnacks foram obrigados a se mudar. Mildred escreveu à mãe que, infelizmente, "as pessoas com quem vivemos são nacional-socialistas". Ela e Arvid encontraram um novo lugar na fronteira entre os bairros de Kreuzberg e Neukölln, ambos de classe operária e altamente inflamáveis politicamente. Mildred estava feliz com as novas instalações; eram ensolaradas e confortáveis, perto de amplos parques e do aeroporto de Tempelhof.[7]

Os Harnacks estavam prontos para se afastar um pouco da turbulência alemã. Em agosto, o economista soviético Sergei Bessonov convidou os 23 membros do grupo de Arvid para uma viagem de três semanas à União Soviética. Mildred queria muito ir, mas havia encontrado um novo emprego de professora numa escola noturna e a viagem do ARPLAN conflitava com seu calendário. Decidiu ir por conta própria, marcando sua viagem para Leningrado e Moscou poucas semanas à frente do grupo.[8]

Tanto Mildred quanto Arvid fizeram um roteiro do tipo "Vila Potemkin", seguindo a antiga tradição russa de mostrar aos visitantes uma versão maquiada de suas verdadeiras condições.[9] Os soviéticos investiam um grande esforço em tais viagens de visita, numa tentativa de conseguir apoio para seu país no Ocidente. Os Harnacks foram levados a crer que havia abundância de comida e ficaram afastados das áreas onde grande parcela da população passava fome devido a uma devastadora escassez de alimentos. Levado a fábricas modelos e obras públicas, Arvid se impressionava com sua escala e eficiência, enquanto Mildred avidamente aprendia sobre as reformas soviéticas em benefício das mulheres, como o controle da natalidade e a licença-maternidade.

Alguns dizem que Arvid foi contatado pelo serviço secreto soviético durante a viagem de visita, mas isso não encontra confirmação em seus próprios registros.[10] Como quer que seja, Arvid encontrou-se com um grande número de oficiais soviéticos, mas custeava seus próprios gastos durante a viagem e continuou a se comportar como um acadêmico. Tomou notas sistemáticas de projetos econômicos de grande porte e, em setembro, já de volta, as transformou num livro. O manuscrito foi aceito por Rowohlt, um importante editor de Berlim.

Quando retornaram, Mildred e Arvid foram rapidamente envolvidos pelo drama político que se desenrolava em Berlim. Ainda era possível manter a esperança de que as eleições de novembro pudessem levar o país de volta à normalidade. O apoio eleitoral ao Partido Nazista havia chegado ao ponto mais alto no mês de julho. Mas, em novembro, o partido perdeu 2 milhões de votos e 34 cadeiras no Reichstag, enquanto os social-democratas mantiveram-se estáveis e os comunistas avançaram.[11]

No entanto, esses números não levavam em conta a política de coalizão. Hindenburg havia sido reeleito presidente, mas Adolf Hitler, cujo desgastado partido minoritário ainda tinha o maior número de cadeiras no Reichstag, exigiu que Hindenburg o nomeasse chanceler. Os assessores conservadores de Hindenburg o instaram a concordar, na esperança de que os nazistas os ajudassem a consolidar-se no poder.

Hindenburg resistiu enquanto pôde. Ele não achava que Hitler tivesse capacidade para ser um chanceler e continuava a menosprezá-lo, referindo-se a ele como "o pequeno cabo da Boêmia". Tentou procrastinar, mas seus assessores prevaleceram. Em 30 de janeiro de 1933, Hindenburg, exaurido pelo conflito e temendo que o país fosse desintegrado por uma guerra civil, nomeou Adolf Hitler chanceler da Alemanha. O general Erich Ludendorff, um político conservador e antigo chefe do Estado-Maior de Hindenburg, recriminou seu velho comandante:

> Ao nomear Hitler chanceler, você entregou nossa sagrada terra natal alemã a um dos maiores demagogos de todos os tempos. Eu solenemente profetizo que este homem desprezível mergulhará nosso país no abismo e trará um sofrimento inimaginável à nossa nação. Por este ato, você será amaldiçoado em seu túmulo pelas gerações futuras.[12]

Joseph Goebbels imediatamente organizou um desfile à luz de tochas pelo centro de Berlim, considerado, havia muito tempo, um território inimigo. Houve marchas semelhantes por todo o país, enfrentadas por comunistas que se opunham ao novo governo. Os confrontos mortais explodiram. Dentro de poucos dias, o jornal comunista *Rote Fahne* foi fechado e exemplares foram confiscados. Tropas de assalto atacaram comunistas e sindicalistas em seus trabalhos e em casa, e os ataques logo se estenderam a social-democratas.[13] No ano anterior, a administração de Hindenburg havia expurgado os social-democratas da força policial berlinense. Agora, a polícia ficava assistindo enquanto social-democratas e comunistas eram espancados e mortos.

Ainda assim, mais um turno de eleições nacionais estava marcado para o início de março. Em meados de fevereiro, os camisas pardas haviam começado a atacar também os membros do Partido Católico do Centro. Jornais católicos centristas foram fechados por criticar o governo.

Em 20 de fevereiro, várias dezenas dos indivíduos mais ricos da Alemanha reuniram-se na casa do ministro nazista Hermann Göring. Esses eram os homens que controlavam minas de minério, aciarias e fábricas de munições — e todos eles haviam sido prejudicados pelas restrições do Tratado de Versalhes e pelas demandas dos sindicatos.

Adolf Hitler, o principal palestrante, garantiu aos empresários que levava em alta conta os interesses do grupo. "A empresa privada não pode ser mantida numa era de democracia", disse-lhes ele. Prometeu eliminar os marxistas e rearmar o exército, quer seu partido vencesse ou não em março. "Agora, estamos diante da última eleição. (...) Qualquer que seja o resultado, não recuaremos, mesmo que a próxima rodada não produza uma decisão."[14] Göring disse aos hóspedes que estava na hora de darem uma contribuição à causa.

Göring expulsou da polícia os oficiais não simpatizantes e os substituiu por recrutas nazistas. Em 24 de fevereiro, sua polícia deu uma batida na sede abandonada dos comunistas na Karl Liebknecht Haus (a maior parte dos líderes já havia fugido do país ou passado para a clandestinidade). As forças de Göring confiscaram pilhas de panfletos políticos, mas ainda não foram capazes de produzir provas de que um levante esquerdista havia sido planejado.

Então surgiu outra oportunidade. Na noite de 27 de fevereiro, o Reichstag foi tomado por um imenso incêndio e, em questão de horas, o símbolo da democracia alemã era uma ruína carbonizada. A polícia rapidamente prendeu um trabalhador holandês desempregado chamado Marinus van der Lubbe e o acusou de atos incendiários a mando de comunistas. Imediatamente se espalharam rumores de que o fogo havia sido iniciado pelos próprios nazistas.[15]

Hitler estivera desfrutando uma noite tranquila com a família Goebbels. Quando receberam a notícia, os dois homens correram para o local. De uma varanda, junto com Göring e Rudolf Diels, chefe da polícia política prussiana, avaliaram o dano. Anos depois, Diels recordou o evento:

> Hitler virou-se para nosso grupo. Agora eu podia ver seu rosto vermelho de excitação e também pelo calor que se acumulava na cúpula do Reichstag. Ele gritava como se quisesse explodir, de uma forma tão incontrolada como nunca o vira antes: "Não haverá mais nenhuma misericórdia agora! Qualquer um que se atravessar em nosso caminho será exterminado. O povo alemão não aceitará uma atitude complacente. Todo funcionário comunista será fuzilado onde quer que esteja. Os deputados comunistas devem ser enforcados hoje mesmo, esta noite. Todo mundo associado aos comunistas tem que ser preso. Os social-democratas e os *Reichsbanner*[16] também não terão nossa piedade!"[17]

O interrogatório da polícia indicou que van der Lubbe havia agido sozinho, mas a evidência era irrelevante. Em poucas horas, a polícia extraiu dos arquivos longas listas de comunistas. Quatro mil comunistas e social-democratas foram presos, inclusive deputados do Reichstag cujos cargos lhes garantiam imunidade legal.[18] No dia seguinte, Hitler e os ministros nazistas convenceram Hindenburg a assinar um decreto que suspendia todas as garantias de liberdades civis e restringia "o direito de livre expressão de opinião, inclusive a liberdade de imprensa, e os direitos de reunião e associação".

Uma rodada final de eleições estava marcada para 5 de março. Agora, os nazistas tinham o completo controle da rádio estatal e dispunham de amplos recursos governamentais e de financiamento privado para sua campanha. Desfiles e jornais da oposição foram proibidos, e políticos corriam o risco de prisão, espancamento ou morte se ousassem aparecer em público.

Surpreendentemente, a maioria dos alemães ainda votou contra os nazistas. A parcela de votos do partido subiu para 44%, mas, mesmo combinados com os do Partido Nacional, ainda não foram suficientes para garantir o controle. Os nazistas voltaram-se então para uma nova lei, chamada Lei Capacitadora, que permitiria que o chanceler criasse leis sem a aprovação do Reichstag ou do presidente. Essa emenda constitucional requeria um *quorum* de dois terços e dois terços dos votos dos presentes. Os nazistas garantiram esse resultado eliminando as 81 cadeiras dos deputados comunistas, agredindo os social-democratas e caindo pesado em cima do Partido Católico do Centro.

Uma semana depois, um Reichstag eviscerado votou em peso a favor de sua própria obsolescência. Hitler e o Partido Nazista detinham agora pleno controle tanto do Executivo quanto do Legislativo. Não se esperava que o Judiciário representasse qualquer obstáculo. Em 3 de março, Göring havia feito uma promessa a uma multidão em Frankfurt: "Minhas medidas não serão desvirtuadas por nenhuma consideração judicial (...) Não tenho que me preocupar com a justiça; minha missão é apenas exterminar e destruir, nada mais!"[19]

Em suma, não sobrou nenhuma instituição democrática capaz de reverter a nova situação nacional. Por meio de uma longa e trágica série de conspirações, erros estúpidos e mentiras, os alemães haviam vendido por migalhas suas liberdades e permitido que sua frágil democracia fosse derrubada e transformada numa ditadura.

Agora, justamente quando Mildred Harnack tinha mais coisas a contar, suas cartas à mãe tornaram-se mais circunspectas. Era um tempo amedrontador — todos à sua volta, amigos, vizinhos e colegas, estavam sendo despedidos, espancados ou presos. Qualquer comunicação enviada por correio passava pelo escrutínio nazista. Mildred escreveu à mãe, analisando a situação em que viviam. Nem ela nem Arvid eram membros do Partido Comunista. Ela esperava que o interesse de ambos pela União Soviética passasse despercebido. "Nossas ideias originais não são conhecidas aqui", escreveu nervosamente.

"Não somos ativistas políticos. Estamos seguros, muito bem, e felizes. Quem se incomodaria com dois estudantes sentados num canto e meditando pensamentos sobre o futuro do mundo? Assim, não tenha nenhuma preocupação conosco. E, melhor ainda, mantenha silêncio. Se alguém lhe perguntar por nós, não estamos interessados no mundo de uma perspectiva política, mas de um ponto de vista científico. Isso é tudo o que precisa dizer."[20]

Na realidade, é claro, estavam extremamente vulneráveis. Vários dos primos de Arvid haviam criticado abertamente a ascensão dos nazistas ao poder, inclusive Ernst von Harnack, que trabalhava no Partido Social-Democrata, e os irmãos Dietrich e Klaus Bonhoeffer. O professor Friedrich Lenz, presidente do grupo de estudos soviéticos de Arvid, foi expulso da Universidade de Giessen por não ser "politicamente confiável".

Mildred esperava que sua mãe pudesse ler nas entrelinhas. Em 2 de maio de 1933, escreveu pedindo, insistentemente, que ela fosse visitá-los na Alemanha enquanto ainda era possível.

No dia anterior, os nazistas haviam realizado um imenso desfile de Primeiro de Maio na rua, exatamente em frente ao apartamento de Mildred. Durante gerações, o Dia do Trabalho havia sido uma celebração de solidariedade com os sindicalistas alemães. Mas, neste ano, era diferente. Mais de um milhão de pessoas se comprimiam no aeroporto de Tempelhof, e as marchas eram arregimentadas numa configuração de 12 gigantescos quadrados, com bandeiras nazistas flutuando ao alto.[21] Mildred descreveu o evento detalhadamente para sua mãe, tentando sinalizar o perigo à frente.

O estilo de Mildred havia mudado. Ela ainda era a professora de literatura que amava a honestidade e a clareza de expressão, e continuava a ser a liberal de Wisconsin que detestava o militarismo e a Ku Klux Klan. Mas, dali em diante, ela passaria a distorcer sua linguagem, escrevendo num código para despistar os censores nazistas, na esperança de que sua mãe soubesse que ela estava querendo dizer exatamente o contrário do que dissera. "Como aquilo era bonito!", escreveu, astutamente:

> Milhares e milhares de pessoas marchavam em ordem, cantando e tocando ao longo das ruas majestosas que se irradiam do ponto onde moramos. (...) Bandeiras nacionais, as novas e as antigas, marchavam com o povo. Lembrei-me dos desfiles que víamos em nosso país, no começo da guerra. (...) Existe um grande impulso nas massas, que pode ser ativado — um

impulso muito grande e belo. Você sabe que eu pensava que esse impulso estava bem dirigido durante a guerra, e creio que está sendo igualmente bem dirigido da mesma forma agora. Ou seja, está recebendo as mesmas motivações: contra os judeus, os radicais etc. (...)

Se estivesse sendo usado erradamente, acabaria se esvaziando e as pessoas ficariam ressentidas e desapontadas depois de algum tempo. Ou significaria uma decepção ainda maior se resultasse numa grande guerra motivada pela busca de lucros. Mas agora está sendo acertadamente usado aqui, como foi no nosso país durante a Grande Guerra. Bem, é uma coisa muito bela e muito séria — tão séria quanto a morte —, e espero que nunca seja pervertida novamente![22]

No mesmo dia em que Mildred escreveu essas linhas, os nazistas fizeram um assalto coordenado aos escritórios de todos os sindicatos social-democratas na Alemanha. Fecharam suas publicações e confiscaram seus fundos. Líderes sindicalistas foram postos sob a "custódia protetora" de campos de concentração — ou mortos.[23]

Agora, os nazistas tinham pleno controle da chancelaria e do gabinete, do Reichstag e da rádio estatal. Os dois mais competentes partidos de oposição estavam esmagados, e os que permaneceram foram intimidados e forçados à submissão. Os nazistas controlavam as forças policiais, e começaram o assalto aos tribunais.

Alguns alemães ainda esperavam que esses atos insolentes fossem uma reação contra a situação do país, próxima do caos. Outros, como os Harnacks, tinham a impressão oposta. Viam cada vez menos instituições que pudessem impedir a marcha da Alemanha em direção à guerra. Como notara Mildred, era "uma coisa muito séria — tão séria quanto a morte".

6

A tomada do poder

1933

A maior parte dos artistas alemães não era nazista, e a tomada do poder os obrigou a escolher rapidamente entre três opções não muito atraentes: buscar um esconderijo, fugir do país ou tentar se adaptar. Um ar gélido baixou subitamente sobre os teatros, as galerias e os cafés onde Adam Kuckhoff e seus colegas antes costumavam se juntar para falar de política e arte.

A era de ouro do teatro berlinense estava oficialmente encerrada, e os gênios que a presidiam se dispersaram. Max Reinhardt, o empresário judeu, fugiu para sua nativa Áustria. Leopold Jessner, o mentor de Adam Kuckhoff, correndo risco ainda maior por ser um socialista judeu, escapou para Nova York. Erwin Piscator, embora não fosse judeu, era membro do KPD e escolheu continuar em Moscou, onde trabalhava na época.[1]

Alguns escritores conseguiram se tornar menos conspícuos. Adam Kuckhoff permaneceu em Berlim, decidido a esperar para ver. O amigo de Brecht e protegido de Piscator, Günther Weisenborn, adotou uma abordagem mais arriscada. Sua nova peça, *Warum Lacht Frau Balsam?* (*Por que a senhora Balsam está rindo?*), provocou uma revolta direitista no teatro durante a estreia, em 16 de março de 1933, e foi imediatamente proibida.[2] Weisenborn não conseguiria produzir nenhuma outra peça com seu próprio nome durante os 12 anos seguintes.

Bertolt Brecht não tinha nenhuma intenção de testar o terreno. Os registros indicam que ele estava num hospital em 27 de fevereiro de 1933, quando o Reichstag foi incendiado. Dali, foi direto para a estação de trem no dia seguinte, junto com a esposa e o filho de 8 anos. (Sua filha de 2 anos, Barbara, ficou, para ser buscada mais tarde.)

Depois de pôr a culpa do incêndio do Reichstag nos comunistas, os nazistas lançaram um ataque geral para aniquilá-los como rivais políticos. Na noite do incêndio, estima-se que 1.500 pessoas tenham sido presas somente em Berlim.[3] Até abril de 1933, mais de 45 mil antifascistas haviam sido presos, a maioria sendo de comunistas e social-democratas.[4] O historiador Eric Johnson escreve: "Pode-se argumentar que a destruição da esquerda, particularmente da esquerda comunista, foi praticamente o único foco do terror nazista no primeiro ano e meio do regime de Hitler."[5]

Por toda a Alemanha, mas especialmente no epicentro de Berlim, intelectuais esquerdistas foram forçados a avaliar suas opções e suas chances. Qualquer um que tivesse se dado ao trabalho de ouvir Hitler ou ler *Mein Kampf* sabia que o anticomunismo e o antissemitismo eram pontos fundamentais de sua visão de mundo. No entanto, embora os judeus fossem vítimas frequentes da violência nas ruas, ainda não eram os principais alvos dos ataques oficiais — a menos, é claro, que tivessem sido comunistas ou social-democratas, ou criticado publicamente os nazistas antes que esses assumissem o poder.

Uma dessas figuras era o romancista judeu Lion Feuchtwanger, antigo patrocinador de Brecht e membro popular no círculo literário esquerdista de Berlim. Feuchtwanger estava fazendo uma série de palestras nos Estados Unidos na época do golpe nazista e era convidado de honra da embaixada alemã em Washington. No dia seguinte, o embaixador demitiu-se do corpo diplomático e alertou Feuchtwanger para que não voltasse à Alemanha. O escritor mudou-se para Los Angeles e lançou uma segunda carreira de sucesso. Mas continuou leal as suas ideias sobre a Alemanha e escreveu do exílio: "Os[nazistas] não podem matar ou prender todos os seus adversários, pois esses representam dois terços da população."[6]

Mildred e Arvid Harnack haviam assistido à chegada da crise, e agora se apressavam em reduzir sua visibilidade pública. O casal estava seguro no que se referia à questão religiosa, já que ambos vinham de famílias "arianas" e eram membros ativos da Igreja protestante americana em Berlim. Seu status político, no entanto, era questionável. Partilhavam um interesse pela teoria marxista, mas não eram membros do Partido Comunista. Ainda assim, temiam as consequências de suas viagens à União Soviética no ano anterior e os escritos de Arvid sobre trabalho e economia soviéticos. Seu grupo de estudos soviéticos, o ARPLAN, foi desfeito em março, logo depois do incêndio do Reichstag; a afiliação custara o emprego a seu presidente, o professor Friedrich Lenz. O editor de Arvid cancelou o contrato para seu livro sobre a economia soviética e destruiu as provas tipográficas. Outros de seus manuscritos tiveram que ser contrabandeados para fora do país.

Os Harnacks deixaram Berlim em março e passaram a viver uma vida discreta num pequeno hotel no campo. Quando retornaram a Berlim, o primo de Arvid, Klaus Bonhoeffer, veio em seu auxílio com um emprego como advogado da Lufthansa, a empresa onde trabalhava. Isso permitiu que Arvid se sustentasse enquanto estudava para outra rodada dos exames exigidos para entrar no serviço público.[7] Anos antes, quando era noivo de Mildred, escrevera uma carta à futura sogra falando de seu desejo de trabalhar no Ministério do Trabalho alemão com questões trabalhistas internacionais.[8] Agora, estava prestes a realizar seu sonho, embora de uma maneira muito distinta da que havia previsto.

Os Harnacks se instalaram no novo apartamento perto do aeroporto de Tempelhof. No início, Mildred estava satisfeita e escreveu à mãe dizendo que o único problema era "a música um tanto excessiva que vinha do restaurante no primeiro andar".[9]

Depois da tomada do poder pelos nazistas, o barulho na vizinhança ganhou um caráter diferente. Mildred escreveu: "Parece que o trânsito aumentou dez vezes aqui nos últimos dois anos. Pesados caminhões passavam continuamente em direção aos quartéis e aos campos de detenção não muito longe daqui."[10] Os caminhões transportavam prisioneiros políticos para uma instalação da aeronáutica chamada Columbia-Haus, uma prisão militar obsoleta. No início, as vítimas comunistas, social-democratas e sindicalistas haviam sido levadas para *Wilde Lager* ("campos improvisados") em galpões, cervejarias e porões. Mas, em pouco tempo, todos esses lugares ficaram lotados, e Columbia-Haus foi reaberta para fornecer instalações adicionais para tortura e interrogatórios. Embora os Harnacks provavelmente não soubessem disso, alguns dos caminhões que passaram por seu apartamento levavam pessoas que eles conheciam, como Paul Massing, um economista agrícola e membro do grupo de estudos soviéticos de Arvid. Massing foi espancado e interrogado em Columbia-Haus e depois mandado para o campo de concentração de Oranienburg, onde passou um período de cinco meses de confinamento solitário.[11] Os Harnacks, perturbados pelo intenso "trânsito" diário, começaram novamente a procurar outra moradia.

Mildred, demitida de seu emprego na universidade, estava agora ensinando literatura numa escola noturna para operários adultos. Mais uma vez, ganhou rapidamente o respeito e a afeição de seus alunos, aos quais ocasionalmente chocava com sua espontaneidade. (Às vezes, ela dava vida às aulas ilustrando-as com canções folclóricas americanas.) Ela preenchia o restante de seu tempo fazendo palestras, escrevendo e recepcionando pessoas para tardes literárias e publicando resenhas e ensaios na imprensa diária de Berlim. Não havia problemas se escrevesse a respeito da maior parte dos tópicos da literatura americana, desde que não se desviassem para áreas controvertidas na Alemanha. Arvid, por sua parte, fez o melhor que pôde para se tornar invisível no papel de um desinteressante advogado burocrata.

Uma das amigas de Mildred e Arvid, Greta, seguia a crise a distância. Em março, logo após o incêndio do Reichstag, ela viajara para Londres. Lá, recebeu uma carta de sua antiga paixão, Adam Kuckhoff; ela a leu, "com o coração disparado", nas escadarias do Museu Britânico. Conforme se recordaria mais tarde, a maior parte de seus amigos a havia desencorajado de voltar à Alemanha. Disseram-lhe que "seria mais sábio esperar pelo menos alguns meses, e que seria ingenuidade pensar que eu poderia continuar meus estudos de sociologia" (como se eu acreditasse nisso!).

Mas a carta de Adam continha uma mensagem diferente. Ele havia escrito: "Venha — estou esperando você."[12] Os avisos dos amigos foram rapidamente esquecidos, e ela decidiu retornar.

Mas recebeu outra carta em abril, dessa vez de seu pai: "Ontem, lemos nos jornais sobre professores que foram afastados. Na lista, havia seis de Frankfurt-am-Main. Infelizmente, um deles era o professor Mannheim."[13]

Era uma má notícia. O sociólogo Karl Mannheim mantivera Greta como sua secretária e bibliotecária no ano anterior, interessado em extrair tudo o que ela soubesse sobre os meios acadêmicos americanos. O professor estava em vias de consolidar os alicerces intelectuais da sociologia do conhecimento, mas, por ser também um judeu húngaro, foi sumariamente demitido logo que os nazistas tomaram o poder.[14]

A volta de Greta a Frankfurt foi tensa. Seu programa acadêmico estava fechado e sua máquina de escrever havia sido confiscada. Sua senhoria tremeu quando Greta lhe disse que ia falar com os nazistas para recuperar a máquina.

Os novos oficiais estavam esperando por ela. Tinham algumas perguntas a fazer.

"Onde está seu avião?", questionaram, sacudindo um folheto que haviam encontrado no departamento de sociologia com a assinatura de Greta. Nele havia detalhes sobre um "grupo de voo" que se encontraria numa "Rua Zeppelin" perto da universidade. Greta só pôde rir, explicando que seu grupo de estudo se encontrava "para grandes voos" em vários locais. Felizmente, os nazistas também riram. Mas o incidente mostrou a Greta que, na nova Alemanha, mal-entendidos ocasionais poderiam ter consequências perigosas.[15]

Ela não tinha nenhuma razão para ficar em Frankfurt, e Adam estava em Berlim. Então, voltou à capital, onde passaria o resto de sua vida. Logo depois de chegar, encontrou Arvid Harnack. Ela estava certa de que não havia sido uma coincidência. Arvid estava criando um círculo de discussão, ou *Kreis*, formado por oponentes do regime. Perguntou se ela gostaria de entrar. Greta não achava que tivesse muita coisa a oferecer ao grupo. Estivera fora de Berlim durante um longo tempo, e seus contatos com trabalhadores e habitantes de casas de cômodos estavam desatualizados. Mas Adam Kuckhoff também a estava pressionando em direção ao ativismo. E assim, na primavera de 1933, Greta Lorke, uma estudante de sociologia de 30 anos, já próxima do doutorado, saiu de Frankfurt para Berlim e abandonou a academia para se juntar ao homem que amava. Talvez não estivesse claro para ela na época, mas, durante o processo, acabou se juntando ao movimento antinazista.

A carreira de Adam Kuckhoff estava passando por mais uma mudança. Trabalhava como revisor independente na Ullstein, escrevia ficção e drama e publicava uma resenha de tempos em tempos.[16] Não era uma carreira brilhante, mas, dadas as circunstâncias, a obscuridade o ajudava, permitindo que ele continuasse no país.

Àquela altura, muitos dos colegas de Kuckhoff no jornalismo e no teatro haviam fugido, enfrentando dificuldades durante o caminho. Muitos deles não eram ricos, e havia pouca demanda por escritores alemães em terras de língua não alemã. Praga era um destino fácil, mas os checos mantinham a prática de deportar comunistas alemães de volta para que fossem entusiasticamente recepcionados pela Gestapo. Paris tinha sua própria política agressiva de imigração. Outros alemães dirigiram-se a Moscou, onde os stalinistas os viam com desconfiança. Todos os destinos tinham seus problemas, fossem eles políticos, econômicos ou culturais.

Mas, para os antifascistas que ficavam, as escolhas também eram infernalmente difíceis. Seus apuros podem ser ilustrados com o caso de Armin Wegner, o autor protegido por Adam Kuckhoff que havia denunciado o genocídio armênio. Em abril de 1933, poucos dias depois do boicote nazista contra os judeus, Wegner escreveu uma apaixonada carta aberta a Hitler denunciando o antissemitismo. Ele sabia que nenhum jornal ousaria publicá-la, e então a enviou diretamente ao quartel-general nazista em Munique, com o pedido de que fosse encaminhada a Hitler. Wegner fazia seu apelo, escreveu, "como um descendente de uma família prussiana cujas raízes remontam aos dias dos cruzados":

Quem lhe fala é um coração atormentado. Essas não são apenas palavras minhas, são a voz do destino alertando-o: "Proteja os alemães, protegendo os judeus." (...) Faça retornar a seus cargos aqueles que os perderam, os médicos a seus hospitais, os juízes a seus tribunais. Não continue a excluir as crianças [judias] de suas escolas. Alivie os aflitos corações das mães, e toda a nação lhe agradecerá.

Wegner profetizou que sua geração seria lembrada como a que "impensadamente dilapidou a fortuna de nosso país [e] desgraçou seu nome para sempre".

Poucos dias depois, ele foi preso pela Gestapo e jogado numa cela na Columbia-Haus, onde foi amordaçado e espancado até desmaiar. Sobreviveu a sete outras prisões e campos de concentração até que, finalmente, conseguiu escapar para a Itália.[17]

Outros autores do grupo de Adam Kuckhoff se deram tão mal quanto Wegner. John Sieg, o atraente operário da indústria automobilística de Detroit, foi preso em março, na primeira grande investida nazista. Isso não era uma surpresa, já que ele era membro do KPD e fazia parte do corpo editorial do *Rote Fahne*, o jornal do partido. Estava, portanto, no topo da lista de alvos. Sieg foi levado para os quartéis da SA em Hedemannstrasse.[18]

As condições do local onde se encontrava foram descritas naquele mês no diário britânico *The Guardian* com base numa carta recebida de "um correspondente privado em Berlim":

Essas tropas de assalto estão prendendo comunistas em suas casas ou nas ruas. (...) Nos quartéis nazistas, chicoteiam os comunistas e quebram seus dedos a fim de conseguir confissões e endereços. Nos quartéis de Hedemannstrasse, estão jogados num cômodo 135 comunistas que foram torturados até quase a morte. (...)

Foram todos despidos e, então, forçados a atravessar um corredor polonês até desmaiar. [Um] companheiro está à beira da morte no hospital. (...) Não temos como levar esses sofrimentos e horrores ao conhecimento do público, pois nossos jornais estão proibidos. Imploramos que vocês tornem esses fatos conhecidos em outros países, pois são fatos reais. Não temos nenhuma forma possível de conseguir ajuda. De acordo com um novo decreto, nenhum policial tem permissão de nos ajudar.

Os horrores (...) são parte de um Terror organizado e dirigido pelas autoridades com o objetivo de exterminar os comunistas. (...) Todas as notícias que recebemos aqui sugerem que a história europeia não tem registros de nada semelhante ao Terror que hoje existe na Alemanha. (...) Ondas seguidas de refugiados estão chegando à França, Suíça e Polônia. Todos os líderes socialistas alemães, a menos que estejam presos, fugiram da Alemanha ou estão escondidos.[19]

Depois de seu martírio nos quartéis, John Sieg foi transferido para a prisão de Plötzensee, na zona norte da cidade. Isso foi um progresso, já que Plötzensee era uma antiga prisão para prisioneiros comuns e havia mantido seus funcionários e procedimentos tradicionais. Por fim, foi solto em junho, depois que as ações legais contra ele chegaram a um impasse.

De acordo com Hermann Grosse, editor do *Rote Fahne* em Berlim, Sieg deveu sua liberdade ao silencioso heroísmo de Theodor Haubach, um destacado jornalista social-democrata. Haubach havia sido o assessor de imprensa da polícia num governo anterior e se empenhou para fazer com que os dossiês dos editores do *Rote Fahne* na polícia "desaparecessem".[20] Os nazistas sabiam quem eram os editores, mas ainda tinham que seguir os canais legais convencionais para obter uma condenação. Quando terminaram os procedimentos para processar os editores, nenhum arquivo foi encontrado. "John Sieg não era conhecido nas delegacias policiais, e, de início, foi possível poupá-lo de outras prisões e perseguições."[21] Um ano depois, o próprio Haubach estava entre os presos da Columbia-Haus como resultado de suas atividades na oposição, e continuou a lutar contra os nazistas pelo resto da vida. Seu gesto mostrou que, quaisquer que fossem as rivalidades entre comunistas e social-democratas, também havia situações de generosidade e suporte mútuo.

Muitos comunistas viram que a vantagem estava com os nazistas e mudaram de lado, mas John Sieg não estava entre eles. Enquanto preso nos quartéis de Hedemannstrasse, foi abordado por Karl Ernst, o líder da

SA em Berlim, que lhe ofereceu liberdade imediata se ele trabalhasse para a imprensa nazista. Sieg recusou.[22]

Logo depois de ser libertado, John Sieg retornou a Neukölln, o coração do Partido Comunista clandestino. Diversos de seus colegas no *Rote Fahne* viviam na área, tentando reconstruir uma rede a partir do que tivesse sobrado depois dos assassinatos, exílios e prisões. Centenas de milhares de membros e simpatizantes do Partido Comunista haviam sido libertados das prisões ou escaparam de ser presos, mas era difícil organizar e agir. Muitos deles obtinham seu sustento como sindicalistas ou com posições profissionais no partido. Com o fechamento dessas organizações, a sobrevivência econômica ganhava prioridade.

O jornal de John Sieg era uma dessas operações defuntas. Ele estava agora desempregado e era praticamente não empregável. Sua esposa, Sophie, ainda conservava o emprego num escritório, mas o empregador era um advogado judeu, o que tornava precária sua situação.

Os nazistas concluíram que poderosas forças na sociedade alemã se opunham a eles, e tomaram medidas para consolidar o regime. Já haviam desmantelado organizações políticas rivais. Agora, dedicavam-se a impor ao resto da sociedade alemã o espírito da conformidade, devotando atenção especial a instituições que afetavam a opinião pública por meio da mídia, da cultura e da educação. Os nazistas instalaram seus próprios candidatos nas posições de liderança, enquanto esquerdistas e judeus eram expurgados.

No cerne desse processo estava Joseph Goebbels. Seu primeiro objetivo era o sistema radiofônico alemão. Quando os nazistas tomaram o poder, os jornais e a indústria cinematográfica ainda estavam em mãos privadas, e eles perceberam que talvez levasse alguns anos até que conseguissem a total obediência desses meios de comunicação. Mas a rádio alemã era regulamentada pelo Estado desde 1925, e isso simplificou o controle de seu conteúdo.

Menos de duas semanas depois de assumir o cargo de ministro da Propaganda, Goebbels fez um discurso perante o grupo que dirigia a rádio estatal em Berlim:

Considero o rádio o mais moderno e importante instrumento existente, em todo o mundo, para influenciar as massas. (...) Também acredito — e não se deve dizer isso em voz alta — que, no longo prazo, o rádio substituirá os jornais.(...) Vocês terão em suas mãos o mais moderno instrumento que existe para influenciar as massas. Por meio dele, vocês criam a opinião pública. Se fizerem isso bem, seremos capazes de persuadir o povo e ganhar seu apoio. (...)

Tal como o piano para o pianista, assim é o transmissor para vocês, o instrumento que tocam como mestres soberanos da opinião pública.[23]

Em questão de um ano, o sistema alemão de transmissão de rádio havia sido expurgado e unificado, surgindo assim a Companhia Radiofônica do Reich. As nove rádios regionais foram reduzidas a "estações", operadas por administradores gerais sob o controle de Goebbels.

Goebbels mantinha seu interesse por todo tipo de drama. Seu mais famoso ato teatral de rua aconteceu em 10 de maio de 1933, em Unter den Linden, logo em frente à rua onde ficava a Universidade de Berlim na qual Greta Kuckhoff e Arvid e Mildred Harnack haviam estudado e lecionado. Envolvia a queima de livros.

Mais de 40 mil berlinenses se juntaram para o espetáculo de Goebbels, assistindo e cantando enquanto estudantes e tropas de choque recolhiam cerca de 25 mil livros nas calçadas e os queimavam. A cerimônia de queima, ou *Verbrennungsakt*, foi conduzida como a perversão pagã de um rito cristão. Imensas fogueiras irromperam da escuridão; suas chamas tremulantes transformavam as impassíveis faces alemãs em máscaras sinistras. A multidão de milhares cantava uma litania de "juramentos de fogo": primeiro, o mal cometido, depois o remédio e, por fim, o nome do escritor a ser eliminado.

Contra a guerra de classes e o materialismo;
Pela comunidade do *Volk* e por um modo de vida ideal.
Marx, Kautsky.

Contra a decadência e a degradação moral;
Pela disciplina e a decência na família e no Estado.
[Heinrich] Mann, Ernst Glaeser, [Erich] Kästner.

Contra o jornalismo democrata-judeu, estranho ao *Volk*;
Pela cooperação responsável para reconstruir a nação.
Theodor Wolff, Georg Bernhard.

Contra a traição literária cometida contra os soldados da Primeira Guerra
    Mundial;
Para educar a nação no espírito do poderio militar.
[Erich Maria] Remarque.

Entre os integrantes da lista negra estavam muitos dos mais populares escritores alemães. Kästner era um antifascista, mas era mais conhecido por seus fascinantes livros infantis. Theodor Wolff, um dos principais jornalistas e defensores dos direitos civis na Alemanha, era o editor judeu do importante *Berliner Tageblatt*. O romance autobiográfico de Erich Remarque, *Nada de novo na frente ocidental*, dirigia-se à "geração que foi destruída pela guerra, embora possa haver escapado das balas". O livro tocou tão profundamente a sociedade alemã, que vendeu um milhão de exemplares em 1929, ano de sua publicação.

Joseph Goebbels ocupou seu lugar à frente de um pódio envolvido numa bandeira nazista. Sua ressoante voz de tenor, sempre marcada por uma pronúncia exata, estava áspera naquela noite, talvez devido à fumaça. Mas sua mensagem soava claramente. O *Volk* alemão e seus saudáveis valores culturais seriam restaurados. A Alemanha seria expurgada da cultura urbana, *avant-garde* e cosmopolita.

A era do extremo intelectualismo judeu chegou ao fim, e a revolução alemã abriu novamente o caminho para a verdadeira essência do que significa ser alemão. Esta revolução não foi iniciada de cima, ela brotou de baixo, em direção ao alto. É, portanto, no melhor sentido da palavra, a expressão da vontade do *Volk*. Aqui estão o trabalhador ao lado do burguês, o estudante ao lado do soldado e do jovem trabalhador, aqui estão os intelectuais ao lado do proletariado. (...)

Nos últimos 14 anos, vocês, estudantes, tiveram que sofrer em vergonhoso silêncio as humilhações da República de Weimar; suas bibliotecas foram inundadas com o lixo e a vulgaridade dos letrados judeus "do asfalto". (...) O velho passado está agora em chamas; os novos tempos surgirão da chama que arde em nossos corações.[24]

As chamas consumiram milhares dos livros que haviam conferido aos "dourados anos 1920" de Berlim seu brilho peculiar, escritos tanto por judeus quanto por católicos, comunistas, feministas, cientistas sociais e americanos. As peças de Bertolt Brecht queimaram ao lado dos tratados de Freud. Os desenhos de Marc Chagall (um judeu) e de Georg Grosz (um esquerdista) viraram fumaça junto com livros dos americanos Ernest Hemingway, Helen Keller e Jack London, condenados por suas tendências pacifistas ou socialistas.

A pira também incluía trabalhos do jovem amigo de Brecht, Günther Weisenborn. Sua peça mais recente havia sido proibida no mesmo dia da estreia, fazia dois meses. No que dependesse dos nazistas, a carreira daquele dramaturgo de 30 anos de idade estava encerrada.

As consequências atingiram todos os escritores na Alemanha, mesmo aqueles cujos trabalhos escaparam das chamas. A fogueira consumira textos políticos que Greta Lorke e Arvid Harnack haviam estudado na faculdade e os trabalhos dos autores que escreviam para Adam Kuckhoff na *Die Tat*. Os autores americanos incluíam os temas das aulas e dos ensaios críticos de Mildred Harnack.

Mas os nazistas estavam agindo para silenciar os intelectuais, não para eliminá-los. Precisavam de tempo para fortalecer suas bases, e sabiam que seria necessário contar com a continuada produção dos trabalhadores especializados, dos tecnocratas e da *intelligentsia*. A maneira mais eficaz de atrelá-los ao sistema nazista era usar o terror sistemático, fazendo da não obediência algo mortalmente perigoso e paralisante. O ponto central desse esforço era a instituição do campo de concentração, que combinava elementos de prisão, campo de trabalho forçado e instalações para execuções.

Em 14 de março de 1933, o recentemente nomeado chefe nazista da polícia de Munique, Heinrich Himmler, descreveu a inovação como uma medida humanitária:

Certos indivíduos... têm que ser tomados sob custódia e postos sob a proteção direta da polícia. Os indivíduos envolvidos, que frequentemente são da fé judaica, conseguiram, por meio de comportamentos contra a nação da Alemanha, tais como ofensa aos sentimentos nacionais, e assim por diante, fazer-se tão pouco amados pelo povo, que seriam expostos à raiva popular a menos que a polícia tomasse essa providência.[25]

Na semana seguinte, Himmler deu ordens para que se convertesse uma fábrica de munição abandonada num "campo de concentração para prisioneiros políticos", de modo a lidar com o imenso número de pessoas sendo tomadas sob a "custódia protetora". O terreno, poucas milhas a noroeste de Munique, fica nos arredores de uma pequena cidade chamada Dachau, conhecida por seus cenários encantadores e suas fontes pitorescas.

Durante o ano seguinte, o campo recebeu mais de 5 mil prisioneiros, a grande maioria deles comunista, bem como muitos social-democratas e sindicalistas que haviam sido agarrados durante as batidas. Os primeiros campos de concentração tendiam a ser relativamente não letais, operações temporárias. Na segunda metade de 1933, Dachau usualmente continha, no máximo, cerca de 3.800 prisioneiros. Algo entre seiscentos e 2 mil prisioneiros eram liberados por mês e substituídos por indivíduos recentemente detidos.[26] Os funcionários mostravam as instalações aos jornalistas dos principais jornais que visitavam o campo, para garantir ao público que as condições eram civilizadas.

Pouco depois da abertura do campo em Dachau, outro foi criado fora de Oranienburg, ao norte de Berlim, numa área vizinha chamada Sachsenhausen. Espalharam-se rumores sobre sua brutalidade, e o regime rapidamente divulgou um filme de propaganda mostrando os prisioneiros comunistas e socialistas, vestindo seus próprios ternos e suéteres, aprendendo a fazer fila de maneira organizada e engajados em atividades saudáveis como jardinagem e ginástica.[27] Dentro de um ano, a sinistra Columbia-Haus de Berlim também foi transformada em campo de concentração. Os registros mostram que, durante o ano de 1933, cerca de 100 mil pessoas foram mandadas para campos de concentração, embora esse número não inclua aqueles que foram levados para os "campos improvisados", torturados, e liberados. Entre quinhentos e seiscentos prisioneiros foram mortos.[28]

A comunidade artística alemã teve que escolher entre detenção, exílio e submissão. A liderança nazista tendia a assumir uma atitude paternalista com relação aos artistas, vendo-os como animais domésticos úteis e moralmente retardados. Em 1938, por exemplo, um oficial nazista exibiu um manifesto comunista que havia sido assinado em 1933 por um dos escultores favoritos de Hitler, Josef Thorak. Hitler deu de ombros, dizendo: "Nunca devemos julgar os artistas por suas opiniões políticas. (...) Os artistas são almas simples. Hoje eles assinam isso, amanhã outra coisa; nem mesmo leem para ver do que se trata, desde que lhes pareça algo bem-intencionado."[29] Thorak, que contava com cinco anos de serviços leais ao Führer, nada sofreu.

Hitler também fazia concessões especiais ao teatro. Os que o rodeavam sabiam que tinha "notável conhecimento da técnica teatral, interessava-se pelo diâmetro dos palcos giratórios, pelo maquinário e, especialmente, pelas diferentes técnicas de iluminação". Quando chanceler, fazia um terceiro turno como cenógrafo, dedicando as noites, durante semanas seguidas, a desenhar cenários completos e detalhados para suas óperas prediletas.[30] O teatro ocupava um lugar central em sua filosofia política. "Precisamos levar ilusões às massas", disse em 1930. "Justamente porque a vida é terrivelmente real, as pessoas têm que ser elevadas acima das rotinas cotidianas."[31]

Grande parte da comunidade artística de Berlim, inclusive os amigos e colaboradores de Adam Kuckhoff, ajustou-se à nova ordem. Mas nem todo mundo entrou na linha. Uma destacada exceção era Hans Otto, amigo de Brecht e cunhado de Kuckhoff. Otto, que havia se juntado ao Partido Comunista Alemão no início dos anos 1920, tinha um grande interesse pelo teatro dos trabalhadores, e combinava seus papéis clássicos com participações em trabalhos revolucionários. Ele havia se mudado para Berlim em 1930, mais ou menos na mesma época que Adam Kuckhoff. A estrela de Otto continuara em ascensão. Na temporada de 1930-1931, apareceu em quase duas dúzias de produções teatrais e teve seu primeiro papel como astro principal num filme da UFA, uma comédia chamada *Das Gestohlene Gesicht* (*A face roubada*).

Mas, à medida que crescia a tensão política, Otto incrementava seu ativismo. Atuava como líder nos sindicatos comunistas do teatro e do cinema, contribuía para publicações do partido e dirigia grupos marxistas de estudo em seu teatro.[32]

O ato final se aproximava. O dia 21 de janeiro de 1933 marcou a estreia de uma deslumbrante nova produção da segunda parte do *Fausto* de Goethe. Deveria ser a peça icônica da era nazista, a história de um homem que vende sua alma ao demônio em troca de ganhos mundanos. A produção era estrelada pelas novas aquisições regionais do teatro, Gustaf Gründgens como Mefisto e Hans Otto como o *kaiser*. Herbert Jhering, o principal crítico teatral de Berlim, fez um comentário entusiasmado sobre os atores:

> As cenas no pátio, a interação entre o *kaiser* e Mefisto, e a cena do dinheiro, com seu extraordinário realismo, foram soberbamente realizadas. Não houve nenhuma modernização barata. A forma e a poesia do texto foram protegidas em todos os aspectos.
>
> Mas Hans Otto como o *kaiser* (especialmente bom), Paul Bildt como um chanceler, e Wolfgang Heinz como o tesoureiro tiveram desempenhos tão espirituosos e inteligentes, que dava a impressão de que um novo grupo de comédia havia acabado de se formar.[33]

Na semana seguinte, os nazistas chegaram ao poder. Dentro de um mês, o Reichstag estava queimando e os expurgos haviam começado.

Em 27 de fevereiro de 1933 — cinco semanas após seu triunfo, Hans Otto recebeu uma comunicação oficial de Franz Ulbricht, o novo diretor do Staatstheater:

> Estimado Sr. Otto!
>
> Realmente lamento ser obrigado a lhe informar que o grupo artístico coletivo de nosso teatro considera impossível renovar seu contrato depois que ele expirar.
>
> Com o maior respeito, FU[34]

Em 23 de maio de 1933, Hans Otto interpretou o *kaiser* no *Fausto, Parte II*, pela última vez. Haveria de ser sua última apresentação. Os amigos de Otto instaram para que deixasse o país. Muitos de seus principais colaboradores já haviam sido forçados a buscar o exílio. Sua popular coadjuvante, a judia Elisabeth Bergner, já tivera que sair do país. Max Reinhardt, o produtor judeu que o lançara em Berlim, contatou Otto do exílio e o convidou a juntar-se a seu teatro em Viena.[35] Outras ofertas chegaram de Zurique e de Praga.

Mas Otto estava relutante. Como um não judeu com uma carreira teatral de sucesso, tinha a opção de permanecer no país e combater o fascismo de dentro. Sua decisão foi selada numa noite após sua demissão, enquanto caminhava com a esposa e um amigo perto de um parque no centro de Berlim. Os três avistaram um trem de carga cruzando a ponte da estrada de ferro, guardado por tropas de assalto. Estava apinhado de prisioneiros políticos a caminho de um campo de concentração. Depois dessa experiência, Otto recusou-se a considerar a ideia de sair do país.

Em vez disso, mergulhou na atividade clandestina. É difícil saber exatamente as ações em que estava envolvido, mas existem algumas pistas num *roman à clef* chamado *Mefisto*, escrito por Klaus, filho de Thomas Mann, que trabalhara com Otto e Gründgens na década de 1920. Acredita-se que o romance de Klaus, de 1936, retrata Hans Otto como um personagem chamado Otto Ulrich. Em algum momento, Otto "havia sido um homem afável, até afetuoso", mas, depois da tomada do poder pelos nazistas, "deixou de ser afável, deixou de ser afetuoso. Seu olhar adquirira uma gravidade ameaçadora. Otto Ulrich era um homem postado entre a cautela e a audácia, entre o ataque e a fuga; estava jogando um jogo perigoso".

Mann descreve como Otto Ulrich preparou um esquema para permanecer no Staatstheater o maior tempo possível, fazendo-se aceito por Hermann Göring e seu círculo. Ele transitava entre papéis, representando saudações de "Heil Hitler" diante dos nazistas num momento e realizando encontros clandestinos com ajudantes de palco antifascistas em outro. Mann escreve que o ator havia ficado temporariamente chocado e paralisado pelo terror nazista, mas depois "superou sua desesperadora apatia".

"'Depois de testemunhar aqueles horrores, você só tem uma escolha', disse ele. 'Pode se matar ou então voltar ao trabalho com mais dedicação ainda que antes.' Ele voltou ao trabalho."

> O objetivo era reunir as forças dispersas da Resistência, fundir num único movimento uma oposição composta de ideias e antecedentes mutuamente antagônicos. (...) E assim ele espalhou a rede de conspiração, fazendo-a cobrir um espaço mais amplo que apenas o representado por seus camaradas do partido. Estava muito mais ansioso para contatar católicos, antigos social-democratas ou republicanos independentes e trazê-los para a oposição. No início, os comunistas encontraram desconfiança nos círculos liberais de classe média. (...)
>
> "Mas vocês são tão contrários à liberdade quanto os nazistas", protestaram os democratas. "Ele respondeu, 'Vejam — somos todos a favor da derrubada da tirania. Nós todos podemos chegar a um acordo a respeito do tipo de ordem que deve ser instalada depois'."[36]

O Hans Otto real lançou-se, com igual empenho, ao mesmo tipo de atividade clandestina.[37] O Partido Comunista estava um caos, seus quadros desbaratados em consequência de prisões, deserções e fugas para o exílio. Durante os seis meses seguintes, Otto andou por toda a cidade em busca dos sobreviventes. Uma reunião poderia acontecer numa velha mansão num bairro rico; outro encontro clandestino poderia ser no metrô. Em algumas dessas ocasiões, também estavam presentes Marie, esposa de Otto, e Gertrud, sua irmã, que ainda estava casada com Adam Kuckhoff. Era uma situação desesperadora, na qual apenas mínimos progressos eram possíveis. Otto e seus amigos continuavam a produzir e distribuir folhetos antinazistas, mas era um trabalho tremendamente perigoso. Dado que os encontros envolviam figuras de destaque do teatro e do cinema, era difícil fazer algo discreto.

Na tarde de quarta-feira, 13 de novembro de 1933, Otto combinou um encontro com Gerhard Hinze, um ator de seu grupo clandestino, num pequeno café na Victoria-Luise-Platz, ao sul do Tiergarten. Foi dado um sinal e cinco camisas pardas entraram e prenderam os dois homens

— alguém os havia traído.[38] Otto e Hinze foram levados para o Comet Cafe, um restaurante das tropas de choque num balneário à beira do lago, bem na saída de Berlim. Os dois atores foram chicoteados, golpeados no rosto e chutados na barriga enquanto a música de uma banda tocava para os dançarinos lá dentro. Os membros da SA exigiam os nomes de outros membros clandestinos, mas Otto recusou-se a falar, mesmo depois de baterem sua cabeça contra a parede.

Depois de quatro dias de tortura, Otto e Hinze foram arrastados para outro lugar e jogados num porão imundo com vários outros homens e mulheres espancados que pareciam estar ali havia muito tempo. Foram novamente transportados, interrogados e espancados durante o caminho, então entregues ao quartel-general da Gestapo na Prinz-Albrecht-Strasse para mais interrogatórios. A última parada foi no quartel da SA na Volks- trasse, pouco abaixo na mesma rua.

Hinze e Otto foram separados. Hinze registrou o encontro final:

> Durante aquela noite medonha, vi Hans Otto mais uma vez. Deve ter sido por volta da meia-noite. Ele já não conseguia falar, podia apenas pro- duzir sons indistintos. Tinha a boca e os olhos muito inchados. E então, vendo-me, tentou sorrir. (...) Poucas horas depois, eu o vi pela última vez. Estava quase despido, e já não pude reconhecer seu rosto. Seu corpo era uma massa ensanguentada. Estava inconsciente. Chutaram-no e jogaram água sobre ele para tentar reanimá-lo. Em vão. Poucas horas depois, seu corpo destruído foi jogado numa calçada.[39]

Hans Otto morreu no hospital público de Berlim em 24 de novembro de 1933. Rapidamente se espalhou a notícia de que seus assassinos haviam sido três SA chamados Witzke, Möder e Kubik.

Mas a versão oficial era outra. A esposa de Otto foi informada de que o marido havia se suicidado saltando do último andar do quartel da SA. Foi dito que o próprio Goebbels havia assinado a notificação. Notícias sobre a morte de Otto foram censuradas, e o regime avisou que o ato de participar de seu enterro seria considerado uma ofensa. Apenas poucos amigos e parentes compareceram, monitorados de perto pela Gestapo. Mas era impossível manter em segredo a morte de Hans Otto.

O jornalista alemão que escreveu como Sebastian Haffner descreveu o choque do público alemão:

> O brilhante jovem Hans Otto, que havia sido o grande astro da última temporada, jaz, destroçado, no terreno de um quartel da SA — sim, Hans Otto, cujo nome estava na boca de todo mundo, sobre quem se falava em todas as festas, que havia sido saudado como o "novo Matkowsky"[40] pelo qual os palcos alemães haviam esperado durante tanto tempo. "Ele se jogou de uma janela do quarto andar num momento em que os guardas estavam distraídos", foi o que disseram.[41]

O impacto da morte de Otto reverberou por toda a cidade. Adam Kuckhoff foi um dos corajosos que ousaram ir ao funeral. Passaram-se dias até que ele conseguisse falar sobre a experiência: os furtivos agentes da Gestapo, o sofrimento da família, os inspirados discursos fúnebres. Kuckhoff havia perdido um amigo, um colega, um parente, e isso o galvanizou a ponto de fazê-lo entrar em ação. Para John Sieg, amigo de Otto e companheiro de partido, sua morte era um lembrete dos perigos mortais envolvidos na atividade partidária clandestina.

O teatro alemão havia mudado para sempre no curso de um único ano. Toda uma geração de dramaturgos, diretores e atores havia desaparecido. Muitos daqueles que ficaram (pelo menos os que não eram judeus) descobriram que poderiam chegar a um acordo com o novo regime. Gustaf Gründgens, amigo de Otto, colega de elenco e companheiro de batalha no teatro esquerdista, fez uma demonstração pública de sua nova afiliação. O mesmo fez Heinrich George, outro astro do Staatstheater que havia trabalhado de perto com Piscator, Weisenborn e Brecht e se associara a Otto para organizar o sindicato comunista do pessoal de teatro.

A morte de Hans Otto também repercutiu no exterior. Foi uma grave demonstração aos artistas no exílio de que as coisas piorariam muito, antes de melhorar. Cartas, artigos e protestos relativos ao destino de Otto atravessaram continentes.

Bertolt Brecht estava terminando um projeto em Paris, a caminho da Dinamarca. Mas encontrou tempo para escrever uma carta aberta sobre Otto a Heinrich George, que, pelo menos até então, havia sido um amigo e colaborador dos dois. Daquela vez, a voz de Brecht não era irônica nem direta; oscilava entre uma acusação e um pedido:

> Precisamos lhe fazer uma pergunta. Pode nos dizer onde está seu colega do Staatstheater, Hans Otto? Supostamente, foi preso pela SA, mantido em segredo e levado ao hospital com ferimentos terríveis. Alguns de nós gostaríamos de saber se ele morreu. Será que você poderia ir até lá e saber notícias dele? Você sabe que não se trata de um homem qualquer. (...) Onde está ele?[42]

Hans Otto foi um dos primeiros artistas proeminentes assassinados pelo regime nazista. Tinha 33 anos de idade.

7

Negação e conformidade

1933-1934

Os oponentes mais audazes dos nazistas tomaram medidas drásticas. Em 3 de março de 1933, a polícia alemã prendeu um grupo de comunistas liderados por um construtor naval na cidade portuária de Königsberg, no mar Báltico. Os conspiradores haviam tido dois encontros secretos durante o mês de fevereiro para planejar um ataque a bomba contra Hitler durante um comício nazista que se realizaria na véspera das eleições. Foram libertados no final do ano por falta de provas, mas a conspiração foi a primeira das muitas tentativas de matar o Führer durante o Terceiro Reich.[1]

No primeiro ano dos nazistas no poder, a maior parte dos antifascistas alemães ainda não estava disposta ao assassinato. Sua principal preocupação era ganhar tempo. Era extremamente difícil para eles compreender o que havia acontecido, e impossível predizer que rumo as coisas tomariam. Os intelectuais liberais e esquerdistas que permaneceram no país haviam perdido seus meios usuais de se engajar na política, e bem poderiam perder também seus meios de vida.

A situação de Mildred Harnack ilustrava o dilema de todos. Resolutamente antinazista, era também uma professora dedicada que encorajava sentimentos antifascistas entre seus estudantes. Mas, se quisesse continuar a lecionar na escola noturna, seria obrigada a tornar-se membro da organização de professores nacional-socialistas. Assim o fez, em junho de 1933.[2]

A conformidade tinha suas recompensas. No ambiente espasmódico criado pela Depressão, os bons empregos eram escassos, e os funcionários públicos do país tinham que apertar os cintos. Como milhares de comunistas, socialistas e judeus foram eliminados da vida pública, seus lugares ficaram disponíveis. Membros do Partido Nazista avançaram rapidamente em suas carreiras. Não deve causar nenhum espanto o fato de que, nos três meses entre fevereiro e maio de 1933, 1,6 milhão de pessoas se filiaram ao Partido Nazista (em comparação com apenas 108 mil afiliados em 1929).[3]

Todos os aspectos da vida alemã haviam sido sequestrados pela política, até mesmo as relações amorosas. Greta Lorke fora atraída de volta a Berlim por Adam Kuckhoff, mas ele parecia condicionar o amor ao engajamento político. "É porque eu a amo que não posso desistir de tê-la ao meu lado na luta política", disse ele.[4] Adam estava fortemente influenciado pelo compromisso político de sua "outra família" — sua ex-esposa, Marie, e o marido, Hans Otto (eles estavam criando Armin-Gerd, o filho de Kuckhoff). As convicções de Adam ficaram ainda mais firmes depois do assassinato de Otto.

Dado que o Partido Comunista Alemão (KPD) e a União Soviética haviam ostensivamente se oposto a Hitler desde o começo, os intelectuais e artistas antifascistas que ainda restavam na Alemanha decidiram se unir, criando novos pontos de contato. Muitos deles naturalmente presumiam que o KPD e os soviéticos agiam de comum acordo, mas, de fato, cada um desses requeria vias de abordagem totalmente diferentes. Grande parte dos militantes sobreviventes do KPD era constituída de operários que, com frequência, nutriam ressentimento contra a classe de intelectuais e aristocratas. Os soviéticos, por outro lado, tendiam a operar a partir da embaixada, movendo-se por círculos sociais inteiramente distintos.

Não existe nenhum registro de que Adam Kuckhoff tenha alguma vez se filiado ao Partido Comunista, mas estava entre aqueles que se voltaram para os comunistas na esperança de encontrar uma resposta coerente à crise. Seu trabalho no teatro e no jornalismo o havia posto em contato com muitos marxistas, tanto militantes quanto diletantes, e agora eles ofereciam recursos que não poderiam ser encontrados em outros setores da oposição política.

Adam desafiou Greta a abandonar a neutralidade que havia aprendido como cientista social. Ela não deveria simplesmente ficar de longe oferecendo análises e conselhos, disse-lhe; deveria se envolver. Greta voltara à Alemanha com a intenção de se juntar às atividades da oposição, mas surpreendeu-se ao descobrir que seu caso de amor dependia da ação política.[5]

Ela encontrou um quarto para alugar numa casa flutuante que ficava num lago afastado, num subúrbio chamado Pichelswerder. Estava sempre em contato com Arvid Harnack, que também a pressionava para se engajar nas atividades antinazistas. Houve uma ocasião em que Greta visitou os Harnacks em seu apartamento em Tempelhof, mas, em geral, encontravam-se em lugares discretos, perto de onde ela morava.[6] Arvid contou a Greta sua visita recente à União Soviética e expressou a preocupação de que os nazistas entrariam em guerra contra os soviéticos a fim de adquirir *Lebensraum* (o conceito alemão de *espaço vital para a expansão política*) no Oriente. Dependia de alemães como eles, argumentou, frustrar tais planos. A resistência exigiria novas linhas de comunicação social que passassem por cima de divisões de classe e preconceitos.

Arvid queria que Greta retomasse seus contatos na classe operária, embora ela não soubesse exatamente o que poderia oferecer. A chave para o trabalho futuro, respondeu Arvid, estava em expandir seus círculos de conhecimentos, seu *Bekanntenkreise*. Insistiu em que ela encontrasse um trabalho que lhe permitisse acesso a novas comunidades. Arvid tinha conexões com círculos da oposição que produziam literatura antifascista, e ele endossava o objetivo do grupo de alertar os trabalhadores alemães quanto a não se deixarem seduzir pela propaganda nazista. Tanto Arvid Harnack quanto Adam Kuckhoff tinham conexões anteriores com os soviéticos (cujas origens ainda não estão inteiramente claras). O emprego público de Arvid o levou a fazer contatos com funcionários das embaixadas soviética e americana, e, à medida que suas convicções antifascistas aumentavam, ele fortalecia os laços com estrangeiros. Adam Kuckhoff tinha um amplo espectro de contatos políticos entre os antigos colaboradores da *Die Tat*, entre eles John Sieg, membro do KPD, mas os círculos de comunistas alemães e agentes do serviço secreto soviético não necessariamente se superpunham.

Tenham ou não Harnack e Kuckhoff tentado contatar Moscou diretamente na ocasião, da parte dos soviéticos havia um claro interesse em chegar a pessoas como eles. Um indício veio à luz recentemente, com a divulgação de arquivos do serviço de informação soviético.

Em 20 de maio de 1933, um funcionário de Moscou chamado Karl Radek enviou uma mensagem a Boris Vinogradov, agente da inteligência soviética e funcionário da embaixada em Berlim. Radek, um dos fundadores do Partido Comunista Alemão, estabelecera-se em Moscou para trabalhar com a Internacional Comunista e havia sido recrutado para o serviço de espionagem.[7] Ele instruiu Vinogradov a manter "conversas discretas" com diversos indivíduos, inclusive Oskar von Niedermayer, "Grabovski" e "as pessoas do '*Tat Kreuz*'". Ele instava Vinogradov a prosseguir, "quer Faigt e Ku estejam ou não em Berlim".[8]

Com o desbaratamento de seus contatos no KPD, os soviéticos estavam tendo dificuldades para reunir fontes alternativas de informação. O Oskar von Niedermayer mencionado por Radek era um oficial do serviço de informação do exército alemão que havia supervisionado exercícios conjuntos de treinamento de alemães e soviéticos na década de 1920.[9] Longe de ser um ideólogo comunista, ele servira o regime nazista durante toda a guerra. "Grabovski" era, provavelmente, Adolf Grabowski, um renomado professor de ciência política de Berlim e integrante da mesma viagem de estudos à União Soviética da qual participara Arvid. "*Tat Kreuz*" era uma transcrição errada de *Tatkreis* (Círculo Tat), o grupo de intelectuais conservadores que se formara em torno da antiga revista de Adam Kuckhoff, *Die Tat*. (Pelo menos um autor, Stephen Koch, acredita que "Ku" significava Adam Kuckhoff.)[10]

Não existem registros de uma resposta de Vinogradov às instruções de Radek, mas teria sido fácil implementá-las. Durante suas atividades usuais, o diplomata russo poderia ter encontrado muitos dos indivíduos listados. Os diplomatas também cruzaram com os Harnacks e Greta Lorke, já que esses eram membros bem relacionados da elite intelectual de Berlim.

As conexões de John Sieg eram de outro tipo, e demonstravam os riscos e benefícios de integrar o Partido Comunista. A afiliação ao KPD o levara à detenção e à prisão, mas também lhe havia oferecido um caminho para o ativismo depois de solto. Os comunistas alemães tinham uma longa história de sigilo e organizações de fachada, e haviam estabelecido as bases para atividades clandestinas muito antes de suas organizações públicas serem extintas.

Poucas semanas depois de John Sieg sair da prisão de Plötzensee, em junho de 1933, ele e sua esposa, Sophie, mudaram-se para um novo apartamento em Neukölln, onde Greta Lorke cuidara de órfãos no passado. O bairro fica no sul da cidade, numa área de amplos cemitérios, sombrias casas de cômodo e lojinhas sujas. Por trás das paredes cinzentas estavam os conjuntos de células comunistas. O fato de viver em Neukölln punha Sieg bem no centro da ação.

Para muitos ansiosos alemães como Harnack, Kuckhoff e Sieg, os comunistas representavam a única oposição funcional ao fascismo. Mas, a despeito da ênfase do KPD em hierarquia e disciplina partidárias, o partido estava longe de ser organizado e unido (graças, em grande medida, às obsessivas maquinações de Stalin).

Stalin tinha razão para temer um acordo político na Alemanha. Os social-democratas do país haviam mantido boas relações com as democracias ocidentais, recorrendo a elas para assistência em épocas de crise. Uma frente ampla alemã que incluísse os comunistas e os social-democratas evocava o pior pesadelo de Stalin: um Ocidente unido confrontando a União Soviética. O ditador achou que a ideia de uma Europa dividida era muito mais agradável. Ele estava ciente de que sua abordagem levaria os nazistas a esmagar o KPD, mas não se deixava perturbar pela noção de milhares de comunistas alemães sofrendo tortura, exílio e campos de concentração. Suas cínicas manobras eram feitas por trás dos panos. Muitos comunistas alemães presumiam que qualquer crítica a Stalin era simplesmente propaganda direitista, e não poderiam imaginá-lo entregando-os nas mãos de seus inimigos fascistas.

A primeira preocupação do KPD eram os nazistas. Imediatamente após a tomada do poder, milhares de membros do KPD foram vitimados pela violência. Um dos primeiros foi o candidato presidencial Ernst Thälmann, que ficara em terceiro lugar nas eleições nacionais poucos meses antes. Thälmann havia convocado, tardiamente, um esforço conjunto de social-democratas e do KPD (após se opor a tal possibilidade durante anos) e foi arrastado na primeira onda de prisões em março. Seu julgamento foi adiado inúmeras vezes, depois cancelado, e ele acabou sendo executado.[11]

O KPD havia sido uma das principais forças na sociedade alemã: contava 300 mil membros em 1932 e conseguira quase 6 milhões de votos nas eleições de novembro. Mas os minuciosos arquivos da polícia de Weimar tornaram absurdamente fácil para os nazistas prendê-los em massa. Estima-se que, durante 1933, 2 mil comunistas foram mortos e 60 mil postos em prisões. Milhares deixaram o partido, e outros milhares fugiram para Paris, Moscou e Praga. Ao final do ano, somente 60 mil dos 150 mil partidários do KPD permaneciam na Alemanha, sem saber o que lhes aconteceria e desprovidos de lideranças.[12]

Quando John Sieg foi libertado após três meses de tortura e prisão, tudo o que restava do KPD na Alemanha era uma rede esfarrapada de células. Durante alguns anos, esses pequenos agrupamentos funcionaram em fábricas, sindicatos ou outras comunidades discretas. Neukölln, a nova área onde morava John Sieg, era um enclave do KPD, mas, tal como ocorria na maior parte dos bairros operários, abrigava notórios clubes das tropas de choque nazistas que também funcionavam como delegacias policiais e centros de tortura. Um deles, o *Sturm 21*, no número 35 da Richardstrasse, operava a poucos quarteirões a leste do apartamento dos Siegs na Jonasstrasse.[13]

Tão logo chegou, Sieg fez contato com Kurt Heims, o antigo correspondente trabalhista do *Rote Fahne*. Heims pertencia à organização distrital do KPD situada na parte sul de Neukölln, e sua casa na Berliner Strasse, número 91, tornou-se um ponto de encontro para reagrupar membros do partido. Sieg foi imediata e calorosamente recebido de volta ao círculo, que incluía Otto Dietrich, o comunista judeu Werner Mendelsohn, e Herbert Grasse, um jovem tipógrafo de 23 anos.

Sieg, o jornalista que perdera seu lugar, interessou-se particularmente pelo principal projeto do grupo, um jornal ilegal chamado *Neuköllner*

Sturmfahne (Bandeira de Alerta de Newkölln). Grasse imprimia o jornal secretamente na casa de Otto Dietrich, num prédio despretensioso que ficava a uma curta caminhada do apartamento de Sieg.[14] "Jornal" era um nome meio exagerado; o *Sturmfahne* não passava de algumas páginas toscamente mimeografadas trazendo ilustrações canhestras e textos manuscritos. As "notícias" consistiam em denúncias contra funcionários nazistas e continham as preocupações urgentes do KPD, como a permanência de Ernst Thälmann na prisão, informação que não aparecia na imprensa controlada pelo Estado. Para o grupo, a distribuição dos exemplares entre as moribundas células comunistas era um desafio; qualquer um encontrado produzindo, divulgando ou mesmo portando tal literatura era severamente punido.

Sieg estava feliz por encontrar pessoas de iniciativa, diferentes dos milhões de alemães que sucumbiram à propaganda nazista ou afundaram na passividade. Como os nazistas intimidavam e passaram a controlar os principais veículos de comunicação de massa do país, a existência da imprensa clandestina servia para mostrar que o controle estatal não era absoluto.

Sieg precisava de algo mais além de um espaço de ação política — ele também estava financeiramente arruinado. No grupo de Neukölln, conheceu Karl Hellborn, um sindicalista que trabalhava para a Reichsbahn, a empresa ferroviária estatal. O sindicato dos ferroviários havia sido submetido à *Gleichschaltung* pelos nazistas, mas as redes dos antigos integrantes sobreviviam em segredo. Hellborn prometeu recorrer a seus contatos e conseguir um emprego para Sieg.[15] Nesse meio-tempo, John tinha que se virar fazendo biscates e trabalhando na construção civil, como já fizera em Chicago e Detroit.

Sieg e seus amigos descobriram que até as mais corriqueiras transações políticas haviam se tornado extremamente difíceis. Já não era mais possível trocar informações das maneiras usuais. Lugares de encontros, jornais do partido e até cabarés haviam sido fechados ou convertidos em estabelecimentos fascistas. Os bairros de Neukölln, "Red Wedding" e Wilmersdorf continuavam a gerar atividades de oposição, mas também estavam infestados de informantes. A Gestapo não contava com um número muito grande de agentes, mas recebia ampla ajuda de alemães comuns avidamente dispostos a espionar seus vizinhos.

A oposição antifascista tinha poucos recursos para se contrapor à máquina de propaganda do regime, que agora se voltara para a produção maciça de ódio. Os nazistas usaram todos os meios à sua disposição para lançar a culpa dos problemas do país, passados e presentes, sobre "bolcheviques" e "judeus", sugerindo que os dois eram sinônimos. Por toda parte, havia caricaturas mostrando os judeus como negociantes de nariz adunco agarrados a seus sacos de dinheiro ou como furtivos *Ostjuden* em longas túnicas negras e olhar encolerizado. Os esquerdistas eram representados como intelectuais de óculos, decadentes, que transitavam na política das "complexidades", em vez de se guiar pelo simples evangelho da unidade nacional pregado por Hitler.[16] O bolchevista aparecia como um operário moreno (frequentemente com vagos traços asiáticos) que usava um boné, tinha uma expressão ameaçadora e vivia semeando o caos numa terra ordeira.[17] Graças aos mecanismos de que dispunha a *Gleichschaltung*, essas imagens malévolas eram multiplicadas em cartazes de rua, livros escolares, jornais nazistas, filmes e histórias em quadrinhos.

Apenas poucos anos antes, os comunistas haviam respondido à propaganda nazista com seus próprios meios de comunicação de massa, empregando algumas das melhores cabeças que atuavam na área, especialmente Willi Münzenberg. O filme épico *Kuhle Wampe* elevou o padrão. O melodrama comunista mostrava o suicídio de um belo jovem operário levado ao desespero pelo desemprego. Mas sua família e seus amigos (inclusive a então adolescente Marta Wolter) triunfavam sobre a adversidade, unindo-se em solidariedade proletária. Quando o enredo estava prestes a se desintegrar por completo, o filme passava a mostrar a alegre juventude comunista de Berlim reunindo-se para saudáveis competições esportivas e elaboradas formações de bicicletas. Muitos desses elementos voltariam a aparecer, com alguma reelaboração, em futuros filmes nazistas.

Uma das primeiras imitações surgiu logo após a tomada do poder em 1933. O enredo de *Hitlerjunge Quex* baseava-se na história verídica de um membro da Juventude Hitlerista morto por comunistas durante um conflito de rua no ano anterior. O filme se apropriou da mitologia comunista e a virou pelo avesso. Um jovem louro e saudável, Heini (cujo apelido era "Quex", ou "Mercúrio"), vivia num cortiço cercado por comunistas miseráveis, dos quais o mais brutal era seu pai, um comunista bêbado (que, para completar, usava boné e tinha uma expressão ameaçadora). Um dia, Quex dá com um acampamento da Juventude Hitlerista nos arredores da cidade. Fica fascinado com a aparência limpa e ordeira e com os rituais místicos. Junta-se a eles secretamente, realiza heroicos atos de resgate e é espancado até a morte por capangas comunistas. Na cena final, falanges da Juventude Hitlerista marcham triunfalmente ao fundo, na cadência de um hino nazista.

A escolha de Heinrich George para o papel do pai comunista bêbado foi um fantástico golpe de propaganda. George era um dos principais atores do país. Tinha também amplas credenciais esquerdistas, havendo participado de diversas produções *agitprop* de Erwin Piscator, entre elas a peça pacifista do jovem Günther Weisenborn, *Submarino S-4*. Atuara sob a direção de Brecht e colaborara com as Produções Prometeu de Willi Münzenberg. Havia falado em comícios do KPD e servido como companheiro de luta de Hans Otto, organizando greves de comunistas que trabalhavam no teatro. Em março de 1933, os nazistas proibiram Heinrich George de trabalhar no Teatro Nacional. Após um tenso interlúdio, ele chegou a um "arranjo" que lhe permitiu continuar atuando. Parte do preço foi seu papel em *Hitlerjunge Quex* como o grosseiro pai comunista que espanca o nobre filho nazista e se arrepende pelo resto da vida. A audiência alemã testemunhou um de seus mais destacados atores convertendo-se do comunismo ao nazismo publicamente, nas telas dos cinemas.

Quex não era um dos favoritos de Goebbels. Privadamente, o ministro menosprezava filmes de propaganda tão explícitos, acreditando que as massas poderiam ser aplacadas e submetidas mais eficazmente por meio de uma dieta de espetáculos frívolos.[18] Mas, publicamente, elogiou o filme, tal como o fizeram muitos outros. Antes do lançamento no Cinema Yorkville em Nova York, no verão de 1934, os distribuidores retiraram o nome de Hitler, substituindo-o pelo anódino título *Nossa bandeira tremula à nossa frente.* O *New York Times* fez uma resenha positiva, recomendando o filme a "pessoas que desejem ter uma ideia visual de como a doutrina nazista foi disseminada entre as novas gerações na Alemanha". E continuava: "Tecnicamente, o filme é bem-feito ... a ação se desenrola com agilidade e muitas das cenas, particularmente as passadas na casa humilde do jovem herói e nas ruas, durante a campanha política, realmente prendem a atenção do espectador."[19] O *Times* fez uma menção especial a alguns "excelentes atores... como o sólido Heinrich Georg [sic] no papel de um comunista comum de Berlim" e "o simpático jovem Claus Clausen" como seu filho integrante da Juventude Hitlerista.[20]

Em 1937, Goebbels nomeou Heinrich George um "Ator Estatal" oficial — que, pouco depois, assumiu a direção do importante Teatro Schiller.[21] George era a prova viva da afirmação feita por Hermann Göring, um aficionado do teatro: "É mais fácil transformar um grande artista num nacional-socialista decente que fazer de um humilde membro do partido um grande artista."[22]

8

Passando para a clandestinidade

1934-1935

O cataclismo de 1933 foi seguido por ondas de assassinatos, exílios e prisões, transformando a vida pública alemã. Mas era impossível regular as transações privadas que ocorriam cotidianamente entre uma população de 66 milhões de pessoas. Grande parte da vida parecia seguir como antes. Podia-se criticar o regime desde que isso fosse feito num círculo fechado que garantisse confidencialidade. Tais conversas persistiam em volta da mesa do jantar com a família, em bares e cafés, e em grupinhos de trabalhadores no chão das fábricas.

Ainda assim, estimulados pela receptividade da Gestapo, milhares de zelosos novos nazistas competiam para dar informações sobre seus vizinhos. Passou a ser cada vez mais perigoso confiar em quem quer que fosse. Para um parente ciumento ou um colega de trabalho insatisfeito, era muito fácil acertar velhas diferenças ou eliminar um concorrente — uma simples denúncia resolveria. Já não se podia contar com a lealdade de ninguém.

Arvid e Mildred Harnack tinham sorte de pertencer à unida família Harnack, que se orgulhava de seus valores liberais. Agora, as longas e filosóficas conversas durante o jantar, quando toda a família se reunia, ganhavam um tom de urgência. Arvid e seus primos Dietrich e Klaus Bonhoeffer eram feitos do mesmo material: intelectuais, mas sem inclinação a limitar seu trabalho ao âmbito teórico. No conjunto, o clã — que passara a incluir, por casamentos, os Delbrücks, os Dohnanyis e os Schleichers — continha uma gama impressionante de cientistas sociais e funcionários públicos liberais alemães.

Uma notável proporção da família assumira postura ativa contra o nazismo, ampliando seus vínculos profissionais para tecer e acrescentar uma dezena de fios à rede de resistência. O clã dos Harnacks sentia-se ofendido pela pseudossagrada retórica dos nazistas e enojado diante do ressurgimento do antissemitismo. Ficou ao lado de seus muitos amigos judeus e não mediu esforços para defendê-los. A matriarca dos Bonhoeffers, com 91 anos de idade, assumiu a liderança ao desafiar o primeiro boicote antissemita e caminhar ao longo de uma barreira de camisas pardas para entrar na KaDeWe, uma loja de departamento cujos proprietários eram judeus. Em pouco tempo, Mildred Harnack estava mobilizando suas conexões na embaixada americana para ajudar amigos judeus a emigrar. Ernst von Harnack tomou providências para que inúmeros de seus amigos judeus partissem para a Inglaterra. (Alguns deles se aborreceram com sua insistência, convencidos de que "tudo aquilo passaria".)[1]

O primo mais jovem de Arvid, Dietrich Bonhoeffer, nunca vacilou em sua oposição ao fascismo, mas nem sempre era claro o caminho que ele seguiria. Inicialmente, pretendia ser um psiquiatra, como o pai, mas, para surpresa geral, voltou-se para a teologia e descobriu sua vocação como pastor protestante. Em 1930, seguiu os passos do primo para os Estados Unidos, chegando a Nova York apenas poucos meses depois de Arvid e Mildred terem retornado à Alemanha. Bonhoeffer fez o curso de pós-graduação no Seminário Teológico Ecumênico, próximo à Universidade de Columbia.

Bonhoeffer estava fascinado com seus vizinhos do Harlem, e não demorou a se ligar à Igreja batista abissínia afro-americana que ficava na rua 138, logo ao norte do seminário. Estava profundamente influenciado pelo movimento não violento de direitos civis que brotava na comunidade cristã negra e colecionava gravações de músicas gospel que queria levar para a Alemanha. Assim que voltou, Bonhoefer aceitou o cargo de professor na Universidade de Berlim ao mesmo tempo que Mildred entrou na faculdade.

Tal como o resto da família, Bonhoeffer assistia aos acontecimentos políticos em seu país com um alarme crescente. Em 1º de fevereiro de 1933, deu uma entrevista na rádio deplorando a forma como os jovens alemães estavam atribuindo ao "Führer" qualidades de um ícone sacrílego, mas, durante sua fala, o microfone foi cortado.[2] Poucos dias depois, escreveu um ensaio intitulado *Die Kirche vor der Jugenfrage (A Igreja e a questão judaica)*, declarando que os cristãos tinham a responsabilidade ética de defender os judeus. Naquela mesma semana, Dietrich e seu irmão Klaus marcaram encontros com teólogos judeus americanos, inclusive o prestigiado rabi Stephen Wise.[3] Na primavera, Bonhoeffer testemunhou o espetáculo da queima de livros por Goebbels na calçada bem em frente à sua sala de aula. Em agosto, a universidade informou-o de que seus serviços não eram mais necessários.

Como muitos outros alemães, Bonhoeffer ficou dividido entre deixar um país que tripudiava sobre seus valores mais profundos e permanecer para lutar pela alma nacional. Ele acreditava que a comunidade internacional, especialmente as organizações ecumênicas, tinha a obrigação de frustrar os planos nazistas de conquista e derramamento de sangue. Passou o ano seguinte na Inglaterra como pastor de congregações luteranas, fazendo muitos amigos. Assim como Greta Kuckhoff havia usado a viagem à Inglaterra para alertar os sindicalistas ingleses sobre os perigos do nazismo, Dietrich Bonhoeffer fez soar o alarme entre os acadêmicos ingleses e os fiéis da igreja.

Não foi uma tarefa simples. Muitos ingleses viam Hitler e o movimento nazista com simpatia, a coisa certa para subjugar os bolchevistas e pôr a economia alemã novamente em ordem. O antissemitismo era uma coisa comum na sociedade inglesa, e os ingleses incubavam sua própria versão do fascismo. Em 1931, o aristocrata britânico Oswald Mosely realizou uma viagem de estudos políticos à Itália e à Alemanha e retornou para fundar, no ano seguinte, o Sindicato Fascista Britânico.

Por fim, Bonhoeffer decidiu que seu lugar era na Alemanha, onde tanto a Igreja católica quanto a luterana mostravam preocupantes sinais de acomodação. O Vaticano fez um acordo com os nazistas em julho de

1933, assinando uma Concordata que permitia a dissolução dos sindicatos católicos e do Partido Católico do Centro. Em troca, a Igreja católica obteve a permissão de continuar funcionando na Alemanha como uma instituição religiosa e a manter suas propriedades. Alguns corajosos clérigos e leigos católicos objetaram, mas eram minoria.

A Igreja luterana era mais influente que a católica, e mais cúmplice ainda. O censo de 1925 identificou 40 milhões dos 65 milhões de alemães como luteranos, comparados aos 21 milhões de católicos e aos 620 mil pertencentes a seitas menores.[4] O regime nazista tomou providências imediatas para subverter a igreja, transformando-a numa instituição estatal que sintetizava a ideologia nazista e a tradição conservadora protestante.

Essa campanha ofendeu muitos luteranos, inclusive o pastor Martin Niemöller, que comandara um submarino durante a Primeira Guerra Mundial e, durante algum tempo, havia apoiado Hitler. Niemöller reagiu fundando a Liga de Emergência dos Pastores, que acabou se transformando num ramo dissidente da igreja conhecido como Igreja confessional (*Bekennende*). Quando Dietrich Bonhoeffer regressou da Inglaterra em 1934 (com apenas 28 anos de idade), juntou-se à tarefa e tornou-se seu principal teólogo. A Igreja luterana confessional atraiu milhares de protestantes alemães com o argumento de que o verdadeiro cristianismo era incompatível com o nazismo. Bonhoeffer interpretava sua vocação como a missão de criar um santuário para a oposição fundada na fé. Foi essa a comunidade que sustentou as atividades antinazistas de Adolf Grimme, o ministro social-democrata amigo de Adam Kuckhoff.

Durante 1933 e 1934, Arvid e Mildred Harnack continuaram em permanente contato com seus parentes Bonhoeffer. Mildred, buscando uma fonte alternativa de renda, lançou uma série de palestras patrocinadas pela embaixada americana, apresentadas na casa de Klaus e Emmi Bonhoeffer.[5]

Arvid estava imerso na preparação para os exames, mas o círculo social do jovem casal continuava a crescer. Seu salão simples, mas acolhedor, atraía escritores e editores liberais e servia como local de encontro para intelectuais berlinenses e expatriados americanos. Arvid e Mildred viam a América como um símbolo de esperança. Franklin Delano Roosevelt acabara de assumir a Presidência, e eles ficaram felizes de saber que o novo governo estava contratando seus amigos da Universidade de Wisconsin para cargos da mais alta importância. Subitamente, as causas que defendiam em comum, como reforma trabalhista e planejamento econômico, viraram objetivos de políticas oficiais num programa chamado *New Deal*, implementado por pessoas que eles conheciam e admiravam.

O casal recebeu um estímulo adicional em julho de 1933 com a chegada do novo embaixador americano. William Dodd chegou a Berlim com a esposa e um casal de filhos adultos, Martha e Bill. Mildred estava especialmente interessada em Martha, uma jovem de 24 anos que havia abandonado a Universidade de Chicago e escrevia ocasionalmente para jornais. As duas jovens eram opostas em muitos aspectos. Mildred era alta, gentil e séria, enquanto Martha era uma espevitada miúda, de cabelos negros, que gostava de viver perigosamente. Mas partilhavam interesses literários e logo se tornaram amigas. Em pouco tempo, estavam dividindo uma coluna sobre livros no jornal local publicado em inglês.[6]

Martha havia cultivado amizade com diversos escritores americanos famosos. Escreveu ao amigo Thornton Wilder sobre o círculo literário dos Harnacks e descreveu sua nova amiga Mildred como "uma pessoa muito pobre, muito verdadeira, gentil e sem prestígio, embora sua família seja antiga e respeitada". Martha, que tendia a ser presunçosa, anunciou que "os Harnacks e eu (já que chegamos à conclusão de que somos as únicas pessoas em Berlim genuinamente interessadas em escritores) diligentemente encorajamos todo e qualquer empreendimento intelectual livre que tenha restado".[7]

Os chás literários de Mildred e Arvid Harnack eram mais que meros encontros sociais. Os convidados, sobreviventes de uma cultura sitiada e desgastada, buscavam abrigo na companhia uns dos outros. Mildred facilitava contatos entre seus convidados, servindo sanduíches de *liverwurst* e frutas. Ela e o marido testavam o terreno permanentemente. Quais dos conhecidos partilhavam suas ideias políticas? Poderiam confiar segredos a eles? Quem conseguiria cruzar a linha que separava o ceticismo privado da oposição ativa?

Os Harnacks conheciam os diferentes níveis de oposição. Muitos intelectuais optaram pelo "exílio interior" durante o período nazista, retirando-se para lugares rurais afastados, não participando e nem se opondo. O nível seguinte era chamado *Resistenz*, tal como na "resistência elétrica", no sentido de uma substância que deixa de conduzir uma corrente. Esses alemães expressavam suas posições passivamente, por meio de ações cotidianas de não submissão, recusando-se a contribuir para campanhas de levantamento de fundos ou deixando de retribuir a uma saudação nazista, por exemplo. Em circunstâncias erradas, até atos de rebelião passiva como esses podiam resultar em acusações criminais. O terceiro e mais sério nível era chamado *Widerstand*, que significava, literalmente, "assumir uma postura contra" o regime por meio de atos de oposição. Os Harnacks acreditavam que esse era o único caminho eficaz a seguir.

O embaixador Dodd assumiu o posto nos primeiros dias do regime nazista, antes mesmo que a imprensa americana ou o corpo diplomático tivessem um claro entendimento de sua natureza. (Roosevelt havia tomado posse no dia 4 de março de 1933, na véspera das eleições alemãs que levaram Hitler ao poder.) Mas os nazistas representavam desafios extraordinários no campo diplomático, e o novo embaixador tinha que lidar com um número crescente de americanos que entravam em conflito com o regime. Suas dores de cabeça consulares estavam refletidas num artigo de 15 de outubro de 1933 do *New York Times*, no qual se relatava que os alemães, respondendo a pressões diplomáticas, haviam prendido camisas pardas que espancaram um cidadão americano por esse haver deixado de responder a uma saudação nazista.

O embaixador Dodd tinha sua atuação dificultada pela bem-sucedida campanha de relações públicas de Hitler, que havia conquistado uma audiência favorável entre americanos influentes. Muitos deles eram receptivos às primeiras políticas dos nazistas e condenavam as reformas do New Deal nas áreas de previdência social e obras públicas, vistas por eles como um marxismo insidioso. O padre Charles Coughlin, que tinha uma enorme quantidade de seguidores nos Estados Unidos, temperava seus programas de rádio com efusivos elogios a Hitler e Mussolini e grosseiras observações antissemitas. Em 1934, o empresário e político Joseph Kennedy (pai do ex-presidente John F. Kennedy), que aguardava um cargo no governo de Roosevelt, enviou à Alemanha seu filho Joe Jr., então com 19 anos, para ver de perto a situação. Joe Jr. retornou cheio de entusiasmo:

> O povo alemão estava disperso, desanimado e distanciado de qualquer esperança. Hitler chegou. Ele viu a necessidade de um inimigo comum, alguém que fosse o bode expiatório. (...) Foi uma excelente psicologia, e uma pena que tivesse que escolher os judeus. Essa aversão aos judeus, no entanto, era bem fundamentada. Eles estavam à frente de todos os grandes empreendimentos, no sistema judiciário etc. Eles têm todos os méritos de ter chegado tão longe, mas seus métodos haviam sido bastante inescrupulosos... os advogados e juízes importantes eram judeus, e, se alguém tivesse uma causa contra um judeu, poderia ter certeza quase total de que a perderia. (...) No que se refere à brutalidade, deve ter sido necessário usar alguma (...).[8]

Quatro anos depois, Joseph Kennedy foi enviado à Inglaterra como embaixador americano e frequentemente recorria aos conselhos de Joe Jr.

Martha, a filha do embaixador, abordou a Alemanha de uma forma diferente. Uma mulher vivaz que se considerava uma *femme fatale*, de início ela achou os fascistas alemães intrigantes, e mesmo charmosos, embora de uma maneira sinistra. A posição de seu pai tornava-a um produto socialmente desejável, e ela passou suas primeiras semanas em Berlim saindo com uma sucessão de nazistas, desde jovens das tropas de choque até altos oficiais. Sua mãe, diplomaticamente, convidou para um chá a senhora Göring e a senhora Goebbels (que causou uma boa impressão). O próprio Hitler beijou a mão de Martha.

Mas o refinamento da sociedade berlinense fornecia apenas uma precária cobertura para a brutalidade que ocorria à volta. Num passeio de carro pelo campo, Martha ficou chocada ao ver nazistas que descaradamente atacavam um grupo de judeus. Sua família logo percebeu que os telefones em sua residência estavam grampeados e que muitos dos convidados a seus eventos sociais viviam em permanente estado de medo.

Martha tinha uma mente rápida e um olhar observador, mas pouca inclinação para a análise. Ela confiava em Mildred para interpretar a situação e apresentá-la a alemães insatisfeitos com o regime. "Eu não conheci intimamente nenhuma outra mulher na Alemanha que possuísse tal sinceridade e tal firmeza de propósito", recordou mais tarde. "Ela nunca era superficial, nunca sarcástica à custa de alguém, nunca precipitada nem intolerante. (...) Suas palavras eram cautelosas, persuasivas, carregadas de uma lógica de difícil compreensão, mas inquestionável."[9] Mildred, por sua vez, achava que Martha era uma parceira ansiosa por explorar a cena alemã, descrevendo-a à sua mãe como "clara e capaz, [com] um verdadeiro desejo de compreender o mundo. Assim, nossos interesses se tocam...".[10]

Para os obstinadamente otimistas, ainda era minimamente possível acreditar que os fascistas poderiam ser varridos da cena tão abruptamente quanto haviam chegado ao poder. Mas a situação não era tão simples. Muitos dos membros da elite tradicional, inclusive a aristocracia prussiana e o corpo de oficiais do exército, sentiam repulsa pelo estilo grosseiro dos nazistas e seus métodos brutais, mas, ao mesmo tempo, visualizavam mudanças no horizonte. Pela primeira vez desde Versalhes, os alemães viam a possibilidade de restaurar o prestígio nacional, reenergizar a economia e recuperar os territórios perdidos. Muitos deles achavam aceitável o custo social que isso exigia. Além do mais, grande parte da elite nunca havia gostado muito de judeus e social-democratas, e muitos haviam combatido abertamente os comunistas.

Ainda assim, quando a ditadura entrava em seu segundo ano, a situação estava longe de ser estável. À medida que as instituições democráticas eram irreversivelmente desmontadas e os campos de concentração ficavam cada vez mais abarrotados, até os conservadores começaram a ter suas dúvidas.

Em junho de 1934, a situação chegou a um impasse devido a uma crise interna no Partido Nazista. Os SA, ou camisas pardas, haviam crescido rapidamente sob a liderança de Ernst Röhm. Agora, ameaçavam sair totalmente do controle. Com mais de 2 milhões de membros, o grupo paramilitar era muito maior que o exército alemão.

Em 17 de junho, Röhm reuniu a liderança da SA num pequeno balneário perto de Munique. Hitler deu ordens que foram executadas com uma velocidade chocante: a SS (a força militar criada como guarda-costas do Führer) deslocou-se pelo país como esquadrões da morte coordenados e esmagou bolsões estratégicos de rivais e oponentes de Hitler, entre eles Röhm e os líderes da SA.

Em 13 de julho, Hitler fez um discurso sobre as 72 horas de derramamento de sangue, conhecidas como a "Noite das Facas Longas". Ele confirmou 77 mortes. (Sessenta e uma foram descritas como execuções, e as restantes como "suicídios" e "mortos por resistir à prisão".) Outros cálculos falam em centenas. Hitler justificou suas ações com uma lei improvisada que declarava: "As medidas tomadas nos dias 30 de junho e 1º e 2 de julho para revidar os ataques traiçoeiros são atos justificáveis de autodefesa do Estado."[11]

A "Noite das Facas Longas" transformou em total repugnância a baixa opinião do embaixador Dodd sobre os nazistas. Ele decidiu que se recusaria a tomar parte em qualquer encontro voluntário com a hierarquia nazista. A saúde de sua esposa começou a sofrer em virtude da pressão nervosa. O casal tinha que lidar com os problemas causados por Martha, cujos favores antes dados a oficiais nazistas haviam sido transferidos para um belo diplomata soviético, o primeiro secretário Boris Vinogradov. Agora, ela começava a jogar outro jogo perigoso, partilhando as confidências de seu pai com o novo namorado. O serviço secreto de Stalin, o NKVD, observou com interesse os acontecimentos e fez planos para atrair Martha para sua rede de informantes.[12]

Estava ficando mais difícil fazer contatos sociais com funcionários soviéticos; os nazistas haviam incrementado a vigilância da embaixada. Ainda assim, Arvid Harnack permanecia em contato com seus parceiros na embaixada soviética e contava com Mildred para fazer o mesmo com os americanos. Em abril de 1935, Arvid passou por mais uma rodada de rigorosos exames profissionais. Isso o qualificou para uma posição no Ministério da Economia, dando-lhe acesso a uma vasta quantidade de informações econômicas secretas.

Em 8 de maio de 1935, a embaixada americana em Berlim promoveu um grande evento literário. A filha do embaixador ofereceu um chá em homenagem a Thomas Wolfe, o imponente jovem romancista americano, e ao editor da Random House, Donald Klopfer, que estavam visitando a Alemanha.[13] Wolfe, aos 35 anos, estava no auge da fama. Sendo um germanófilo, já fizera diversas viagens ao país, e uma importante editora alemã havia acabado de traduzir e publicar seu romance de grande sucesso, *Look Homeward, Angel*.

Martha Dodd pedira a Mildred Harnack para fazer a lista de convidados alemães. Mas, do ponto de vista da mimada filha do embaixador, a festa foi um fracasso: "uma tarde maçante e, ao mesmo tempo, tensa". Mildred Harnack convidara "cerca de quarenta pessoas, escritores, poetas, editores de livros e revistas", muitas das quais já participavam de atividades secretas antinazistas. Mas Martha, apesar de envolvida em sérias intrigas, ainda respondia como uma criança petulante, incapaz de observar qualquer coisa na sala além do fracasso de uma reunião que não conseguiu entretê-la:

> Essa era a festa na qual eu havia esperado ouvir coisas divertidas, alguma troca de ideias estimulantes, pelo menos conversas mais elevadas que as usualmente encontradas na sociedade diplomática. Mas foi uma festa tão cheia de frustrações e angústias; um desfile de mentes destroçadas e sem nenhuma esperança de liberdade, produtos da caçada empreendida pela Polícia Secreta; uma noite de tensões, espíritos alquebrados, coragem arruinada ou trágica e odiosa covardia, que eu jurei nunca mais ter um grupo como esse em minha casa.[14]

Greta Lorke considerou a festa da perspectiva de uma agenda totalmente distinta. Mildred Harnack havia pessoalmente visitado Greta e Adam Kuckhoff para entregar o convite e explicar a Greta sua tarefa, que ela assim descreveu nas memórias:

> Uma gama variada de escritores e jornalistas estaria presente. (...) Martha, que ainda era muito jovem, esperava nos engajar num debate animado. (...) A festa parecia um encontro convencional e amigável de pessoas inofensivas, vindas de diferentes círculos. Arvid Harnack, que não compare-

ceu, havia nos dado a tarefa de estabelecer contato com o maior número possível de convidados e cuidadosamente avaliar a posição de cada um. A preocupação de Harnack era que, a fim de conhecer a amplitude da frente antinazista e suas possibilidades de expansão, tornava-se necessário travar conhecimento e estabelecer contatos entre diferentes círculos e grupos e aumentar as fontes de informação.[15]

A recepção forneceu uma oportunidade pela qual ansiavam os antinazistas para se juntarem num grupo. Estavam presentes dois importantes jornalistas americanos, Sigrid Schultz, do *Chicago Tribune*, e Louis Lochner, da *Associated Press*, ambos críticos explícitos do regime nazista. A lista de alemães preparada por Mildred reunia romancistas, poetas e jornalistas de diários berlinenses sitiados pela censura. Adam Kuckhoff levou John Sieg, que já não se encaixava na definição de um jornalista atuante, mas produzia e distribuía clandestinamente os panfletos antinazistas que circulavam em fábricas e sindicatos.

A maior parte das tensas discussões políticas naquela noite estava acima da compreensão dos convidados de honra americanos. Thomas Wolfe e Mildred Harnack se gostaram instantaneamente, e ele concedeu a ela uma entrevista. Ela orgulhosamente publicou os resultados em jornais tanto de língua inglesa quanto alemã. Wolfe teve menos respeito por Martha Dodd, referindo-se a ela como "um flertezinho no estilo interiorano — com dentinhos salientes e uma voz do tipo 'garanto que será maravilhoso'".[16] Mesmo assim, Wolfe logo se juntou à longa lista de conquistas de Martha, e o namoro turbulento durou até que ele zarpasse para Nova York no final de junho.

Arvid Harnack continuou a cultivar os contatos na embaixada americana, mas fez pouco progresso. Os americanos ainda não tinham uma política definida com relação ao regime nazista, e os recursos de inteligência americanos eram praticamente inexistentes.

Logo surgiu uma alternativa. Naquele mês de agosto, Arvid foi procurado por um funcionário da embaixada soviética, Alexander Hirschfeld, a quem já conhecia e que lhe pediu um encontro. Hirschfeld disse a Harnack que seu novo emprego no Ministério da Economia poderia ser uma fonte de informações úteis e se dispôs a criar um mecanismo para transmiti-las aos inimigos dos nazistas em Moscou. Hirschfeld estabeleceu a primeira regra de colaboração: manter um perfil discreto e ficar bem afastado de qualquer tipo de atividade política. Em particular, Harnack foi instruído a manter distância de qualquer pessoa envolvida com o ilegal Partido Comunista Alemão e evitar trabalhar com a resistência.[17] Arvid o ouviu com atenção, mas não aceitou os termos.

Cada um deles estava negando informação ao outro. Hirschfeld, como conselheiro político da embaixada soviética, sabia que Stalin seguia múltiplas agendas na Alemanha. Harnack, por seu lado, nunca estivera interessado em se transformar num agente soviético.[18] Ele se identificava como comunista, mas centrava suas preocupações no futuro de seu próprio país. Estava disposto a fornecer informações a qualquer poder que prometesse encurtar o reinado de Hitler, fosse americano ou soviético. Não mostrou nenhuma consideração pelas instruções do NKVD a respeito de assuntos comerciais e explorava todas as oportunidades para levar seus concidadãos alemães a se opor ao regime, mesmo que isso pusesse seu trabalho — e sua vida — em risco.

Entre 1935 e junho de 1938, Arvid Harnack forneceu amplas informações aos soviéticos sobre a economia alemã, investimentos estrangeiros e acordos comerciais. Contrariando o desejo de seus contatos soviéticos, ele circulava informações entre círculos de resistência tanto comunistas quanto não comunistas em fábricas e repartições públicas.[19]

Harnack continuava fiel à sua missão de "estabelecer contatos entre diferentes círculos e grupos e aumentar as fontes de informação". Um memorando sobre ele nos arquivos do KGB, escrito poucos anos depois, descrevia a forma como abordava o proselitismo entre os membros da *intelligentsia*:

Dentro do círculo mais amplo, foram formados centros, cada um deles dedicado à educação e ao treinamento de um pequeno grupo. (...) Embora [Harnack] não possa pessoalmente jurar por cada um, todas essas sessenta pessoas que compõem a rede têm a mesma formação, pensam do mesmo modo e originam-se dos mesmos estratos sociais. (...) O objetivo de todas elas é preparar indivíduos para ocupar cargos administrativos [no governo alemão] após o *coup d'etat* [antinazista].[20]

Já em 1935, os contatos dos Harnacks formavam um grupo impressionante. Incluíam relações de Arvid entre social-democratas e luteranos dissidentes, os estudantes da escola noturna de Mildred, seus contatos na embaixada americana e amigos do mundo literário e acadêmico. Os círculos mudavam frequentemente e às vezes se superpunham.

Mas o próprio Harnack tinha seus limites. Naquele ano, outro bolsista da Fundação Rockefeller de seus tempos em Wisconsin, o sociólogo Rudolf Heberle, ofereceu-se para apresentá-lo ao primo de sua esposa, que era também um ardoroso antinazista. Harro Schulze-Boysen era um jovem aristocrata refinado que entrara para o Ministério da Aeronáutica no ano anterior. Tal como Arvid, Harro havia penetrado um baluarte fascista com o objetivo expresso de solapá-lo. Heberle achou que os dois homens deveriam se encontrar, e os Harnacks convidaram Schulze-Boysen à sua casa.

Depois disso, Arvid pediu que Heberle dissesse a Schulze-Boysen que "apreciara o encontro", mas não tinha interesse em vê-lo novamente. Os dois tinham temperamentos totalmente distintos: Schulze-Boysen era ousado e impulsivo, enquanto Harnack era cauteloso e ponderado. Na opinião de Arvid, outro encontro poderia ser "muito perigoso".[21]

9

O Expresso de Praga

1936-1937

John Sieg e sua turma em Neukölln eram tipos nada sofisticados, mas sabiam como fazer as coisas. Antes da tomada do poder pelos nazistas, as habitações baratas e o alto grau de desemprego da área faziam dela um privilegiado campo de recrutamento para radicais de todos os matizes, inclusive o KPD, o *Rote Fahne*, os sindicatos e o Rote Hilfe (bem como seus arqui-inimigos nazistas). Mas as ondas de prisões os deixaram sem seus antigos líderes e sem uma estrutura organizacional.

Graças a esse vácuo de liderança, John Sieg rapidamente passou de jornalista insistente e irritante a um dinâmico agente político. Embora o objetivo do grupo fosse nada menos que a derrubada do regime nazista, as metas imediatas de seus integrantes eram necessariamente de curto prazo: romper o monopólio nazista sobre as notícias e a propaganda; prestar ajuda às vítimas de perseguição política e criar todo tipo de obstrução que pudessem.

Pouco depois da guerra, os sobreviventes do grupo de Neukölln gravaram uma série de depoimentos sobre suas atividades na era nazista. Enterradas durante décadas nos arquivos estatais na Alemanha Oriental, as pastas transmitem um vívido retrato da vida na clandestinidade.[1] Grupos semelhantes operavam por toda a Alemanha, tanto antes da guerra quanto durante, mas havia dois fatores peculiares aos habitantes de Neukölln.

Primeiro, eles funcionavam no coração da capital alemã, a apenas alguns quarteirões do alto comando nazista. Segundo, graças a John Sieg e a alguns outros indivíduos bem localizados, seu acesso a outros estratos da sociedade alemã era maior que o das células de trabalhadores industriais. Estavam, assim, entre os poucos membros efetivos do Partido Comunista que faziam parte da rede de artistas e intelectuais mais tarde conhecida como *Rote Kapelle* (Orquestra Vermelha).

Os comunistas alemães dentro do país viam-se cada vez mais isolados tanto das comunidades de exilados na Europa Ocidental quanto dos burocratas em Moscou. Às vezes, era difícil para os membros do movimento clandestino alemão reprimir seus ressentimentos por verem como os funcionários do partido, vivendo em segurança longe do país, produziam pilhas de discursos e manifestos irrealistas e depois os mandavam para que eles, na resistência, os distribuíssem na Alemanha arriscando suas próprias vidas. Também queriam mais autonomia na condução de suas operações. Receber ordens do exterior tinha produzido pouco resultado: haviam sofrido muito por seguir as instruções de Stalin e se opor aos social-democratas em 1933.

Após o Sétimo (e último) Congresso do Comintern em Moscou, em 1935, os comunistas alemães fizeram uma reunião para avaliar o dano. Os trabalhos foram abertos com um relatório sombrio. Das 422 figuras mais importantes no KPD, 219 — mais da metade — estavam em prisões ou campos de concentração alemães. Outras 125 estavam exiladas, 41 haviam deixado o partido e 24 haviam sido assassinadas.

Somente 13 das 422 ainda estavam ativas dentro do país. Comitês locais haviam sido repetidamente dizimados por prisões e mortes. Os líderes logo eram substituídos, mas o tempo de vida desses indivíduos e grupos muitas vezes era contado em semanas.

Os delegados alemães em Moscou, cansados dos acólitos de Stalin, convocaram uma nova eleição. Descartaram os favoritos de Stalin e votaram, surpreendentemente, num grande número de novas lideranças formadas por veteranos do trabalho clandestino na Alemanha que haviam testemunhado a destruição de seus grupos e perdido a fé nas diretrizes vindas de Moscou.

Os comunistas alemães começaram a reformular suas operações. No início, o KPD havia estabelecido escritórios fora das fronteiras alemãs. Agora, foram elevados à categoria de secretarias, chamadas *Abschnittsleitungen*, com funções especializadas. A secretaria de Praga era responsável pela Alemanha central e ocidental, inclusive Berlim, enquanto a de Zurique cuidava do sul. Outras regiões foram atribuídas a secretarias em Bruxelas, Amsterdã e Copenhague. A de Paris tinha a responsabilidade adicional de organizar uma frente de cultura popular. Integrantes do partido chamados "instrutores", que operavam a partir das secretarias fronteiriças, entravam e saíam da Alemanha levando mensagens e escrevendo relatórios sobre as operações do partido.

O KPD já não importava grandes quantidades de material impresso; trazê-lo para o país simplesmente não valia o risco. O próprio relatório sobre a reunião de 1935 foi contrabandeado para dentro da Alemanha com grande cautela, encadernado numa capa com o título "Como cuidar de cactos".[2] (O KPD frequentemente escolhia seus títulos com certa dose de sutileza. O famoso livro de Willi Münzenberg, "O livro marrom do terror de Hitler e o incêndio do Reichstag", apareceu como "Aquecimento elétrico de residências", enquanto o programa do Partido Comunista de 1934 foi publicado com o título "Um livro de receitas com mais de setenta receitas aprovadas").[3]

Ao longo de sua carreira, John Sieg escrevera na América poesias melancólicas e ensaios impressionísticos, e histórias pitorescas para jornais em Berlim. Agora, havia transferido seus talentos para o mundo penumbroso dos panfletos subversivos, ou *flugblätter*.

A peça central de sua operação editorial em Neukölln era um tipo de mimeógrafo chamado hectógrafo (o grupo às vezes se referia a ele como "o aparato") que usava químicos e placas de cera para reproduzir quantidades moderadas de material escrito. A mera posse de um mimeógrafo era convite certo a um interrogatório da Gestapo. Parece que o grupo de Neukölln tinha acesso a diversas máquinas, uma delas escondida num porão depois de 1933 e mais tarde instalada no apartamento de Otto Dietrich na rua Biebricher.[4]

Outro local para esconder um hectógrafo era o barracão de Max Grabowski em Rudow, na periferia ao sul de Neukölln. Max e seu irmão Otto haviam participado ativamente do grupo de Sieg desde o começo. O barracão de Max era pouco mais que um galpão feito durante uma obra. O exterior mostrava cartazes de propaganda de tintas, vernizes e papéis de parede, justificando, assim, as entregas de produtos e equipamentos no local.

O hectógrafo era uma máquina temperamental que exigia limpeza e manutenção permanentes. "Trabalho sujo", escreveu um dos membros. "Não se pode nem mesmo fumar perto dele, por causa da benzina. O aparato já tem um passado ilegal. Escapou de ser capturado, mas seu senhor e mestre está atrás das grades." Seu "senhor e mestre" era o jovem tipógrafo Herbert Grasse, preso em 1936 e sentenciado a dois anos e meio na penitenciária. Sua prisão havia sido um grande golpe para as operações técnicas do grupo, bem como para o moral coletivo. Mas os membros se consolaram com o fato de não haver ocorrido outras prisões, indicação de que Grasse permanecera em silêncio durante o interrogatório da Gestapo.

Era difícil conseguir as placas e o papel para o hectógrafo. A Gestapo mantinha um controle estrito das compras por atacado de tudo que a ajudasse a detectar tais operações, desde material de escritório até selos. Alguns dos panfletos eram escritos à mão, mas John Sieg preferia usar uma máquina de escrever — outro objeto cuja posse significava correr riscos. A prisão anterior de Sieg em 1933 fizera de sua casa uma forte candidata a batidas policiais. A máquina de escrever era outra peça grande e desajeitada que tinha de ser escondida e transportada, assim como o restante do material para a produção dos panfletos.

Havia sido diferente nos primeiros dias de 1933, quando caixas de panfletos podiam entrar clandestinamente, vindas da Suíça. Membros do grupo carregavam as caixas no metrô, 5 mil panfletos de cada vez, bem debaixo do nariz da polícia e dos informantes. Mas, em algum momento, acabaram descobrindo que toda aquela sorte não duraria muito. A polícia estava, na verdade, seguindo os membros e ganhando tempo até que pudesse fazer uma prisão em massa. Quando atacou, agarrou 25 pessoas de uma só vez. Agora, o grupo estava mais cauteloso. Os panfletos eram produzidos em menor número, duzentos ou trezentos de cada vez, no máximo, e postos sub-repticiamente em caixas de correio.

O conteúdo girava em torno da situação política. Durante o verão de 1936, os nazistas realizaram as Olimpíadas no novo e magnífico estádio construído num bairro ao norte de Berlim. A cidade estava imaculadamente limpa, pois ciganos desgrenhados e cartazes antissemitas foram temporariamente removidos da vista do público. Enquanto o resto do mundo assistia aos jogos, estupidificado, o impulso para uma frente unida ganhava força. Naquele verão, a edição internacional do *Rote Fahne* publicou uma declaração conjunta de importantes social-democratas, comunistas e membros da comunidade intelectual exilada em Paris. A manchete dizia:

MANTENHAM-SE UNIDOS, TODOS CONTRA HITLER!
UMA FRENTE POPULAR PARA RESGATAR A ALEMANHA
DA CATÁSTROFE DA GUERRA.

De sua perspectiva local, o grupo de Neukölln ecoou esse chamado. Os membros comparavam anotações sobre quais de seus conhecidos eram social-democratas "confiáveis" comprometidos com combater o fascismo e quais eram social-democratas ideologicamente "obcecados" que prefeririam tentar granjear a amizade dos nazistas a cooperar com comunistas.

Muitos dos social-democratas haviam fugido para Praga e continuado suas operações editoriais adicionais na cidade checa de Carlsbad, na fronteira alemã. Em 1934, começaram a publicar relatos sobre as condições na Alemanha, mas eram uma leitura deprimente:

As pessoas dizem "As coisas não podem continuar assim", e também dizem "As coisas não podem ficar piores depois de Hitler", mas, por trás dessas frases, não existe nem a vontade de derrubar o sistema nem nenhuma ideia a respeito do que poderia substituí-lo. (...) Essas extraordinárias oscilações de ânimo (...) causam um grande desgaste mental e emocional em todo mundo envolvido na oposição ilegal.[5]

O grupo de Neukölln encontrava-se com a maior frequência possível, mudando os locais. Os membros relatavam várias atividades, inclusive os desafios de recrutar novos colaboradores e, ao mesmo tempo, se proteger dos *Flitzer* (informantes). Os trabalhadores industriais eram fundamentais para esse esforço, e, à primeira vista, as fábricas alemãs pareciam campos férteis para o recrutamento. Antes de 1933, os integrantes do KPD haviam sido, basicamente, operários concentrados em áreas urbanas como Berlim e Hamburgo. Mas os nazistas eram especialistas em frustrar as iniciativas dos trabalhadores. Em 1934 e 1935, depois que as eleições para delegados de fábricas tiveram resultados desfavoráveis aos candidatos nazistas, Hitler simplesmente cancelou outras eleições.[6]

Durante 1936 e 1937, cresceram as tensões entre trabalhadores industriais e o regime. No início, os trabalhadores alemães ficaram entusiasmados com os novos empregos gerados pelo programa nazista de obras públicas, bem como com os novos benefícios — feriados pagos, lanchonetes e áreas de lazer. Mas, gradualmente, perceberam que, com seus sindicatos destruídos ou absorvidos pelas frentes nazistas, a possibilidade de barganha coletiva desaparecera. Os trabalhadores organizaram uma série de greves e protestos durante 1936 e 1937, mas os capatazes nazistas e a Gestapo cuidaram para que suas ações permanecessem reduzidas, dispersas e ocasionais.[7]

Os resistentes de Neukölln tinham não apenas que suportar os perigos de seu trabalho, mas também superar um sentimento de futilidade. A maior parte do grupo era composta por operários fabris e pequenos comerciantes. De acordo com o rígido sistema educacional alemão, haviam sido encaminhados, desde muito jovens, para uma escola técnica ou treinados como aprendizes, com limitada exposição às artes liberais ou às profissões. Para esses alemães, a educação superior estava envolvida numa atmosfera de mistério, e isso funcionava em benefício de John Sieg. De acordo com os padrões de Harnack, as credenciais acadêmicas de Sieg eram escassas, limitadas a algum estudo de pedagogia na Prússia Ocidental e a poucas aulas noturnas na Faculdade Municipal de Detroit. Mas isso era mais do que dispunham suas contrapartes em Neukölln, e Sieg também tinha livros publicados. O pessoal apreciava a maneira como ele organizava os encontros como grupos de estudo e orientava os participantes, fosse nas discussões sobre o catecismo marxista ou sobre planos operacionais.

Uma das atividades mais arriscadas do grupo de Neukölln eram as viagens ao exterior. Os nazistas tinham aumentado gradualmente as restrições a viagens, mas, com tantas operações comunistas baseadas em Praga, era necessário que houvesse mensageiros. Sob circunstâncias normais, a viagem de trem de Berlim a Praga (cerca de 370 quilômetros, pouco mais que a distância entre Nova York e Washington) era um programa agradável que durava um dia. Nos anos de 1936 e 1937, no entanto, estava longe de ser normal.

Os arquivos sobre John Sieg incluem o relato de uma viagem feita por um mensageiro de Neukölln chamado "Franz". A identidade de Franz ainda não foi estabelecida; se não era o próprio Sieg, deve ter sido alguém de seu círculo.

O jovem toma o trem numa estação da Reichsbahn no centro de Berlim em fevereiro de 1937. Sua aparência é, ao mesmo tempo, ansiosa e sombria. O ano que passara havia sido muito difícil para seu grupo. Um integrante morreu de tuberculose e outro se suicidara. Havia também os que foram envolvidos no ciclo brutal de prisões e campos de concentração, embora um número surpreendente deles tenha retomado o trabalho ilegal tão logo foram libertados.

O primeiro trecho da viagem de Franz dura algumas horas através dos bem cultivados campos de feno de Brandenburgo, enfeitados por salgueiros-chorões. A parada em Dresden oferece uma rápida visão da esplêndida cidade dos reis saxões, sob o olhar desconfiado dos oficiais nazistas locais. Depois de Dresden, Franz segue para o oeste. Teria sido mais conveniente seguir para o sul, ao longo do Elba e de seus famosos penhascos de arenito, mas o ângulo fechado do roteiro de Franz permite que ele evite a pesada vigilância existente nos principais cruzamentos da fronteira. As cidades são cada vez menores e com singulares detalhes locais, como os velhos edifícios coroados por pontiagudos domos saxões que parecem rabanetes invertidos. A paisagem é mais áspera, com aclives e declives acentuados e densas florestas de pinheiros. À medida que o trem se aproxima da fronteira checa, a tensão aumenta. Haverá inspeções da imigração e da alfândega.

Não é um lugar que combine com um membro da clandestinidade. Fazia tempo que os nazistas sabiam que os socialistas e comunistas estavam desenvolvendo atividades de oposição a partir das fronteiras checas, bem como a partir de Praga. Mas, recentemente, os nazistas haviam adquirido um interesse adicional pela área. A borda ocidental da Checoslováquia, conhecida como Sudetos, era um território predominantemente ocupado por pessoas de língua alemã, transformadas em checas em decorrência da queda do Império Austro-Húngaro após a Grande Guerra. Nos anos recentes, um partido alemão local vinha reclamando do mau tratamento nas mãos do governo de Praga, e os nazistas alemães saltaram em sua defesa. O presidente checo, Edvard Benes, antinazista convicto, encontrava-se numa posição desconfortável, forçado a buscar um equilíbrio entre seu desprezo pelos fascistas e a neutralidade de seu país, com apoio apenas esporádico das democracias ocidentais.

Franz evita totalmente os oficiais alemães da fronteira. Quatorze horas depois de tomar o trem em Berlim, ele desembarca em Plauen, uma pequena cidade industrial no lado alemão da fronteira, conhecida por suas rendas. Lá, um velho vai ao seu encontro. Trocam credenciais e o guia o instrui sobre as posições e os hábitos das patrulhas fronteiriças.

"Os cruzamentos ilegais ficaram muito mais difíceis desde que os nazistas passaram a ter grande interesse pelos Sudetos", diz o guia. "Nos velhos tempos, bastava dizer que você queria ir lá e tomar um porre de uma boa cerveja e eles deixavam passar numa boa. Já não fazem mais isso. Então, olho vivo; fique cinquenta passos atrás de mim e não me perca de vista."

A neve cobre grande parte do terreno. Em pouco tempo, os pés de Franz estão encharcados, mas não há tempo para cuidar disso. Ele se assusta com qualquer ruído, fica enregelado quando dá com a sombra de um pedaço de tronco ou com uma cerca meio derrubada. Seu guia simplesmente olha e espera. Não se vê nenhum outro ser humano, e o guia continua a caminhar sem interrupção. Duas horas mais tarde o guia se vira para ele: "Bom, estamos do outro lado já. A grande tarefa começa agora." Franz passa por uma sucessão de imigrantes alemães, despejando notícias da Alemanha em cada parada. Um berlinense que ele não reconhece o chama pelo nome, pedindo notícias das ruas da cidade, das lojas, dos bares — "Será que todas as garotas de Berlim já viraram nazistas?" Franz se afasta dele. Naquela noite, Franz consegue chegar a Praga, onde uma família alemã o abriga em seus quartos alugados. Ele deve desfrutar alguns dias na cidade sem nazistas, lhe dizem, e também apreciar a singularidade e beleza da própria Praga.

No dia seguinte, vai a um bar para se encontrar com dois representantes do partido, exilados. Eles o avisam de que as medidas de precaução usuais ainda são necessárias. Informantes da Gestapo estão por toda a cidade e se utilizam plenamente das liberdades democráticas, como todo mundo faz: bastará que mandem uma fotografia para Berlim, e seguramente haverá consequências desafortunadas. Os líderes do partido então passam a discutir como apoiar o trabalho clandestino na Alemanha. Franz pensa que estão superestimando a possibilidade de que os nazistas possam se infiltrar na organização, mas parece que eles se baseiam em algumas experiências ruins.

Franz tem poucos dias para produzir seu relatório escrito. O frio vai ficando cada vez mais intenso e desconfortável, e ele, com um pouco de saudade, não tem nenhum desejo de adiar sua volta. Na noite em que deve partir, caminha a esmo pela praça Wenceslas no centro de Praga procurando um bar. Se beber bastante, pensa, talvez consiga juntar um número suficiente de palavras em checo para se comunicar com o pessoal local. Sente uma súbita necessidade "de conversar com pessoas que não estão contaminadas pelo fascismo — contar a elas sobre a outra Alemanha, a Alemanha melhor".

Em vez disso, é subitamente saudado em alemão por alguém que conhecera superficialmente antes de 1933. "O que você está fazendo aqui?", exclama o homem. Segue-se outro jogo de gato e rato. "Férias", Franz responde nervosamente. "Vim tomar uma boa cerveja checa e comer barato."

"Sem ter que ouvir toda aquela propaganda nazista, certo?", responde o conhecido.

"Não estou interessado em política", diz Franz rapidamente. Desvencilha-se do encontro e toma um caminho diferente para casa, pois poderia estar sendo seguido. Então volta a Berlim. Dessa vez, é guiado através da fronteira por uma mulher que carrega uma sacola de mercado vermelha; Franz pensa que aquela cor poderia ser claramente visível na atmosfera transparente, quase primaveril. Os Sudetos parecem mais sinistros na viagem de volta. De súbito, Franz ouve uma voz em alemão que se dirige à mulher: "Alto! Aonde você vai? O que carrega aí?". Franz se mantém a distância, sem ser visto. A fronteira está tensa hoje — um passo em falso poderia significar uma acusação de traição. Mas a mulher tem permissão para passar, Franz não é descoberto e alcança o trem para Dresden e Berlim com uma hora de folga.[8]

John Sieg estava envolvido em muitos cruzamentos de fronteira como esse. Em março de 1937, recebeu a excitante oferta de uma nova oportunidade: Karl Hellborn, membro do grupo de Neukölln e chefe de estação do subúrbio berlinense de Charlottenburg, usou suas conexões no sindicato e conseguiu para Sieg um emprego nos pátios de carga da estação de Stettiner, na zona norte da cidade.[9] A ideia pareceu atraente a Sieg, que estava sem emprego regular desde o fechamento do *Rote Fahne*, havia quatro anos. Tendo acabado de completar 33, ele já trabalhara como operário da Ford, escritor independente, repórter de redação e operário de construção informal. Agora, a Reichsbahn — a empresa ferroviária estatal — lhe forneceria sua última e mais dramática carreira.

Depois de se haver provado um bom carregador, Sieg recebeu a oferta de uma posição permanente. Isso exigia que ele apresentasse uma autobiografia especial aos oficiais nazistas. Teve que fazer uma versão palatável, é claro. (Essa era uma formalidade necessária. Os oficiais poderiam facilmente encontrar evidência de seu passado comunista, mas não podiam se dar ao luxo de desqualificar e tirar do mercado de trabalho milhões de antigos comunistas e socialistas.) O texto de Sieg, cuidadosamente escrito, explicava que havia interrompido seus estudos na Faculdade Municipal de Detroit porque "minha lealdade à Alemanha era tão forte, que retornei a Berlim". Sua carreira literária consistira em "traduções e relatos de viagem"; infelizmente, acrescentou, "estive desempregado durante certos períodos".[10] Deixou de mencionar que sua perda de emprego no *Rote Fahne* foi acompanhada de um espancamento brutal e três meses de prisão. Da mesma forma, Sieg omitiu que sua esposa trabalhara como secretária de um advogado judeu que havia fugido do país. A autobiografia era uma boa ilustração do *Gleichschaltung:* simplesmente apague os aspectos inconvenientes do passado e todo mundo surge como um satisfeito beneficiário do regime.

Em 1936, Hermann Grosse, o editor local do *Rote Fahne* que havia levado Sieg para o jornal, emigrou para a Checoslováquia. No ano seguinte, mandou um recado apresentando ao grupo alguns novos membros.

Walter Husemann, outro repórter de seu grupo, era um jovem de cabelos negros e olhos penetrantes. Suas reportagens sobre trabalhadores perseguidos e procedimentos legais violados o haviam posto em destaque perante os nazistas. Nos últimos dias da República de Weimar, esquadrões paramilitares nazistas estavam executando trabalhadores acusados de desordem, mesmo que tivessem sido julgados e absolvidos por um tribunal. Depois de cobrir um desses incidentes, Husemann também foi posto na lista de extermínio. Após uma tentativa frustrada de assassinato contra ele, fugiu de Berlim para as cidades de Essen, Colônia e Mannheim, onde escrevia para jornais comunistas locais.[11]

Husemann era bem conhecido em círculos comunistas, mas a celebridade mais famosa era sua parceira e futura esposa, a atriz Marta Wolter. Muitos dos comunistas de Neukölln reconheciam a loura esguia que trabalhara na peça *A mãe*, montada por Brecht e Weisenborn a partir do texto de Gorki, e no filme de Brecht, *Kuhle Wampe*. Marta tinha apenas 24 anos, mas já tivera uma vida agitada. Treinada para ser costureira, desfrutou uma carreira breve, mas brilhante, no teatro comunista. Conheceu Husemann em 1930 e juntou-se a ele em Mannheim em 1932. Ele foi varrido pela primeira onda de prisões nazistas em janeiro de 1933 e, depois de libertado, o casal retornou a Berlim, onde Husemann passou a viver ilegalmente.

Para ajudar nas despesas, Marta Wolter escrevia e vendia novelas curtas e contos para os diários de Berlim, às vezes apresentando em seu nome alguns escritos de Husemann, cujo nome se encontrava na lista negra. Seu velho amigo do teatro, Günther Weisenborn, ajudou-a a colocar seus escritos na editora de Ullstein. Quando a Gestapo deu uma batida nos aposentos de Husemann, Weisenborn arranjou um lugar para Marta viver. Walter se concentrou na produção de panfletos clandestinos e na manutenção de contatos com outras redes comunistas, tal como o grupo de judeus que se juntou em torno do jovem eletricista Herbert Baum no centro de Berlim.[12]

Em 26 de novembro de 1936, Husemann, seu pai e Marta Wolter foram presos por abrigar um oficial comunista fugitivo. Wilhelm, irmão de Husemann, conseguiu escapar para Moscou, mas Walter e o pai foram mandados para o campo de concentração de Sachsenhausen sem julgamento. Marta Wolter foi enviada para o campo de concentração de Moringen, também sem julgamento, onde esteve de março a junho de 1937. Diz-se que deveu sua libertação a uma visita de Heinrich Himmler, o chefe da SS; Himmler ordenou que ela fosse libertada porque parecia "ariana" demais para estar ali.[13] O moreno Walter Husemann não teve tanta sorte. Em 1937, foi transferido para Buchenwald, onde trabalhou como bibliotecário do campo.

Marta Wolter juntou-se ao círculo de John Sieg em Neukölln logo depois de ser solta, servindo como elemento de ligação entre os trabalhadores e os amigos que tinha no teatro. Günther Weisenborn, sempre oferecendo apoio, apresentou-a a seu amigo Harro Schulze-Boysen, a quem conhecera num encontro de estudantes esquerdistas em 1932.[14] Em pouco tempo, Marta estava frequentando o veleiro dos Schulze-Boysens, um salão flutuante esquerdista que reunia gente de teatro, artistas e aristocratas, a maioria dos quais detestava os fascistas e buscava formas de expressar sua rebelião. Alguns meses mais tarde, Walter Husemann também foi libertado de Buchenwald e recebido pelo grupo. Pouco depois, ele e Marta se casaram.

Harro Schulze-Boysen e sua esposa eram ambos bem-nascidos e tinham um prazer especial em convidar os amigos menos privilegiados para passar o dia em seu veleiro. Algumas fotos da primavera de 1938 sobreviveram até nossos dias, e pode-se ver Marta durante aquele fim de semana à beira do lago. Pouco meses depois de sair do campo de concentração, a jovem aparece num maiô sem alças, rindo de Weisenborn e Schulze-Boysen, que tentavam cortar um pedaço de carne.

10

O clube de cavalheiros

1937

A rvid Harnack ainda não sabia que curso de ação seguir e afligia-se
com o próximo passo. Cada vez mais, a propaganda nazista cercava
os alemães de todos os lados, inescapavelmente, e a crescente censura bem
como as restrições de viagens os deixavam ainda mais isolados.

Arvid Harnack e Adam Kuckhoff recorreram ao rádio em busca de
notícias não censuradas, mas os nazistas haviam tornado ilegal — e impra-
ticável — o monitoramento de transmissões estrangeiras. Era difícil pôr as
mãos num rádio de ondas curtas que funcionasse. Quando, finalmente, se
conseguia instalá-lo num local seguro e sintonizar uma estação estrangeira,
muitas vezes a transmissão já havia terminado.[1]

Mas os Harnacks e os Kuckhoffs acreditavam firmemente que o povo
alemão deveria saber o que estava sendo dito sobre ele no mundo lá fora, e as
transmissões ofereciam uma evidência fundamental. Mildred e Greta traduzi-
ram os discursos proibidos de Roosevelt e Churchill do inglês para o alemão,
e seus maridos ajudaram a distribuí-los para vários círculos de discussão.

Mildred estava infeliz; tinha saudades da América e preocupava-se
com a mãe, na fase terminal de uma doença. Escreveu cartas queixosas
a amigos nos Estados Unidos perguntando se sabiam de algum emprego
para professora. Mas o país estava no auge da Depressão, e as respostas
não foram encorajadoras.[2]

No início de 1937, Mildred Harnack viajou à América para visitar a mãe doente. Deu palestras na Universidade de Nova York, na Faculdade Haverford e em outras universidades, buscando recomendações e vagas para professores durante todo o tempo. Novamente, as buscas foram vãs. A família de Mildred e seus amigos a acharam extremamente mudada: reticente, austera e tensa.

Naquele janeiro, os nazistas apertaram o cerco sobre os funcionários públicos alemães. Produziram uma nova lei que permitia demitir do quadro permanente qualquer empregado considerado não confiável. Em pouco tempo, 90% do serviço público prussiano era constituído por membros do Partido Nazista. Um deles era Arvid Harnack, que se inscreveu em maio de 1937 e ganhou o número 4.153.569.[3] Esse número estava longe de identificá-lo como um dos "antigos combatentes" apreciados por Hitler e nem o incluía entre os oportunistas chamados de as "Violetas de Março", que haviam subitamente brotado na primavera de 1933 para se inscrever, aos montes, no partido. O cartão do Partido Nazista simplesmente indicava que ele era um homem prático que trabalhava para o governo e queria manter seu emprego. Apesar de membro do partido, Harnack prosseguia oferecendo informações aos soviéticos e americanos, bem como a grupos antifascistas em outros ministérios e a círculos da sociedade alemã.[4]

Arvid e Mildred Harnack tinham vínculos fortes e profundos com os Estados Unidos e continuavam a buscar apoio pessoal e político na América. A embaixada lhes oferecia ouvidos simpáticos e um porto seguro, mas o interesse do embaixador Dodd não os levava muito longe. Poucos dos funcionários americanos partilhavam o sentido de urgência de Dodd, e muitos deles o viam como um amador que punha seus compromissos com os direitos humanos no mesmo nível de questões de Estado tradicionais.

Dodd havia chegado a Berlim em 1933 cheio de nostalgia pela Alemanha de seus tempos de estudante, mas ficou alarmado com as transformações do país nas mãos dos nazistas. Seu mandato inicial era representar os interesses de firmas americanas, entre elas o National City Bank e o Chase Manhattan, cujos maciços empréstimos aos alemães não haviam sido pagos. Mas, à medida que a situação deteriorava, Dodd transferiu suas atenções para judeus americanos e alemães que estavam sob ataque.

Uma de suas maiores frustrações era a incapacidade dos americanos na América de compreender plenamente a natureza da ameaça nazista. Em novembro de 1934, encontrou-se com Frank Gannett, dono de um importante jornal de Nova York e amigo do presidente Roosevelt. Gannett estava tentando conseguir uma entrevista com Hitler. Ele disse ao embaixador que muitas "pessoas abastadas nos Estados Unidos (...) estão pedindo um sistema fascista, com um tipo de Hitler no comando. Usam os dados sobre a perfeita ordem e a ausência de crimes na Alemanha como argumentos a favor de tal medida". O diário de Dodd registra: "Eu disse [a Gannett] que havia outras facetas do regime que deixariam os americanos extremamente chocados."

Mas Dodd estava nadando contra a corrente. Em 1936, os nazistas montaram uma grande campanha de relações públicas, os Jogos Olímpicos de Berlim. Houve convocações generalizadas para boicotar os Jogos, mas os planos oficiais foram adiante, de forma triunfal.[5] Durante os Jogos, os nazistas se deram ao trabalho de remover sinais visíveis de antissemitismo em Berlim e recepcionaram as multidões de visitantes com um cuidadoso verniz de normalidade.

No início de 1937, a revista *National Geographic* mordeu a isca e publicou um artigo chamado "A mudança de Berlim", escrito por Douglas Chandler, um americano que tinha simpatias pelo nazismo. A seu ver, a Juventude Hitlerista era "um substituto do treinamento de escoteiros", enquanto o programa Ajuda de Inverno, uma rede de extorsão mal dissimulada, estava "ajudando os necessitados", com apoio de "trabalhadores voluntários que oferecem seus serviços". Chandler fechou a matéria com uma vinheta de garotos cantando "aquela tocante canção nacional moderna", o hino de Horst Wessel entoado pelas tropas de choque. Chandler deixou de mencionar para sua audiência americana as recentes Leis de Nuremberg que haviam privado os judeus de seus direitos civis e políticos e omitiu o registro de quatro anos de expurgos, prisões e campos de concentração.[6] Em vez disso, a *National Geographic* mostrou a seu vasto público leitor uma invejável imagem de paz e prosperidade na Alemanha.

Durante os anos de 1936 e 1937, a atitude do embaixador Dodd com relação a Hitler, Göring e Goebbels passou de indignação a total repulsa.

Começou a renegar suas obrigações como embaixador, boicotando funções oficiais e evitando encontros face a face com oficiais nazistas graduados. Assistia, enojado, aos empresários americanos fechando negócios com os nazistas e as democracias europeias submetendo-se às insolentes investidas de Hitler no exterior. Devotava parcela crescente de seu tempo a indivíduos perseguidos e aos que buscavam asilo; em épocas menos terríveis, esses casos teriam sido encaminhados a um funcionário consular.

No início de 1937, Dodd, assolado por dores de cabeça nervosas e pelo que chamou de "tensão insuportável", estava pronto para deixar o país. Washington pediu que ele aguentasse até março de 1938.[7] Pelo resto do ano, seu diário serviu como uma válvula de escape para denunciar as últimas barbaridades nazistas. Em 17 de abril, registrou uma lista de 91 alemães que haviam perdido a nacionalidade, inclusive uma criança de 2 anos.[8] Na semana seguinte, recebeu um telegrama de Washington a respeito do caso de Helmut Hirsch, um judeu de 21 anos que havia sido acusado de tentar bombardear um comício nazista em Nuremberg. O texto descrevia Hirsch como um cidadão americano (seu pai havia vivido na América) e instruía Dodd a visitar o Ministério das Relações Exteriores e pressionar para que houvesse um julgamento legítimo. Dodd retornou dessa visita num estado de incredulidade, pois lhe disseram que Hirsch "tem que ser executado, embora não tenha de fato tentado cometer o crime".[9] Dodd, cujo filho tinha a idade de Hirsch, lançou-se ao esforço de salvar o jovem e enviou um apelo pessoal a Hitler, sem êxito. Em 4 de junho, o embaixador registrou que "o pobre Hirsch teve sua cabeça decepada hoje, ao nascer do dia".[10]

Dodd havia concordado em permanecer na Alemanha até março de 1938, mas, subitamente, Roosevelt o informou de que seria chamado de volta no final de 1937. O presidente estava reagindo a "pressões" (embora Dodd não tivesse certeza se elas provinham dos nazistas ou de seus inimigos pessoais em Washington). O embaixador e sua família embarcaram num navio para os Estados Unidos no último dia de 1937. A Alemanha havia sido um posto doloroso e o último de sua longa carreira. (Poucos meses depois, a esposa de Dodd foi fulminada por um ataque cardíaco, e o próprio embaixador morreu dois anos mais tarde.)[11]

A política americana encontrava-se em confusão, e os diplomatas amadores com que contava o país enviavam mensagens controvertidas ao mundo. Roosevelt compreendeu que a Europa caminhava em direção à guerra, e ele sabia que, num conflito entre alemães e ingleses, ficaria a favor da Inglaterra. Mas manteve ocultos seus sentimentos, ciente das duas grandes dificuldades que enfrentava: uma oposição claramente definida e a apatia popular, que em pouco tempo poderia se transformar em desaprovação. Para a maior parte dos americanos, os problemas da Europa ainda pareciam muito longínquos.

Mas Washington não estava mais bem informado que o público. Por volta de 1937, quando os nazistas haviam acirrado a perseguição aos judeus e Hitler completado seu plano de desmembrar a Europa, a compreensão do governo americano a respeito da Alemanha era parcial, contraditória e tremendamente desatualizada.

Um diplomata americano graduado escreveu mais tarde: "Deve-se confessar que, em 1940, nossos serviços de inteligência eram primitivos e inadequados. Eram tímidos, provincianos e operavam estritamente nos moldes tradicionais da Guerra Hispano-Americana."[12]

Esse deplorável estado de coisas tinha uma explicação: simplesmente não existia nenhum serviço de inteligência no país. A Agência de Serviços Estratégicos, ou OSS, só seria criada cinco anos depois. O exército e a marinha tinham serviços de inteligência, mas as duas forças armadas não colaboravam uma com a outra. Seus oficiais eram ironicamente descritos como adidos militares mandados ao exterior para contar quantos tanques havia nas paradas.[13]

Os funcionários da embaixada coletavam dados que ficavam com seus respectivos departamentos, especialmente nas esferas comercial e econômica, as mais importantes. Mas ninguém cotejava nem analisava as informações chegadas dos vários departamentos e países antes que fossem enviadas à Casa Branca, que padecia de uma crônica falta de pessoal e vivia imersa em frequentes crises domésticas. Em desespero, Roosevelt buscou ajuda em um amigo da alta sociedade, Vincent Astor, que havia criado, junto com amigos, um clube amador de espiões numa casa discreta num dos bairros mais caros de Nova York. Enquanto dava voltas ao mundo em seu iate, Astor gostava de enviar relatórios a Roosevelt.[14] Tais brincadeiras deixavam loucos os profissionais do serviço secreto britânico.

A desordem dos americanos teve consequências importantes para os círculos antifascistas em Berlim. Arvid Harnack tinha agora uma posição sólida no cerne do Ministério da Economia do Reich. Como membro de confiança do Partido Nazista, ele desfrutava do acesso a funcionários graduados e documentos importantes. Havia intencionalmente se posicionado de modo a fazer o que lhe fosse possível para minar o regime nazista. Considerava-se um marxista, mas, graças a suas experiências em Wisconsin, ao patriotismo de sua esposa e às diversas amizades do casal na embaixada, ele também se identificava intimamente com os americanos e buscava maneiras de partilhar suas informações secretas com eles. O problema era que os americanos não tinham ninguém designado para dar bom uso a elas.

Parte da complacência dos americanos resultava de uma profunda falta de informação. A oposição alemã viu o livro de Hitler, *Mein Kampf*, publicado em dois volumes ao longo de 1925 e 1926, como uma arrepiante antecipação das políticas nazistas que estavam sendo programadas. Mas os leitores não germânicos foram deixados no escuro, e não havia nenhum interesse em se fazer uma tradução para o inglês. Quando finalmente se encomendou uma para os mercados inglês e americano, em 1933, o governo alemão demandou o direito de aprovar o texto e suprimiu as passagens mais extremadamente antissemitas e militaristas. (Um exemplo foi a eliminação da passagem na qual Hitler opinava que a Alemanha deveria ter levado à câmara de gás "de 12 a 15 mil judeus" durante a Primeira Guerra Mundial.) Além disso, a edição em inglês não indicava onde os cortes haviam sido feitos.[15]

Greta Lorke partilhava o desejo de alertar o Ocidente sobre as intenções de Hitler, e o livro lhe ofereceu uma oportunidade rara. Em 1936, ela se mudou para um novo apartamento onde um vizinho a apresentou a outro morador, um irlandês divertido chamado James Murphy. Greta ficou sabendo que Murphy, de quem se dizia haver abandonado a batina, era um tradutor profissional; acabara de traduzir trabalhos do famoso físico Max Planck. Murphy andava doente e precisava de um assistente para dar conta de um novo projeto. O proprietário do apartamento de Greta garantiu que ela era uma pessoa competente e aplicada.

Quando conheceu Murphy, Greta percebeu que sua doença tinha forte vínculo com o consumo de álcool. Em pouco tempo, Murphy pediu que ela o ajudasse no novo projeto: uma tradução completa de *Mein Kampf*, incluindo as passagens racistas, militaristas e antissemitas. Greta achou o trabalho repulsivo, mas importante — ela queria que as democracias ocidentais compreendessem a ameaça representada por Hitler. A "edição Murphy" do livro, publicada em 1939, foi uma das primeiras traduções completas que apareceram em inglês.[16]

Berlim havia se tornado uma cidade ansiosa e cheia de maus presságios, mas as vidas pessoais continuavam a se desenrolar. Em 1937, Adam Kuckhoff e Greta Lorke decidiram se casar. Havia uma razão premente: aos 34 anos de idade, Greta estava grávida de quatro meses. Adam ainda era legalmente casado com Gertrud, irmã de sua primeira esposa, e não estava com pressa de pedir o divórcio. Ele hesitava diante da ideia de obter uma *Ariernachweis*, a prova de "pureza ariana" que passara a ser exigida para casamentos na Alemanha nazista. Parentes, igrejas e cartórios em todo o país tinham que ser consultados para se obter provas de ancestralidade.

Além disso, Adam se preocupava com o futuro de um filho. Viviam tempos perigosos, quando amigos estavam desaparecendo em prisões e campos de concentração. "A criança precisará de você durante anos", disse a Greta. "E se algo lhe acontecer?" Mas ela insistiu em ter o bebê. O casal concordou em que o casamento era importante para a segurança da criança e juntou os documentos exigidos.[17]

A festa de casamento de Adam e Greta, em agosto, reuniu seus amigos mais antigos e próximos, muitos dos quais ocupavam posições delicadas. O padrinho foi Hans Hartenstein, velho amigo de Greta desde os tempos de estudantes. Ele vinha lutando com seus próprios problemas políticos. Antigo social-democrata, evitou juntar-se ao Partido Nazista após a tomada do poder, e sua posição no Ministério da Economia foi mantida porque sua especialização em política cambial era indispensável.

A carreira de Hartenstein no ministério terminou por volta do tempo do casamento de Greta, quando foi recomendado para uma promoção que exigia a afiliação ao Partido Nazista. Ele recusou, e saiu da burocracia para a indústria privada. Apoiava discretamente as atividades de resistência dos Kuckhoffs e permaneceu amigo leal e confiável de Greta.[18]

Outra testemunha do casamento também era um importante social-democrata, Adolf Grimme, ex-ministro prussiano da Cultura. Grimme, que havia frequentado os mesmos círculos de Thomas Mann e Albert Einstein, perdeu seu cargo durante os rearranjos políticos que antecederam a tomada do poder pelos nazistas. Agora, preenchia o tempo fazendo trabalhos avulsos para editoras, estudando idiomas e escrevendo um comentário erudito sobre são João Batista.[19] Ele também trabalhou com o círculo antifascista de Adam Kuckhoff, redigindo folhetos antinazistas e servindo como elemento de contato com os luteranos dissidentes. Às vezes, Grimme levava folhetos luteranos para Arvid Harnack analisar. Os fleumáticos luteranos de Grimme respondiam a uma retórica diferente daquela dos intelectuais esquerdistas. Faziam objeção a Hitler porque era "plebeu", criticavam Göring por sua voracidade e zombavam de Goebbels pela "bocarra".[20]

Hartenstein e Grimme mantiveram suas posturas imponentes. Na cerimônia de casamento, Greta comentou ironicamente que o oficial de registro estava visivelmente impressionado com os dois homens, situados incontáveis níveis acima dele no universo do serviço público alemão. O funcionário local ainda estava obrigado a chamá-los à ordem e fazer a saudação "Heil Hitler", uma instrução que eles ostensivamente se recusaram a seguir. Isso lançou o insignificante burocrata num estado de agitação onde se misturavam servilismo, desconforto e assombro. O grupo de amigos achou-o tão cômico, que decidiu não se irritar.

A cidade em volta deles estava inundada de sofrimento e medo, mas Greta conseguiu desfrutar seu casamento a despeito do que fosse. Foi um dia, recordou-se mais tarde, "em que o próprio ar tinha sabor de vinho".[21]

11

Um país distante

1937-1938

Hitler queria uma guerra, e seus oponentes achavam cada vez mais difícil encontrar uma maneira de evitá-la. Eles acreditavam que, onde quer que começasse, o conflito necessariamente levaria a uma confrontação com as democracias ocidentais. Mas Arvid Harnack e seus amigos da alta sociedade descobriram que era espantosamente difícil engajar justamente as nações que mais tinham a perder.

Harnack e seu círculo decidiram manter contato com a embaixada americana, cuja relevância diminuía a cada dia. Quando Dodd foi chamado de volta em novembro de 1937, quem o substituiu foi Hugh Wilson, um diplomata de carreira que imediatamente explicitou sua posição: seguiria uma linha mais leve com relação a Hitler. Um de seus primeiros atos foi aceitar um convite para o comício anual do Partido Nazista em Nuremberg, que Dodd estivera boicotando. Dodd laconicamente comentou: "O senhor Wilson (...) foi muito bem recebido pelos nazistas."[1]

Outros gestos cordiais se seguiram. Em janeiro de 1938, os oficiais nazistas da SS, Heinrich Himmler e Reinhard Heydrich, convidaram policiais de todo o mundo para uma viagem de visita à nova sede da polícia criminal em Berlim. Edmundo Patrick Coffey, chefe do novo laboratório criminal do FBI, era um dos convidados de honra. O jornal nazista *Völkischer Beobachter* anunciou a visita do funcionário do FBI com a manchete "Polícia de Segurança Alemã é Modelo", descrevendo a "grande admiração" de Coffey pelo trabalho das forças policiais alemãs.[2] Os antifascistas alemães ficaram chocados.

Muitos empreendimentos americanos lucravam com uma maior proximidade com o regime. Um desses era o antigo empregador de John Sieg, a Ford Motor Company, dirigida pelo notório antissemita Henry Ford. A empresa abrira uma fábrica na Alemanha em 1925, a tempo de se beneficiar da maciça construção de estradas empreendida por Hitler. A mobilização militar nazista foi um presente dos céus para a Ford, e entre 1934 e 1938 as receitas da empresa cresceram 400%. Os nazistas ficaram felizes quando decidiram destinar a Ford, oficialmente, uma empresa alemã, permitindo que recebesse contratos governamentais. As fábricas alemãs não conseguiam atender à demanda crescente. Componentes pré-fabricados foram secretamente importados dos Estados Unidos para completar os 3.150 caminhões necessários para a incursão contra a Checoslováquia planejada para 1938. Em julho de 1938, os nazistas concederam a Henry Ford a Grande Cruz da Águia Alemã, a mais alta condecoração que um estrangeiro podia receber. As instalações da Ford nos Estados Unidos forneceram caminhões ao exército alemão até 1941.[3]

O dia 7 de novembro de 1938 trouxe um importante acontecimento político. Um jovem judeu polonês de 17 anos chamado Herschel Grynszpan, enlouquecido com a deportação de seus pais da Alemanha para a Polônia, entrou na embaixada alemã em Paris e atirou num funcionário (que não tinha nada a ver com a deportação). O diplomata morreu dois dias depois, e os nazistas usaram o incidente como uma desculpa para deslanchar uma onda de violência contra os judeus alemães. O evento veio a ser conhecido como *Kristallnacht*, ou Noite dos Cristais.

Na semana seguinte, o secretário de Estado americano, Cordell Hull, retirou seu embaixador em protesto, deixando um encarregado de negócios para lidar com questões pendentes em Berlim. Os nazistas retaliaram chamando de volta o embaixador alemão em Washington. Os dois países só iriam reatar relações diplomáticas depois do final da guerra. Para os

Harnacks e os Kuckhoffs, isso significou a perda de uma importante proteção americana e de um potencial defensor.

Eles tinham poucos outros lugares para os quais pudessem se voltar. O governo francês estava enredado em complicadas negociações tanto com o regime nazista quanto com seu próprio problemático Partido Comunista. Os ingleses pareciam oferecer uma melhor opção — pelo menos, tinham as vantagens de contar com seu próprio serviço secreto, criado em 1909. Dietrich Bonhoeffer, o primo de Arvid que servira como pastor da Igreja luterana alemã em Londres, trabalhava incansavelmente para cultivar aliados no Reino Unido. Mas os ingleses também tinham respostas ambivalentes ao regime nazista. *Grandes Contemporâneos*, um livro de Winston Churchill, foi publicado em 1935, já no segundo ano do governo nazista. Alemães haviam sido brutalmente espancados e assassinados por capangas que agiam em nome do regime; importantes figuras de partidos de oposição haviam sido mantidas como reféns, primeiro em "campos improvisados", depois em campos de concentração permanentes; os judeus haviam sido progressivamente privados de seus direitos, e o sistema jurídico alemão havia sido atacado e corrompido em todos os níveis. Ainda assim, Churchill achou que as evidências eram inconclusivas:

> Não podemos saber se Hitler será o homem que mais uma vez lançará sobre o mundo outra guerra na qual a civilização sucumbirá irreparavelmente, ou se entrará para a história como o homem que restaurou honra e paz na mente da grande nação germânica e a fez retornar, serena, prestimosa e forte, à vanguarda do círculo da família europeia.[4]

Com isso, sobraram os russos. Em termos de serviço secreto, os soviéticos tinham muitas vantagens práticas. A polícia secreta e as agências de espionagem eram instituições já antigas na sociedade russa e tinham um impressionante alcance internacional. Os soviéticos haviam liberalmente semeado espiões em suas embaixadas (tais como Sergei Bessonov, um dos funcionários que cultivou Arvid Harnack em 1932) e recrutavam novos membros das redes de simpatizantes comunistas em todo o mundo.

No final de 1936, ocorreu um encontro obscuro que determinaria o destino dos Harnacks e dos Kuckhoffs.

Naquele mês de dezembro, dois homens atarracados e de meia-idade encontraram-se em Moscou. Ambos eram sobreviventes das selvagens décadas iniciais do comunismo internacional. O encontro aconteceu na "casa de chocolate", um pequeno edifício marrom numa rua lateral perto do Kremlin, na qual funcionava o serviço secreto do exército russo.

Jan Berzin, o funcionário soviético por trás da escrivaninha, era um letão de 46 anos de idade com cabelos grisalhos cortados bem rentes e olhar de falcão. Diretor do Serviço de Inteligência do Exército Vermelho, ele havia enfrentado alguns dos mais violentos combates dos Velhos Bolcheviques no alvorecer da revolução.

O convidado de Berzin era um impassível polonês de 42 anos chamado Leopold Trepper. Trepper era a encarnação dos piores pesadelos de Hitler. "Eu me tornei comunista", declarou ele, "porque sou judeu." Assim como Hitler, Trepper nascera numa vila obscura do vasto Império Austro-Húngaro, e sua cidade natal havia sido cedida à Polônia depois da Primeira Guerra Mundial. Trepper viveu uma juventude peripatética, abandonando a Polônia nos anos 1920 devido a um surto de antissemitismo. Na Palestina, juntou-se ao Partido Comunista local e organizou os árabes que trabalhavam nas plantações de laranja; ajudou-os a fazer greve contra donos de terra judeus, o que deixou iradas as autoridades britânicas. Em 1928, sua comunidade na Palestina foi desfeita, e a maior parte de seus companheiros comunistas foi para a União Soviética.[5] Os ingleses deportaram Trepper, que primeiro foi para a França e, depois, no verão de 1932, para a União Soviética. A caminho, passou por Berlim, onde observou a força dos nazistas e ficou preocupado com o fato de que os comunistas alemães não os estavam levando suficientemente a sério.

Uma vez em Moscou, Trepper inscreveu-se na Universidade para Minorias Nacionais, que incluía cerca de setecentos estudantes em vinte seções diferentes.[6] Mas ele também se uniu a uma comunidade fechada, ainda maior que aquela, de diversos milhares de agentes comunistas internacionais prontos para entrar em ação.

Trepper recebeu treinamento intensivo no sistema de inteligência soviético, que era dividido em três ramos. Ele foi designado para o serviço secreto militar soviético sob o comando de Jan Berzin, que cultivava militantes comunistas internacionais e os despachava, disfarçados, com a tarefa de enviar relatórios a Moscou. O Comintern tinha sua rede paralela de agentes, também formada, na maior parte, por não soviéticos. O terceiro ramo do serviço secreto era o NKVD, encarregado da segurança interna. A muito temida polícia secreta era responsável pelo controle de agentes estrangeiros em solo soviético, mas estava sempre pronta para ampliar seu mandato.

Trepper e Berzin concluíram que os soviéticos precisavam se empenhar mais para monitorar a ameaça nazista, e conceberam um plano para criar uma vasta rede de agentes em toda a Europa, com um posto avançado na própria Alemanha.

Os dois não eram os únicos a ter tal preocupação, mas, àquela altura, alinhamentos políticos já não eram uma coisa tão simples como parecia. Após 1933, a comunidade de exilados em Moscou foi acrescida de centenas de alemães que fugiam dos nazistas. Sua chegada coincidiu com a crescente ansiedade de Stalin diante da ideia de que estava perdendo seu domínio sobre a União Soviética e sobre o aparato da Internacional Comunista. Ele fingiu alguns gestos de solidariedade para receber os camaradas alemães exilados, mas os considerava mais uma ameaça que uma vantagem. Os comunistas alemães tinham uma longa história de facciosismo e insubordinação, e muitos dos artistas e intelectuais que foram parar em Moscou nunca haviam se dado ao trabalho de sequer se inscrever no partido. Mais preocupante ainda, Stalin sabia que muitos esquerdistas alemães apoiavam seu inimigo mortal, Leon Trotsky, que quase conseguira arruinar sua marcha em direção ao poder. Trotsky não teria uma segunda chance.

Stalin reagiu com uma determinação brutal. Em 1934, orquestrou o assassinato de Sergey Kirov, a quem tinha como rival. O evento serviu de desculpa para uma maciça campanha de prisões e execuções, cujo escopo e selvageria têm tido poucos paralelos na história.

Os agentes de Stalin começaram prendendo os principais membros do Partido Comunista soviético e submetendo-os a julgamentos que tinham tudo de um espetáculo detalhadamente planejado, associado ao assassinato de Kirov. O público assistia, confuso, enquanto Velhos Bolcheviques que, fazia pouco tempo, haviam sido apresentados como heróis da revolução eram publicamente humilhados, torturados para assinar confissões improváveis e executados. Trotsky fora forçado a se exilar alguns anos antes, mas agora qualquer um com a mais remota conexão com ele estava em perigo. As prisões dispararam; eram milhares, e depois chegaram a centenas de milhares. Durante os anos de 1937 e 1938, milhões de soviéticos foram arrastados para campos de trabalhos forçados, e a maior parte deles jamais retornou.

Estimativas bem embasadas sugerem que as mortes durante o Grande Expurgo promovido por Stalin, incluindo os que morreram nos campos de trabalho, alcançaram de 9 a 10 milhões.[7] Os números são aflitivamente vagos. Os soviéticos mantinham registros menos meticulosos de suas vítimas que os nazistas. Não houve nenhuma liberação de prisioneiros de Stalin após a guerra, tampouco um tribunal internacional para julgar seus crimes. A extensão das atrocidades de Stalin permaneceu encoberta durante quase duas décadas, e seus detalhes jamais serão conhecidos.

Comunistas estrangeiros estavam diretamente na linha de fogo, e Stalin reservou um vitríolo especial para os alemães. Entre suas vítimas estavam Hugo Eberlin, um dos fundadores do KPD; quatro membros do Politburo alemão e dez integrantes do Comitê Central.[8] Os colegas de John Sieg no *Rote Fahne* sofreram pesadas baixas. Heinz Neumann, antigo editor-chefe e membro do Comitê Central, que havia sido confidente de Stalin, foi fuzilado em 1937, acusado de haver contratado um repórter traidor para o jornal em 1930.[9] Outras vítimas no jornal foram os editores-chefes Heinrich Susskind e Werner Hirsch, e quatro de seus editores assistentes.[10] Em abril de 1938, o representante alemão no Comitê Executivo do Comintern relatou que 842 alemães antifascistas haviam sido presos pelos soviéticos.[11]

Bertolt Brecht, com seu infalível instinto de autopreservação, conseguiu manter-se longe de Moscou durante esse período. Ele tentava entender os eventos a partir de seu posto avançado na Dinamarca, obsessivamente listando amigos e colegas que haviam desaparecido em Moscou:

koltsov também preso em Moscou, minha última conexão lá. ninguém sabe nada sobre tretiakov, que se supõe ter sido um "espião japonês". ninguém sabe nada sobre [carola] neher, que se supõe haver feito algumas coisas para os trotskistas em praga seguindo instruções de seu marido... a literatura e a arte estão numa situação desesperadora, a teoria política foi lançada aos cães...[12]

O romancista Ernst Ottwald, colaborador de Brecht no roteiro de *Kuhle Wampe*, foi denunciado na imprensa soviética por "diversionismo" artístico. Ele desapareceu, foi levado a um campo de concentração, e ali foi fuzilado em 1943. Quando a loura de *Kuhle Wampe*, Marta Wolter, foi presa na Alemanha com seu noivo, Walter Husemann, em 1936, seu cunhado Wilhelm teve a sorte de escapar para Moscou. Mas, desta vez, acabou sendo preso e fuzilado pelos soviéticos.[13]

A musa de olhos cor de âmbar de Brecht, Carola Neher, foi outra das primeiras vítimas. A atriz, que criara o papel de Polly em *A ópera dos três vinténs*, fugiu para Moscou com seu segundo marido em 1934, e o casal foi preso dois anos depois por suspeita de ligações com Trotsky. Seu marido foi fuzilado, e Carola foi condenada a dez anos de trabalho forçado. Não cumpriu a pena. Um relato diz que foi posta num vagão que transportava prisioneiros para um campo de trabalho na Ásia Central em 1942 e morreu pouco depois, de febre tifoide. Outro relato posterior sustenta que foi fuzilada numa prisão soviética em 1941.[14]

Até os soviéticos que lutavam na Espanha podiam estar vulneráveis. Um deles foi o contato de Leopold Trepper, Jan Berzin, o Velho Bolchevique que chefiara o serviço secreto militar soviético. Berzin foi enviado à Espanha em 1936 para ajudar a organizar a defesa dos Legalistas. Um homem prático, ele reclamou que a eliminação dos internacionalistas comandada por Stalin estava causando danos a seu campo de operação.[15] Berzin foi chamado de volta a Moscou em junho de 1937, preso em maio do ano seguinte e executado seis semanas depois.

Com a execução de Berzin, Stalin perdeu um dos mais bem-sucedidos funcionários de serviços secretos do mundo. Berzin havia recrutado uma rede espetacular de espiões posicionados por toda a Europa, um recurso fundamental para a guerra que se aproximava. Mas Stalin parecia determinado a destruir a capacidade militar de seu país. Durante dois anos de expurgo, 30 mil oficiais soviéticos foram eliminados, seja por aprisionamento, tortura ou execução. Entre eles estavam três dos cinco marechais, 14 dos 16 comandantes do exército, 60 dos 67 comandantes de unidades, 136 dos 199 comandantes de divisão e 221 dos 397 comandantes de brigada.[16] Seus postos foram dados a pessoal inexperiente e incompetente que não tinha uma visão unificada de estratégia ou comando.

O impacto dos expurgos de Stalin teve um alcance muito além da União Soviética. O corpo diplomático soviético foi dizimado, inclusive os quadros da embaixada em Berlim. Boris Gordon, um dos primeiros conhecidos de Arvid Harnack na embaixada soviética, foi convocado de volta a Moscou em 1937 e executado. Sergei Bessonov, o economista que havia organizado a viagem de Arvid à Rússia em 1932, foi levado de volta a Moscou e preso no mesmo ano. Ele suportou meses de interrogatórios até sucumbir à tortura e a um famoso tratamento que consistia em privação do sono e interrogatórios contínuos. O diplomata "confessou" que havia agido como emissário de Trotsky e foi condenado a 15 anos de prisão. Foi fuzilado em 8 de setembro de 1941.[17]

Cinco dos oito funcionários do serviço secreto da embaixada em Berlim foram convocados a Moscou e executados.[18] Boris Vinogradov, o agente que havia conquistado o coração de Martha Dodd e a recrutara como fonte de informação, foi fuzilado em 1938.

Os expurgos de Stalin deixaram os antifascistas na Alemanha ainda mais isolados que antes. Arvid Harnack estava agora perfeitamente posicionado para suprir informações econômicas secretas e vitais sobre o ministério do Reich, mas a embaixada soviética estava totalmente privada de diplomatas e agentes da inteligência, o que o deixava sem nenhum contato funcional. Harnack tinha apenas a mais vaga das informações sobre o que estava acontecendo em Moscou, mas angustiava-se com o pouco que conseguia saber.

Anos depois, Martha Dodd escreveu que Arvid Harnack "não gostava do que Stalin estava fazendo". Ele "falava veementemente" a respeito disso e tinha "dúvidas angustiantes sobre a propaganda" que estava chegando da União Soviética.[19]

Felizmente, os americanos agora ofereciam a ele uma alternativa prática. Ao final de 1937, o Departamento de Estado nomeou Donald Heath para o posto de primeiro secretário em Berlim. Aos 43 anos, Heath era um homem alto, com amplos bigodes e gestos contidos. Após servir durante a Primeira Guerra Mundial, trabalhou como correspondente da Casa Branca para a United Press antes de entrar para o Departamento de Estado. Designado para servir sob as ordens do embaixador Hugh Wilson, continuou em Berlim depois de Wilson ter sido chamado de volta a Washington.

O posto de primeiro secretário era apenas metade das atribuições de Heath. Recebeu também a atribuição secreta, como adido monetário, de fornecer informações sigilosas, reportando-se diretamente ao secretário do Tesouro de Roosevelt, Henry Morgenthau. Isso refletia a visão parcial e tendenciosa de Washington na época: dava-se muito mais ênfase ao monitoramento das políticas econômicas alemãs que à documentação das condições nos campos de concentração e da privação dos direitos civis dos judeus.

A conexão Harnack-Heath começou quando a esposa de Heath conhe-ceu Mildred Harnack num evento social. Heath ficou animado ao saber que o marido da senhora Harnack havia estudado nos Estados Unidos, e decidiu que queria conhecê-lo. Descobriu-o em sua escrivaninha no Ministério da Economia e sugeriu um almoço. Arvid Harnack aceitou com entusiasmo.[20]

As necessidades de Donald Heath e as informações secretas de Arvid Harnack eram complementares, e os dois homens rapidamente cons-truíram uma parceria. O trabalho de Arvid no Ministério da Economia relacionava-se ao balanço de pagamentos alemão e ao câmbio. Assim o descreveu um colega de trabalho:

[Ele estava] em contato direto com os setores responsáveis por cada país, e sua posição como chefe de um setor fundamental [política comercial] permitia que participasse de todas as decisões... Ele adquiria, sistematicamente, uma visão geral e bem fundamentada de nossa capacidade econômica atual, da produção e das reservas, e podia avaliar nossa situação no comércio externo a qualquer dado momento. Desse modo, Harnack era um dos maiores conhecedores da situação econômica.[21]

Harnack estava entre as primeiras e mais importantes fontes de Heath. Foi difícil para Heath explicar a seus superiores o perfil político de alemães antinazistas como Harnack, pois, por serem membros do Partido Nazista, levantavam suspeitas. No entanto, ele argumentava que as posições que ocupavam dentro do regime eram, justamente, o que os tornava úteis.

Os informantes de Heath tendiam a ser membros do segundo escalão do governo, dos quais ele se aproximava em eventos de fim de semana durante os quais podiam falar livremente. A maioria deles havia começado suas carreiras durante o regime anterior, como sérios e bem treinados servidores públicos. Se a maior parte agora era membro do Partido Nazista, como Heath reportou a Washington, era "pela necessidade prática de que assim o façam se quiserem avançar em suas carreiras ou mesmo manter suas posições no governo".[22] Essa era uma descrição perfeita de Arvid Harnack e de seus amigos e conhecidos.

Heath tentou descrever para seus superiores as atitudes dos esquerdistas que frequentavam os salões refinados de Berlim:

A maioria dos que frequentam este grupo está inclinada a ter opiniões moderadamente socialistas. Eles não desaprovam o aumento da intervenção estatal nem o controle da indústria e do comércio pelo regime nacional-socialista. Sua objeção diz respeito às restrições à liberdade pessoal e à liberdade de pensamento, e também se opõem à atual política que privilegia a agressão militar, e não a cooperação internacional; a seu ver, tal política acabará levando a Europa à guerra.[23]

Ao mesmo tempo que Heath se beneficiava com o estoque de informações secretas de Arvid Harnack, ele e sua esposa, Louise, desfrutavam uma amizade com Arvid e Mildred Harnack no âmbito da comunidade de expatriados americanos em Berlim. Heath levava seu filho pequeno, Donald Jr., em passeios com os Harnacks para dar a impressão de uma inócua amizade de família. Quando a conversa dos homens entrava no assunto mais sério, o garoto aprendeu a caminhar ao lado de Mildred, a quem muito admirava.[24]

Arvid Harnack era apenas uma das muitas fontes de Heath. O funcionário americano continuava a lançar suas iscas nas águas da política econômica alemã e a pescar peixes cada vez maiores, inclusive Emil Puhl, diretor do Reichsbank, e o ex-patrão de Arvid, Hjalmar Schacht, um importante banqueiro que ajudara Hitler a chegar ao poder.[25] (Schacht renunciou ao cargo de ministro da Economia em 1937, em protesto à escalada militar e ao antissemitismo do regime.)[26]

Tanto Heath quanto suas fontes alemãs estavam cientes de que beiravam as fronteiras da traição. Em 1937, o governo alemão avisou a seus cidadãos que fornecer informações econômicas a estrangeiros poderia significar a pena de morte.[27]

Em 13 de março de 1938, os alemães marcharam sobre a Áustria com a conivência dos nazistas austríacos. Deliberadamente, os nazistas evitaram o uso da palavra invasão, substituindo-a por *Anschluss*, um termo com as conotações quase afetuosas de uma ligação ou um abraço. Um mês depois, sob estrita vigilância nazista, um plebiscito confirmou a aprovação pública por uma maciça maioria. Em setembro de 1938, Hitler voltou-se para os Sudetos, atacando o presidente checo num discurso em Nuremberg.

O público alemão saudou esses eventos com júbilo. Alguns desaprovavam as provocações de Hitler, mas já não havia nenhuma possibilidade de oposição declarada. Dezenas de milhares de alemães padeciam em campos de concentração permanentemente lotados. Partidos políticos, sindicatos, os meios de comunicação e a academia haviam sido suprimidos e expurgados.

Joseph Goebbels, ministro da Propaganda, não estava satisfeito com a passividade. O regime buscava o entusiasmo universal, e ele argumentava que a chave estava em seu novo modelo de comunicações totalitárias. Por iniciativa sua, o regime havia promovido a produção em massa de pequenos e baratos "rádios do povo" feitos para sintonizar apenas as estações locais, todas elas controladas pelos nazistas. Um projeto melhorado foi lançado em 1938. Com uma caixa quadrada de resina marrom e um alto-falante grande e redondo, não tardou que o radiozinho fosse apelidado de "Focinho de Goebbels". Os rádios baratos inundaram o mercado. Na década posterior à subida dos nazistas ao poder, o número de famílias alemãs com acesso a rádios quase quadruplicou, alcançando 70% da população — uma das mais densas penetrações do rádio em todo o mundo.[28]

Os alemães agora tinham mais "notícias", mas acesso a um número muito mais reduzido de fontes de informação. O Reich aumentou as penas para os que ouviam transmissões estrangeiras. Os fiscais de rádio nazistas foram instruídos a convencer seus vizinhos a ouvir os programas do partido, denunciar os que ouviam rádios estrangeiras e passar à agência central as opiniões que ouviam a respeito da programação. Quando eles avisaram que as audiências estavam se cansando de infindáveis propagandas e discursos, o ministério adoçou a programação oferecendo música ligeira.[29]

Os antifascistas alemães condenavam a enlouquecedora docilidade dos "90%" que haviam se sujeitado ao regime, mas seus próprios "10%" estavam sendo consumidos por exílios, execuções e derrotismo.

Ainda assim, as sementes de uma conspiração contra Hitler continuavam a se enraizar, algumas fenecendo, outras crescendo. Um dos complôs envolvia dez antigos oficiais da polícia prussiana que haviam sido resgatados de campos de concentração alemães. Em 1938, planejaram um ataque a Hitler, mas a conspiração encontrou muitas dificuldades e se dissolveu.[30] Outra conspiração naquele mesmo ano parecia mais promissora. Foi liderada por Hans von Dohnanyi, um funcionário do Ministério da Justiça e membro do clã de Arvid Harnack. Quando as maquinações de Hitler contra a Checoslováquia chegaram ao extremo, Dohnanyi engajou um impressionante círculo de oficiais militares e intelectuais alemães, entre ele o psiquiatra Karl Bonhoeffer (pai de Dietrich e Klaus).

A trama era bastante simples e direta. Os planos de agressão de Hitler representavam uma quebra tão clamorosa de relações internacionais, argumentava Dohnanyi, que certamente desencadeariam uma retaliação imediata da parte dos poderes ocidentais. Isso encorajaria seus críticos nas forças armadas alemãs e o faria cair em desgraça aos olhos do povo alemão. O grupo de Dohnanyi então entraria em ação, poria Hitler sob custódia e cuidaria de restaurar a democracia alemã.

As atribuições foram distribuídas com cuidado. Dohnanyi montou um dossiê criminal sobre Hitler. O eminente dr. Bonhoeffer preparou-se para atestar que Hitler era mentalmente doente. As relações com o exército ficariam a cargo do general Ludwig Beck, um conservador que se opunha a Hitler e havia sido recentemente forçado a entregar seu cargo de chefe do Estado-Maior. A prisão de Hitler seria feita por um integrante do serviço de inteligência militar, Hans Oster, ajudante do almirante Wilhelm Canaris. Não havia nenhuma dúvida quanto ao objetivo, mas o grupo discordava a respeito das táticas. Oster acreditava que Hitler deveria ser assassinado para que o complô tivesse sucesso, enquanto outros esperavam que ele pudesse ser preso. Assim, Oster e os que o apoiavam planejaram uma conspiração dentro da conspiração: a encenação de um lamentável "incidente" durante a prisão deveria resultar na morte de Hitler.[31]

A conspiração dependia de um evento fundamental para pôr o plano em ação: uma confrontação aberta entre Hitler e os governos da Inglaterra e da França. Hitler havia convocado os primeiros-ministros inglês e francês a Munique. Enquanto o encontro progredia, chegou uma mensagem de Londres dizendo que os ingleses agora esperavam entrar em guerra com a Alemanha em defesa da Checoslováquia. Na Alemanha, os telefones dos conspiradores soavam com chamadas de novos apoiadores que se ofereciam para participar do golpe.

Então veio a notícia atordoante: em 29 de setembro de 1938, as partes chegaram a um acordo. O primeiro-ministro inglês expressou seu alívio a seus compatriotas numa mensagem radiofônica: "Que horrível, fantástico, inacreditável isso de estarmos aqui cavando trincheiras e experimentando máscaras contra gás por causa de uma disputa num país distante entre pessoas das quais nada sabemos."[32] A Alemanha ganhou a região dos Sudetos e a popularidade de Hitler aumentou subitamente.

Em Berlim, os conspiradores reuniram-se no apartamento de Hans Oster para um sombrio *post-mortem*. "Vejam só, senhores", refletiu amargamente um deles,

> como, mais uma vez, para essa pobre e tola nação, ele é novamente nosso grande e profundamente amado Führer, enviado por Deus, e nós — nós somos uma pilhazinha de oficiais ou políticos reacionários e decepcionados que se atreveram a colocar pedrinhas no caminho do maior estadista de todos os tempos, no momento em que ele celebra seu maior triunfo.[33]

Em maio de 1939, Donald Heath disse a seus superiores em Washington que suas fontes antifascistas alemãs estavam profundamente desiludidas com as democracias europeias. Elas haviam acreditado que "haveria uma posição firme contra Hitler", o que teria feito com que ele "ficasse com receio de entrar numa guerra, e a queda de seu prestígio teria sido suficiente para derrubar o regime". A abordagem da França e da Inglaterra havia produzido um amargo desapontamento. Heath concluiu que, para suas fontes alemãs, "a única esperança está no presidente Roosevelt, em cujos ideais democráticos e habilidades elas têm uma crença bastante grande".[34]

Muitos antifascistas alemães, inclusive os Harnacks, esforçavam-se para atrair os americanos para sua causa, mas os nazistas pareciam estar vencendo a campanha de relações públicas. Os antifascistas encontraram um apoio em bloco principalmente entre exilados e comunidades judaicas em Nova York e na Califórnia. A administração Roosevelt marchava cautelosamente, sob pressão crescente para se manter totalmente fora da Europa. As lembranças da Primeira Guerra Mundial ainda estavam vivas, e os isolacionistas do movimento "America First" argumentavam contra qualquer envolvimento no conflito crescente. Os grupos nazistas americanos se multiplicavam. Inundaram o metrô de Nova York com literatura antissemita e realizaram um desfile em massa e um comício no Madison Square Garden em fevereiro de 1939, atraindo uma multidão de 22 mil pessoas. Os judeus que protestavam foram enfrentados por tropas de choque americanas que os espancaram na rua em frente à loja da Macy.

Os funcionários da embaixada americana em Berlim foram obrigados a manter uma postura discreta. Os Estados Unidos nunca haviam substituído seu embaixador, mas, em maio de 1939, foi nomeado um novo encarregado. Alexander Kirk era um lacônico diplomata americano da velha escola, mas, aos olhos de seu auxiliar George Kennan, era um homem decente e inteligente que "desprezava os nazistas e os mantinha a distância protegendo-se por trás de uma cerca de ironia". Kirk, herdeiro de uma fortuna na área de produtos de limpeza, gostava de ridicularizar nazistas pomposos estendendo a mão para cumprimentá-los e declarando: "Meu negócio é sabão. Qual é o seu?"[35]

Kirk apoiava a oposição alemã e realizou diversos encontros secretos com o conde Helmuth von Moltke, membro dos círculos de resistência de Dietrich Bonhoeffer. Moltke, um político visionário, já conseguia perceber as sementes da destruição do nazismo e estava estudando as ideias dos federalistas americanos de 1787, reunidas no livro *O Federalista* (*American Federalist Papers*), em busca de diretrizes para reconstituir a Europa pós-nazista. Mas poucos dos superiores de Kirk em Washington partilhavam suas simpatias.

No verão de 1939, Arvid e Mildred Harnack viajaram a Washington, esperando recrutar apoio americano para a causa. A missão oficial de Arvid era garantir fornecimentos internacionais de cobre e alumínio para a Alemanha antes que a guerra começasse. Ele cumpriu sua obrigação pública falando com funcionários do Departamento de Comércio americano, que estavam felizes em suprir os arsenais alemães.

Mas Harnack também escreveu um memorando secreto ao Departamento de Estado oferecendo seus serviços contra os nazistas.[36] Conseguiu encontrar-se privadamente com funcionários do Departamento do Tesouro, provavelmente com o auxílio de Donald Heath. Tragicamente, os funcionários americanos o descartaram sumariamente.[37] Apesar da tomada da

Áustria e da Checoslováquia pelos nazistas e da crise iminente na Polônia, os americanos acreditavam que ainda podiam manter os problemas na Europa a distância. Não queriam que suas ideias preconcebidas fossem perturbadas por informações. Os diplomatas americanos mais tradicionais tinham uma imagem desfavorável de funcionários alemães dissidentes, considerando-os "suspeitos", e nem ao menos se interessavam em saber se aquelas informações secretas poderiam ter algum valor.

Os Harnacks ficaram com a família de Mildred em Maryland, mas seus parentes a acharam cada vez mais distante. Consideraram Arvid ainda pior — frio e não comunicativo, um "alemão típico". Sem dúvida, o casal sabia que estava sendo monitorado de perto por espiões nazistas em Washington. Uma conversa franca, mesmo com um parente próximo, sempre poderia ser repetida para a pessoa errada. Mas o efeito de sua cautela foi desafortunado; pelo menos um dos membros da família de Mildred entendeu os modos de Arvid como prova de que ele era um zeloso nazista.

Os Harnacks retornaram à Alemanha em meados de agosto de 1939. Ao chegar, descobriram que os nazistas haviam estado ocupados durante sua ausência.

12

O jantar

1938-1940

Numa noite de 1940 — ela não conseguia se lembrar exatamente quando —, Greta Kuckhoff pôs um vestido que acabara de passar, um precioso par de meias de seda italianas e uma capa, e saiu com o marido para um jantar.[1] Era uma grande ocasião. O anfitrião, Herbert Engelsing, era um produtor executivo da Tobis Film, o que fazia dele uma das figuras mais importantes da indústria cinematográfica alemã. Greta não estava nada entusiasmada. Seu filho, Ule, ainda era pequeno, e ela se sentia desconfortável por deixá-lo em casa, mas havia razões prementes para que saísse. Herbert Engelsing poderia ajudar Adam a conseguir trabalho. Desde que deixara seu emprego regular, Adam estava se dedicando mais a seus próprios escritos, e eles precisavam da renda adicional propiciada por encomendas dos estúdios do Reich.[2]

Adam ainda perseguia o sucesso literário, mas tinha que levar em conta outras questões. Estava bem consciente de que, àquela altura, qualquer forma de escrita — ou não escrita — era um ato político na Alemanha. A partir de suas posições seguras na América — Lion Feuchtwanger e Thomas Mann publicavam pesados ensaios e obras de ficção antinazistas —, isso não era possível para os que haviam ficado para trás. Adam Kuckhoff pertencia a uma crescente escola de escritores que usavam situações codificadas para criticar as realidades políticas alemãs. Muitos escolheram descrever as calamidades da Primeira Guerra Mundial como um aviso contra a próxima. Outros escreveram estudos sobre o caráter de homens que se venderam a interesses escusos em nome da ambição, ou que se recolheram a um silêncio inútil diante da injustiça.

Em 1937, a Rowohlt, uma importante editora alemã, lançou o romance de Adam, *Der Deutsche von Bayencourt* (*O alemão de Bayencourt*), adaptado de uma peça que escrevera durante a Primeira Guerra Mundial. Como muitos outros escritores, Adam passara sua carreira retornando a um tema central universal: a tensão entre patriotismo e ética social. Ele pretendia que seu romance fosse o primeiro volume de uma trilogia, mas a oportunidade de escrever os dois volumes seguintes lhe foi roubada.

O alemão de Bayencourt contava a história de um camponês alemão chamado Bernard Sommer que havia se estabelecido num vilarejo francês muito antes da Grande Guerra. Sua lealdade é testada quando uma patrulha alemã extraviada lhe pede abrigo. Os franceses descobrem; ele é levado à corte marcial e executado. Seu filho pacifista argumenta que os reais inimigos eram os fomentadores de guerras e os aproveitadores de todos os lados que deflagraram "os infindáveis horrores desta guerra".

Adam foi cuidadoso na composição do livro, mas até ele próprio deve ter se surpreendido com as resenhas favoráveis que recebeu tanto do principal jornal nazista, *Völkischer Beobachter*, quanto da mais importante revista cultural nazista, a *Nationalsozialistichen Monatshefte*.[3] Os resenhistas fascistas proclamaram que o trágico gesto de Sommer era um ato de autossacrifício patriótico e ignoraram os convites dos outros personagens ao pacifismo e à justiça social. Os críticos alemães consideraram que o livro de Kuckhoff era uma "obra magistral", e um professor americano o incluiu entre os trabalhos mais importantes em seu "Levantamento da literatura alemã durante 1937".[4]

Produtores cinematográficos imediatamente se interessaram em comprar os direitos para o cinema, mas, após a entusiástica recepção pelos nazistas, Adam ficou desconfiado. Havia testemunhado o estranho pendor de Goebbels para inventar propaganda nazista a partir de material antinazista. (O exemplo mais notório estava sendo produzido justamente naquela época: a versão filmada do romance de 1925, *Jud Süss*, um ataque ao antissemitismo pelo escritor judeu Lion Feuchtwanger, que havia sido transformado num ataque aos judeus alemães.) Adam não teve dificuldade em imaginar seu romance sendo virado de cabeça para baixo e se transformando num filme de propaganda nazista para justificar a guerra contra os franceses.

Mas Engelsing e Kuckhoff tinham outros interesses em comum. Ambos haviam nascido em Aachen, uma cidade na fronteira belga, e Engelsing respondia calorosamente aos temas e conflitos expressos no trabalho de Adam. Ele entrara na indústria cinematográfica poucos anos antes, como um advogado da Tobis Film.[5] Depois que os nazistas expurgaram a Tobis, Engelsing foi convidado para um cargo desocupado havia pouco cujo título era *Herstellungsgruppenleiter* (diretor de grupos de produção); assim manteve seu direito de exercer a advocacia associando-se à firma de Carl Langbehn, um importante promotor.[6]

Herbert Engelsing caminhava sobre o fio da navalha, ao mesmo tempo acomodando-se ao regime e tratando de sabotá-lo. Langbehn, sócio e amigo íntimo, convivia com os mais altos círculos nazistas, mas estava secretamente envolvido em conspirações conservadoras contra Hitler.[7] O próprio Engelsing mantinha-se num lugar de grande visibilidade na indústria cinematográfica e em outro, muito discreto, na resistência, mas desempenhava nos dois campos o papel de um perfeito produtor: apresentando pessoas, intermediando acordos, garantindo locais de encontro, e então desaparecendo uma vez desencadeada a ação.

A Tobis Film era uma empresa pequena em comparação com a gigantesca UFA, mas, ainda assim, lançou mais de cem filmes entre 1937 e 1945.[8] Seu elenco incluía alguns dos maiores nomes da Alemanha, entre eles o lendário Emil Jannings, Gustaf Gründgens, Heinrich George e a atriz teuto-russa Olga Tschechowa, sobrinha de Anton Chekhov.

Embora a Tobis Film funcionasse sob o controle nazista, tendia a produzir as comédias e romances ligeiros que Goebbels usava para sedar o público, em vez de lidar abertamente com questões políticas. Mas até o entretenimento podia ter implicações políticas. Depois que seu país foi engolido pelo Reich, os filmes do escritor, ator e diretor austríaco Willi Forst passaram a apresentar temas nacionalistas austríacos mais enfaticamente ainda. Outros filmes foram ambientados na Irlanda ou na Índia com enredos que depreciavam os ingleses. Mas a maior parte das referências políticas requeria que se lesse nas entrelinhas usando-se expressões culturais de protesto que poderiam ser rejeitadas, se necessário — exatamente como Adam Kuckhoff e seus colegas romancistas criticavam o regime por meio de alegorias que poderiam ser negadas.

Herbert Engelsing também expressava seu antagonismo aos nazistas obliquamente. Sua posição lhe oferecia acesso excepcional aos mais altos níveis de poder. A hierarquia nazista tinha um forte — e, às vezes, competitivo — interesse pelas artes cênicas. Goebbels, o ministro da Propaganda, concebia-se como um escritor-produtor e supervisionava grandes projetos, enquanto o marechal de campo Göring era um patrono estatal que distribuía favores. Goebbels era um notório entusiasta da troca de favores sexuais com aspirantes a atrizes, enquanto Göring se orgulhava de sua rechonchuda esposa, Emmy, mais conhecida como uma atriz teatral que aparecera em diversos filmes. O casal adorava o convívio social com a comunidade cinematográfica.

De fato, Herbert e Ingeborg Engelsing deviam seu casamento aos Görings. Ingeborg, uma garota travessa com cabelos revoltos e um sorriso charmoso, vinha de uma importante família de advogados e intelectuais. Ela também era uma *Mischling* (meio-judia). Quando o casal ficou noivo, em 1936, Ingeborg, que tinha apenas 20 anos, foi instruída a se apresentar para a identificação de suas características raciais (*Rassenmerkmale*), para ser "examinada, pesada e medicamente avaliada".

"Só me lembro que meu lábio superior foi considerado curto demais", escreveu ela mais tarde. O fotógrafo encontrou uma lâmpada especial que clareou seu cabelo e o ajudou a representá-la como "alta, magra e loura".[9] Ainda assim, a permissão para se casar não foi concedida. O casal começou a procurar todas as ajudas possíveis.

Felizmente, Engelsing encontrou uma defensora em uma das principais atrizes da Tobis, uma comediante de olhos escuros chamada Käthe Dorsch. Hermann Göring havia se apaixonado por ela quando era um jovem (e esguio) aviador durante a Primeira Guerra Mundial. Käthe casou-se com outro, mas Göring, apesar de seus dois casamentos, sempre manteve a afeição por ela. A atriz aproveitou-se dessa ligação para dar ajuda a uma longa lista de conhecidos, muitos deles judeus, que estavam sendo caçados pela Gestapo. (Göring se orgulhava de dizer: "Eu decidirei quem é um judeu e quem não é.")[10] Agora, Käthe Dorsch assumia a causa dos Engelsings. Finalmente, em setembro de 1937, chegaram as notícias tão esperadas. Göring havia posto o pedido de Engelsing no prato de sobremesa de Hitler e saiu com sua permissão para que o casamento se realizasse.[11]

Emmy, a esposa de Göring, às vezes se juntava aos esforços de Käthe Dorsch, patrocinando casos especiais de judeus e esquerdistas, conseguindo ocasionalmente uma liberação de um campo de concentração ou uma permissão para alguém sair do país.[12] Os judeus alemães começaram a espalhar a notícia de que a atriz desaprovava a perseguição contra eles e que era, no fundo, uma "boa alma".[13] Emmy Göring jogava suas cartas cuidadosamente. Mesmo que interviesse, interessava a todo mundo que isso nunca fosse notado.

Herbert Engelsing foi um dos produtores que procurou Kuckhoff, interessado em filmar seu romance. Ficou espantado ao encontrar um autor que resistia à feitura de uma versão filmada de seu trabalho. Mais tarde, a esposa de Engelsing descreveu os princípios de Adam: "Suas convicções políticas significavam mais para ele que prestígio e lucros", observou. "Assim, ele se virava escrevendo diálogos para filmes apolíticos. Meu marido trabalhava de vez em quando com este escritor talentoso sem fazer a menor ideia de que ambos os Kuckhoffs fossem marxistas convictos. Ele apenas sabia que não eram nazistas, e isso significava que os Schulze-Boysens [os outros convidados] lhes agradariam."

Àquela altura, Greta Kuckhoff estava precisando que alguma coisa agradável lhe acontecesse. A noite, que levaria a eventos tão importantes em suas vidas, começou em desastre. Desde o início, Greta sentia-se tensa com relação ao jantar, e havia dado uma atenção especial à sua aparência. Continuava sendo uma jovem pobre da cidade operária que ficava do outro lado do rio, e estava indo jantar com a elite tradicional do bairro mais chique de Berlim. Por uma questão de economia, seu marido insistira para que fossem a pé até onde moravam os Engelsings. O caminho terminou subitamente num enorme monte de lixo. Tiveram que subir por ele e viram-se cercados por um bando de cachorros latindo. Finalmente, desistiram e tomaram um táxi. "Uma boa medida de economia", enfureceu-se Greta.

Ingeborg Engelsing recordou a bizarra entrada do casal: "Então, chegaram, não apenas atrasados, mas bastante maltrapilhos. Suas descrições divertidas dos vários obstáculos nos fizeram rir."[14] Greta não achou tanta graça, resmungando: "Eles já haviam começado a jantar sem nós... Adam contou a história de nossa odisseia um tanto à minha custa. Parecia uma daquelas noites que passariam sem consequência." Mas a conversa após o jantar tomou um rumo diferente. Nas palavras de Greta, foi "uma conversa que não seria esquecida".[15]

Os outros convidados dos Engelsings, Harro e Libertas Schulze-Boysen, eram especialistas em inesperados. Aquela era a primeira vez que se encontravam com os Kuckhoffs, mas Adam pode ter ouvido Arvid Harnack falar de Harro, a quem conhecera em 1935. Naquela época, Arvid não prosseguiu com a conexão, descrevendo-a como "muito perigosa".

Harro Schulze-Boysen acabara de completar 30 anos. Era um tenente da Luftwaffe com uma aparência marcante, de pele muito clara e traços bem esculpidos (um amigo uma vez dissera que sua cabeça lembrava "a de um galgo"). Sua extraordinária facilidade com idiomas levou-o a um cargo na divisão de inteligência do Ministério da Aeronáutica de Göring. Ali ele analisava notícias da imprensa estrangeira em francês, inglês, sueco, norueguês, dinamarquês, holandês e russo. Numa sociedade entupida de propaganda e faminta de informações, o acesso de Harro a notícias estrangeiras o colocava entre os integrantes de uma minúscula elite.

Como os Kuckhoffs e os Engelsings, Harro Schulze-Boysen era um antifascista convicto, e sua animosidade era ainda mais visceral. Havia nascido como um privilegiado descendente de uma importante família militar prussiana. Seu tio-avô, almirante Alfred von Tirpitz, havia incitado o *kaiser* a construir uma frota alemã que rivalizasse com a inglesa, ajudando a criar as condições que levaram à Primeira Guerra Mundial. A educação de Harro incluía uma longa permanência em Liverpool, onde morou com uma família inglesa, e passeios pelas Terras Altas da Escócia, onde aperfeiçoou o inglês e expandiu sua perspectiva internacional.

Harro herdou a ousadia de um militar sem a disciplina correspondente. Quando adolescente, esteve preso na França durante pouco tempo por participar de agitações contra a ocupação francesa do Ruhr. Então, iniciou uma fase quixotesca que o levou a entrar em vários grupos de jovens, desde nazistas esquerdistas até um congresso da "juventude revolucionária europeia". Matriculou-se na Universidade de Berlim, mas pouco depois abandonou o curso para se dedicar à política. (Fazia muito tempo que a família aceitara o fato de o rapaz ter pouca probabilidade de estudar e obter um diploma, vendo-o mais como um "líder inspirador para seus colegas mais velhos".)[16]

Em 1931, Harro participou de um encontro político decisivo no grande saguão da universidade. Alguém havia arrancado as fitas com suásticas de uma coroa de flores posta no memorial dos estudantes, e os nazistas no *campus* ficaram furiosos. Os estudantes estavam divididos em dois grupos políticos, um lado do saguão liderado por socialistas, comunistas e uns poucos centristas, e o outro comandado pelos nazistas e seus apoiadores de camisas pardas, que gritavam insultos contra "judeus" e a administração. O reitor, "um velho impotente", ficou torcendo as mãos e pedindo ordem inutilmente. Harro Schulze-Boysen, ainda matriculado como um estudante de ciência política, interveio corajosamente. "Harro apareceu com uma expressão pacífica, mãos nos bolsos, e caminhou de um lado para outro entre os grupos furiosos", recordou-se um amigo. Ele se aproximou "dos caras decentes que havia entre os equivocados fanáticos nazistas, tentando fazer com que fossem até os da esquerda para conversar".[17]

A polarização tornou impossível centrar-se nos estudos. Em 1932, aos 24 anos, Harro juntou-se à equipe de uma revista chamada *Gegner* (*Oponente*), com uma circulação de cerca de 3 mil exemplares. A revista correspondia a um movimento que, como o próprio Harro, estava marcado pela exuberância juvenil e pela política esquerdista casual, e cujos laços mais íntimos eram com um movimento sindical francês apoiado pelo visionário arquiteto Le Corbusier.[18]

Harro formulou sua posição num editorial de 5 de março de 1932. Seu sistema de crenças era, na realidade, uma anti-ideologia, uma condenação do surto de movimentos doutrinários que o cercavam. Era também a negação dos dogmas estritos e intolerantes do KPD:

> Os gritos de guerra surgem de todos os lados. Acrescentar mais um seria absurdo. Milhares de pessoas falam mil idiomas, gritando seus "ismos" na cara umas das outras, e estão dispostas a ir para as barricadas em nome de seus movimentos de oposição. Estamos diante da porta de uma nova era. Mas acreditamos que não exista um único dono da única chave possível. A arrogância não nos conduz a parte alguma, ela é contrária à vida real...
>
> As pessoas aqui perguntam a que partido servimos, que doutrina proclamamos. Não servimos a nenhum partido. Servimos a uma invisível confederação de milhares, que podem estar presentes em todos os campos e sabem que se aproxima o dia em que todos teremos que nos unir. Não temos nenhum programa. Não proclamamos nenhuma verdade gravada em pedra. A única coisa sagrada para nós é a vida — a única coisa que nos parece ter valor é movimento.

Harro dirigia a revista com energia e puro carisma. Em seus encontros políticos, feitos em cafés de Berlim, fervilhavam debates acalorados que iam em todas as direções. Mas, quando os nazistas tomaram o poder em março de 1933, levaram-no a sério. Harro foi detido durante as primeiras prisões de março e passou a noite na prisão. Retornou ao trabalho no dia seguinte em péssimas condições.

Um mês depois, não muito longe da universidade, tropas de choque invadiram as instalações da revista, onde os editores estavam discutindo planos para uma marcha de protesto antifascista.[19] Os nazistas prenderam a equipe, inclusive Schulze-Boysen e seu coeditor Henry Erlanger. Foram arrastados para um "campo improvisado" num porão úmido e, sem roupas, foram forçados a passar por um corredor polonês no qual eram açoitados com chicotes reforçados com bolas de chumbo, uma referência sádica a uma antiga tradição militar prussiana. Erlanger, que tinha a desvantagem adicional de ser meio-judeu, foi espancado até morrer. Schulze-Boysen atravessou a via-crúcis três vezes e, desafiadoramente, escolheu atravessá-la mais uma. Os nazistas ficaram impressionados. Um deles observou: "Homem, você realmente é um dos nossos." Como um cartão de visitas, deixaram uma suástica gravada em sua coxa.[20]

A mãe de Schulze-Boysen era uma aristocrata da sociedade berlinense casada com um alto oficial da marinha. Ela mobilizou todas as conexões possíveis para obter a soltura do filho, e persuadiu um amigo da família, Magnus von Levetzow (um almirante que se tornara chefe de polícia), a mandar um esquadrão atacar de surpresa o porão. Harro foi resgatado, mas logo depois Levetzow perdeu o cargo. Alguns atribuíram isso ao fato de haver ajudado Harro, mas, segundo outros, a razão havia sido sua recusa de perseguir judeus.[21]

Após três dias de tortura, Harro foi finalmente entregue à sua mãe, algemado e escoltado por dois homens da SS "como algum terrível criminoso". Frau Schulze-Boysen recebeu o filho, "pálido como um cadáver, com profundas marcas negras sob os olhos, cabelos cortados com uma tesoura de jardim, nenhum botão em seu terno".[22] Um dos rins de Harro estava gravemente danificado, e ele teve que ser hospitalizado. Tinha ordens de permanecer em silêncio a respeito de Erlanger, mas ele não podia perdoar as tropas de choque pela morte do amigo. Sua mãe retornou à polícia para denunciar o assassinato de Erlanger e Harro foi preso novamente e levado à chefatura de polícia. Sua mãe conseguiu libertá-lo mais uma vez.[23] Um amigo que o viu pouco depois da segunda prisão não conseguiu reconhecê-lo. Havia perdido parte de uma orelha e os ferimentos em seu rosto ainda estavam sangrando.

Àquela altura, até mesmo Harro podia perceber a futilidade do desafio aberto. Disse a um amigo: "Eu congelei minha vingança."[24]

No ano seguinte, o excêntrico filho de Frau Schulze-Boysen deu uma meia-volta. Matriculou-se numa academia de voo para treinamento de pilotos e começou a procurar um emprego. Nos termos do Tratado de Versalhes, a Alemanha ainda estava proibida de ter uma força aérea, mas os nazistas silenciosamente montavam um novo Ministério da Aeronáutica sob a direção de Hermann Göring. O pai de Harro tinha conexões com as principais figuras do ministério, e assim começou a extraordinária vida dupla de seu filho.

Em 1934, Harro foi designado para o serviço de inteligência da aeronáutica. Göring, sempre pronto a agradar à alta sociedade, estava disposto a pôr de lado as antigas transgressões de Harro. Nem todos pensavam como ele. Alguns membros de sua equipe, inclusive seu chefe de pessoal, nervosamente apontaram o jornalismo antinazista de Harro no passado. A resposta de Göring foi brusca: "Isso é notícia velha. Deixe para lá."[25]

Harro não tinha grande entusiasmo por sua nova carreira, com uma papelada tediosa, local de trabalho apertado e colegas intrometidos. Ele ainda aspirava a ser um jornalista, e acabou ganhando espaço como colaborador na revista do Ministério da Aeronáutica, chamada *Luftwehr*. Simultaneamente, escrevia para publicações clandestinas usando um pseudônimo. Uma delas, *Wille zum Reich*, era lida por uma ampla e heterogênea gama de antifascistas que iam desde quase comunistas até antigos nazistas.[26]

Harro começou a formar seu próprio círculo. O encontro inicial com Arvid Harnack não rendera nada, mas ele não tinha nenhuma dificuldade em atrair outros para sua animada multidão de artistas e atores que gostavam de misturar uma boa festa e desabafos contra o regime.

Em 1934, Harro se apaixonou por uma jovem aristocrata cheia de vida chamada Libertas Haas-Heye. A mãe de Libertas, filha de um príncipe prussiano, criara os filhos num castelo da família que ficava perto da propriedade de Hermann Göring. Em 1935, Libertas havia participado de uma caçada com Göring, que apreciara as atenções sedutoras da jovem. Ela usou a ocasião para pedir a promoção de Harro.

Libertas confidenciou a Ingeborg Engelsing seu passado ligeiramente escandaloso. O pai havia sido um professor de arte por quem sua mãe se apaixonara, para grande horror do avô aristocrata. O casal se divorciara quando Libertas tinha 9 anos, e "esta garotinha alegre, adorável, viveu como um pássaro migratório, primeiro com o pai, depois com a mãe", adorada por ambos.[27] O pai de Libertas ensinava no departamento de desenho de moda da Escola de Artes e Ofícios Industriais mantida pelo Estado e instalada no elegante edifício da Prinz-Albrecht-Strasse, número 8. Libertas frequentemente brincava em seus grandes salões quando era criança. Mas aqueles dias estavam já muito distantes. A academia fora confiscada pelos nazistas em 1933 e transformada no novo quartel-general da Gestapo, e o subsolo, no qual antes havia espaçosos ateliês para escultores, fora transformado num amontoado de minúsculas células de tortura e interrogatórios. John Sieg e seus colegas foram alguns de seus primeiros ocupantes.

Libertas não se preocupava excessivamente com a política. Sua infância havia sido uma deslumbrante sequência de escolas de especialização para jovens ricas na Suíça, hotéis luxuosos em Paris e passeios a cavalo na casa de campo da família. Sua escolha de carreira também foi igualmente divertida. Em maio de 1933 — no mesmo mês em que Goebbels queimava livros na Opern Platz —, ela aterrissou num emprego no escritório da Metro-Goldwyn-Mayer que ficava no quarteirão seguinte, no número 225 da Friedrichstrasse.

Deveria ter sido um ano de destaque para a MGM em Berlim. A companhia acabara de receber o prêmio de Melhor Filme com *Grande Hotel*. A história, contada do ponto de vista de um alquebrado veterano alemão da Primeira Guerra Mundial que vivia num hotel em Berlim, havia sido escrita por um jornalista popular na cidade. Era estrelado por Greta Garbo, que até poucos anos antes era uma atriz de cinema em Berlim, e o próprio "Grande Hotel" era uma versão ficcionalizada do Hotel Adlon, a poucos blocos ao norte do escritório da MGM.

Mas o "Grande Hotel" original também estava perto do lugar de queima dos livros, e isso era mais significativo. A autora da história, Vicki Baum, era uma feminista judia. Havia partido para Hollywood em 1932, e estava claro que não retornaria. O romance e a peça haviam triunfado na Alemanha de Weimar, mas a exibição do filme foi suspensa em Berlim pouco depois do lançamento em fevereiro de 1933. "Nazistas proíbem 'Hotel' devido à raça de Vicki Baum", noticiou a revista *Variety* de Hollywood.[28]

Libertas decidiu não se aprofundar nessas contradições, talvez porque se beneficiasse com elas. Tal como diversos de seus parentes importantes, ela havia entrado no Partido Nazista e no grupo de garotas (*Bund Deutscher Mädel*) após a tomada do poder, uma vez que isso se tornara socialmente conveniente.[29] Agora, a jovem de 19 anos tinha uma chance de ocupar uma ótima posição na indústria cinematográfica graças, em parte, ao expurgo feito pelo Reich na Câmara de Cinema, dispensando "todos os judeus empregados em todos os escritórios e ramos da indústria cinematográfica americana". Os judeus haviam constituído mais da metade dos representantes de Hollywood na Alemanha, de modo que havia muitas vagas a preencher.[30]

Para comemorar sua nova posição, Libertas se fez fotografar por trás de uma máquina de escrever, usando um vestido preto enfeitado com uma discreta gola branca e exibindo um amplo sorriso. Tremendamente atraente (embora não de uma beleza convencional), ela era uma namoradeira ousada. Tinha um olhar atrevido, boca farta, cabelos louros ondulados e usava uma franja alisada. Ela gostava de escandalizar os mais velhos, e frequentemente posava para fotografias com um cigarro ou um cachimbo entre os lábios. Ela e Harro partilhavam o sentido de aventura e o amor pelo cinema.

Os dois viveram juntos durante um ano até que sucumbiram à pressão dos pais e se casaram, em 1936.[31] Antes de tudo, é claro, era preciso preencher os odiosos certificados oficiais de "raça". Corriam rumores de que Libertas tinha uma bisavó judia na França, e Harro reclamou que não tinha como provar o contrário sem "desenterrá-la para examinar o que quer que os vermes não tivessem comido".[32] (Harro nunca perdeu sua hostilidade contra o antissemitismo nazista, e afirmava que a motivação dos nazistas era usar os judeus como bodes expiatórios para encobrir seus próprios fiascos econômicos.)

O casamento de Harro e Libertas aconteceu na capela do castelo do avô da noiva. Harro assumiu as tarefas de checar os hinos luteranos e controlar seu irmão ainda criança: "Eu sugeri 'Uma Fortaleza Poderosa', que Hartmut tem que decorar, porque precisamos cantar este hino no final", escreveu aos pais. O casal passou a lua de mel na Suécia, onde Ottora, irmã mais velha de Libertas, estava se preparando para seu próprio casamento com um conde sueco.

Um ano depois do casamento, Libertas Schulze-Boysen deixou o Partido Nazista. Hitler sempre dissera que o lugar de uma boa esposa era na cozinha, e Libertas usou isso como justificativa para se afastar. Na verdade, estava influenciada pelo forte antagonismo de seu marido aos nazistas. Harro tinha pouco interesse em que ela aprendesse a cozinhar e cuidar da casa, e Libertas não tinha nenhuma intenção de conter seu espírito aventureiro. Pouco depois do casamento, encorajada pelo marido, ela partiu num trem carregado de carvão para a miserável cidade portuária de Constanza, na Romênia, planejando escrever sobre a experiência. Harro não tinha nenhum problema em que suas roupas usadas fossem lavadas na casa de sua mãe.

Um dos poucos gestos dos recém-casados na direção da domesticidade eram os frequentes encontros de amigos que promoviam. A casa tinha uma sala de visitas grande e confortável e ficava numa ruazinha sossegada de um bairro chique de Berlim. Durante 1936 e 1937, reuniam nas quintas-feiras à noite, quinzenalmente, algumas dezenas de amigos. O casal servia bolos e chá a uma sala cheia de artistas famosos e de abalados sobreviventes de campos de concentração (às vezes, os dois grupos se superpunham). Com frequência, havia também amigos da alta sociedade e parentes aristocratas. Esses poderiam ser problemáticos, mais inclinados a abrigar simpatias pelos nazistas que os boêmios. A primeira exigência em qualquer encontro social era pesquisar o ambiente e então medir os comentários que se faria de acordo com o tipo de interlocutor.

Libertas era a estrela de muitas dessas noites, uma entusiasmada acordeonista que puxava as canções cantadas pelo grupo, alternando temas usualmente cantados em volta de fogueiras e peças do repertório banido de Brecht e Weill. Nessas recepções, a ajudante de Libertas era sua prima Gisella von Pöllnitz, uma aspirante a jornalista que trabalhava na agência da United Press e sublocava um quarto no apartamento do casal.[33]

Harro era um filho dedicado que frequentemente escrevia aos pais descrevendo sua esfuziante vida social: "A cada duas semanas, fazemos essas grandes reuniões animadas em casa. Todo mundo gosta tanto, que continuaremos com elas. É um ótimo jeito de ver todos os amigos de tempos em tempos e também cumprir as obrigações sociais. Em geral, temos entre 25 e 30 pessoas... Há espaço suficiente para isso. Nós só oferecemos o chá. Os outros trazem biscoitos, vinho etc. Usamos a primeira hora, aproximadamente, para a apresentação de uma boa palestra, e então música e dança até a meia-noite. Às 12 em ponto, colocamos todo mundo para fora."[34]

Os modos muito diretos de Harro poderiam incomodar alguns, mas outros o adoravam. Ingeborg Engelsing, a esposa do produtor cinematográfico, era uma amiga devotada, grata a ele pela maneira gentil como tratava seu filho pequeno, Thomas. Harro frequentemente aparecia para lhe fazer companhia enquanto ela alimentava a criança.[35] Muitas de suas conversas giravam em torno de política, mas empacavam quando surgia a pergunta: e o que se pode realmente fazer para derrotar o regime nazista?

"[Harro] não entrega seus segredos, mas deixa muito claro seu ódio absoluto pelos nazistas", registrou Ingeborg. "Para ele, Hitler é vulgar, rude e mal-educado."[36] Ela se intrigava com o idiossincrático tipo de política de Harro: "Ele não vê os partidos como a constelação usual de 'direita e esquerda', mas como um círculo no qual os nazistas colidiriam. Sua explicação me impressionou tanto, que eu a incorporei e a mantenho até hoje", escreveu ela anos depois. "Não havia nenhuma indicação de que ele fosse um comunista; parecia, mais exatamente, um aristocrata da Boêmia que não queria nada nem com a burguesia de mentalidade estreita nem com burocratas pedantes. Ele sonhava com uma revolução da elite."[37]

Ingeborg compreendeu que Harro a mantinha na ignorância de todas as suas atividades como forma de protegê-la. Como descendente de judeus, e tendo um filho pequeno, ela era duplamente vulnerável. Mas Harro não perdeu tempo e continuou recrutando outros espíritos rebeldes. O salão de dissidentes criativos mantido pelos Schulze-Boysens cresceu rapidamente, e parecia que cada amigo trazia outros conhecidos que pensavam da mesma forma que eles e estavam cansados de odiar os nazistas às escondidas. Do círculo de Harro na revista *Gegner* veio um escultor talentoso, Kurt Schumacher, cujos entalhes enfeitavam as portas da propriedade rural de Hermann Göring.[38] Durante algum tempo, frequentara aulas noturnas na academia de arte da Prinz-Albrecht-Strasse, onde o pai de Libertas havia ensinado e onde agora a Gestapo tinha seu quartel-general.

Schumacher, assim como Harro, correspondia a um tipo ideal de beleza masculina ariana, com fartos cabelos louros e traços fortes. Seus pais foram membros do KPD nos primeiros tempos do partido, mas ele próprio era uma mistura de sonhador e militante. Acreditava no valor de "uma comunidade pacífica de pessoas que, pelo trabalho de suas próprias mãos, poderiam criar uma existência digna da humanidade".[39] O estilo de Schumacher era influenciado por seu professor, Ludwig Gies, um escultor que retrabalhava temas cristãos usando formas góticas. Os nazistas classificaram o estilo como "decadente", e Schumacher fazia suas próprias esculturas privadamente, acobertando seu trabalho pessoal com as encomendas estatais que recebia. Sua esposa era outra aquisição apreciada pelo círculo. Elisabeth Hohenemser, uma mulher de rosto franco e cabelos louros anelados, havia conhecido Schumacher na escola de arte. Era uma talentosa artista gráfica e fotógrafa. Ela era descendente de judeus, mas os dois haviam se casado em 1934, antes que as leis raciais nazistas se tornassem um impedimento. No entanto, seu status racial tornara difícil para ela conseguir um emprego regular após 1939, sendo obrigada a fazer trabalhos eventuais para garantir a renda.

Os Schumachers levaram outros amigos para o círculo Schulze-Boysen, entre eles uma médica que Kurt conhecia desde os tempos de estudante, Elfriede Paul, uma mulher com cara de passarinho, óculos redondos e um sorriso tímido. Ela mantinha um movimentado consultório médico no bairro chique de Wilmersdorf.

O produtor cinematográfico Herbert Engelsing apresentou um segundo membro da área da saúde. Engelsing conhecera Helmut Himpel, um jovem dentista, por meio de conexões familiares na Renânia. Graças à ajuda de Ingeborg Engelsing, que o apresentou ao pessoal do cinema,

Himpel tornou-se o "dentista dos astros e estrelas" de Berlim, responsável pelos sorrisos dos principais artistas da Alemanha.

O ódio de Himpel pelos nazistas tinha a ver com as leis raciais. Estava profundamente apaixonado por uma bela estudante de medicina chamada Marie Terwiel, mas estavam impedidos de se casar porque ela era descendente de judeus. (Não tinham nenhuma conexão com Göring que lhes facilitasse as coisas.) A posição do jovem casal contra o regime era pessoal, baseada em princípios, e extremamente perigosa. Ajudado pela noiva, Himpel violava os regulamentos nazistas em todas as áreas, ilegalmente tratando pacientes judeus em sua casa e forjando cartões de racionamento e documentos de viagem para eles.

À medida que crescia a vigilância da Gestapo, pessoas como Elfriede Paul e Helmut Himpel eram duplamente bem recebidas nos círculos da resistência. Suas salas de espera eram excelentes lugares para encontros clandestinos, e médicos e dentistas antifascistas logo adquiriram montes de novos "pacientes" que imediatamente faziam silêncio e assumiam ar de sofrimento quando chegava um estranho.

O dramaturgo Günther Weisenborn também era uma nova aquisição do círculo. Harro Schulze-Boysen o conhecera num comício em 1932, logo após o triunfo de *Submarino S-4* e sua colaboração com Brecht em *A mãe*. Mas, no ano seguinte, o romance e as peças de Weisenborn foram consumidos na fogueira de Goebbels.

Weisenborn reagiu à tomada do poder pelos nazistas com uma profunda depressão; desgostoso, deixou o país. No início de 1937, viajou para Nova York, onde foi morar com um amigo no Central Park West. Conseguiu um emprego no *Staatszeitung und Herold*, o mais importante jornal em alemão de Nova York. Mas, no final do ano, decidiu retornar à Alemanha.

Mais tarde, ele escreveu que a Noite dos Cristais, de 9 para 10 de novembro de 1938, marcou um momento cético em sua vida. Descreveu a cena de uma sinagoga em chamas em Berlim, onde multidões de nazistas cheios de ódio se regozijavam sob os olhares de bombeiros indolentes que fumavam e riam em vez de combater o fogo. Weisenborn escreveu: "'A partir de hoje', eu disse, 'quaisquer meios contra essas pessoas estão justificados.'"[40]

Quando voltou à Alemanha, ele publicou livros e peças, muitos deles contribuindo para o número crescente de literatura "de entrelinhas" que criticava o regime indiretamente.[41] Trabalhou por pouco tempo como representante da Metro-Goldwyn-Mayer, onde Libertas havia trabalhado, e fez duas viagens à Inglaterra.[42] Como roteirista, também integrava o círculo social dos Engelsings.[43]

Libertas Schulze-Boysen, que também era uma aspirante a escritora, era fascinada pelo talento e sucesso de Weisenborn. E ele era ainda mais fascinado por ela. Mais tarde, ele escreveu uma entusiástica descrição dos dias que passaram no lago. "Quase sozinhos na praia, nadamos nus. Na época, o tempo ainda não estava quente. Nós todos nos divertimos, especialmente Libs e Marta[Wolter], nossas duas beldades. Elas sempre competiam para ver quem voltaria para casa com o melhor bronzeado depois de três ou quatro dias. Passavam longas horas fora, sozinhas, não muito interessadas em discussões, os seios expostos ao sol."[44]

Libertas e Weisenborn logo se tornaram amantes e colaboradores, com a permissão tácita de Harro. Em 1938, ele escreveu orgulhosamente a seus pais dizendo que Libertas havia ganhado algum dinheiro com um filme, "embora o roteiro ainda tenha que ser escrito". Libertas e Weisenborn começaram a trabalhar numa nova peça, baseada na vida de Robert Koch, o cientista alemão que desenvolveu uma vacina contra a tuberculose.[45] Deram ao drama o título de *Die guten feind* (*O bom inimigo*).

A carreira de Weisenborn lhe abriu as portas dos círculos culturais mais elevados do país, e ele os observava com olhos de dramaturgo. Em 1939, em Munique, participou do Dia da Arte Alemã, e lhe foi designada uma cadeira perto de Hitler. Weisenborn se recordou do ditador como "um feio e maligno paxá (...) vestido num paletó de andar em casa e exibindo aquela modesta brutalidade que nosso povo tanto amava nele".[46]

Antes que Weisenborn pudesse se juntar às atividades de resistência de Harro, teve que passar por um processo de filtragem. Os membros do grupo sempre começavam cautelosamente, plantando conversas com um novo candidato para discernir suas verdadeiras inclinações. Após umas poucas semanas de escrutínio, Weisenborn foi chamado para se reunir com Harro e dois coconspiradores. Mais tarde, ele descreveu o encontro e seus participantes. Walter Küchenmeister, amante de Elfriede Paul, era um antigo jornalista comunista, alquebrado por uma recente estada no campo de concentração de Sonnenburg. Weisenborn o viu como "um homem pequeno, de cabelos escuros, óculos, e feições de um trabalhador jovem e inteligente". O escultor Kurt Schumacher tinha "um rosto jovem e inteligente, cabelos louros curtos e certo fanatismo no olhar".[47] Harro observava atentamente, escreveu Weisenborn, "como se eu fosse seu filho fazendo um exame na escola".

Schumacher abriu o jogo claramente. "Se você é contra alguma coisa, não tem que realmente *fazer* algo para se opor a ela?" Weisenborn concordou, embora com certo fatalismo. Ele sabia que as perspectivas de sucesso do grupo eram escassas, e os riscos eram inimagináveis. No entanto, os quatro homens selaram um acordo enquanto tomavam chá e se apertaram as mãos. Quando saíram, já se tratavam familiarmente na segunda pessoa, "*du*", em vez de usar a expressão formal "*Sie*".

Günther Weisenborn apresentou ao grupo amigos seus do mundo do teatro, inclusive a atriz Marta Wolter, recentemente saída do campo de concentração. Marta estava esperando que seu noivo, Walter Husemann, fosse libertado de Buchenwald em setembro de 1938. Ele viria a ser mais um ponto de contato entre o círculo de Schulze-Boysen e os comunistas de John Sieg em Neukölln.

A avidez de sobreviventes dos campos para se juntar à resistência era tanto admirável quanto preocupante. Nem todas as vítimas eram santos. Ouviam-se histórias edificantes sobre prisioneiros capazes de autossacrifício e solidariedade, mas também havia relatos sobre os que militavam contra outros — stalinistas contra trotskistas, prisioneiros políticos contra judeus. Ex-prisioneiros de campos de concentração representavam problemas especiais para os grupos de resistência. Muitos eram liberados sob a condição de que buscassem seus antigos contatos e passassem informações sobre eles. Era apenas razoável que prisioneiros recentemente libertados fossem repelidos como prováveis delatores por seus antigos contatos.

Essas crises de confiança tornavam ainda mais fora do comum o círculo de Schulze-Boysen. No "Partido da Vida" de Harro, velhos amigos eram bem recebidos, especialmente se tivessem sofrido perseguições. Os membros eram julgados como indivíduos, não por afiliação política. Harro estava determinado a viver a vida do jeito que queria, socializando e debatendo com qualquer um de quem gostasse. Mas alguns de seus contatos políticos murmuravam que seu círculo havia crescido depressa demais, e o grande número de membros saíra perigosamente do controle.

13

A festa de aniversário

1938-1939

À medida que a guerra civil espanhola se aproximava do clímax, Harro e seus amigos ficavam cada vez mais irados com o apoio nazista aos fascistas espanhóis.

A Espanha era o laboratório de todo mundo. O Ministério da Aeronáutica de Harro fez experimentos com bombardeios aéreos de populações civis devastando a vila basca de Guernica em abril de 1937. Stalin usou a Espanha como campo de teste para seus expurgos raciais, dizimando as fileiras de republicanos espanhóis, os que os apoiavam no exterior e funcionários soviéticos em trabalho de campo. Harro tinha informações privilegiadas sobre as ações da Alemanha, mas, se tivesse tomado conhecimento de relatos de crimes de guerra na frente de batalha republicana na Espanha, é bem possível que os pusesse de lado como sendo propaganda nazista.

No final de 1937, Harro recebeu ordens de se reportar à Gestapo. O motivo era um contato com um velho amigo do tempo da revista *Gegner*, um fotógrafo chamado Werner Dissel. Dissel chegara a Harro espontaneamente, com uma importante informação secreta militar: dois regimentos de tanques Panzer haviam sido despachados para a cidade vizinha de Neuruppin e estavam a caminho da Espanha. Naquele outono, Dissel havia sido preso por "atividades organizadas e desmoralização comunista" contra o exército, e seus interrogadores o associaram a

Schulze-Boysen. Harro chegou ao quartel-general da Gestapo sem saber quanto Dissel já havia revelado.

Dissel conseguiu passar a Harro um maço de cigarros que continha uma mensagem oculta: *"Extra Fontana Terra Incógnita."* Harro decifrou o código como: *"O que se passa fora de Fontana* [ou seja, da cidade de Neuruppin, onde nascera o popular escritor alemão Theodor Fontane] *é território desconhecido"* [a Gestapo não sabe que lhe falei sobre os dois regimentos de Panzer sendo mandados para a Espanha]. Isso permitiu que Harro inventasse uma história qualquer e escapasse de ser preso.[1]

A vida social de Harro apresentava um perigo adicional. Um dos convidados aristocratas que frequentavam seu salão era um conde da dinastia Habsburgo chamado Karl von Meran, um agente duplo que também atuava como informante nazista. Meran disse aos nazistas que Harro era "um comunista habilmente disfarçado". Colegas de Harro no Ministério da Aeronáutica saíram em sua defesa, e não está claro até que ponto as investigações avançaram. Mas, ao final de 1937, Harro e Libertas suspenderam subitamente as festas que davam em sua casa.[2]

Ainda assim, Harro intensificou as atividades contra seus empregadores. Em fevereiro de 1938, ficou sabendo de planos para infiltrar agentes alemães na Espanha para uma operação de sabotagem em Barcelona. Preocupado em alertar os republicanos, escreveu um relatório que incluía detalhes secretos sobre os homens e as munições que a Luftwaffe estava transportando para a Espanha.[3] A prima de Libertas, Gisella von Pöllnitz, ficou com a atribuição de jogar o documento na caixa de correio do encarregado de negócios soviéticos em Berlim. Harro esperava que ele o enviasse à embaixada soviética em Paris e que dali fosse passado aos republicanos espanhóis. Mas um agente da Gestapo observou a jovem deixando o pacote, e ela foi presa no escritório da United Press, onde trabalhava. O apartamento dos Schulze-Boysens foi revistado, e o Ministério da Aeronáutica foi novamente informado de que tinha um problema de segurança em suas mãos.

Harro e seus colaboradores mais próximos entraram em pânico. Fizeram planos para fugir para Colônia e de lá para Amsterdã, onde o irmão de Libertas trabalhava no escritório da United Press.

Felizmente, Gisella conseguiu enrolar seus interrogadores, e a busca no apartamento não produziu nenhuma prova incriminadora. Além disso, o Ministério da Aeronáutica se ressentia das intromissões da Gestapo. Em termos frios, os oficiais da Luftwaffe informaram à polícia secreta que eles podiam cuidar de suas próprias questões internas. Harro tomou a situação como um alerta, mas sua próxima carta aos pais era tão animada e afetuosa como sempre, pois tinha o cuidado de não deixá-los preocupados.[4] Ainda assim, partilhou com eles suas apreensões mais amplas, descrevendo as tensões entre a hierarquia nazista e especulando sobre como o conflito que se aproximava poderia reverberar por toda a Europa e o Extremo Oriente.

Quando as tropas alemãs marcharam sobre a Áustria em março de 1938, os desdobramentos antecipados por Harro avançaram mais um passo. A disparidade entre a propaganda nazista e a informação de que ele dispunha criava uma tensão insuportável. Ele e Libertas juntaram-se a Kurt e Elisabeth Schumacher num encontro com a dra. Elfriede Paul para discutir o que fazer. Não podiam tolerar a ideia de que os nazistas pudessem enterrar todas as objeções públicas a seus crimes de guerra e agressões, e decidiram produzir um panfleto denunciando a guerra na Espanha. Harro e um parceiro de Elfriede, Walter Küchenmeister, que havia trabalhado em diversos jornais comunistas na década de 1920, começaram a redigir a primeira versão do texto. Os autores apresentaram descrições do "comportamento animalesco" dos fascistas na Espanha, feitas por Harro, na esperança de que isso fosse chocar a opinião pública alemã.[5]

Em pouco tempo, a sala de espera da dra. Elfriede foi transformada numa gráfica clandestina onde cerca de cinquenta exemplares do documento eram laboriosamente reproduzidos com uma máquina de escrever e papel carbono.[6] Como sempre, a distribuição dos panfletos era o maior problema, pois as autoridades mantinham controle estrito de qualquer um que comprasse selos e papel em grande quantidade ou mandasse uma correspondência numerosa. A dra. Elfriede dirigia por toda a cidade fingindo atender a chamados em casas de doentes e, em pontos remotos, postava panfletos disfarçados.

Poucos vislumbres das operações clandestinas cotidianas sobreviveram à guerra. Um deles foi deixado por um dos poucos participantes sobreviventes, que escreveu suas memórias sobre a experiência num pequeno grupo que integrava a rede. Hans Sussmann era um comunista que operava na clandestinidade desde 1933, e começara trabalhando em jornais clandestinos nos distritos da região sul de Berlim. Também levantava fundos para comunistas perseguidos e suas famílias e ajudava a mandar fugitivos para o exterior.

As memórias de Sussmann ilustram como eram indistintas as linhas que separavam grupos de interesse políticos e religiosos. A primeira parada da "ferrovia clandestina subterrânea" de seu grupo era um centro de amamentação mantido pelas Irmãs de Santa Maria, em Neukölln. Ali, um solidário dr. Höllen havia estabelecido uma operação para levar judeus perseguidos para fora do país. Os fugitivos eram conduzidos à casa dos pais de Höllen na cidade antiga de Trier e dali para o oeste; depois, recebiam ajuda para cruzar a fronteira com a Bélgica, a Suíça ou a França. Outro posto intermediário era um mosteiro na fronteira da Baviera com a Suíça. Sussmann relata como a rede do dr. Höllen também resgatou dois comunistas de seu círculo.

As atividades de resistência de Sussmann incluíam escrever artigos para jornais clandestinos em sua casa. Ele cuidava de pôr o rádio no maior volume possível para cobrir o som da máquina de escrever. Seus amigos traziam grandes caixas de Persil (o mais conhecido sabão em pó da Alemanha), esvaziavam-nas, enchiam-nas parcialmente com os jornais, completavam com o detergente e cuidadosamente selavam de novo os pacotes. Então, casualmente carregavam suas caixas de sabão em sacolas de compras e iam para encontros clandestinos.

À altura de 1936, o grupo original de Sussmann havia se desfeito. Um membro foi preso, outro passou para a clandestinidade e um terceiro sucumbiu ao alcoolismo. Foi então que um amigo o direcionou para o heterodoxo círculo dos Schulze-Boysens para que ele pudesse permanecer ativo.

Para Sussmann, o impacto psicológico de trabalhar na resistência era como uma doença crônica. "Se você está combatendo um oponente ao qual odeia do fundo do coração, não leva as coisas na brincadeira", escreveu ele. "É como se ficasse possesso, e a compulsão de fazer o que tem de ser feito é uma obrigação imperativa. Vive-se permanentemente com medo — medo da morte."

Sussmann conheceu Elfriede Paul, Walter Küchenmeister e os Schumachers, embora não sob seus verdadeiros nomes. Pediram que retomasse sua produção de panfletos ilegais, que incluíam mensagens do Comitê Central do KPD, notícias do exterior e dados atualizados sobre os destinos de comunistas, socialistas e outros líderes antifascistas. Sussmann e sua esposa, Else, distribuíam alguns dos panfletos durante caminhadas noturnas, deixando-os em cabines telefônicas, banheiros públicos, estações de metrô e cinemas. Outros seguiriam, em caixas de Persil, para destinos ignorados.

Às vezes, desconhecidos não identificados apareciam nos encontros de Sussmann com a dra. Elfriede e Küchenmeister, apresentados apenas por um primeiro nome. Sussmann acreditava que eles estavam conectados a um grupo maior, mas não recebia nenhuma informação adicional. O fornecimento de papel era uma dor de cabeça constante. "O regime tornou impossível comprar esses materiais em papelarias, porque era preciso apresentar a carteira de identidade cada vez que se fazia uma compra grande." Kurt Schumacher chegou para resgatá-los: sendo um artista, podia comprar estêncil e papel no atacado sem atrair atenções.[7]

Harro Schulze-Boysen pode ter sido um dos não identificados nesses encontros, e quase certamente estava envolvido com os panfletos. Mas, como ficara demonstrado com a dissolução do primeiro grupo de Sussmann, era mais seguro compartimentalizar contatos e atividades.

Os Schulze-Boysens retomaram a vida social numa escala muito mais reduzida. Quando a temperatura permitia, migravam para o ar livre, fosse para a fileira de lagos que existiam a oeste da cidade ou para as praias arenosas da península de Darss no litoral báltico. Ali eles partilhavam com os amigos mais chegados as comidas feitas em conjunto e os passeios de barco a vela: os Engelsings, Marta Wolter Husemann e Günther Weisenborn, da indústria cinematográfica; os Schumachers, Elfriede Paul e seu companheiro Walter Küchenmeister, amigos de Harro desde os tempos de estudante. No feriado de Pentecostes, logo depois da Páscoa, o grupo, acompanhado pelo sempre presente acordeom de Libertas, saudou a furtiva primavera alemã com um passeio a Pfingsten. As fotografias os mostram agrupados, vestindo shorts e roupas de banho, corpos pálidos expostos ao sol, rostos exibindo sorrisos corajosos e tensão no olhar. Foi um breve momento de trégua num país que se precipitava em direção à guerra.

As relações pessoais estavam começando a ser afetadas. Harro e Libertas, um casal totalmente moderno, haviam escolhido ter um "casamento aberto". Não está claro qual dos dois deu o primeiro passo, mas Libertas, carente de atenção e admiração, embarcou numa série de casos amorosos (que incluíram seu envolvimento com Günther Weisenborn). Harro tolerava a situação sem acusações e buscava seus próprios interesses românticos.[8]

Com a ampliação do conflito alemão, Harro intensificou seu jornalismo antinazista. Em outubro de 1938, escreveu um novo panfleto com Walter Küchenmeister denunciando a ocupação alemã dos Sudetos checos. Os Schumachers ajudaram a reproduzir e distribuir cerca de cinquenta exemplares.[9] Os contatos internacionais tornaram-se mais cruciais que nunca. A prática médica de Elfriede lhe propiciava os meios e a desculpa para viajar para fora do país. Durante 1938 e 1939, ela fez uma série de viagens a Paris e Londres para ajudar na emigração de amigos judeus.

Na primavera de 1939, Elfriede e os Schumachers acompanharam Walter Küchenmeister numa viagem à Suíça. Ele sofria de uma séria tuberculose, agravada pelo tempo que passara num campo de concentração, e a médica recomendou o ar alpino como tratamento.[10] Mas a agenda também incluía um encontro com um membro do Partido Comunista Alemão no exílio, Wolfgang Langhoff. Elfriede e seus companheiros queriam oferecer à luta internacional contra o fascismo os serviços de sua rede em Berlim.

Langhoff, um velho amigo de Günther Weisenborn dos tempos do teatro, era uma celebridade internacional. Ator e produtor de teatro *agit-prop* antes do golpe nazista, havia passado por uma sucessão de câmaras de tortura da Gestapo e campos de concentração. Trabalhara como escravo durante um ano carregando turfa em Börgermoor, um dos primeiros campos de concentração para prisioneiros políticos. Contou e cantou sua experiência nos versos de uma pungente canção chamada *Die Moorsoldaten* (*Nós somos os soldados da turfa*), que rapidamente virou um hino de sofrimento e desafio nos campos e não tardou a viajar por todo o mundo.[11] Em 1935, Langhoff publicou um livro sobre suas experiências, com o subtítulo *Treze meses num campo de concentração*. Foi uma das primeiras importantes denúncias dos abusos nazistas e tornou-se um sucesso internacional.

Langhoff deu as boas-vindas aos visitantes de Berlim em sua nova base em Zurique, mas não tinha como ser encorajador. Era apenas um intermediário trabalhando para a liderança do KPD, que agora se espalhava por toda a Europa com bases em Paris, Estocolmo e Moscou.

Além disso, os companheiros de exílio de Langhoff estavam absurdamente desarticulados. Em janeiro de 1939, o Partido Comunista Alemão marcou seu vigésimo aniversário com uma conferência fora de Paris, da qual participaram líderes franceses e elementos das operações transfronteiras. Mas os membros do movimento clandestino na Alemanha não participaram. A partir de sua distância aparentemente segura, os líderes exilados delinearam ideias arrojadas para reativar as organizações de massa na Alemanha, como se essas não tivessem sido totalmente infiltradas e esmagadas pela Gestapo vários anos antes. Exortaram suas contrapartes sitiadas na Alemanha a construir bases regionais e lideranças de fábrica, embora muitos membros de suas células estivessem naquele momento em campos de concentração ou trabalhando como informantes da Gestapo. Um dos participantes da conferência iradamente respondeu que "os oradores exibiam uma total ignorância das condições na Alemanha".[12]

Langhoff escutou cuidadosamente Küchenmeister e a dra. Elfriede, e zelosamente transmitiu a seus superiores a oferta de assistência. Mas o Secretariado do KPD em Paris, já debilitado pelos expurgos de Stalin, descartou a ideia, observando que o heterodoxo bando de berlinenses era "ideologicamente dúbio".[13] Entre seus indisciplinados artistas e intelectuais, eram poucos os que haviam tomado a iniciativa de se afiliar. Pior ainda, um membro do grupo, Walter Küchenmeister, fora expulso do KPD em

1926 por haver roubado dos cofres do partido. Mas o Secretariado de Paris pelo menos respondeu a Langhoff. Os membros do KPD em Moscou e Estocolmo nem isso fizeram.[14]

O grupo Schulze-Boysen estava adquirindo novos membros continuamente, mas pouco podia fazer no isolamento. A obstinada dra. Elfriede voltou à Suíça em junho para nova tentativa, dessa vez levando a tiracolo Gisella von Pöllnitz, sua paciente tuberculosa. A viagem foi um fracasso nos dois aspectos: a médica não conseguiu encontrar nenhum contato, e a jovem Gisella morreu pouco depois.[15]

Entre o quase desastre da carta deixada na embaixada soviética em Berlim e o desapontamento causado pela expedição da dra. Elfriede à Suíça, o grupo de Harro havia encontrado empecilhos a cada momento. Isso era profundamente frustrante. Durante o ano de 1939, o trabalho de Harro lhe dava um conhecimento cada vez mais íntimo dos planos militares nazistas, e seu zelo o impelia a ações cada vez mais ousadas.

No início de 1939, os nazistas começaram a se preparar para invadir a Polônia. O serviço secreto da aeronáutica estava diretamente envolvido no processo.[16] Naquela primavera, Harro escreveu um documento analítico comparando as capacidades da força aérea alemã com as da Inglaterra e da França. O relatório expressava a já antiga convicção de Harro (talvez produto de um desejo ardente e fantasioso) de que, em breve, as duas democracias poderiam suplantar a produção de aviões da Alemanha. Hermann Göring, chefe da Luftwaffe, entrou em pânico com o resultado e ordenou que a análise derrotista de Harro fosse destruída.

Em 20 de abril de 1939 (aniversário do Führer), Harro foi promovido a tenente e, no mês seguinte, designado para o novo serviço de imprensa da divisão de inteligência da aeronáutica.[17] Seus superiores, impressionados com suas habilidades linguísticas, o encarregaram de examinar as matérias da imprensa estrangeira, o que deu a ele uma rara compreensão dos eventos internacionais numa época em que os alemães viam o mundo através de um filtro de propaganda e censura.[18] Harro estava ansioso para partilhar os benefícios desse privilégio e oferecia resumos das notícias estrangeiras à dra. Elfriede e aos Schumachers, que secretamente as redatilografavam e copiavam para os amigos famintos de informações.

Em agosto, Harro iniciou um empreendimento ainda mais arriscado. Kurt Schumacher estava usando seu estúdio de escultor para ocultar Rudolf Bergtel, um prisioneiro político que acabara de escapar de um campo de concentração, e Harro se ofereceu para ajudá-lo a fugir do país. Pediu que Bergtel memorizasse uma grande quantidade de informações militares, inclusive números sobre a produção de aviões e tanques alemães, bem como planos para uma nova base submarina nas Ilhas Canárias. Bergtel foi instruído a recitar as informações aos representantes do KPD na Suíça logo que chegasse. Harro o vestiu com um uniforme da Luftwaffe e o levou à estação de trem central, andando com ele ao longo de cartazes que exibiam o rosto do fugitivo. Harro o pôs então num trem para a Áustria e Schumacher ficou numa poltrona próxima. Desembarcaram na fronteira austro-suíça e Schumacher, um experiente alpinista, guiou Bergtel na travessia dos Alpes até a Suíça.[19]

Mais uma vez, todo o esforço foi inútil. Os representantes do KPD não confiaram na fonte de informação porque Schulze-Boysen e seu círculo eram gente de fora, e não membros regulares do partido. As informações de Bergtel, que três homens arriscaram suas vidas para transmitir, nunca chegaram a ser repassadas a Moscou.[20]

No final de agosto, o público alemão acordou com a espantosa notícia de que os nazistas haviam chegado a um acordo com os soviéticos, conhecido como Pacto Teuto-Soviético de Não Agressão. Os dois países comprometiam-se a não se atacar mutuamente e, de acordo com o protocolo secreto, repartiriam entre eles a Finlândia, as repúblicas bálticas e a Polônia como despojos de guerra. Ampliando a colaboração militar secreta firmada após a Primeira Guerra Mundial, os soviéticos supririam os alemães com matérias-primas em troca de tecnologia militar avançada.

Stalin estava exultante, convencido de que a aliança com Hitler garantiria sua sobrevivência. Os alemães o ajudariam a reconstruir as instituições militares soviéticas que ele acabara de destruir e, juntas, as duas ditaduras poderiam enfrentar as democracias ocidentais.

O discurso político nos dois países foi virado de cabeça para baixo. Prisioneiros em campos de reeducação soviéticos receberam ordens para evitar a palavra "fascista", substituindo-a pelo termo mais amigável "nacional-socialistas alemães". Líderes europeus do Partido Comunista foram informados de que seu adversário já não era o fascismo alemão, mas o imperialismo, o que tornava a Inglaterra o novo arqui-inimigo.[21] Stalin começou a despachar trens e mais trens de matérias-primas para aumentar o arsenal alemão.

Um dos primeiros gestos de amizade de Stalin foi entregar os alemães e austríacos suspeitos de dissidência que estivera mantendo nos campos e prisões soviéticos. Entre eles estavam 570 comunistas alemães, outros antifascistas e refugiados judeus.[22] Foram tocados como gado através da ponte que ligava Brest-Litovsk à Polônia sob ocupação alemã. Os agentes soviéticos e da Gestapo checaram suas respectivas listas e separaram os candidatos a interrogatórios, campos de concentração e execução.[23]

Um dos prisioneiros na ponte era a viúva do funcionário do KPD Heinz Neumann, que havia sido executado pelos soviéticos em 1937. Greta Buber-Neumann, nora de Martin Buber, havia sido mandada a um campo de trabalho escravo no Cazaquistão. Agora os soviéticos a entregavam à Gestapo. Os alemães a despacharam para o campo de concentração de Ravensbrück, onde ficou até o término da guerra.[24]

Os eventos de 1939 continuaram a se desdobrar rapidamente. Durante meses, a tensão havia crescido na fronteira teuto-polonesa. A Polônia, reconstituída pelo Tratado de Versalhes, tinha poucos admiradores no exterior. O país não havia conseguido alcançar a estabilidade política devido a uma longa história de lutas internas pelo poder, à pobreza extrema e a uma fronteira acerbamente contestada. Em 1938, a revista *Life* publicou uma grande matéria com o título "Polônia: miséria, orgulho e medo dão o tom". O autor descrevia o país como "quase não tendo nenhum amigo na Europa" e criticava a atitude polonesa de se apropriar de terras na Lituânia e na Tchecoslováquia como ações de "um chacal a serviço do leão alemão".

"A política polonesa é um grande caos", prosseguia o artigo. "Existem amplas desculpas à mão para a intervenção [da Alemanha e da Rússia]." O texto destacava as divisões étnicas do país, informando que os 6 milhões de russos que viviam na Polônia estavam inquietos. Um milhão de alemães étnicos estavam "esparramados por toda a Polônia, e muitos deles são anti-nazistas". Os 3 milhões de judeus poloneses, que haviam sofrido repressão sob vários regimes em diferentes países, "continuam a usar a roupa e os cortes de cabelos que lhes foram impostos pelos tsares (...) e são as mais miseráveis, submissas e desesperançadas pessoas em toda a Polônia".[25]

Diplomatas ingleses e franceses empenhavam-se em manter a distância os vorazes vizinhos da Polônia, mas as forças de Hitler estavam prontas para se movimentar e ninguém tinha preparo para impedi-las. Os nazistas deslancharam uma série de incidentes pseudoterroristas e puseram a culpa nos poloneses. Essas ações culminaram no último dia de agosto, quando unidades da SS alemã, disfarçadas com bigodes e costeletas à moda polonesa, encenaram ataques contra três alvos americanos, inclusive uma estação de rádio na cidade fronteiriça de Gleiwitz. As audiências de rádio na Alemanha ouviram, em suspense, uma transmissão ao vivo da "tomada" da rádio por uma "milícia polonesa", arrematada com tiros e um enlouque-cido discurso em polonês. Quando os alemães conseguiram "recuperar" a estação, encontraram um cadáver polonês tombado sobre o transmissor. Tratava-se de um infeliz prisioneiro que havia sido arrastado do campo de concentração em Sachsenhausen, vestido num uniforme polonês, dro-gado, fuzilado e jogado na cena. Hitler declarou que o "ataque" (que não passara de uma malévola pantomima) havia fornecido a justificativa para invadir a Polônia, e um milhão e meio de soldados alemães se postaram de prontidão na fronteira.

Como previra Harro Schulze-Boysen, a escalada era a única saída para a Alemanha: as coisas tinham que piorar antes que pudessem melhorar. Ele podia ver, inclusive, um lado positivo no pacto Hitler-Stalin. Na última semana de agosto, Kurt Schumacher havia convidado Harro para uma palestra numa sala cheia de jovens trabalhadores comunistas. Vestindo roupas civis e identificando-se apenas com "Hans", Harro disse a eles que não se desesperassem com o pacto. No final, ajudaria a Alemanha, disse ele, porque a ameaça combinada de alemães e soviéticos era a única coisa que despertaria as indolentes democracias ocidentais e as levaria a agir contra Hitler. Além disso, argumentou Harro, a Alemanha e a União Soviética não haviam, de forma alguma, atenuado seus antagonismos ideológicos fundamentais. Uma batalha de vida ou morte viria em boa hora, e os soviéticos se beneficiariam com um tempo adicional para se preparar. O "Pacto de Não Agressão", ironizou ele, era realmente um "Pacto de Agressão-ainda-não".[26]

Uma semana mais tarde, Harro viajou até um lago no subúrbio berlinense de Wannsee, onde o esperava seu barco a vela. No cais, encontrou-se com Günther Weisenborn — amigo, coconspirador e amante de sua esposa. Os dois navegaram com um forte vento de proa, sob o céu noturno. Harro estava pensativo. "Amanhã à noite nos lançamos contra a Polônia", disse a Weisenborn. "Até então, Hitler tinha espaço para manobra, mas agora ele começará a se manietar. Agora, a verdadeira história mundial será feita, mas não apenas por ele. Nós todos iremos desempenhar nossa pequena parte, todos à nossa volta e nós também. Será a maior guerra da história mundial, mas Hitler não sobreviverá a ela."

Na aurora do dia 1º de setembro, os alemães invadiram a Polônia. Em pouco tempo, a força aérea estava obliterando estradas, pontes e cidades polonesas com o primeiro bombardeio aéreo de larga escala visto pelo mundo. As forças armadas polonesas não eram páreo para as alemãs. Ao final do dia, os governos inglês e francês informaram Berlim de que, a menos que as tropas alemãs fossem retiradas da Polônia imediatamente, eles declarariam guerra. Os alemães se recusaram, e, no dia 3 de setembro, o último ato de agressão de Hitler foi transformado num conflito regional.

Se Hitler esperava ser saudado pela capital alemã como um herói conquistador, ficou desapontado. Os obstinados berlinenses lembravam-se muito bem das misérias da Primeira Guerra Mundial. Alguns chegaram a mencionar que, em *Mein Kampf*, o próprio Hitler escrevera que entrar em guerra com os ingleses havia sido o erro fatal do *kaiser*. O diplomata americano George Kennan recordou a resposta da cidade:

Os berlinenses propriamente ditos — ou seja, as pessoas simples — eram, dentre todos os principais elementos urbanos ou regionais que compunham a população alemã, os menos nazificados em sua aparência. Nunca puderam ser induzidos a fazer a saudação nazista. Continuaram, até o fim, a se cumprimentar com o usual "Bom dia", em vez do obrigatório "*Heil Hitler*". Tampouco mostraram algum entusiasmo especial pela guerra.

Posso testemunhar (porque estive entre multidões deles na Pariserplatz do lado de fora de nossa embaixada, naquele dia em particular) que assistiram com silêncio reservado, taciturnos, ao desfile da vitória contra os poloneses. Nem mesmo os mais frenéticos esforços dos agitadores nazistas profissionais puderam provocar demonstrações de euforia ou aprovação.[27]

Harro passou o dia seguinte à invasão com um grupo de amigos na casa dos Engelsings, celebrando seu aniversário e o de Herbert. Harro estava completando 30 anos. O vinho correu livremente, e os donos da casa usaram sua última quota de gasolina para buscar o acordeom de Libertas. Ela tocou as velhas canções do lago enquanto o grupo cantava em conjunto, mas então, inflamada pelos eventos do dia, tocou "A Marselhesa" e "It's a long way to Tipperary", uma canção adotada pelos soldados ingleses na Primeira Guerra Mundial.

Então, talvez embriagado, Harro liderou um coral do hino nacional polonês, um hino do século XIX que em algum momento havia sido cantado por toda a Europa:

A Polônia ainda não está perdida enquanto estivermos vivos,
O que a agressão estrangeira roubou, nós recuperaremos com a espada na mão...
Nem alemães nem russos podem triunfar sobre nós, desde que empunhemos nossas armas.
A unidade será nossa palavra de ordem, e nossa terra natal será nossa.

A canção era uma escolha ousada para o dia 2 de setembro de 1939. Ingeborg Engelsing andou nervosamente em torno da casa para ter certeza de que ninguém estava ouvindo. A festa estendeu-se até o amanhecer, enquanto o estado de espírito de Harro ficava mais sombrio, esmagado por tudo o que sabia. Hitler, disse ele, tentaria conquistar a Inglaterra, mas o resultado era questionável. Os europeus ocidentais não podiam derrotar a Alemanha sozinhos, e a posição da União Soviética ainda era duvidosa. Somente a entrada dos Estados Unidos poderia garantir uma vitória total. Mas ele acreditava que levaria um longo tempo até que o Ocidente se unisse em um contra-ataque decisivo.

No meio-tempo, refletia ele, as perspectivas de todos que se encontravam ali reunidos não eram boas. A ditadura de Hitler se tornará cada vez mais enlouquecida e mais temerária, disse ele. Ninguém escaparia ao inferno.[28] Mais tarde, um de seus amigos descreveu o estado de espírito de Harro naquela noite:

> Esse esguio oficial da aeronáutica, com traços fortes perfeitamente talhados e olhos azuis cheios de vida e energia, era um tipo pouco usual em Grunewald, o bairro chique de Berlim. Estavam presentes escritores, atores, pintores, produtores de cinema, médicos, advogados e belas mulheres. Será que o Reich de Mil Anos duraria somente até o final de 1939 ou iria até 1940? — essa era a pergunta que todos se faziam. Somente o oficial da Luftwaffe, cujo queixo tremia de ódio quando falava dos nazistas, discordava. Ele não queria destruir o otimismo dos demais, mas, claramente, Hitler estava levando a todos na direção de uma catástrofe inevitável. As coisas não eram tão simples. Assim era Schulze-Boysen.[29]

Harro ficou em silêncio. Como que exaurido por sua sensação de fatalidade, começou a dançar — com desembaraço, elegância, encantando todas as mulheres. E, tão abruptamente quanto começara, cansou-se de seu espetáculo e parou.

14

A Frente Interna

1939-1940

Harro Schulze-Boysen trabalhava em um escritório simples, moderno, no Ministério da Aeronáutica de Göring, um grande bloco de pedra cinzenta do outro lado da rua onde também ficava a chancelaria de Hitler. Se o ministério de Göring tivesse sido construído um pouco abaixo no mesmo quarteirão, Harro poderia ter visto de sua janela o quartel-general da Gestapo na Prinz-Albrecht-Strasse, onde seu sogro uma vez dera aulas de arte e onde dissidentes políticos eram agora brutalmente interrogados.

A poucos quarteirões na direção oeste, perto da residência do embaixador americano, ficava um conjunto ainda maior, coberto com placas de granito, avultando sobre um pátio central. Era o Complexo Bendler, que em algum momento incluíra a ampla residência do tio-avô de Harro, almirante Alfred von Tirpitz. Agora servia como centro de comando do Estado-Maior conjunto e do serviço secreto militar alemão.

O almirante Wilhelm Canaris, que chefiava a inteligência militar, pertencia à mesma casta militar de Harro Schulze-Boysen, mas com inclinações diferentes. Canaris havia servido sob o comando do tio-avô de Harro quando era um jovem oficial de submarino. O pai de Harro, um oficial naval condecorado, era amigo de Canaris, e Hartmut, o irmão mais jovem, logo se tornaria também um oficial de submarino.

Mas os dois homens abordavam a política a partir de pontos opostos e extremados: Harro era um rebelde esquerdista romântico, de 30 anos, disfarçado de tenente da aeronáutica, enquanto o grisalho Canaris era um monarquista católico conservador. Ambos se tornaram figuras notáveis na resistência. Mas Harro se opusera aos nazistas desde o começo e entrara no serviço militar somente para atacá-los a partir de dentro, enquanto Canaris, de início, favorecera o regime, levando vários anos para reconhecer a ameaça que representava.

Os nazistas haviam promovido Canaris logo depois do golpe, percebendo nele um aliado receptivo e facilmente manipulável. Suas ambições se combinavam muito bem na Espanha, onde Canaris havia passado vários anos e mantinha ligações íntimas. Como católico, ele se identificava fortemente com a causa dos falangistas espanhóis e tinha uma foto de seu bom amigo Francisco Franco atrás de sua escrivaninha. Quando Franco juntou-se à revolta contra os republicanos espanhóis em 1936, Canaris foi uma das primeiras pessoas a quem chamou. O amigo foi bem-sucedido quando apresentou o caso do general a Hitler e Mussolini, conseguindo para ele armas, ataques aéreos e apoio do serviço secreto.[1] Durante a guerra civil espanhola, Canaris e Schulze-Boysen trabalhavam com objetivos opostos. Canaris infiltrava agentes alemães na Espanha, enquanto Harro tomava providências para desmascarar suas identidades para os republicanos, com a intermediação dos soviéticos.

Mas, à medida que a guerra civil se alongava e os abusos nazistas ganhavam força, Canaris começou a compreender o profundo ódio de Harro por Hitler e seu bando. O almirante assistia, desolado, aos nazistas subverterem a igreja, as forças armadas e o sistema jurídico, instituições pelas quais tinha grande apreço. Ele tinha certeza de que o aventureirismo nazista destruiria a nação e as forças armadas alemãs. Ao final da década de 1930, o almirante estava fazendo tudo o que podia para retardar o início da guerra. No dia em que foram dadas as ordens finais para invadir a Polônia, ele puxou de lado um colega, num corredor mal iluminado do centro de comando, e lhe disse: "Isso significa o fim da Alemanha."[2]

Canaris também ficara nauseado com as atrocidades que acompanharam a invasão da Polônia, e apoiou as tentativas de outros oficiais de levar à corte marcial os soldados que haviam cometido crimes de guerra. Mas os nazistas não deram nenhuma atenção a seus protestos. Em vez disso, informaram a Canaris e a seus colegas sobre o plano secreto de realizar execuções em massa na Polônia. Os assassinatos receberam o esterilizado codinome nazista de "Ação Extraordinária de Pacificação", e os judeus deveriam receber um tratamento "especial". De acordo com um relato feito após a guerra, Canaris recebeu o relatório de uma testemunha ocular de um massacre e foi a Hitler protestar. "O senhor está ficando benevolente demais!", respondeu Hitler. "Tenho que fazer isso porque, depois de mim, ninguém mais o fará."[3]

Um pequeno grupo de oficiais dissidentes começou a se juntar em torno de Canaris, mas outros se desgarraram. A tomada de terras empreendida por Hitler havia ganhado popularidade entre o pessoal das forças armadas, que ainda se ressentia das perdas territoriais impostas pelo Tratado de Versalhes. Além disso, depois de 1934 o tradicional juramento à nação germânica foi substituído por um juramento de lealdade ao próprio Führer, exigido de todos os membros das forças armadas:

> Perante Deus, faço este juramento sagrado de que prestarei obediência incondicional a Adolf Hitler, o Führer do Reich e do povo alemão, comandante supremo das forças armadas, e que, em todos os momentos, estarei pronto, como um bravo soldado, a dar minha vida para manter este juramento.

Os soldados alemães, encharcados de disciplina religiosa e culto da honra militar, levavam extremamente a sério esse juramento.

Ainda assim, alguns oficiais, como o conspirador do exército Henning von Tresckow, sustentavam uma definição diferente de patriotismo. No verão de 1939, ele disse a um companheiro conspirador que "tanto a obrigação quanto a honra demandam que façamos o melhor possível para promover a queda de Hitler e do nacional-socialismo a fim de salvar a Alemanha e a Europa da barbárie".[4]

As ideias de Tresckow eram ardentemente partilhadas pelo homem de confiança do almirante Canaris, o tenente-coronel do exército Hans Oster. Oster estava indignado com as ofensas nazistas contra a tradição militar alemã e atormentado pelos crimes contra os judeus na Alemanha. Ele lamentava que os judeus estivessem sendo "conduzidos à destruição", e empreendeu ações dramáticas para ajudá-los, correndo grande risco pessoal.[5]

Uma maciça conspiração militar começou a se formar em torno de um núcleo constituído pelo pessoal da inteligência do exército. Hans Oster cuidava da logística cotidiana, buscando líderes políticos que pudessem ajudar a formar um governo de transição logo que Hitler fosse deposto. Canaris fornecia uma cobertura essencial. A conspiração Oster corria paralela aos esforços de Harro Schulze-Boysen e Arvid Harnack, mas havia muitos pontos de contato entre os três grupos.

Um dos mais confiáveis aliados de Oster era um primo de Arvid Harnack, Hans von Dohnanyi, um alto funcionário do Ministério da Justiça e arquiteto da fracassada tentativa de golpe de 1938. Outro primo, Ernst von Harnack, reuniu seu próprio círculo de conspiradores, que também se sobrepunha parcialmente aos demais. Assim como a maior parte dos social-democratas, Harnack havia perdido seu cargo no governo em 1933. Durante o inverno de 1938-1939, ele reuniu em sua casa Klaus, irmão de Dietrich Bonhoeffer, e outros importantes social-democratas para tramar a derrubada do regime. Conceberam um plano para uma "Frente Unida" de grupos civis e militares que reuniria antifascistas alemães sem levar em conta as afiliações partidárias.[6]

Embora muitos dos conservadores no grupo de Oster fossem anticomunistas convictos, havia uma compreensão tácita de que diferentes grupos tentariam cultivar diferentes fontes de apoio estrangeiro. Aquele era um processo descontínuo, com muitos intermediários. Um deles era o historiador Egmont Zechlin, um amigo de Arvid Harnack desde os tempos de estudante, que o pôs em contato com inúmeros participantes do complô militar.

O clã dos Harnacks também era responsável por conexões informais entre as duas redes da resistência. O primo de Arvid, o social-democrata Ernst von Harnack, estava se pondo em grande risco ao ajudar judeus a escapar para a Inglaterra e, simultaneamente, participar da conspiração de Oster. Ele permaneceu em contato com Arvid, promovendo a teoria de que, a fim de ter sucesso, a "oposição tem que tecer sua rede por toda a máquina do regime (...) e, ao mesmo tempo, tentar fazer contatos no exterior".[7]

Arvid e Mildred nunca vacilaram em suas convicções políticas, mas, pessoalmente, questionavam até que ponto estavam dispostos a ir. Em 1939, com a grande guerra se aproximando, Arvid tornou-se cada vez mais ansioso a respeito de Mildred, que era dada a depressões nervosas. Embora desejasse um filho, ela tinha pouca esperança a respeito do futuro imediato na Alemanha e questionava se deveria voltar para a América.

Em outubro de 1939, Mildred se candidatou a uma bolsa em duas fundações americanas, a Rockefeller e a Guggenheim, a fim de trabalhar num livro sobre literatura americana. Os dois pedidos foram rejeitados; o comitê da Guggenheim considerou-a uma "principiante".[8] Arvid havia experimentado frustração semelhante dois anos antes, quando se candidatara a uma bolsa da Rockefeller na esperança de usar seu tempo na América para fazer lobby a favor da resistência alemã. A fundação respondeu que estava limitando seu trabalho com alemães porque "a experiência no exterior pode reduzir a disposição do beneficiário para se ajustar às condições alemãs após seu retorno".[9]

Os Harnacks viviam num estado de permanente ansiedade. Recusavam-se a ter telefone ou fazer encontros em casa, com receio da vigilância. Suas visitas eram limitadas aos apartamentos de seus contatos menos conspícuos, onde podiam trocar notícias e secretamente monitorar transmissões de rádio do exterior.[10]

Existiam boas razões para o temor. Por volta de 1939, os nazistas haviam feito grande progresso em exterminar a oposição. Em abril, a Gestapo informou que, durante os primeiros seis anos no poder, os nazistas haviam posto 162.734 pessoas sob "custódia protetora", o que usualmente significava campos de concentração. O relatório acrescentava que 112.432

prisioneiros foram levados a julgamento e que 27.369 aguardavam a hora de ser julgados. Somente no mês de maio de 1939, 1.639 pessoas foram executadas por ofensas políticas.[11] (Durante a República de Weimar, a pena capital havia sido praticamente abolida: apenas três execuções foram realizadas na Alemanha entre 1928 e 1930.)[12]

A despeito desses sinais alarmantes, Arvid continuava a contrabandear as informações que obtinha no Ministério da Economia. Havia perdido contato com os soviéticos em 1938, em consequência dos expurgos de Stalin entre o pessoal da embaixada, mas, durante o ano de 1939, frequentemente se encontrava com o diplomata americano Donald Heath para transmitir informações econômicas secretas.[13]

Arvid acreditava que a economia era a chave para se compreender a crise alemã, e sua posição lhe permitia desempenhar um papel excepcional. Heath desaprovava suas conexões com os soviéticos, mas Arvid acreditava que tanto os soviéticos quanto o Ocidente seriam necessários para garantir uma vitória contra os nazistas. Donald Jr., o filho mais novo de Heath, uma vez escutou Arvid dizer ao seu pai: "Posso ser uma ponte entre os Estados Unidos e a União Soviética aqui na Alemanha. Eu compreendo você, você me compreende, e posso ser útil aos dois lados."[14]

Heath enviava a seu superior, o subsecretário de Estado Sumner Welles, resumos cuidadosamente fraseados das análises de Arvid. Um analista brilhante, Welles também era membro da elite americana, assim como Franklin Roosevelt, e era informalmente conhecido como o arquiteto da política externa de FDR.[15] Mas também tinha poderosos rivais no Departamento de Estado, e sua carreira sofria com uma campanha de insinuações sobre suas atividades homossexuais. Welles era receptivo aos relatórios de Donald Heath sobre Arvid Harnack e outros dissidentes alemães e compreendia a urgência dos comunicados que chegavam de Berlim, mas estava longe de ser um defensor ideal dentro da burocracia.[16]

Ainda era totalmente obscuro o papel (se é que haveria algum) que os Estados Unidos assumiriam no conflito europeu. Mas as fontes alemãs de Heath agarravam-se à esperança de que os Estados Unidos as ajudariam a evitar a catástrofe. Uma das cartas de Heath a Welles citava um importante antinazista, designado apenas como "nosso amigo": "O presidente [Roosevelt], em seu desejo de trazer o mundo de volta à sanidade, precisa se empenhar em exercer sua influência não apenas sobre os círculos governantes na Inglaterra, mas também na Alemanha."[17]

À medida que os nazistas intensificavam as preparações para uma guerra mais ampla, algumas figuras da oposição aumentavam seus esforços internacionais. O jovem diplomata Adam von Trott era o elo mais forte entre a resistência alemã e funcionários britânicos. Sua ligação com Arvid Harnack passava por um amigo comum, Egmont Zechlin. Tendo sido um bolsista em Oxford, Trott fizera muitos amigos influentes entre a elite inglesa. Havia entrado para o serviço diplomático alemão com a intenção de desenvolver atividades de resistência no plano internacional.

Trott embarcou num ambicioso programa de diplomacia solitária, viajando incessantemente para angariar o apoio de influentes amigos dos tempos de estudante. Mas também fez um poderoso inimigo em Oxford ao ir contra o professor de literatura Maurice Bowra. O mal-intencionado deão encarregou-se de desacreditar Trott perante seus contatos no Ministério das Relações Exteriores inglês. A despeito das muitas referências importantes que haviam sido apresentadas por Trott, o governo inglês o descartou. O ministério considerou "traidora" a ideia de um diplomata tentando derrubar seu próprio governo — mesmo que o objetivo fosse ir contra a política de assassinato em massa sendo implementada por esse mesmo governo e salvar milhões de vidas.

O governo inglês repassou para a administração Roosevelt a mensagem desencorajadora. Trott foi a Washington e Nova York no outono de 1939, quase coincidindo com a viagem de verão de Arvid Harnack, e passou pela mesma experiência: só conseguiu encontros inconclusivos com funcionários americanos de baixo escalão. A enorme quantidade de informações e contatos oferecida por Trott dava a Washington uma tremenda vantagem para lidar com os nazistas, mas o governo de Roosevelt o ignorou sem ao menos ouvi-lo, e o FBI o seguiu como se fosse um espião.[18] No início de 1940, o desapontado diplomata finalmente voltou à Alemanha, via Japão.[19]

De uma maneira bastante errática, os vários grupos da resistência alemã dividiram o mundo entre eles. Arvid Harnack buscou Washington e Moscou. Trott se movimentava desesperadamente entre Londres e Washington na expectativa de que seria possível negociar uma paz que evitasse uma guerra mundial e deixasse a Alemanha intacta.[20]

Somente uns poucos funcionários estrangeiros eram simpáticos à sorte desses grupos. Um deles era o adido militar inglês em Berlim, coronel Noel Mason-Macfarlane. Um homem de ação, ele informou a seu governo, em 1939, que, da janela de seu apartamento, podia ver quando Hitler passava a cavalo. Dali ele conseguia uma boa mira, e ofereceu-se para alvejá-lo. O governo inglês desaprovou o plano, considerando-o uma expressão de má-educação.[21]

Em 1940, Roosevelt enviou Sumner Welles à Europa para explorar as possibilidades de impedir a guerra. O escritório de Welles encarregou o jovem diplomata George Kennan, um especialista tanto em Alemanha quanto em União Soviética, de escrever um texto preliminar sobre o assunto. Kennan assumiu uma perspectiva imediatista da situação, alertando contra "os cantos de sereia" de dissidentes alemães "que mantinham a esperança de derrubar Hitler e estabelecer um governo de 'homens razoáveis.'" Kennan viveu para lamentar sua análise.[22]

Aproveitando-se da calmaria diplomática, Stalin levou adiante suas próprias campanhas agressivas. Depois de digerida a metade da Polônia que lhes coubera, os soviéticos invadiram a Finlândia no final de novembro, tirando proveito do pacto Hitler-Stalin e da momentânea paralisia das democracias ocidentais.

Stalin confiou em Hitler e deu como certo que a aliança se sustentaria. No final de 1939, tomou a espantosa iniciativa de expurgar suas redes alemãs de inteligência. Os serviços de inteligência soviéticos contataram seus principais agentes secretos no planeta e informaram que seus esforços já não eram necessários. Entre os dispensados estavam o comunista polonês Leopold Trepper, empenhado em construir sua rede na Europa Ocidental a partir de uma base em Bruxelas, e o espião máster Richard Sorge, que, disfarçado de jornalista alemão em Tóquio, transmitia uma imensa quantidade de detalhadas informações secretas. Os agentes foram instruídos a suspender as operações e voltar a Moscou imediatamente. Lendo nas entrelinhas, Sorge e Trepper perceberam sinistros indícios de que poderiam esperar algumas conversas difíceis a respeito de supostas tendências trotskistas.[23]

Ambos trataram de desobedecer às ordens e permanecer fora do país, e assim sobreviveram aos expurgos. Mantiveram as falsas identidades e continuaram a montar suas operações, convencidos de que, a despeito do que dissera Moscou, a confrontação entre a Alemanha e a União Soviética era inevitável. Por enquanto, sua prioridade era manter a discrição.

Outros agentes da inteligência soviética tiveram menos sorte. Por todo o Ocidente, as *rezidenturas* soviéticas, ou escritórios encarregados de supervisionar o serviço secreto em cada país, foram devastadas pelos expurgos de Stalin. Em Berlim, apenas dois dos 16 membros do escritório soviético sobreviveram.[24]

Os soviéticos haviam conseguido que membros do Partido Comunista Alemão dessem cobertura a seu serviço de inteligência, mas não havia muito a ser feito. O historiador Michael Burleigh escreve que, à altura de 1939, o que restara do partido estava reduzido a

redes informais locais de ativistas excessivamente amedrontados para fazer qualquer coisa, vagamente ligados à executiva de um Partido que vinha sendo esvaziado por Moscou. (...) Eram tão inócuos, que a Gestapo realocou funcionários que antes lidavam com comunistas para tratar de outros alvos mais urgentes, como homossexuais, judeus e maçons. As prisões de comunistas declinaram vertiginosamente, passando de quinhentas em janeiro de 1939 para setenta em abril de 1940.[25]

Assim, não é de admirar que, na primavera de 1939, os membros do Partido Comunista Alemão no exílio tenham rejeitado as aproximações da dra. Elfriede e de seu obstinado grupo de antifascistas e sobreviventes de campos de concentração. O próprio KPD estava em desordem.

Durante anos, os grupos de Schulze-Boysen e de Harnack haviam trabalhado para se infiltrar nos círculos de políticas dos nazistas. Seu sucesso dependia de se misturar à sociedade nazista e permanecer sem chamar nenhuma atenção. Agora, estavam sendo pessoalmente testados por suas reações emocionais ao sofrimento que os rodeava. Harro Schulze-Boysen pôs tudo em risco quando ajudou o amigo de Kurt Schumacher a escapar de um campo de concentração. Os Harnacks ajudaram seu amigo, o editor judeu Max Tau, a fugir para a Noruega em 1938. O casal economizava alimentos de suas próprias escassas rações para oferecê-los a seus outros amigos judeus, e Mildred conseguia documentos para refugiados.[26]

Mas seus impulsos humanitários conduziam a debates internos. Todas as pessoas dos círculos tinham amigos, colegas ou parentes judeus, e todas elas condenavam o crescente antissemitismo do país. No entanto, a atividade clandestina impunha uma álgebra de proporções inversas: quanto mais eficazmente uma pessoa trabalhasse para derrubar o regime, menos conspícua ela poderia ser na ajuda às vítimas.

Greta Kuckhoff insistia em manter contato com seus amigos judeus, mesmo que isso significasse atrair atenções. Levava o filho, Ule, em frequentes visitas e oferecia lições gratuitas de inglês a famílias judias que esperavam um visto para a Inglaterra e a América. Mas era uma experiência perturbadora. Uma vez, foi visitar um casal que tivera um bebê. Entrou no prédio segurando Ule pela mão e notou que a placa com o nome do casal e o número do apartamento havia sido retirada. Quando chegou à porta, descobriu que a família e seus pertences desapareceram sem explicação.[27] Os vizinhos apenas deram de ombros: "Talvez seja melhor assim. Desse modo, o garoto pode crescer junto a seus semelhantes."

Os amigos judeus de Greta lhe diziam que se sentiam alemães até os ossos, e alguns consideravam a emigração como um ato de covardia. Por que, perguntavam, deveriam permitir que um grosseiro usurpador austríaco os expulsasse de seu próprio país?

Adam Kuckhoff era compreensivo, mas alertou Greta de que ajudar uma família judia aqui ou ali não iria mudar o quadro mais amplo. A única verdadeira forma de ajudar os judeus perseguidos e outras vítimas do regime era derrubando Hitler o mais rapidamente possível.

Greta também era espicaçada pelas críticas de Arvid Harnack. Suas visitas a famílias "obviamente" judias estavam atraindo a atenção sobre todos eles, disse-lhe Arvid, e ela estava fazendo aquilo apenas para se sentir bem, provando seu altruísmo.[28] Era verdade que Mildred Harnack continuava a ajudar judeus que tentavam fugir da Alemanha, mas ela fazia isso em discretas viagens ao exterior, e não batendo em suas portas ou fazendo perguntas aos vizinhos.

O círculo estava passando por suas primeiras divisões a respeito de ética e metodologia. Era certo concentrar-se na derrubada do regime, ou deveriam estar ajudando suas vítimas? Ou deveriam tentar fazer as duas coisas, arriscando-se a pôr em jogo as duas atividades? Greta, a socióloga, ainda tinha a esperança de que, se desse o bom exemplo, seria possível inspirar seus concidadãos, enquanto Arvid, enredado em atividades de inteligência de alto nível, estava profundamente preocupado com a questão da segurança.

Ao longo de 1939 e 1940, membros do círculo Harnack-Kuckhoff avançaram suas posições estratégicas dentro do governo. O trabalho de Arvid no Ministério da Economia continuava a gerar informações preciosas para Donald Heath. As trocas eram facilitadas pela proximidade da Escola Americana em Berlim, onde o filho de Heath, Donald Jr., havia estudado. No final de 1939, Mildred passou a dar aulas particulares de inglês e literatura americana ao garoto, que se tornou um mensageiro entre seus pais e os Harnacks.[29] Mesmo a partir de sua perspectiva infantil, o jovem Donald podia reconhecer a posição delicada de sua família. Um dia, voltou mais cedo para casa e encontrou o cozinheiro da família na sala de música, com uma Leica num tripé, fotografando o diário de sua mãe. O cozinheiro foi imediatamente despedido.[30]

Adam Kuckhoff continuou a trabalhar com publicidade, mas expandiu os contatos para a comunidade cinematográfica. Os produtores ainda lhe perguntavam sobre os direitos de seu romance, mas ele estava mais consciente que nunca de como suas palavras poderiam ser distorcidas para servir aos interesses do "falso patriotismo". O casal precisava de dinheiro, mas sua esposa aprovou a decisão. "Foi preciso mais coragem para recusar o filme do que para saltar às cegas de um penhasco", Greta registrou.[31] Adam produzia continuamente artigos sobre a teoria do cinema, e a Tobis Film o encarregou de polir os diálogos dos próximos lançamentos, incluindo o filme de suspense *Die Vierte Kommt Nicht* (*O número quatro não virá*), de 1939, e *Der Fuchs von Glenarvon* (*A raposa de Glenarvon*), de 1940, estrelado por Olga Tschechowa.[32]

Greta se ocupava com o filho pequeno e com as tarefas de secretariar o marido, mas também se dedicava a seu próprio trabalho. As traduções que fazia eram outra rara oportunidade de ficar sabendo notícias do mundo externo. Foi somente com suas traduções de textos em italiano que o grupo descobriu que a Itália havia adotado uma variante das políticas raciais nazistas contra os judeus.[33] O apartamento dos Kuckhoffs também virou um arquivo de materiais ilegais. Amigos apavorados chegavam a intervalos regulares com pacotes de literatura banida, pois estavam tentando esterilizar suas próprias casas. Em pouco tempo, os perigosos volumes se enfileiravam nas estantes dos Kuckhoffs. Eles tinham acesso a informações, mas muito poucos canais para divulgá-las.

Esse foi um dos motivos de sua satisfação quando conheceram John Sieg. John vinha trabalhando na Reichsbahn, a empresa ferroviária estatal, desde 1937, fazendo uma carreira ascendente e ocupando cargos elevados em importantes estações ferroviárias. Antes de 1938, as ferrovias ofereciam ao movimento clandestino alemão uma artéria vital para a oposição exilada em Praga e Paris. Aqueles tempos ficaram no passado. Agora, Praga estava ocupada pelos alemães, e o serviço de trens havia se tornado o principal escoadouro de homens e suprimentos para as frentes de guerra. Mas essas mudanças também apresentavam novas oportunidades: John se tornara uma pessoa bem treinada em operações telegráficas, torres de sinalização e supervisão de trabalhadores, uma invejável bateria de habilidades para um antifascista decidido a causar danos. John Sieg já não era um jornalista ativo, mas, todos os dias, quando mudava as chaves dos trilhos que conduziam a Praga e contava os vagões de carga para Varsóvia, ele se dava conta de que assistia à maior história de sua vida. Sua rede de Neukölln lhe havia dado acesso aos trabalhadores antifascistas da Alemanha e ao que restara da rede do KPD. No todo, ele era uma pessoa a quem valia a pena conhecer.

15

"A Nova Ordem"

1940

Durante um gélido domingo no inverno de 1939-40, John Sieg encontrou-se com alguns velhos contatos do Partido Comunista para uma caminhada no parque de Treptower; os encontros nas ruas de Neukölln tornaram-se muito perigosos. Decidiram ignorar a declaração do pacto Hitler-Stalin de que os soviéticos e os nazistas agora eram amigos. Como comunistas alemães, fazia algum tempo que vinham ignorando as instruções de Moscou, concentrando-se nas atividades de resistência contra os nazistas. Mas ainda lhes faltavam condições básicas de trabalho: um local de encontros, um escritório, uma base clandestina para publicar seu material.

O apartamento de John em Neukölln estava fora de questão. Como membro do Partido Comunista, repórter do *Rote Fahne* e ex-prisioneiro nazista, ele era óbvio demais. Mas um integrante do grupo sugeriu uma possibilidade ali perto: a modesta casa de Otto Dietrich no número 5 da Biebricherstrasse. O edifício cinzento de três andares, próximo de um vasto cemitério, tornou-se a base das atividades do grupo durante os dois anos seguintes.

"Dias quentes e dias frios se sucederam. Os fios da rede corriam, invisíveis, pelas ruas de Neukölln, e o ponto de junção era na rua Biebricher", escreveu mais tarde um membro do grupo. "Os revolucionários também se sucediam — entrando e saindo de prisões —, mas esta casa permaneceu intacta." Em janeiro de 1939, o jovem tipógrafo comunista Herbert Grasse havia emergido de seus dois anos e meio de prisão; pouco tempo depois, a rua Biebricher recebeu em seu círculo os amigos que ele fizera no campo de concentração. "Quem quer que venha com Herbert é bem-vindo. Temos plena confiança em seus amigos", diziam.[1] Grasse encontrou trabalho imprimindo folhetos numa pequena gráfica, o que lhe dava acesso a material de impressão e papel. Ele foi atrás de seus velhos contatos da juventude no Partido Comunista e logo ativou uma nova rede de informantes e colaboradores antifascistas nas fábricas e na indústria de armamentos.[2]

Os operários que conspiravam com John Sieg observavam seus contatos com membros da elite educada, que incluíam os Kuckhoffs e os Harnacks. Os trabalhadores nunca souberam seus nomes, mas ficavam impressionados ao ver que tais "figurões" estavam ligados à causa. Rígidas divisões sociais ainda persistiam na Alemanha, e alguns trabalhadores do baixo escalão do KPD duvidavam de que intelectuais privilegiados pudessem ser parceiros reais na luta de classe, especialmente se não tivessem as credenciais do partido. A educação universitária era vista com um misto de suspeita e admiração.

Os Kuckhoffs e os Harnacks estavam ansiosos para ouvir os relatos de John Sieg sobre a resistência na classe operária. Dentro dos confins de um Estado saturado de propaganda, era de se esperar que os círculos da oposição se sentissem isolados e abandonados. Trabalhadores comunistas sofridos e espancados assistiam, ressentidos, à entrada de intelectuais esquerdistas no Partido Nazista e os viam assumir posições confortáveis na burocracia; por seu lado, os intelectuais temiam que as classes trabalhadoras estivessem excessivamente dispostas a seguir ordens em troca de um trabalho numa fábrica e de algumas cervejas. Algumas poucas e débeis conexões clandestinas eram tudo o que restara como indicação de que os sentimentos antinazistas não se restringiam a uma única classe.

"John sempre trazia perguntas que haviam sido feitas por trabalhadores desta ou daquela fábrica", recordava-se Greta. "Então, levava de volta as respostas, com análises de certos projetos nazistas. Ele também levava artigos que não haviam sido escritos para operários."[3] Esta última afirmação era, de alguma forma, defensiva. Greta, que nascera numa família de trabalhadores, estudou e se casou numa classe diferente. Agora, estava sujeita a críticas por causa da impenetrável prosa acadêmica de seu grupo.

Os amigos de John em Neukölln o alertaram para que não pusesse fé excessiva em intelectuais burgueses. Não eram tão cuidadosos e disciplinados quanto os membros comuns do KPD, avisaram. Alguns deles falavam demais, e a Gestapo estava sempre atenta a indiscrições. John Sieg escolheu ignorar os avisos, e servia como uma conexão rara entre a célula do KPD em Neukölln e o círculo Kuckhoff-Harnack de não afiliados.

John Sieg podia jurar por Adam Kuckhoff, pois o conhecia havia muito tempo. Harro Schulze-Boysen era novo na cena. John discretamente questionou Marta Wolter Husemann, uma integrante do círculo Schulze-Boysen cujo marido era um militante do KPD ligado ao grupo de Neukölln. Marta gostava do pessoal das artes e do cinema que se juntava em torno dos Schulze-Boysens, mas confirmou a John que de forma alguma eram comparáveis a uma célula do KPD. Faltava-lhes "um propósito político unificado e único" e estavam longe de ser "orientados como comunistas uniformes"; de fato, a política dos integrantes do grupo nem chegava a ser claramente definida.[4] Marta desfrutava a convivência com todos porque Harro ainda estava fazendo campanha para seu "Partido da Vida".

Greta Kuckhoff não participava das festas dos Schulze-Boysens à beira do lago, e não é claro se chegou a ser convidada alguma vez. Ela se sentia cada vez mais marginalizada em muitos aspectos. Contribuía para os esforços de resistência de inúmeras maneiras, inclusive traduzindo, datilografando panfletos, providenciando encontros e transmitindo informações; cada uma dessas coisas requeria energia, e algumas delas envolviam riscos. Mas ela se ressentia da forma como os homens do grupo a tratavam, como se fosse apenas uma dona de casa. Adam era um marido muitas vezes distante e ensimesmado. Arvid Harnack havia retornado às maneiras arrogantes que tanto a incomodaram nos tempos de Wisconsin. Ela viajara a Londres em 1939 para ajudar em questões de imigração de judeus e se encontrara com sindicalistas ingleses. Quando retornou, Arvid a censurou por haver passado uma tarde no cinema assistindo a *Branca de Neve*.

Ela estava se dando conta de que, quando John Sieg, Adam e Arvid se encontravam, desapareciam por trás de portas fechadas. A explicação oficial era que a estavam "protegendo" de informações perigosas por causa de Ule. Greta e Adam eram o único casal do grupo que tinha um filho; os Harnacks, os Schulze-Boysens e os Siegs não tinham nenhum. Os outros frequentemente insistiam para que Greta passasse o máximo de tempo possível com o garotinho.

Não que Greta fosse uma mãe relutante. Uma das poucas imagens em que mostra um ligeiro sorriso é num instantâneo em que olha, encantada, para o filho pequeno. Mas ela ainda era ambivalente a respeito de se ter filhos. Aqueles eram tempos desafiadores. Ela não sabia como responder ao pequeno Ule quando ele pedia uma bandeira com a suástica igual à de seus amiguinhos. Um dia, ele orgulhosamente exibiu uma pequena bandeira nazista que havia encontrado na rua. Seus pais ficaram perturbados, até que Adam teve uma ideia esperta para se livrar daquilo: "Vá plantá-la na terra", disse a Ule, "e ela crescerá e virará uma das grandes".[5]

Greta complementava suas tarefas domésticas com as intelectuais, levantando-se muito antes do amanhecer para ler os rascunhos de publicações clandestinas e fazer sugestões editoriais. Mas, às vezes, ela sentia que estava perdendo seu tempo. Adam, Arvid e John geralmente ignoravam suas ideias. Cada vez mais, eles seguiam a orientação editorial de um novo membro do círculo cujas credenciais jornalísticas eram muito mais impressionantes que as dela.

Tratava-se de Johannes (conhecido como "John") Graudenz, um homem mais velho com traços duros, olhos afundados nas órbitas e um topete rebelde. Quando adolescente, aprendera inglês trabalhando como garçom na Inglaterra, e depois entrou no jornalismo e conseguiu um emprego na agência da United Press americana. No início da década de 1920, a UP o mandou para Moscou, de onde ele relatou ao mundo a história da morte de Lenin.

Graudenz escreveu sobre Lenin em termos favoráveis, mas suas exatas afiliações políticas não eram claras. Em Berlim, quando jovem, inscrevera-se num partido esquerdista dissidente, mas tinha um espírito independente. Em 1924, organizou uma viagem de jornalistas que desceram o rio Volga atravessando as regiões russas assoladas pela fome. Os soviéticos se enfureceram com as fotos e o expulsaram do país, mas ele conseguiu escapar para Berlim levando o filme. A United Press publicou suas imagens por todos os Estados Unidos, mostrando crianças famintas sob a manchete "Rasgando os Véus da Rússia".[6] Graudenz era popular entre os correspondentes estrangeiros, e os jornalistas americanos lhe eram especialmente gratos pela ajuda que prestava na negociação de obstáculos burocráticos.[7] Graudenz também era um fotógrafo competente. Em 1924, uma de suas fotos foi escolhida por seis dos maiores artistas da Bauhaus como tema para um "portfólio para Walter Gropius", e cada um deles (Wassily Kandinsky, Lyonel Feininger, Paul Klee e outros) a reinterpretou artisticamente.[8]

Em 1928, Graudenz foi contratado pelo escritório do *New York Times* em Berlim, e o jornal lhe propiciou uma visita a Nova York. Mas, em 1932, ele se desentendeu com o novo chefe do escritório e deixou o jornal. Após a tomada do poder pelos nazistas, trabalhou como representante de vendas de uma indústria e, em certa época, vendeu sistemas de freios para veículos pesados. Opôs-se ao regime nazista desde o começo e aproveitava todas as oportunidades para provar isso.

Graudenz juntou-se ao círculo de Schulze-Boysen por meio de uma conexão improvável. Sua vizinha, Annie Krauss, era uma médium que lia a sorte profissionalmente e tinha Libertas Schulze-Boysen entre seus clientes. Ela e o ex-jornalista avidamente aceitaram o convite de Libertas para se juntar aos esforços clandestinos de seu marido. Os clientes de Annie Krauss incluíam oficiais militares supersticiosos que partilhavam com ela detalhes de campanhas vindouras e pediam suas previsões, e ela passava tudo para o grupo.

Mas também jogava com as superstições do grupo. As filhas adolescentes de Graudenz viram alguns deles levando planos de ação da resistência para a aprovação de Annie. "Ela punha as mãos sobre os planos e dizia:

'Nada lhe acontecerá', e então eles deixavam de tomar todas as precauções necessárias." As garotas não se impressionavam. Chamavam Krauss, uma mulher de aparência matronal e ar sinistro, de "a velha caça-fantasmas".[9] Mas Annie Krauss deu uma contribuição importante ao grupo. Em pouco tempo, sua sala de visitas ganhou um equipamento de impressão de panfletos antinazistas produzidos sob a supervisão experiente de John Graudenz.[10]

Em 1938, Krauss abrigou uma jovem judia de 22 anos chamada Sophie Kuh, que ansiosamente aguardava a saída de seu visto inglês. Era uma jovem frágil, com uma família desfeita, e ficou profundamente grata com a ajuda. Em pouco tempo, Sophie descobriu outra fonte de apoio inesperado. "Um dia, um senhor alto veio visitar Annie Krauss", relembraria ela mais tarde. Era seu vizinho John Graudenz. Ele foi gentil e deu apoio à jovem, embora soubesse que qualquer ajuda a judeus era monitorada de perto pela Gestapo. Sophie chamava Graudenz de "um amigo maravilhoso" que a impressionava por estar disposto a aparecer com ela em público. Ela relatou uma dessas ocasiões:

> Estávamos em seu carro passando pela Kurfürstendamm. Meu passaporte já tinha um "J" carimbado. A polícia parou o carro. Saltei e desapareci na multidão para que ele não se metesse em apuro. Mais tarde, ele disse que não se importava, que eu deveria ter continuado no carro. Mas os nazistas faziam essas coisas terríveis naquela época, tudo muito discretamente. Alguém simplesmente desaparecia.

Sophie contou a Graudenz sobre seu padrasto, um importante escritor que, sendo um judeu romeno, era membro da altamente vulnerável população de judeus desterrados que antes viviam no Império Austro-Húngaro. Com a dissolução de sua terra natal depois da Primeira Guerra Mundial, muitos não conseguiram outros passaportes e vistos. Graudenz ajudou-a com dinheiro e comida. Finalmente, saiu o visto inglês de Sophie e o próprio Graudenz a levou em seu carro até a estação ferroviária. Mas não havia como salvar seu padrasto. Ele foi deportado e morreu num campo de concentração.[11]

Os meses entre setembro de 1939 e abril de 1940 foram um tempo lento e cheio de misérias. Em Londres, os civis ingleses perscrutavam os céus à espera dos primeiros bombardeiros alemães. Somente os mais iludidos dos otimistas acreditavam que uma guerra total ainda poderia ser evitada.

Os antifascistas que operavam dentro da Alemanha sentiam aumentar a pressão. Para o coronel Hans Oster, o oficial antinazista do serviço secreto militar, o momento decisivo chegou em 7 de novembro de 1939, dois meses depois da invasão alemã da Polônia. Oster pediu a um amigo que o levasse de carro ao apartamento do coronel Gijsbertus Sas, o adido militar holandês em Berlim, de quem se tornara amigo havia três anos.

Quando voltou da conversa com Sas, Oster estava visivelmente perturbado. "Não há volta para mim", disse ao amigo que o esperava. "É muito mais fácil pegar uma pistola e matar alguém; é muito mais fácil me lançar contra uma metralhadora do que fazer o que acabei de fazer."

Mais tarde, o amigo de Oster ficou sabendo que ele acabara de passar a Sas o plano completo da invasão alemã da Europa Ocidental.[12] Sas partilhou a informação com oficiais dinamarqueses e noruegueses, bem como com seu próprio governo. Mas as informações privilegiadas foram inutilizadas pelas mudanças de planos feitas por Hitler — a invasão foi adiada 29 vezes.[13] Em vez de aproveitar os avisos para organizar a defesa, o comandante em chefe holandês as descartou como alarmes falsos, menosprezou as informações e acusou Sas de sensacionalismo.[14] O material fornecido por Oster foi ficando cada vez mais detalhado, mas os beneficiários que ele pretendia alcançar davam de ombros. "As pessoas que recebiam as mensagens riam-se delas", recordou o oficial holandês J. G. de Beus. "E, quando chegou a hora, não estavam suficientemente preparadas."[15]

O encontro final de Sas com Oster, em 9 de maio de 1940, foi como "um jantar fúnebre". Ao final, Oster parou em seu quartel-general uma última vez para conferir informações e retornou cheio de desespero. "O porco [Hitler] está a caminho da frente ocidental, agora tudo está definitivamente perdido", disse a Sas. "Espero que nos encontremos novamente depois desta guerra."[16] Oster, um oficial de carreira, estava plenamente consciente de que suas ações poderiam contribuir para a morte de alemães nos campos de batalha. Ele também compreendeu que, aos olhos de muitos, suas ações haviam cruzado a linha entre dissidência e traição. Ainda assim, tal como Harro Schulze-Boysen e outros oficiais dissidentes, ele via sua decisão como o ato de um patriota. Disse a Sas: "Alguém poderia dizer que sou um traidor (*Landesverräter*), mas, na realidade, não sou; considero-me um alemão melhor que todos aqueles que correm atrás de Hitler. Meu plano e minha obrigação são libertar a Alemanha e, ao mesmo tempo, o mundo desta praga."[17]

As invasões alemãs foram deslanchadas durante a brumosa primavera da Europa do Norte. Em 9 de abril de 1940, os alemães haviam marchado sobre a Noruega e a Dinamarca. Em 10 de maio, atacaram a Bélgica, a Holanda e a França. As operações se desenrolaram sem percalços e tiveram sucesso. A França, rival tradicional da Alemanha, havia sido complacente no período que antecedera o assalto, confiando em que suas defesas dariam conta do ataque.[18] Elas não duraram mais que algumas semanas. Em 4 de junho, a França foi conquistada.

A situação ia de mal a pior. Ao final de maio, as forças armadas alemãs haviam empurrado centenas de milhares dos integrantes das forças expedicionárias inglesas para o litoral francês em Dunquerque. Durante as poucas semanas seguintes, o mundo assistiu, petrificado, ao espetáculo de um resgate maciço, quando 326 mil ingleses escaparam atravessando o Canal da Mancha numa flotilha improvisada na qual se misturavam embarcações a motor e barcos pesqueiros.

Os nazistas festejaram a vitória, concedendo medalhas uns aos outros e desfilando com seus espólios. O correspondente americano William Shirer achou que poucos berlinenses à sua volta exibiam um sentimento de triunfo. "Estranha, a apatia das pessoas diante dessa virada decisiva na guerra", escreveu após a conquista da Holanda e da Bélgica. "A maior parte dos alemães que tenho visto, fora dos círculos oficiais, está imersa numa profunda depressão diante das notícias."[19] O círculo de militares da resistência que se reuniam em torno do almirante Canaris e de Hans Oster ficou arrasado. Haviam contado com os horrores de uma guerra europeia prolongada para virar a opinião pública a favor das ideias que defendiam. Novamente, esbarraram num obstáculo.

O verão passou, dando todos os sinais de que o conflito europeu havia entrado no estágio final. Retornaram as conversas sobre a invasão à Inglaterra. Em 15 de julho, a imprensa oficial nazista anunciou que as tropas alemãs "estão de prontidão para o ataque à Inglaterra. A data será uma decisão exclusiva do Führer".[20] Mas o Führer se recusou a dar o sinal. Em vez disso, efusivamente anunciou que estava pronto para considerar propostas de paz da Inglaterra.

A hierarquia nazista começou a imaginar o futuro. Na semana seguinte, o ministro da Economia e o presidente da Câmara Econômica do Reich revelaram planos para a "nova ordem" na Europa: uma população de 320 milhões de pessoas cobrindo 3,9 milhões de quilômetros quadrados.[21] O marco alemão substituiria o padrão-ouro, quebrando os Estados Unidos e fazendo da Alemanha a câmara de compensação da economia mundial. Nesse império imaginado, todos os caminhos levavam a Berlim.

Nos últimos dias de julho, os ingleses refutaram a oferta de Hitler de uma paz negociada, mas sabiam que os alemães estavam muito mais bem preparados para a guerra. Os nazistas haviam passado anos trabalhando ininterruptamente para aumentar suas forças armadas, militarizar suas indústrias e aperfeiçoar suas operações de campo com as mais avançadas tecnologias. O mesmo não poderia ser dito dos poloneses, dos franceses, dos ingleses ou dos americanos.

Em alguns casos, gestos invisíveis contribuíram para produzir imensas consequências. Os estrategistas alemães e ingleses estavam competindo para ver quem conseguia controlar os pontos estratégicos, e um foco óbvio era a Espanha. Em julho de 1940, os alemães enviaram o chefe da inteligência militar, almirante Wilhelm Canaris, para convencer seu velho amigo Franco a se juntar aos poderes do Eixo e passar a eles o controle do Estreito de Gibraltar.[22] Foi mais um cálculo equivocado dos nazistas. Canaris disse a Franco que a causa nazista estava destinada ao fracasso e que não havia nenhuma razão para a Espanha se afundar com os alemães.

Franco decidiu manter a neutralidade espanhola e Gibraltar permaneceu em mãos inglesas, abrindo o caminho para a invasão aliada da África do Norte e da Itália em novembro de 1942.

Para os círculos de Berlim, o caminho a seguir não era claro. Harro Schulze-Boysen estava determinado a continuar a desfrutar a vida em meio às tensões. Em maio de 1940, enquanto a ofensiva holandesa estava acontecendo, ele organizou um passeio de bicicletas ao castelo da família de Libertas com os artistas Kurt e Elisabeth Schumacher e o escritor Günther Weisenborn. Seus amigos, o produtor cinematográfico Herbert Engelsing e a esposa, Ingeborg, juntaram-se a eles, e Libertas levou seu acordeão. Considerando-se apenas as aparências, o grupo estava meramente desfrutando mais um feriado de primavera, nadando e cozinhando à beira do lago. Mas, como mais tarde escreveu Ingeborg Engelsing, Harro também levara relatos secretos da agência de imprensa alemã e relatos proibidos da imprensa estrangeira. Juntou o grupo para discutir planos para outra rodada de panfletos baseados naquelas informações.[23]

Harro estava exasperado com as democracias ocidentais. A Inglaterra havia desperdiçado um tempo precioso, a França capitulara e a América assistia a tudo sem tomar nenhuma atitude. À medida que se agravava a crise, sua visão das coisas tornava-se mais apocalíptica. Tal como então percebia, a máquina militar de Hitler havia esmagado as corruptas democracias ocidentais. Os alemães teriam de traçar seu próprio curso, que seria distinto dos percorridos pelo Ocidente e pela União Soviética.[24]

A visão de Schulze-Boysen iluminava outra potencial linha de ruptura que corria por toda a extensão do círculo em expansão: os poucos veteranos ortodoxos do KPD em seu círculo frequentemente mantinham a lealdade a Moscou e ficavam ofendidos pela irreverência de Harro. Outros eram ainda mais críticos que ele. Um membro do círculo, o comerciante de cimento Hugo Buschmann, estava tão enfurecido com os soviéticos, que se negou a participar de uma missão comercial a Moscou, dizendo que não viajaria para um país aliado de Hitler.[25]

À altura do verão de 1940, Arvid Harnack era o único membro do círculo que mantinha um intercâmbio ativo com um governo estrangeiro. Continuava a se encontrar com Donald Heath, do Departamento de Estado americano, embora a organização dos encontros estivesse se tornando cada vez mais difícil.

O superior de Heath em Berlim, o adido Alexander Kirk, sentia um desconforto crescente por ter que apoiar a política de neutralidade dos Estados Unidos diante do conflito europeu. Apesar de ser um tipo reticente, foi levado a adotar uma linguagem forte. Em 17 de julho de 1940, enviou a Roosevelt um memorando apaixonado resumindo a situação política e militar na Europa. A possibilidade de se manter a neutralidade por muito tempo era uma ilusão, argumentava: "Não haverá nenhum lugar para os Estados Unidos no mundo imaginado por Hitler, e ele fará tudo a seu alcance para derrubar nosso país da posição de grande poder mundial o mais cedo possível..." Os Estados Unidos deveriam assumir uma posição decisiva contra Hitler, escreveu Kirk. "Esse alinhamento tem que ser imediato, tem que ser explícito e inequívoco, e deve ser apoiado pela ampliação da ajuda material..."[26]

As simpatias pessoais de Roosevelt claramente iam para a Inglaterra. Ele tomou as medidas que podia, mas estava seriamente limitado. A ideia de uma guerra ainda era impopular entre a maior parte dos americanos, e Roosevelt enfrentava uma eleição difícil. Além disso, por enquanto, o chamado de Alexander Kirk para "ajuda material" poderia ser considerado apenas um exercício de pensamento fantasioso. Na época em que ele escreveu o memorando, o exército americano ocupava o décimo oitavo lugar no mundo, sendo menor que os exércitos da Alemanha, França, Inglaterra, Rússia, Itália, Japão e China — e também que os da Bélgica, Holanda, Portugal, Espanha, Suécia e Suíça. As forças armadas alemãs tinham 6,8 milhões de homens, enquanto as americanas chegavam a apenas 504 mil.[27] Winston Churchill compreendeu que parte da paralisia americana resultava da carência de um serviço de inteligência, e tentou preencher o hiato. Em junho de 1940, enviou a Nova York o oficial canadense William Stephenson para abrir um escritório do serviço secreto inglês no Rockefeller Center. Mas Stephenson descobriu que os americanos não estavam assim tão ansiosos por sua ajuda.

Em agosto, a guerra entrou numa nova fase. No dia 13, os alemães lançaram um maciço ataque aéreo contra a Inglaterra, chamado Operação Águia. Os ingleses responderam na mesma moeda, enviando bombardeiros contra cidades alemãs e instalações em países ocupados. Inicialmente, as duas forças aéreas foram instruídas a se concentrar em alvos militares. Mas, em 23 de agosto, uma missão deu errado: uma dezena de pilotos alemães, com ordens de bombardear fábricas de aviões e depósitos de óleo nos subúrbios de Londres, descarregou suas bombas sobre áreas residenciais no coração da cidade.[28] Duas noites depois, a força aérea inglesa revidou e cobrou o erro alemão, lançando o primeiro ataque aéreo a Berlim. Agora, os dois lados estavam empenhados numa política de ataques aéreos contra a população civil.

Berlim estava em estado de choque; o marechal de campo Göring havia assegurado a seus cidadãos que não haveria nenhuma possibilidade de os ingleses penetrarem as defesas aéreas da cidade.[29] Agora, os berlinenses descobriam que ele estava errado, o que aprofundou os temores a respeito do que os esperava.

Durante meses, tropas alemãs estiveram posicionadas para a Operação Leão Marinho, a invasão da Inglaterra, mas tanto Hitler quanto seu alto-comando vacilavam a respeito do plano. Havia muitos obstáculos. A Luftwaffe não conseguira a vitória esperada na batalha aérea contra a Inglaterra, e as condições climáticas eram incertas. Em 17 de setembro de 1940, tendo perdido a última onda favorável, Hitler cancelou o plano indefinidamente.

Ao mesmo tempo que cresciam os custos da guerra, cresciam as penalidades aos que se opunham a ela. A pena capital não apenas se tornou mais frequente com os nazistas, mas também mais dramática. Até 1934, as sentenças de morte eram executadas com um machado, mas, em dezembro de 1936, o ministro da Justiça nazista decretou que se mudasse para a guilhotina. Dois meses depois, o equipamento foi instalado num galpão nas dependências da prisão em Plötzensee, uma pesada construção de tijolos vermelhos. Muitas de suas vítimas iniciais eram membros do Partido Comunista Alemão, como a jovem Liselotte

Hermann, de 28 anos, ex-estudante de biologia e mãe de um filho de 4 anos. Ela foi decapitada depois de ter sido presa tendo em seu poder a planta baixa de uma fábrica de munições.[30]

De acordo com os procedimentos-padrão nazistas, os corpos dos decapitados eram entregues para dissecação no Instituto de Anatomia e Biologia, bem ao lado do parque Tiergarten onde os Harnacks e Donald Heath faziam suas tensas e furtivas caminhadas.[31] Apenas uma década antes, o instituto funcionava sob a direção de Adolf Grimme, amigo de Adam Kuckhoff. Agora, seus laboratórios haviam sido requisitados à força para o propósito político de infligir uma humilhação final aos restos dos que traíam o regime.

16

Todos os mais loucos rumores possíveis

1940-1941

Durante o ano de 1940, os Harnacks e os Kuckhoffs testemunharam a entrada de sua sociedade nos macabros ritmos da guerra. Avançando por sobre toda a Europa, as forças nazistas ganhavam força e varriam tudo o que encontravam pelo caminho. Cada território conquistado tornava-se uma fonte de mão de obra e suprimentos. Alemães étnicos na Polônia e na Checoslováquia eram recrutados ou alistados à força no exército alemão, enquanto os franceses eram recrutados para trabalhar ou forçados ao trabalho escravo. Os poloneses eram aterrorizados, escravizados ou assassinados. Minas e fábricas estrangeiras eram reequipadas para alimentar o exército alemão, enquanto esposas e pais de soldados eram aplacados com meias de seda e queijo holandês.

Com a rendição da França em junho de 1940, os nazistas chegaram ao ponto mais alto de popularidade em seu país. Muitos alemães viam as recentes conquistas como simples meios de desagravar os ressentimentos acumulados durante os trinta anos anteriores. As fronteiras da Grande Alemanha estavam agora bem semelhantes às do mapa da Europa de 1914, unindo as pessoas de língua alemã da Alemanha e do Império Austro-Húngaro e eliminando definitivamente a noção de uma Polônia. Os termos punitivos impostos pela França em Versalhes haviam sido revertidos (e cobrados com os mais altos juros). Uma vez esmagados os velhos inimigos da Alemanha, o Reich parecia invencível.

Os círculos de resistência em Berlim estavam num beco sem saída, e a produção de panfletos antinazistas caiu dramaticamente. Haviam perdido sua audiência. Durante algum tempo, os antifascistas não sabiam o que fazer; enquanto buscavam novos argumentos que pudessem romper a ilusão das massas, encantadas com o sucesso nazista, concentraram-se na comunicação entre seus círculos.

Os generais alemães compreenderam que a provável invasão da Rússia era outra questão, bem diferente. Hitler estava pedindo que comprometessem suas forças numa guerra realizada em dois frontes e enfrentassem o terrível inverno russo. Mas, pelo menos em sua versão inicial, essa não era uma tarefa impossível. Os generais consideraram que, se o exército alemão pudesse conquistar a Rússia antes da chegada do inverno e se os Estados Unidos permanecessem afastados, os ingleses não teriam outra escolha a não ser pedir a paz. Hitler venceria, e uma imensa nação escrava, com um descomunal suprimento de recursos naturais, seria acrescentada ao seu arsenal.

Na frente interna, os ônus da militarização que caíam sobre os civis alemães cresceram mais rapidamente que os benefícios da vitória. O governo impôs o racionamento de alimentos em 1939, poucos dias antes da invasão da Polônia, a fim de poupar suprimentos para os soldados na frente de batalha. O racionamento, que ficou cada vez mais grave ao longo do tempo, tornou a sobrevivência mais difícil para os judeus e também dificultou ainda mais a tarefa dos amigos alemães que os ajudavam. Em janeiro de 1940, o governo decretou que só se poderia tomar banhos aos sábados e domingos, um duro golpe para os berlinenses que, sem dispor de suprimento de carvão, recorriam a banhos quentes para manter a temperatura do corpo.[1] Em agosto de 1940, Berlim sofreu suas primeiras baixas de civis em consequência de ataques aéreos ingleses. A rotina dos berlinenses agora incluía sirenes e abrigos antiaéreos durante a noite, e grandes montes de novas ruínas pela manhã.

Nos países ocupados, as tropas alemãs devastavam a terra e aterrorizavam as populações locais, mas a imprensa alemã filtrava todas essas coisas desagradáveis de suas reportagens. Na Terra do Nunca dos noticiários

Greta Lorke em uma escola católica em Frankfurt an der Oder.

Na Universidade de Wisconsin, Greta tornou-se amiga do economista alemão Arvid Harnack, um bolsista da Fundação Rockefeller, e de sua esposa, a americana Mildred Fish, professora de literatura.

Em 1929, Greta (e os Harnacks) retornou para a Alemanha e para uma crise iminente.

Em 1930, Greta apaixonou-se por
Adam Kuckhoff – romancista,
dramaturgo, editor e libertino.

John Sieg casou-se com Sophie
Wloszczynski em 1928.

O ministro nazista Joseph Goebbels (abaixo) foi pioneiro no uso da comunicação de massa para propaganda.

Em março de 1933, tropas de choque nazistas, agindo como polícia auxiliar, reuniram social-democratas, comunistas e membros de sindicatos para tortura e prisão em "campos selvagens".

Em 10 de maio de 1933, nazistas queimaram livros em uma enorme fogueira em Berlim, um ato que se repetiu por todo o país, destruindo trabalhos escritos por judeus, esquerdistas, pacifistas e humanistas, entre eles Ernest Hemingway e Helen Keller.

O marechal de campo Hermann Göring, comandante da Luftwaffe, em seu casamento com a atriz Emmy Sonnemann, em 1935.

Hans Otto e Elisabeth Bergner eram duas estrelas do teatro e cinema alemães. Bergner foi forçada a fugir do país por ser judia. Otto, um comunista convicto, era colaborador teatral e amigo próximo de Adam Kuckhoff. Recusou-se a fazer acordos com os nazistas e foi morto no quartel da tropa de choque em novembro de 1933.

O oficial Donald Heath era um amigo e contato de Arvid e Mildred Harnack na embaixada americana. O Departamento de Estado transferiu Heath da Alemanha para o Chile numa conjuntura crítica em 1941.

O embaixador americano William Dodd e sua família; Martha e William Jr. estão à esquerda.

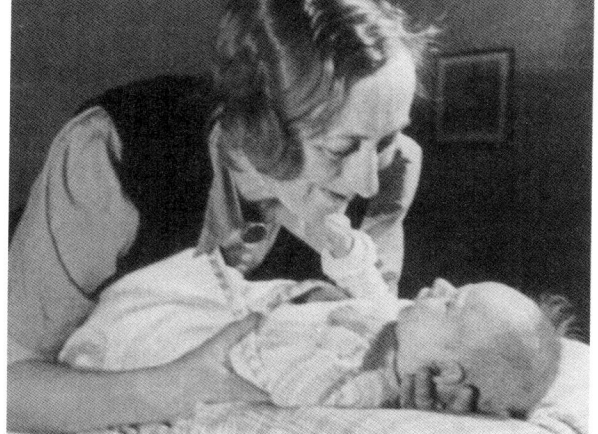

O filho de Greta e Adam Kuckhoff, Ule, nasceu em 1938. Após o nascimento, Adam e seus amigos tornaram-se mais cautelosos quanto a envolvê-la em ações da resistência.

Harro Schulze-Boysen conheceu os Kuckhoffs em um jantar organizado pelo produtor de cinema Herbert Engelsing. Harro era descendente de uma das famílias mais importantes do exército alemão. Era também um fervoroso antinazista.

Libertas, a esposa aristocrata de Schulze-Boysen, começou sua carreira como publicitária na filial de Berlim da MGM. Os Kuckhoffs logo apresentaram os Schulze-Boysens a seus amigos, os Harnacks.

Ouvir os discursos de Hitler era parte do trabalho de Libertas (a quarta, da direita para a esquerda) e de seus colegas da MGM.

O quartel-general da Gestapo na Prinz-Albrecht-Strasse foi um dia a Escola de Artes e Ofícios Industriais, onde o pai de Libertas Schulze-Boysen era professor. A Gestapo tomou o prédio em 1933. No porão, havia um conjunto de celas onde prisioneiros políticos eram mantidos para tortura e interrogatório.

Em 1937, John Sieg conseguiu um emprego nas linhas ferroviárias do Reich, que oferecia oportunidades únicas de trabalho contra os nazistas. Neukölln, seu bairro em Berlim, serviu de base para atividades clandestinas comunistas e para a produção de panfletos antinazistas.

Loja de suprimentos para pintura e carpete na periferia de Berlim onde John Sieg e seu grupo esconderam um de seus hectógrafos.

O produtor de cinema Herbert Engelsing frequentemente se reunia com Libertas (à esquerda) e Harro Schulze-Boysen. Também usou sua posição para assistir o trabalho de resistência de Libertas.

Ingeborg Engelsing tornou-se uma amiga próxima de Harro e Libertas Schulze-Boysen. Seu marido e seus amigos a deixavam no escuro quanto a suas atividades políticas, visto que o status de mãe meio-judia de crianças pequenas fazia dela particularmente vulnerável.

O conglomerado de cinema alemão UFA era a casa secreta da *Antiwelle*, uma rede antinazista dentro da indústria cinematográfica. Este longa, produzido para entretenimento e propaganda antibritânica, foi produzido por Herbert Engelsing com diálogos de Adam Kuckhoff. A estrela Olga Tschechowa era uma das favoritas dos nazistas, mas passou toda a guerra ajudando a inteligência soviética.

Marta Wolter Husemann era outra integrante do salão dos Schulze-Boysens. Antes da tomada nazista, era uma jovem atriz promissora, aqui mostrada no filme de Brecht *Kuhle Wampe*, de 1932. Em 1937, foi enviada para o campo de concentração de Moringen.

O casamento de Günther e Joy Weisenborn em 25 de janeiro de 1941 ofereceu uma rara oportunidade para que o grupo Schulze-Boysen se reunisse em público. O casal está em primeiro plano, enquanto Libertas Schulze-Boysen olha ansiosamente para a câmera no canto inferior direito. Harro, de uniforme, está sentado à esquerda. Walter Husemann celebra com um capacete camuflado.

No salão de Harro e Libertas, estavam artistas de esquerda e intelectuais, incluindo o premiado escultor Kurt Schumacher. Um de seus trabalhos foi selecionado para decorar a propriedade de Hermann Göring.

Em junho de 1941, Kurt Schumacher foi recrutado e enviado para supervisionar trabalhadores franceses em Poznan. Continuou suas atividades de resistência na Polônia.

O agente soviético Alexander Korotkov procurou a ajuda de Arvid Harnack como fonte de inteligência.

No fim de 1940, Harro Schulze-Boysen (segundo à esquerda), fotografado no Ministério alemão, descobriu os planos secretos dos nazistas para invadir a União Soviética. Ele e Arvid Harnack forneceram aos soviéticos uma vasta quantidade de informações sobre Hitler, mas Stalin preferiu ignorar os avisos.

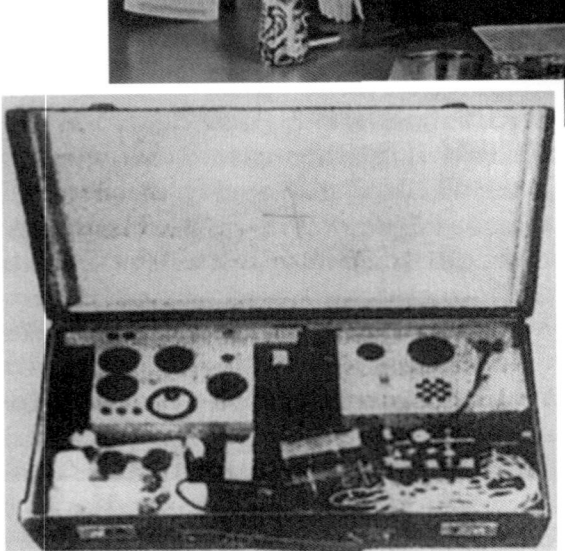

Após a invasão alemã, os soviéticos estavam desesperados para restaurar o fluxo de informações de Berlim. A inteligência soviética enviou diversos rádios, mas eram dificílimos de operar.

O dentista amigo de Herbert Engelsing, Helmut Himpel, e sua noiva, Marie Terwiel, trouxeram vários novos membros ao grupo. O casal foi proibido de se casar porque ela era meio-judia. Eles apoiavam o trabalho de Harro Schulze-Boysen produzindo e distribuindo panfletos antinazistas, além de ajudar judeus perseguidos.

Helmut Roloff, um pianista clássico com tendências conservadoras, foi trazido para o grupo por Helmut Himpel. Roloff enfureceu-se pelo antissemitismo nazista e ajudou os Schulze-Boysens em suas campanhas panfletárias antinazistas. Ofereceu a seus vizinhos judeus, incluindo a família Kuttner, o apoio moral e logístico que foi decisivo.

John Graudenz com as filhas. Correspondente do *New York Times* e da United Press em Berlim nos anos 1920, ele trabalhou com Harro Schulze-Boysen em panfletos antinazistas e ajudou amigos judeus, incluindo a jovem Sophie Kuh e seu padrasto.

Cato Bontjes van Beek, uma hábil ceramista, recrutou estudantes e artistas para ajudar na distribuição de panfletos e em outras atividades da resistência. Cato duvidou das decisões de Harro no período anterior à sua prisão.

Katja Casella e Lisa Egler-Gervai foram duas estudantes de arte que se juntaram à resistência. As duas lindas mulheres eram judias, mas conseguiram esconder isso do regime. Katja abrigava fugitivos em seu estúdio.

Em maio de 1942, o ministro da Propaganda Joseph Goebbels organizou uma exibição no coração de Berlim chamada "Paraíso Soviético", designada para justificar as atrocidades nazistas. A exibição atacava a "conspiração judeu-bolchevique" e retratava horrendas execuções na frente russa como medidas de segurança.

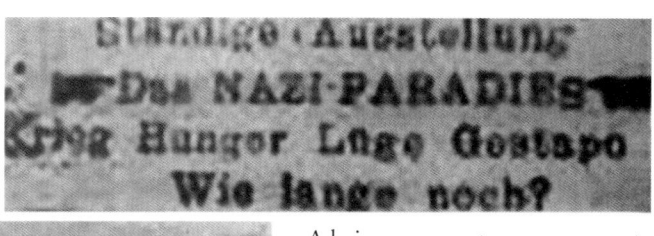

Adesivos como este eram a resposta de Harro Schulze-Boysen à exibição "Paraíso Soviético" de Goebbels. Seu grupo usou um carimbo infantil para imprimir adesivos que diziam "Instalação permanente: O Paraíso Nazista: Guerra, Fome, Mentira, Gestapo. Por quanto tempo mais?" O jovem bando de Schulze-Boysen percorreu Berlim em sua "operação cola-adesivo" no meio da noite.

Presumidamente tirada por um soldado alemão, a foto apareceu após a guerra com a inscrição "O último judeu em Vinnitsa". Em 1942, o grupo Schulze-Boysen começou a coletar fotos atrozes de soldados retornando da guerra. Libertas Schulze-Boysen secretamente copia-va e arquivava as imagens no estúdio de cinema da Universum-Film AG (UFA) para uso em futuros processos de crimes de guerra.

O panfleto, datado de junho de 1942, inclui imagens extremamente detalhadas dos poços de execução na Ucrânia. Foi clandestinamente publicado pelo comunista alemão Wilhelm Knöchel, que trocou documentos antinazistas com o grupo de Schulze-Boysen por intermédio de John Sieg e Elisabeth Schumacher.

Leopold Trepper foi um agente profissional de inteligência soviética baseado em Bruxelas. No fim de 1941, recebeu ordem de Moscou para fazer contato com o grupo em Berlim. Trepper, que não conhecia os berlinenses, ficou horrorizado quando recebeu seus nomes e endereços pelo rádio. O exército alemão interceptou a mensagem e logo a decodificou.

Anatoli Gourevitch, um agente soviético na operação de Trepper em Bruxelas, foi enviado a Berlim para fazer contato com os Schulze-Boysens e estabelecer comunicações via rádio.

A Gestapo prendeu Harro Schulze-Boysen em 30 de agosto de 1942. Outras prisões se seguiram rapidamente. As fotos da polícia mostram Harro Schulze-Boysen (acima), Helmut Himpel, que já mostrava sinais de violência (à direita), e Arvid Harnack (abaixo).

Também foram presas Liane Berkowitz, de 19 anos (à direita), Greta Kuckhoff e Adam Kuckhoff.

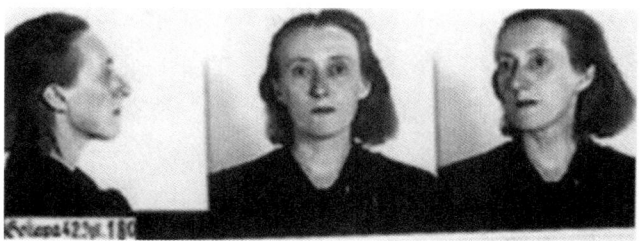

Hermann Göring convocou o juiz militar da Luftwaffe Manfred Roeder, de Vinnitsa, Ucrânia, e ordenou que processasse Schulze-Boysen e seu grupo.

A maioria das execuções da Orquestra Vermelha aconteceu neste cômodo, na prisão de Plötzensee, em Berlim. As mulheres e alguns dos homens foram guilhotinados. Uma trave especial foi equipada com ganchos para carne a fim de lentamente estrangular aqueles que eram considerados os principais no caso.

Greta Kuckhoff foi uma das poucas sobreviventes do círculo de Berlim. Ela trabalhou com os investigadores de Nuremberg para trazer Manfred Roeder ao tribunal de crimes de guerra, mas ele era protegido pela inteligência do exército americano. Greta instalou-se na Alemanha Oriental, de onde foi expulsa mais tarde por sua posição em relação ao governo. Os alemães orientais censuraram duramente suas memórias.

Katja Casella é a última sobrevivente conhecida da Orquestra Vermelha. Ela e sua amiga Lisa eram as duas estudantes judias de arte que esconderam fugitivos para o grupo. Katja tornou-se uma hábil pintora e hoje vive no subúrbio de Berlim.

nazistas, as tropas alemãs eram sempre recebidas com flores e crianças sorridentes, e os cidadãos expressavam sua gratidão às tropas que "limpavam" e "pacificavam" seu país.

Os nazistas nunca pensaram em informar o número de baixas civis em suas campanhas. Mas, em maio de 1940, também pararam de informar o número e os nomes de baixas militares alemãs. Hitler se lembrava claramente de que, na Primeira Guerra Mundial, quanto mais os alemães mergulhavam em suas listas de baixas, mais questionavam a própria guerra. Essa inconveniência também podia ser minimizada.

Mas havia um setor da população que tinha um irrefutável conhecimento de primeira mão sobre a guerra: eram os próprios militares na linha de frente. Inúmeros oficiais já haviam objetado à perseguição nazista de comunidades judaicas e cristãs e começado a explorar atividades de resistência.

Antes da Polônia, ainda era possível para muitos oficiais alemães acreditar na retórica de liberar alemães étnicos e redesenhar as fronteiras impostas pelo Tratado de Versalhes. Mas a campanha polonesa também era algo diferente do usual. Unidades específicas da Gestapo e grupos da SS foram agregados ao exército regular com ordens de realizar execuções em massa. Eram conhecidos como unidades *Einsatzkommando*, expressão que pode ser traduzida como "missão comando" ou "força-tarefa" (também chamados de *Einsatzgruppen*). Por volta de 1940, essas unidades móveis assassinas foram responsáveis pelas mortes de 52 mil pessoas na Polônia, muitas delas aristocratas poloneses, intelectuais e judeus, justamente os setores considerados suspeitos de liderar a resistência contra a ocupação alemã.[2] Mas a presença e as atividades desses esquadrões da morte eram profundamente perturbadoras para muitos oficiais do exército regular, pois operavam fora da cadeia de comando tradicional e violavam todas as normas da conduta militar. Na opinião de alguns historiadores militares, a Polônia representou o ponto de inflexão no movimento de resistência entre os militares alemães.[3]

Em novembro de 1939, o comandante em chefe dos distritos orientais, general Johannes Blaskowitz, escreveu um memorando a Hitler descrevendo as atrocidades e abusos que havia testemunhado e expressando sua "mais profunda preocupação" quanto ao impacto de tudo aquilo sobre as tropas.

Hitler chamou de "infantil" a mensagem de Blaskowitz e condescendentemente disse ao general: "Você não pode empreender uma guerra com os métodos do Exército da Salvação." Mas Blaskowitz persistiu, enviando outra enfática comunicação ao comandante em chefe do exército deplorando a "sede de sangue" dos *Einsatzkommandos* e pedindo uma "nova ordem". Em janeiro de 1940, ele disse a seu oficial de comando: "Todos os soldados se sentem enojados e repelem os crimes cometidos na Polônia por agentes do Reich e representantes do governo." Os protestos de Blaskowitz foram suprimidos e ele foi retirado da frente oriental em maio de 1940. Mas oficiais antinazistas circularam seu relatório para outros comandos, onde causou "grande agitação".[4]

Um coronel, Helmuth Stieff, citou as acusações de Blaskowitz numa carta angustiada à sua esposa:

> Estou envergonhado de ser um alemão. Essa minoria que mancha o nome da Alemanha com assassinatos, saques e incêndios criminosos se provará a desgraça de toda a nação alemã a menos que a façamos parar imediatamente. O que tem sido descrito e provado a mim pelas mais responsáveis autoridades no local está destinado a provocar uma justa vingança. De outra forma, essa corja algum dia fará as mesmas coisas a nós, pessoas decentes, e aterrorizará sua própria nação com suas paixões patológicas.[5]

O regime reconheceu que essa agitação entre os oficiais era problemática. No início de 1940, o alto-comando respondeu removendo da jurisdição do exército as formações policiais da SS que atuavam na Polônia, com o argumento de que, se os oficiais regulares do exército deixassem de ser legalmente responsáveis pela SS, expressariam menos apreensões e a SS teria mais liberdade de ação.[6]

Muitos alemães podiam sentir o cheiro da catástrofe no ar, mas tentavam manter uma sensação de normalidade no cotidiano. O destino do país estava sendo dirigido por Adolf Hitler, um homem de pouca educação, mas espantosa intuição, que acertava um número suficiente de vezes para deixar todo mundo desnorteado. Seus adversários externos estavam se provando igualmente imprevisíveis. Muitos oficiais antinazistas haviam acreditado que o Ocidente iria se opor ativamente à ocupação nazista da Checoslováquia em 1938 e 1939. Em 1939, quando a Inglaterra e a França responderam com uma atitude conciliatória, eles presumiram que o Ocidente assistiria, inerte, enquanto a Polônia era desmembrada. No entanto, a conquista da Polônia pusera em ação a Inglaterra e a França, mas, agora, com a França e a Europa Ocidental sob ocupação, ninguém podia prever o que fariam a União Soviética ou os Estados Unidos.

As invasões de Hitler haviam deixado seus oponentes cada vez mais isolados. A ocupação nazista da Europa Ocidental barrou o apoio do mundo externo e eliminou um grande número de locais onde os exilados podiam estar seguros. Os comunistas alemães fugiram dos avanços nazistas passando de uma capital a outra, tentando manter-se um passo adiante da Gestapo. Muitos fracassaram. Paris abrigara Willi Münzenberg, o tsar da mídia comunista alemã, que ocupava um lugar de destaque permanente na lista negra dos nazistas. Münzenberg havia sido expulso do Partido Comunista sob a suspeita de "diversionismo" em 1938, e recusou-se a atender a uma convocação para regressar à União Soviética. Quando irrompeu a guerra, o governo francês o pôs num campo para aliados inimigos, mas soltou os prisioneiros em junho de 1940 devido ao avanço do exército alemão. Münzenberg e outro interno partiram para a Suíça. Em outubro, seu corpo em decomposição, com a face desfeita, foi encontrado pendurado numa árvore numa floresta francesa. O outro fugitivo desaparecera sem deixar vestígio. Alguns consideraram a morte de Münzenberg um suicídio, mas outros viram ali a marca registrada de um assassinato stalinista.

Os antifascistas de Berlim percebiam a cidade se fechando em torno deles. À altura do outono de 1940, muitos dos jornalistas e do pessoal das embaixadas ocidentais já haviam partido. Em 8 de outubro, William Shirer registrou em seu diário mais uma festa de despedida da embaixada americana, oferecida por Donald Heath. Shirer relata que Heath tinha uma razão pessoal para celebrar: poucas semanas antes, o fragmento de uma bomba inglesa penetrara em seu escritório passando diretamente acima de sua escrivaninha. Felizmente, ele havia ido para casa mais cedo e escapara da explosão.

Shirer estava fazendo seus próprios planos para abandonar Berlim. O jornalismo, tal como o definia, tornara-se impossível:

> Até recentemente, a despeito da censura, eu acho que estava sendo capaz de fazer um trabalho honesto reportando da Alemanha. Mas... as novas instruções tanto dos censores militares quanto dos políticos não me permitem dizer qualquer coisa que possa criar uma impressão desfavorável a respeito da Alemanha nazista nos Estados Unidos... Não se pode chamar os nazistas de "nazistas" nem uma invasão de "invasão". Fica-se reduzido a retransmitir os comunicados oficiais, que são mentiras, e que qualquer autômato pode fazer.[7]

Muitos berlinenses haviam desistido de ler jornais. Quando a propaganda no rádio tornava-se excessiva para eles, desligavam os aparelhos resmungando *"Quatsch!"* ("Besteira!"). Nem mesmo a ida ao cinema garantia uma fuga. A programação começava com o noticiário semanal *Deutsche Wochenschau* mostrando alegres camponeses poloneses colhendo batatas e tropas da SA que passavam o tempo lendo jornais na biblioteca polonesa.[8] Os poucos correspondentes ocidentais restantes tinham permissão de ouvir as transmissões estrangeiras, mas somente sob a condição de que não partilhariam o conteúdo com seus conhecidos alemães. A rádio estrangeira era a única fonte confiável de notícias; se chegava um jornal de fora, em geral era com meses de atraso.

Falk, o irmão mais novo de Arvid Harnack, havia conseguido um poderoso rádio de ondas curtas e o deu de presente ao casal para que tivesse acesso a notícias do exterior. Eles ouviam cuidadosamente os acontecimentos e os partilhavam com um pequeno círculo de amigos, uma de suas poucas e limitadas atividades de resistência durante o verão de 1940. Harnack também continuava a se encontrar com Donald Heath, da embaixada americana, embora tomassem precauções cada vez maiores. A despeito de sua difícil situação econômica, Harnack nunca pediu dinheiro a Heath. Às vezes lhe pedia papel, cuja compra no atacado era cuidadosamente monitorada pela Gestapo. "Ele precisava de grande quantidade, mas não tinha como comprá-lo", recordou mais tarde o filho de Heath. "Meu pai não se sentia à vontade com aquilo, e logo parou. Se tivesse sabido da propaganda, teria se aborrecido. Antes de vir para Berlim, recebera treinamento sobre regras básicas de atuação: não se misturam ativismo político e trabalho de inteligência."[9] Essas eram regras que Harnack violava a cada momento. Ele sabia que seus boletins informativos representavam um risco para seu trabalho de inteligência, mas ofereciam a seus círculos de amigos um antídoto contra o desespero.

Harro Schulze-Boysen passou grande parte de 1940 expandindo seu círculo de contatos. Os novos membros incluíam artistas, estudantes, militantes do KPD e funcionários dissidentes que trabalhavam nos ministérios nazistas. Suas crenças e suas origens variavam, e isso podia causar conflitos. Algumas das disputas envolviam velhas ideias políticas preconcebidas. No outono de 1940, Walter Husemann apresentou ao círculo Schulze-Boysen um funcionário do KPD e antigo editor do *Rote Fahne* chamado Wilhelm Guddorf, que chegou a uma reunião e deu de cara com Walter Küchenmeister, o companheiro da dra. Elfriede Paul. Guddorf ficou chocado. Protestou, dizendo que Küchenmeister havia sido expulso do KPD em 1926 por se apropriar de fundos do partido. O partido o condenara como desertor, e ele bem poderia ser um informante da Gestapo.[10] Guddorf demandou que o grupo cortasse relações com Küchenmeister imediatamente.[11]

Harro Schulze-Boysen ficava impaciente com aqueles velhos rancores comunistas. Não tinha nada contra o partido, mas não via nenhuma utilidade naqueles militantes do KPD que estavam mais interessados em vendetas partidárias que na crise do momento. Harro conhecia Küchenmeister desde seus tempos na revista *Gegner*, e a dra. Elfriede o trouxera para o grupo em 1935. Assim como Guddorf, Küchenmeister passara um tempo num campo de concentração, onde quase morrera de tuberculose. Na opinião de Harro, o homem quitara suas dívidas. Com sua usual firmeza, dedicou-se a fortalecer seus laços com Elfriede Paul e Walter Küchenmeister e distanciou-se de Guddorf. Se seu grupo precisasse se comunicar com o KPD, havia muitos outros caminhos. Kurt Schumacher levou um amigo escultor que tinha conexões com o partido, e os protestos de Guddorf foram ignorados. Harro Schulze-Boysen gostava de chocar sua família dizendo-se um "comunista" e recitando jargões marxistas, mas é questionável que tivesse sido bem recebido no KPD. O partido tinha ideias rígidas a respeito de insubordinação crônica.

Harro encorajava os novos membros de seu círculo a se infiltrar nas burocracias nazistas para ganhar acesso a informações. Em julho de 1940, conduziu seu amigo Günther Weisenborn para uma entrevista de emprego na rádio estatal, a Grossdeutscher Rundfunk. Weisenborn foi contratado como editor de notícias num momento crucial para as transmissões de rádio alemãs. No mês anterior, Goebbels havia deslanchado um novo esquema, intercalando a programação diária nacional com relatórios da defesa civil sobre ataques aéreos.[12] O trabalho de Weisenborn era ler os relatos sobre o que estava realmente acontecendo e reciclá-los, transformando-os em histórias que combinassem com a propaganda.

Harnack, Kuckhoff e Schulze-Boysen estavam frustrados. Eles seguiam todos os caminhos possíveis para se opor ao regime, mas suas ações eram dispersas e indiretas, e era difícil argumentar que causassem algum dano real à máquina de guerra nazista.

Uma estonteante nova oportunidade chegou, literalmente, à porta de Arvid Harnack no dia 17 de setembro de 1940, o mesmo dia em que Hitler cancelou a invasão da Inglaterra. O visitante inesperado falava um alemão fluente com ligeiro sotaque. Informou a Arvid que trazia saudações de um velho amigo da embaixada soviética, o que imediatamente levantou suspeitas em Arvid. Fazia dois anos que não se comunicava com os soviéticos, desde que os expurgos de Stalin erradicaram seus contatos na embaixada. Esse homem bem poderia ser um agente enviado pela Gestapo para fazê-lo cair numa armadilha. Como prova de honestidade, o russo convidou Arvid a ir à embaixada soviética e então lhe pediu que renovasse o contato com os soviéticos. Arvid estava relutante (seu visitante o descreveu como "desconfiado e tenso"), mas, após longa conversa, ele concordou.

O visitante era Alexander Korotkov, um funcionário do NKVD, a agência de inteligência soviética. Era um homem de 31 anos, cabelos bem arrumados, com um olhar ousado, irônico. Ele também tinha um faro para boas oportunidades. Começara sua carreira aos 19 anos, depois de fazer amizade com um oficial do serviço secreto com quem jogava futebol. Aquele encontro o levou a um emprego como ascensorista e, poucos anos depois, foi mandado para o exterior como agente. Trabalhou durante vários anos na missão comercial soviética em Berlim, onde Gisella von Pöllnitz envolveu-se com a frustrada tarefa de deixar na caixa de correio informações secretas de Harro Schulze-Boysen sobre a Espanha. (Não existem evidências de que os soviéticos tenham passado os avisos para os republicanos espanhóis, e a jovem Gisella suportou inutilmente um interrogatório da Gestapo.)

Korotkov encontrou suas próprias dificuldades em 1939, quando membros da família de sua esposa foram acusados de traição, mas ele apelou diretamente a Lavrenty Beria, o famoso chefe do serviço secreto de Stalin, e foi reintegrado. Retornou a Berlim com cobertura diplomática no verão de 1940 e procurou Arvid Harnack logo em seguida. Korotkov havia sido incumbido da difícil tarefa de pôr novamente em ordem a rede de inteligência soviética em Berlim.

Desde o encontro inicial de Arvid Harnack com agentes soviéticos, em 1935, os "residentes", ou agentes estacionados no exterior, haviam experimentado constantes cataclismos. O pessoal do NKVD servira como carrasco de Stalin para exterminar um número incontável de russos, ucranianos e minorias étnicas. Centenas de funcionários da própria agência haviam tombado como vítimas dos expurgos. No processo, a inteligência soviética também perdeu seus mais astutos e experientes funcionários. O escritório de Berlim era especialmente disputado. O primeiro contato de Harnack, que foi chamado a Moscou e fuzilado, foi substituído por um agente que morreu na mesa de operação no primeiro ano. O agente seguinte foi nomeado graças ao nepotismo, sem nenhuma experiência no exterior e sem falar nada de alemão.

Korotkov era uma escolha mais eficaz, já que havia trabalhado ilegalmente na Europa Ocidental desde 1933 e falava fluentemente o alemão. Agora, vinha pedir a Harnack que restabelecesse sua conexão com o serviço secreto soviético. Korotkov encontrou um Harnack relutante que, finalmente, concordou. Não existe nenhum registro da conversa da perspectiva de Harnack, mas Korotkov tinha uma anotação detalhada do encontro em seu arquivo.

Harnack, relatou ele, não estava motivado por dinheiro e "não se vê no papel de um agente sob nossa chefia". Harnack não escondeu o fato de que tinha sua própria agenda, que dizia respeito ao futuro de seu próprio país. Korotkov zelosamente informou a seus superiores que Harnack considerava a União Soviética "um país com cujos ideais ele se sente conectado e do qual espera apoio". (Essa não é a história completa. Harnack repetidas vezes falou a seus amigos de sua aversão por Stalin e pelos métodos intimidadores dos soviéticos, e alertou Adolf Grimme de que precisariam de "firmeza para não nos tornarmos uma marionete nas mãos de Moscou".)

Korotkov descreveu Harnack como "uma pessoa honesta, um homem realmente de moral, de palavra confiável", e reconheceu que o novo contato havia sido um presente do céu.[13] Ele e seu círculo possuíam acesso extraordinário a informações confidenciais e tinham excelentes coberturas. Isso ficou claro desde o primeiro encontro, quando Arvid informou a Korotkov que Hitler planejava romper o acordo com Stalin e invadir a União Soviética.[14]

Durante os nove meses seguintes, Alexander Korotkov e Arvid Harnack envolveram-se em um exótico minueto — embora, sob circunstâncias menos terríveis, pudesse ter sido considerado uma comédia de erros. Os dados sobre Harnack nos arquivos de Moscou careciam de contexto e estavam desatualizados. Estava muito bem que Korotkov enviasse abundantes informações, mas ele também tinha algumas explicações a dar. Durante alguns meses, Moscou exigiu saber quem realmente era Harnack. Qual era sua relação com o KPD? Quem exatamente eram esses seus amigos? Que motivação tinham?

Os únicos registros que sobreviveram dos encontros de Korotkov são os que ele escreveu para ficar bem com seus superiores em Moscou. Ainda assim, oferecem um fascinante vislumbre do período entre setembro de 1940 e junho de 1941.

Korotkov reconhecia que, como um agente, Harnack estava longe do ideal soviético. Seus princípios antifascistas eram considerados uma desvantagem. Os melhores agentes amadores eram os mais facilmente controláveis, usualmente motivados por cobiça ou chantagem, adaptando-se às bizarras mudanças da política internacional sem nenhum escrúpulo. O espião perfeito dedicava-se à única e limitada função da espionagem e rejeitava qualquer atividade política ou relação que pudesse atrair a atenção. Esse modelo ajustava-se aos agentes soviéticos mais tradicionais, como Richard Sorge, que trabalhava em Tóquio, e o agente da Gestapo Willy Lehmann, que havia começado a passar informações para os soviéticos em 1929 e era pago por Korotkov.[15] Mas Arvid Harnack deixou claro para Korotkov, como deixara para Donald Heath, que não permitiria que seu trabalho de inteligência pusesse fim a seu trabalho na resistência.

O primeiro relatório de Korotkov resumia seu encontro de setembro com Harnack, que recebeu o codinome "Korsikanets" ("Corso"). Ele transcreveu a informação que Arvid obtivera de um oficial não identificado do alto-comando do exército: a Alemanha entraria em guerra contra a União Soviética no ano seguinte.

> Um passo inicial para a ação militar contra a União Soviética será a ocupação da Romênia, que está sendo preparada e acontecerá daqui a poucos meses... [Foi sugerido que] as operações gerais contra a Inglaterra seriam adiadas.[16]

O relatório de Korotkov ia diretamente contra as convicções de Stalin a respeito de Hitler. Quando recebeu a informação, Stalin chamou seu chefe da inteligência (e patrão de Korotkov), Lavrenty Beria, e pediu sua opinião. Beria intercedera recentemente a favor de Korotkov, mas também acabava de herdar sua posição do chefe anterior, que havia sido executado.

Beria disse o que Stalin queria ouvir: "Vou arrastar esse Corso [Harnack] a Moscou e jogá-lo na prisão por passar informação errada", respondeu.[17]

Tanto Alexander Korotkov quanto Arvid Harnack viam a necessidade de rearranjos no grupo. Arvid percebeu que seus relatórios econômicos poderiam ser úteis aos soviéticos, mas as atualizações fornecidas pelo novo amigo de Adam Kuckhoff no serviço de inteligência da força aérea seriam muito mais importantes. Convocou uma reunião. Durante os cinco anos anteriores, Arvid Harnack, Adam Kuckhoff e Harro Schulze-Boysen haviam se encontrado somente em duplas, mas agora, durante outubro e novembro de 1940, estariam os três juntos pela primeira vez.

Para Arvid, um homem cauteloso por natureza, o que ouviu nos encontros deve ter sido um golpe. Instado por Arvid e Adam, Harro repassou sua assustadoramente longa lista de atividades. Começou com suas obrigações profissionais. Estava suplementando seu trabalho no serviço secreto da aeronáutica lecionando na universidade e havia acabado de ser chamado para dar um curso para jovens oficiais no Instituto de Relações Internacionais. Seu trabalho de resistência era ainda mais amplo, e ele de bom grado o misturava com suas tarefas profissionais cotidianas. Diariamente, fazia conferências de imprensa para seus amigos, transmitindo as informações que juntara nos jornais estrangeiros que analisava no trabalho. Suas informações eram passadas a outros grupos de discussão ou publicadas em boletins clandestinos para pequenos círculos de amigos afinados com suas ideias. Harro encontrava novos recrutas para a resistência em toda parte, inclusive na aeronáutica, na universidade e em seus círculos sociais.

Em suma, ele era um pesadelo em termos de segurança. Arvid Harnack disse a Harro que, se fosse para ter qualquer utilidade real no combate aos nazistas, ele teria que se controlar. Era particularmente importante que ele rompesse os contatos com os exilados comunistas do grupo de Walter Küchenmeister na Suíça. Esses círculos estavam cheios de informantes. Adam Kuckhoff não se espantou com as atividades erráticas de Harro, pois Libertas já havia dito a Greta que estava preocupada com a maneira como seu marido "se deixava levar" por seu temperamento, e esperava que a abordagem sóbria de Arvid pudesse ser uma influência moderadora.[18]

Korotkov retornou ao quartel-general para instruções adicionais. Qualquer que tivesse sido a reação de Stalin ao seu primeiro relatório, Moscou estava faminta por informações. Em dezembro de 1940, o diretor adjunto do serviço secreto estrangeiro, Pavel Sudoplatov, elaborou uma lista de dez itens que Korotkov deveria apresentar a Arvid Harnack. Primeiro, Sudoplatov queria que Harnack conseguisse informações secretas militares por meio de suas conexões nos ministérios. Segundo, pedia-se a Harnack que juntasse informações sobre a resistência dos conservadores alemães a Hitler (para responder às preocupações soviéticas de que os generais alemães e os social-democratas juntariam forças com ingleses e americanos contra os soviéticos).[19]

Mais tarde, no mesmo mês, Harnack oficialmente incluiu Harro Schulze-Boysen na operação. Harro recebeu o codinome "Starshina" (uma patente militar soviética).[20] Korotkov pediu a Adam Kuckhoff que fosse seu terceiro contato direto, com o codinome "Starik" ("homem velho"). Kuckhoff foi descrito como um velho amigo do Corso que poderia informar sobre a oposição a Hitler e ajudar nas comunicações.[21] Por enquanto, Arvid Harnack seria o único a ter contato com Korotkov.

Os relatórios enviados de Berlim por Korotkov constituíam um alerta sobre os planos nazistas de invadir a Rússia e ofereciam aos soviéticos tempo suficiente para montar uma defesa poderosa. Mas a confiança de Stalin em seu colega ditador continuou intocada, e Hitler tomou medidas criativas para seduzi-lo. No Ano-Novo de 1940, enviou uma mensagem de saudação a Stalin, acompanhada de uma nota tranquilizadora. Se o líder soviético viesse a ouvir qualquer rumor a respeito de uma possível invasão alemã, confidenciou ele, deveria saber que era parte de sua cortina de fumaça intencional.

"Em especial, quero alertá-lo sobre o seguinte", acrescentou Hitler:

A agonia da Inglaterra vem acompanhada de esforços febris para salvá-la de seu destino inevitável. Para isso, eles estão inventando todos os mais loucos rumores possíveis, e os mais importantes podem ser grosseiramente divididos em duas categorias: rumores de invasões planejadas pela União

Soviética contra a Alemanha e pela Alemanha contra a União Soviética. Não vou me estender a respeito do absurdo de tudo isso.

No entanto, com base em informações de que disponho, eu prevejo que, quanto mais iminente for nossa invasão das Ilhas Britânicas, mais intensos se tornarão tais rumores, e talvez documentos forjados sejam acrescentados a eles. Serei completamente honesto com você. Alguns desses rumores estão sendo circulados por agências alemãs especialmente escolhidas para isso.[22]

Hitler encerrou a carta sugerindo que os dois líderes se encontrassem em algum momento para discutir o que fazer com o que sobrasse da Inglaterra e planejar a nova ordem mundial. Ele estava um pouco ocupado naquele momento, disse, mas esperava que sua agenda lhe permitisse um tempo livre por volta do "final de junho". Como acabou acontecendo, sua invasão da Rússia em junho manteria os dois homens totalmente ocupados.

É possível que Stalin descartasse o relatório inicial de Arvid por achá-lo vago, mas, em dezembro, quando Harro Schulze-Boysen juntou-se aos esforços, as informações tornaram-se mais abrangentes e detalhadas. O setor de Harro estava diretamente envolvido na implementação da Diretriz Número 21, assinada por Hitler em 18 de dezembro de 1940. Conhecida como "Operação Barbarossa", estabelecia que "as forças armadas alemãs devem estar preparadas para esmagar a Rússia soviética numa campanha rápida antes do final da guerra contra a Inglaterra. As preparações devem ser completadas até 15 de maio de 1941".[23]

Arvid Harnack encontrou-se novamente com Alexander Korotkov em janeiro de 1941, o primeiro de dezenas de encontros que ocorreriam durante a primeira parte do ano. Arvid relatou que sua rede havia aumentado para cerca de sessenta pessoas. Entre os oficiais militares alemães das três armas estavam o barão Wohlzogen-Neuhaus, do departamento técnico do exército (que recebeu o codinome "Grego"), e jovens oficias alunos de Harro. Outros membros trabalhavam em áreas críticas da indústria de defesa. Esses incluíam Karl Behrens, codinome "Luchisty" ("Raio de luz"), que era um engenheiro da gigantesca companhia elétrica AEG, e Hans Rupp, um economista do alto escalão da gigante química I.G. Farben.[24]

Mas Harro Schulze-Boysen era a peça mais preciosa. Em janeiro de 1941, foi transferido para o complexo Wildpark-West perto de Potsdam, onde Göring havia construído seu centro de comando subterrâneo. O novo posto de Harro lhe dava o ponto de observação perfeito para assistir às preparações para a guerra. O quartel-general abrigava as operações de comunicação e de inteligência da aeronáutica, e Harro estava encarregado de escrever comentários detalhados sobre os relatórios de adidos aéreos postados em várias embaixadas estrangeiras.[25] Duas vezes por semana, Harro fazia uma viagem curta a Berlim para dar aulas aos jovens oficiais no Instituto de Relações Internacionais.[26] Se a invasão ocorresse conforme planejado, ele poderia oferecer uma visão sem paralelo com base nas informações secretas de que dispunha.

Naquele mês, Harro escreveu aos pais sobre sua nova situação numa prosa leve, telegráfica:

> As coisas estão bem aqui. Estou trabalhando com pessoas realmente agradáveis. Trabalho desde muito cedo até *bem* tarde da noite — mas é interessante (e isso é o principal). Sentimento estranho: de súbito, a vida entrou numa nova fase... O ar é bom. A comida é boa. O tempo para estudar, infelizmente, é *muito* limitado. Estarei em Berlim no domingo. Hoje, o assunto principal é meu novo endereço.[27]

17

O caminho para Barbarossa

Janeiro-Junho 1941

Durante os meses seguintes, Harro Schulze-Boysen forneceu aos soviéticos um relato, lance por lance, dos planos para a iminente invasão alemã.[1] No início de janeiro, ele anunciou que as preparações formais haviam começado. A força aérea recebera ordens de iniciar os voos de reconhecimento fotográfico em larga escala sobre a fronteira soviética, e Göring transferiu para o setor de planejamento de operações os especialistas em Rússia que trabalhavam no Ministério da Aeronáutica. Arvid rapidamente passou a informação para Korotkov, que a codificou e enviou para Moscou.[2] Poucas semanas depois, Arvid disse a Harro que a informação havia chegado ao destino.[3]

Em 9 de janeiro de 1941, Arvid enviou notícias do Ministério da Economia. O alto-comando alemão havia ordenado ao Departamento Militar-Econômico, que cuidava da administração de estatísticas, para preparar um mapa dos alvos industriais soviéticos.

Os alemães na resistência achavam que as implicações eram claras, mas os soviéticos continuavam a ter dúvidas. Algumas delas foram inadvertidamente semeadas pelo próprio Harnack. Não havia nada muito bem definido a respeito da política externa alemã, e Harnack forneceu uma visão geral dos pontos de vista concorrentes. Os arquivos de Korotkov em janeiro e fevereiro eram um emaranhado que bem refletia as informações de Harnack. Ao mesmo tempo que Hitler se preparava para a guerra, Hermann Göring explorava o terreno para um acordo de paz com a Inglaterra e os Estados Unidos. Donald Heath disse a Harnack que outros generais alemães haviam abordado os Estados Unidos para um acordo à parte.[4] O monólito nazista nunca fora tão sólido quanto parecia.

Uma limitação diferente afetava os relatórios de Harro Schulze-Boysen. O serviço secreto de Stalin não tinha familiaridade com a terminologia da força aérea alemã (e, neste aspecto, o mesmo se aplicava a Arvid Harnack). Grande parte da informação que Schulze-Boysen oferecia nunca fora corretamente traduzida.

Mas havia outro fator muito mais relevante que esse: Stalin era um prisioneiro de sua própria negação. Certo de que Hitler não invadiria a União Soviética até que se livrasse dos ingleses, Stalin filtrava todos os fragmentos de informação através de um prisma distorcido, a despeito das evidências concretas de que os planos de invasão estavam em andamento.

Os voos de reconhecimento alemães, previstos por Harro em outubro de 1940, já estavam produzindo uma maciça coleção de fotografias aéreas dos alvos militares soviéticos. O serviço secreto soviético informou a Stalin que, entre março e 19 de dezembro de 1940, haviam ocorrido 15 violações alemãs do espaço aéreo soviético. Com o tempo, aumentaram. Em 20 de março de 1941, o ministro soviético das Relações Exteriores enviou um protesto ao embaixador alemão porque haviam ocorrido 37 violações entre outubro de 1940 e março 1941, mas a reclamação foi ignorada. Outras autoridades alemãs delicadamente observaram que havia "muitas escolas militares de voo" perto da fronteira e que seus "alunos pilotos facilmente se desorientavam".[5]

Oficiais ansiosos levaram os relatórios do serviço secreto diretamente à escrivaninha de Stalin, mas ele continuou a aceitar a palavra de Hitler. Tendo eliminado seus melhores agentes da inteligência, o ditador não confiava naqueles que haviam sobrevivido. Não tinha nenhum interesse na análise de especialistas. Ele demandava os dados brutos, que interpretava através de lentes ideológicas, sem o benefício da experiência no mundo mais amplo. A doutrina marxista-leninista sustentava que a Alemanha fascista tinha que entrar em guerra contra as nações capitalistas antes de atacar os soviéticos. Stalin tomava decisões executivas baseadas em sua visão tendenciosa, ignorando todas as evidências e os argumentos contrários.

Passo a passo, Harro continuava a monitorar os planos secretos alemães. Uma nota de 9 de março informava:

> Os voos de reconhecimento fotográfico estão sendo feitos com força total. Aviões alemães estão operando a partir de aeroportos em Bucareste, Königsberg e Kirkenes, no norte da Noruega. As fotos foram tomadas de uma altitude de 6 mil metros... As fotos são bem-feitas. A coleção de fotos é avaliada pelo pessoal da 5ª unidade de reconhecimento. O chefe dessa unidade é o coronel Schmidt.[6]

O relatório de Arvid acrescentava comentários de seu amigo Egmont Zechlin. As fontes nazistas de Zechlin haviam dito que esperavam completar um ataque de surpresa naquela primavera, antes que os russos em fuga pudessem pôr fogo em seus campos de trigo quase maduro. A colheita poderia ser usada para alimentar os alemães.[7]

Em 20 de março, Arvid Harnack enviou um meticuloso relatório sobre a logística da operação:

> Em acréscimo às forças de ocupação, há apenas uma única divisão ativa na Bélgica, confirmando assim o adiamento da ação militar contra as Ilhas Britânicas. A preparação para um ataque contra a União Soviética estava ficando óbvia. Isso é evidenciado pela disposição de forças alemãs concentradas ao longo da fronteira soviética. A linha férrea de Lvov até Odessa é especialmente importante porque tem bitola europeia.

Na semana seguinte, Hitler encontrou um empecilho inesperado. Os alemães vinham contando com a cooperação de governos reacionários da região, inclusive na Hungria, Romênia e Iugoslávia. Em 26 de março, o governo e o príncipe regente da Iugoslávia foram derrubados por um golpe. O novo governo era cautelosamente antifascista. Ofereceu-se para assinar um pacto de não agressão com a Alemanha, mas retirou uma oferta anterior de apoio. Em Belgrado, multidões iradas cuspiram no carro do ministro alemão. Hitler teve um chilique. No dia seguinte, informou aos atônitos generais sua súbita decisão de adiar a invasão da União Soviética durante quatro semanas para, antes disso, esmagar a Iugoslávia. O país poderia ser dividido com a Hungria, a Romênia e a Itália, com exceção de uma pequena e colaboradora fatia da Croácia.

Anteriormente, os principais comandantes de Hitler haviam se oposto à ideia de invadir a União Soviética. Agora, temiam que um atraso prolongasse as operações até o temível inverno russo, que custara a Napoleão o exército e o império havia mais de um século. Hitler não estava interessado nas objeções práticas de seus generais.[8]

O serviço secreto soviético também estava enfrentando seus próprios obstáculos. Os superiores de Alexander Korotkov em Moscou reconheciam a natureza extraordinária dos relatórios que ele enviava, mas estavam perturbados com sua proveniência.

Korotkov estava sugerindo que os soviéticos deveriam basear as decisões políticas radicais em informações de um economista obscuro e sem partido, um "oficial da aeronáutica" que ele não conhecia e sua vasta rede de "fontes" desconhecidas. Isso seria desconfortável em circunstâncias normais, mas com Stalin no poder, cada passo poderia levar a uma mina terrestre. Nos termos do Partido Comunista, as fontes de Korotkov vinham de lugar nenhum. Os soviéticos queriam tomar conhecimento delas o mais rápido e exaustivamente possível.

No dia 12 de março, funcionários da inteligência soviética enviaram uma carta ao comitê executivo da Internacional Comunista. Suas perguntas continham tantos erros, que devem ter deixado os destinatários ainda mais perplexos. Quem era "Johannes" Harnack? (Não havia nenhum; eles se referiam a Arvid.) E esse tal de Harro Schulze-Boysen, que publicava a revista *Gegner* e esteve "preso durante dois anos"? (Harro ficou detido durante alguns dias, não anos.) A carta acompanhava uma lista dos amigos e parentes de Harnack, especulando (erroneamente, muitas vezes) sobre quais deles haviam pertencido ao Partido Comunista antes de 1933.

O comunista alemão Walter Ulbricht tentou ajudar, mas era claro que estava improvisando. Sobriamente, respondeu que "Johannes" Harnack era o secretário de uma organização de escritores, mas não se sabia "se era um membro do KPD ou apenas um simpatizante". A revista *Gegner*, acrescentou, representava o movimento Dadaísta (o que teria surpreendido Harro).[9]

Outras perguntas foram dirigidas a comunistas estrangeiros residentes em Moscou. Georg Luckács, um destacado crítico literário húngaro, saiu-se um pouco melhor. Ele podia falar a favor de Arvid Harnack, a quem havia conhecido em círculos literários em Berlim antes de 1933. Luckács descreveu "HARNACK (Arvid?)" como "[não abertamente] um membro do KPD, mas ainda afligido por crenças burguesas que ele havia buscado seriamente superar".[10]

Korotkov estava sob pressão para esclarecer as fontes de seus relatórios. Durante meses, Arvid Harnack servira de mensageiro, mas agora Korotkov o pressionava para um encontro face a face com o jovem tenente da aeronáutica. Em 27 de março de 1941 (dia em que Hitler decidiu adiar a invasão da União Soviética), Schulze-Boysen chegou à casa de Harnack para se encontrar com o soviético.

Korotkov anotou suas observações cuidadosamente:

> Na última quinta-feira, Korsikanets nos reuniu com Starshina. Starshina está plenamente consciente de que está lidando com um representante da União Soviética, e não com o Partido [Comunista]. Ele dá a impressão de estar totalmente preparado para me dizer tudo o que sabe. Respondeu a minhas questões sem tentar se evadir nem esconder qualquer coisa. Mais ainda: estava bem preparado para nosso encontro, e trouxe um papel com certas anotações para nos passar.

Agora que havia assumido o compromisso de fornecer informações secretas aos soviéticos, Arvid queria ter a certeza de que teriam bom uso. Isso significava que ele teria que dar ao serviço secreto soviético uma definição de si mesmo e de Harro em termos que pudessem ser entendidos. A rede de relações tornou-se mais complexa. Korotkov lutava para descrever

Arvid em termos marxistas que seus superiores aprovassem (embora eles já tivessem sido alertados sobre suas "tendências burguesas"). Arvid, por sua vez, tentava explicar a política multicolorida de Harro sem lhe danificar a credibilidade. Escolheu comparar o colega aos decembristas, oficiais revoltosos da Rússia tsarista que tentaram estabelecer um governo constitucional. Korotkov passou a descrição a seus desconcertados superiores em Moscou, acrescentando sua própria leitura psicológica:

> Korsikanets insistentemente nos pediu que aceitássemos o fato de que Starshina era, em suas palavras, um apaixonado decembrista. De forma alguma se deve dar a ele a impressão de que seu trabalho político, ao qual dá um valor extremo, deve degenerar em pura espionagem.
>
> Em contraste com Korsikanets, que concebe grandes planos para o futuro e cujo grupo está se preparando para um golpe comunista, Starshina é um homem energético que se concentra nas ações concretas necessárias para as mudanças com as quais Korsikanets apenas sonha.[11]

Em 2 de abril, Harro relatou que os planos da invasão estavam concluídos. Korotkov informou a Moscou que os ataques aéreos alemães começariam pelos alvos econômicos e militares. Forneceu uma lista das quatro linhas férreas e dos entroncamentos que seriam paralisados na primeira onda de ataques: "Os objetivos iniciais do ataque serão alvos industriais, especialmente na bacia do Donetsk, bem como fábricas de motores, de rolamentos e de aviões em Moscou." Acrescentou que já havia concentrações de tropas alemãs no lado romeno da fronteira soviética.

Em 6 de abril, Hitler cumpriu a ameaça de invadir a Iugoslávia e a Grécia. Decidiu que a Grécia deveria ser ocupada e a Iugoslávia seria destruída. Numa operação com o codinome "Punição", pilotos de bombardeiros alemães realizaram mais de quinhentas missões sobre Belgrado durante três dias, matando 5 mil civis.[12]

Os alemães ainda estavam indecisos, Harro relatou, e atualizou suas posições sempre em mudança. No dia 17 de abril de 1941, ele disse que as vitórias alemãs na África do Norte haviam levado os generais alemães a esperar que ainda poderiam triunfar sobre a Inglaterra. Ainda assim, alertou: "O Estado-Maior continua suas preparações contra a Rússia com a mesma intensidade de antes, como se pode ver nesta detalhada seleção de alvos a serem bombardeados."

A inteligência soviética agora tomava medidas para aumentar o fluxo de informações vindas de Berlim. Em meados de abril, Moscou ordenou a Korotkov que criasse uma operação independente em Berlim sob a direção de Arvid Harnack, que incluiria contatos diretos por rádio. Arvid deveria cuidar da operação do rádio. Ele hesitou de início, e depois recusou. Os soviéticos o instaram a selecionar seu próprio operador de rádio e sugeriram vários candidatos. Harro Schulze-Boysen indicou o escultor Kurt Schumacher.[13] Arvid aquiesceu, mas estava profundamente consciente de que a presença de um operador de rádio em seu círculo comprometeria todos eles.

Arvid também estava preocupado com Harro Schulze-Boysen, que havia passado grande parte da primavera envolvido com sua vida pessoal. Em março, seu irmão mais jovem foi diagnosticado com tuberculose óssea. A crise mal havia amainado quando Harro se lançou em um novo caso amoroso. Em seguida ao caso de sua esposa com Günther Weisenborn, Harro se envolveu com Stela Mahlberg, uma jovem atriz de cabelos negros encaracolados e um ar rabugento que estava começando a ganhar pequenos papéis nos palcos de Berlim. Harro a apelidou de "Encrenca" e a inundava com uma torrente de cartas apaixonadas e tolas.[14]

Mas as outras relações de Harro causavam preocupação ainda maior. Em 18 de abril, um sobressaltado Korotkov enviou um alerta a Moscou:

Acabamos de descobrir uma ligação entre Starshina e o Partido Comunista e aguardamos orientação de Moscou. O que devo fazer? Uma linha dura contra Starshina poderia pôr em risco a conexão com ele num momento crucial e reduzir sua disposição para nos fornecer outras informações.[15]

Os soviéticos haviam instruído Korotkov a pressionar Schulze-Boysen, Harnack e Kuckhoff para que rompessem todos os envolvimentos com assuntos do Partido Comunista, bem como com qualquer tipo de atividade política. Harro era a preocupação imediata, dado que seu grande círculo agora incluía diversos indivíduos ligados ao KPD, entre eles Walter Küchenmeister e Wilhelm Guddorf. Arvid Harnack e Adam Kuckhoff também eram problemáticos, já que ainda estavam trabalhando bem próximos de John Sieg e engajados em muitos tipos de atividades políticas. Não há registro da resposta dos berlinenses a Korotkov, mas eles claramente ignoraram suas orientações.[16]

À medida que Harnack, Schulze-Boysen e Kuckhoff aumentavam seus trabalhos de inteligência, suas esposas também ficavam implicadas. Korotkov disse a Moscou que Mildred Harnack estava "plenamente informada a respeito de nosso contato", e às vezes levava mensagens. As esposas estavam encarregadas de monitorar os encontros de seus maridos em parques ou bosques para ter certeza de que não estavam sendo seguidos.[17]

Arvid e Mildred Harnack continuaram a se encontrar com Donald Heath na embaixada americana quando podiam, mas ele não ficaria em Berlim por muito tempo. Em 8 de maio de 1941, um funcionário do Departamento de Estado indagou se o Departamento do Tesouro "tinha alguma objeção a que Donald Heath fosse transferido de Berlim", dado que "seus serviços estavam sendo requeridos em uma capital latino-americana". Afinal, observou o funcionário, Heath "já estava em Berlim por algum tempo".[18] Nem o Departamento de Estado nem o Departamento do Tesouro levantaram objeções. Essa foi uma decisão atordoante da parte de Washington.

A posição de Heath como "adido monetário" havia sido improvisada em resposta ao vácuo no serviço de inteligência dos Estados Unidos, e ele se tornara um dos poucos funcionários americanos que mantinham amplos contatos dentro da resistência alemã. Após três anos em Berlim, Heath conhecia bem a situação e as personalidades e havia ganhado a confiança de uma ampla gama de figuras em posições importantes nos negócios e no governo. As indagações de Washington refletiam um interesse muito maior na política monetária dos nazistas que em suas violações de direitos humanos ou em seus planos de conquista armada. Agora, em maio de 1941, enquanto a Europa Ocidental gemia sob a ocupação e a Inglaterra se preparava para ser invadida, o Departamento de Estado decidira transferir, e para Santiago do Chile, seu mais bem informado analista sobre a oposição alemã.

Greta Kuckhoff dava-se conta de que as apostas estavam ficando cada vez mais elevadas, mas não se sentia feliz com o papel que desempenhava. Seu marido, falando a meia-voz, ocultava detalhes operacionais para "protegê-la", mas, de uma hora para outra, lhe pedia para assumir riscos públicos sem informá-la sobre a substância do evento. Ela sabia que a invasão soviética aproximava-se rapidamente e que, ainda assim, nem os soviéticos nem o público alemão pareciam tomá-la a sério. Os jornais nazistas estavam cheios de ameaças diárias contra a Inglaterra. Os alemães sabiam que havia uma concentração de tanques e tropas na frente oriental, mas achavam que tudo não passava de uma resposta natural à resistência polonesa. Ou talvez, conforme alguns rumores, Hitler planejasse atravessar o sul da União Soviética e atacar a Inglaterra na Índia.[19]

"Muitas pessoas acham mais fácil encarar a Morte que a Verdade", observou Greta. Privadamente, ela questionava se os soviéticos apreciavam o valor de contar com informantes de tão alta estirpe social e intelectual como Schulze-Boysen e Harnack. Seria possível que Moscou estivesse ignorando seus relatórios por tomá-los como meros "devaneios de bisbilhoteiros que se atribuíam muita importância"?[20] Os soviéticos certamente não davam nenhum sinal de preparação para a guerra. Ao contrário, Stalin continuava a atender a todas as encomendas destinadas a aumentar o arsenal alemão. Em abril, os soviéticos alocaram trens adicionais para entregar 2 mil toneladas a mais de borracha para a Alemanha.[21]

Greta reclamou de que se sentia posta de lado, mas, quando ganhou uma oportunidade de agir, recuou. Num dia de maio, Adam lhe disse que Korotkov havia pedido que ela se encontrasse com ele na estação de metrô na Thielplatz, onde ele passaria a ela "uma pequena valise". Moscou havia enviado dois transmissores pela mala diplomática, disse ele, e agora era necessário entregá-los. Greta sabia que o risco era tremendo. Quando Adam lhe transmitiu o pedido, ela observou que nunca vira no rosto do marido "tanto pesar".

Mas Greta resistia. Estava longe de se convencer de que as comunicações por rádio eram viáveis ou que compensavam o risco.

"Vamos parar de brincar de gato e rato", exigiu ela. "Quando eu pegar essa 'pequena valise' — é assim que você a está chamando? —, estarei simplesmente enfiando minha cabeça no laço do carrasco. Não é seguro. Você sabe disso tão bem quanto eu. Você tem que me garantir que isso faz sentido. Então, primeiro: existem fontes suficientes de informação? Segundo: as transmissões podem ser feitas com segurança? Essas são duas perguntas simples, e eu quero respostas simples."

Adam respondeu bruscamente. Primeiro, disse, havia uma grande quantidade de fontes de inteligência, e todos os detalhes eram importantes. Segundo, cada minuto que ela gastasse questionando os meios de transmissão significava menos tempo para treinamento técnico e prático para fazê-los funcionar.[22]

Greta teve que concordar, e começou a se preparar para a missão. Ela não tinha a menor naturalidade. Sua primeira providência foi comprar uma cintilante capa de chuva amarela, na última moda. Seu argumento era que todo mundo pensava que o pessoal clandestino era cinzento e desleixado, então pareceria menos suspeito se ela estivesse vestida com estilo. Uma vez que recebesse a valise, deveria passá-la para alguns amigos dispostos a escondê-la num barracão no quintal.

Quando Greta encontrou Korotkov na estação, ficou feliz ao vê-lo com aparência alegre e relaxada. Conversaram sobre algumas coisas banais e então começaram a caminhar para admirar a nova arquitetura nas redondezas. A rua estava cheia de homens da SS.

E então, no caminho, Korotkov deixou a valise cair![23]

Greta mal havia se recuperado desse acidente quando ele a surpreendeu com novas instruções. "Leve-a para casa e ponha dentro da bolsa de emergência que você leva durante os ataques aéreos. Assim, você poderá levá-la para o abrigo caso haja um alarme. Irei pegá-la daqui a um ou dois dias."

Isso não era parte do acordo, e Korotkov notou seu desconforto. Ela deveria guardar a valise porque ele precisava de mais algum tempo para convencer seus camaradas da validade dos relatórios de Berlim. "Você tem que entender, nós só agimos com base em fatos comprovados. Temos uma grande responsabilidade", acrescentou, não sem uma dose de presunção.

Na volta para casa, Greta tentou não entrar em pânico. Quando chegou, Adam e o pequeno Ule não estavam. Escondeu a valise no guarda-roupa e depois saiu para uma volta de ônibus, "resmungando umas tolices, coisas de mulher: 'Nada disso é necessário'."

De volta à casa novamente, seus nervos não aguentaram e ela começou a chorar. Então pôs a valise, sem abri-la, dentro da bolsa de emergência — abastecida com água, fósforos e torradas — ao lado da cama.

Adam examinou o rádio quando chegou em casa. Por causa da queda da valise, não funcionava. Teve que ser entregue novamente a Korotkov para conserto. Mais tarde, numa outra operação no metrô, foi passado a um jovem membro do grupo chamado Hans Coppi.

O rádio era um transmissor-receptor portátil. Funcionava com uma bateria e estava montado dentro de uma valise comum, equipado com um diagrama e instruções. Operava num raio de até 600 milhas, e sua bateria durava até duas horas.[24] O segundo rádio de Korotkov foi levado ao apartamento do escultor Kurt Schumacher e de sua esposa, Elisabeth, onde também foi recolhido por Hans Coppi.

Agora, Adam Kuckhoff deu à esposa uma nova tarefa. Eles sabiam o plano de ataque à União Soviética, vila por vila. Greta deveria memorizar os nomes de uma dezena de cidades russas e depois se encontrar com outros membros do círculo e repeti-los. Era excessivamente perigoso passá-los por escrito. Mas Greta estava abalada demais e não conseguiu reter os nomes. Adam pediu ajuda de Libertas Schulze-Boysen e, juntos, completaram a tarefa.

Libertas voltou para ver Greta no dia seguinte. A amiga a convidou para apreciar a vista do alto do prédio, e as duas mulheres respiraram profundamente o ar da primavera enquanto tomavam café e conhaque. Libertas também estava cansada e trêmula. Sua família tinha uma história de nervos delicados, e agora ela estava totalmente metida numa conspiração. Mas carregava um peso adicional: por meio de Harro e de outras conexões, ela havia sido exposta a informações secretas chegadas da frente de batalha, e aquilo era arrasador. Anos antes, ela se associara ao Partido Nazista como uma brincadeira, mas agora coisas terríveis estavam acontecendo na Polônia e se espalhando para outras partes. "No mais fundo do meu coração", disse a Greta, "embora eu tenha visto as reportagens e as fotos, não posso acreditar que pessoas alemãs sejam capazes de cometer atos tão horríveis. Eu sei o que Harro passou [em 1933] e também o que aconteceu a Hans Otto, a Ossietzky e a tantos outros. Mas esse assassinato de povos inteiros! Não aguento mais isso!"[25]

No início de maio, Harro informou aos soviéticos que "a questão da campanha alemã contra a União Soviética foi definitivamente decidida, e pode ter início a qualquer momento". Essa mensagem causou grande preocupação ao contato soviético de Arvid e Harro em Moscou, e ele a repassou a diversos setores do governo soviético e do serviço de inteligência. O relatório de Schulze-Boysen do dia 9 de maio era ainda mais sinistro:

> É necessário alertar Moscou, seriamente, de que todas as informações indicam já estar decidida a questão de um ataque à União Soviética; a investida está planejada para o futuro próximo, e com isso os alemães esperam resolver a questão "fascismo ou socialismo". Naturalmente, eles estão preparando o máximo possível de forças e recursos.[26]

E, no final do relatório, Harro descrevia como a Luftwaffe havia respondido às objeções soviéticas relativas a voos de reconhecimento. Eles simplesmente aumentaram a altitude: "A despeito da nota do governo soviético, os aviões alemães continuam a voar sobre território soviético com o propósito de tirar fotografias. Agora, as fotos são tiradas de uma altura de 11 mil metros, e os voos são realizados com grande cuidado." O relatório de Harro de 11 de maio fornecia dados atualizados:

> A Primeira Frota Aérea será o principal elemento das operações contra a União Soviética. Sua organização ainda está no papel, exceto quanto às unidades de combate noturno, artilharia antiaérea e treinamento de componentes especiais para voos rasantes. O fato de ainda estar no papel não

significa, no entanto, que não esteja pronto para entrar em ação, já que, de acordo com o plano, tudo está à mão — a organização está preparada, os aviões podem se deslocar no menor tempo possível.

Até agora, o quartel-general da Primeira Frota Aérea ficava em Berlim, mas foi transferido para a área de Königsberg. Sua localização exata, no entanto, tem sido cuidadosamente ocultada.[27]

Pelo menos alguns dos funcionários do serviço secreto soviético estavam prevendo a guerra. Sua preocupação era com a ideia de que, uma vez iniciadas as hostilidades, suas conexões pessoais com os informantes em Berlim seriam cortadas, o que fazia dos rádios uma questão cada vez mais importante. Em maio, com a situação se deteriorando, o serviço secreto soviético destinou quantidade crescente de seu tráfico com Berlim à tarefa de garantir a conexão. Harro Schulze-Boysen havia designado Kurt Schumacher como operador de rádio, mas, no início de junho, Kurt foi convocado pelo exército alemão. Em 6 de junho, a unidade de Schumacher, a *Landes-Schützen* (defesa territorial), foi enviada para Poznań para vigiar os franceses em trabalho forçado.[28]

Schulze-Boysen teve grande dificuldade para encontrar um substituto; finalmente, decidiu-se por Hans Coppi, o jovem comunista que ajudara na entrega do rádio. Coppi tinha 26 anos e era um mecânico; um homem alto, magro, com olhos escuros aumentados por óculos de lentes muito grossas. Ele também havia passado tempos na prisão e num campo de concentração por distribuir panfletos comunistas clandestinos. Estava se preparando para o casamento com uma jovem esguia chamada Hilde, que também tinha laços com a clandestinidade comunista.[29] Coppi não tinha nenhuma experiência com rádios, mas Schulze-Boysen esperava que ele aprendesse rapidamente.

Arvid Harnack assumiu a tarefa de codificar as mensagens. Um dos alunos da escola noturna de Mildred, Karl Behrens, ofereceu-se para entregar as mensagens codificadas a Coppi e servir como operador de apoio.[30] Behrens era outro jovem alemão cuja ação política era motivada por ressentimentos pessoais. Após um período inicial no Partido Nazista, inscreveu-se no KPD. Em 1939, foi preso por falsificar documentos de saída para o marido de sua irmã, o judeu Charly Fischer.[31] Seus esforços foram em vão: Fisher foi mandado para Sachsenhausen e executado.[32]

Enquanto Hans Coppi e seus amigos batalhavam para operar o rádio, Schulze-Boysen acelerou a produção dos relatórios para Moscou. No começo de junho, disse aos soviéticos que bases aéreas na Polônia estavam sendo preparadas para aviões. Havia visto os planos para o exército alemão fazer um movimento de pinça e cercar o Exército Vermelho, movimentando-se da Prússia Ocidental e, do norte, pela Romênia. Arvid Harnack acrescentou uma lista dos intendentes alemães encarregados de supervisionar o território russo ocupado.[33] Mas o grupo de Harnack estava preocupado: Korotkov sugerira que os soviéticos ainda tinham dúvidas.

No início de junho, Adam e Greta Kuckhoff enfrentaram Korotkov diretamente. Os soviéticos haviam recebido a data exata e amplos detalhes da invasão. Estavam preparados ou não? Para imensa frustração do casal, Korotkov esquivou-se da questão.

Os relatórios de Harnack sobre a Luftwaffe alcançaram o ponto máximo quando, em 11 de junho, ele disse aos soviéticos que Göring planejava apressar as preparações mudando-se para novo quartel-general na Romênia durante a semana: "De acordo com altos oficiais do Ministério da Aeronáutica e com o pessoal dos quadros, a questão do ataque à União Soviética está totalmente decidida. Deve-se considerar a possibilidade de um ataque de surpresa."[34]

Em 13 de junho, o aviso de Harro foi reforçado pelo agente soviético em Tóquio, Richard Sorge, que alertou: "Eu repito: nove exércitos, com a força de 150 divisões, começarão uma ofensiva na madrugada do dia 22 de junho."[35] Em algum momento no dia 15 ou 16 de junho, Schulze-Boysen e Harnack forneceram a Korotkov um memorando final sobre o iminente ataque alemão. Korotkov imediatamente o passou a Moscou.

Chegando à sua sala no dia 17 de junho, Stalin encontrou notícias ruins. Vsevolod Merkulov, o chefe do NKVD, o serviço de segurança russo, apresentou a ele um relatório impressionantemente detalhado. Incluía a descrição feita por Arvid Harnack da futura administração civil alemã em áreas ocupadas da União Soviética. Essas áreas ficariam sob a responsabilidade de Alfred Rosenberg, um dos principais arquitetos da notória política racial nazista. Harnack citou um discurso de Rosenberg no Ministério da Economia no qual ele afirmava que "a própria ideia de uma União Soviética deve ser apagada do mapa".[36]

Harro Schulze-Boysen acrescentou outros detalhes da estratégia:

> Todas as medidas militares em preparação a um ataque armado contra a União Soviética estão totalmente finalizadas. Pode-se contar que o ataque começará a qualquer momento...
>
> Os principais alvos da força aérea alemã são: a central elétrica SWIR 3, a Empreendimentos Moscou, várias fábricas de peças para aviões (equipamentos elétricos, rolamentos e carcaças), bem como as oficinas de reparos da KFZ.
>
> A Hungria tomará parte ativa nas operações militares, ao lado dos alemães. Aviões alemães, principalmente de combate, já se encontram em campos de aviação húngaros.[37]

Stalin não tinha nenhuma paciência para tamanho absurdo. Rabiscou sua reação na margem do documento: "Camarada Merkulov, essa sua 'fonte' do quartel-general da aviação alemã, você pode mandar de volta para a putíssima que o pariu. Isso não é um informante, é um desinformante."[38]

Em 22 de junho de 1941, tudo o que fora previsto se realizou. A Operação Barbarossa, "a maior invasão terrestre na guerra moderna", começou ao amanhecer, meros cinco dias depois de Stalin haver recebido o relatório final de Harro.

Na véspera do ataque, um oficial alemão que usou os binóculos para examinar seus alvos do outro lado da fronteira em Brest-Litovsk assombrou-se com a absoluta falta de prontidão militar. A maior parte dos defensores do forte parecia estar de folga, e os que sobraram estavam descansando. A única atividade visível era a de alguns recrutas chechenos que treinavam a marcha ao som de música.

Nas horas finais antes da invasão, o governo soviético continuava a nutrir os esforços de guerra alemães. Na madrugada do ataque, em algum momento após a meia-noite, um trem soviético cheio de grãos ainda atravessou a fronteira a caminho de Berlim.[39]

Os nazistas mobilizaram mais de 3 milhões de soldados: 70% do exército alemão e outros 600 mil de outras nacionalidades, inclusive croatas, finlandeses, romenos, italianos, eslovenos e espanhóis. Encontraram muito pouca resistência da parte do exército soviético. Os mais competentes oficiais de Stalin haviam sido assassinados durante os expurgos. Os serviços secretos tinham sido proibidos de fazer qualquer alerta precoce às unidades no campo, de modo que essas foram tomadas de surpresa, sem ter a oportunidade de concentrar suas tropas na fronteira; muitas estavam de licença quando ocorreu o ataque. Os sistemas de comunicação entraram em colapso, as divisões ficaram isoladas porque não tinham como receber ordens, e havia poucas ordens para seguir. O Kremlin havia negligenciado a criação de um alto-comando ou a confirmação de um comandante em chefe (a nomeação por Stalin estava pendente.)

Os voos de reconhecimento da Luftwaffe descritos por Harro Schulze-Boysen forneceram instruções detalhadas aos pilotos alemães, que facilmente destruíram as redes rodoviárias e ferroviárias dos soviéticos.

A força aérea soviética também foi um prato fácil. Os soviéticos haviam concentrado mais da metade de suas divisões aéreas nos distritos da fronteira ocidental, o que as deixou ao alcance dos ataques. Aviões de combate e bombardeiros, velhos e novos, estavam amontoados nos mesmos campos de aviação, sem número suficiente de pilotos para operá-los.[40] Em 19 de junho, três dias antes da invasão, um decreto governamental soviético foi produzido no último minuto, ordenando "a camuflagem de aeronaves, pistas, hangares e equipamentos aeroportuários", mas não havia mais tempo para implementar a ordem.[41] As defesas antiaéreas eram tênues, e a Luftwaffe neutralizou os campos de aviação soviéticos exatamente como previsto, com um mínimo de esforço.

Tanques e tropas alemães atravessaram os campos em disparada, chegando a fazer até 80 quilômetros por dia. As cidades russas, cujos nomes foram memorizados por Libertas Schulze-Boysen com tanta dificuldade, também estavam sem defesa. Rapidamente caíram nas mãos dos alemães, e muitas delas foram incendiadas. As forças alemãs romperam as formações do exército soviético e as dispersaram em pequenos grupos que foram facilmente capturados ou mortos por uma segunda onda de assalto.[42]

Nas primeiras dez semanas da invasão, os alemães capturaram 3.800 tanques, 6 mil peças de artilharia e 872 mil prisioneiros.[43] Os noticiários nos cinemas alemães mostravam os guardas tocando uma imensa multidão de prisioneiros de guerra soviéticos em direção ao oeste, louros adolescentes russos atordoados, mongóis impassíveis e chechenos muçulmanos.

Stalin berrou e se enfureceu com seus generais, mas a situação que ele havia criado estava além de qualquer possibilidade de conserto. Caiu numa profunda depressão. Em dado momento, emergiu de seu pânico e saltou para a ação.

Sua primeira providência foi eliminar as testemunhas de seu erro monumental. Reuniu muitos dos oficiais da aeronáutica e da inteligência que o haviam inutilmente alertado sobre as informações secretas fornecidas por Schulze-Boysen, Harnack e outros. Em 28 de outubro de 1941, quatorze dos mais competentes oficiais das forças armadas soviéticas foram executados sem julgamento. Foram acompanhados na morte por quatro funcionários civis e pelas esposas de dois oficiais.[44]

Em Berlim, os membros do círculo estavam totalmente consternados. Greta Kuckhoff preocupava-se com o marido, sentado em casa, dia após dia, intrigado com a catástrofe. "Adam ficava parado, olhando o grande mapa da União Soviética que havia pregado na parede, ocultado por uma cortina... Comparava as notícias recentes com as informações que havia passado e não conseguia entender como elas poderiam ter tido tão pouco resultado."[45]

Reunidos, os membros do grupo buscavam possíveis explicações. Teriam sido cautelosos demais em seus relatórios? Será que os soviéticos suspeitavam deles porque o grupo era politicamente heterodoxo?

Com o eclodir da guerra, a Alemanha e a Rússia romperam relações diplomáticas. Alexander Korotkov e outros membros da embaixada soviética arrumaram as malas e esperaram o momento em que seriam despachados para casa em troca de alemães extraviados na Rússia. Korotkov conseguiu fazer um contato final com Harnack e Kuckhoff para oferecer uma pequena contribuição em apoio a suas atividades. Arvid Harnack recebeu 12 mil marcos para despesas (algo equivalente a 5 mil dólares em 1941), que ele dividiu com seus colaboradores. Pequenas quantias foram para Adolf Grimme, o social-democrata que trabalhava com os luteranos dissidentes, e para três membros da improvisada equipe que operava o rádio. Harnack ficou com mil marcos (quatrocentos dólares) para suas próprias despesas, enquanto Adam Kuckhoff recebeu 1.500 marcos de Korotkov num pagamento à parte.[46]

Os soviéticos estabeleceram um sistema de código para a operação de rádio em Berlim baseado num romance de 1939, *Der Kurier aus Spanien* (*O mensageiro que vem da Espanha*). Supostamente, um exemplar do livro foi enviado a Moscou e outro confiado a Hans Coppi.[47]

Korotkov tinha um último pedido, e marcou um encontro com Adam Kuckhoff para fazê-lo antes de deixar a Alemanha para sempre.

Moscou queria que o grupo os ajudasse, Korotkov relatou, espalhando pregos nas estradas a leste de Berlim para atrasar a marcha dos veículos militares que iam para a Rússia.[48] Kuckhoff ficou perplexo. Depois de todos os esforços que haviam feito para garantir o mais alto nível de informações militares secretas, depois dos riscos que haviam assumido para entregá-las a Moscou — os soviéticos agora vinham pedir que eles furassem alguns pneus? Adam Kuckhoff, sacudindo a cabeça, voltou para casa e para seu mapa. Korotkov enviou seu último relatório de Berlim em 24 de junho e preparou-se para voltar a Moscou na semana seguinte, sob proteção diplomática.

Em 26 de junho de 1941, o recém-nomeado operador de rádio Hans Coppi finalmente persuadiu o recalcitrante aparato a entrar em ação. Sintonizou na frequência combinada e teclou uma saudação tradicional em código Morse: "*1000 Grüsse an alle Freunde*" ("Mil saudações a todos os amigos"). Um operador em Moscou respondeu prontamente e relatou a Korotkov: "Recebemos e lemos a mensagem de teste que nos enviaram." No futuro, planejaram se comunicar usando um código primitivo.

Mas não haveria nenhuma outra comunicação de rádio entre Coppi e Moscou.[49] As transmissões seguintes falharam, fosse devido a rádios defeituosos, operadores inexperientes ou ambos.

Isso não dissuadiu o serviço secreto militar alemão, que passou a dar prioridade ao rastreamento de transmissões de rádio clandestinas que partiam da Europa ocupada e eram destinadas à Inglaterra. Os operadores alemães atribuíam codinomes às operações que detectavam, aplicando sua própria lógica irônica. Como as mensagens eram enviadas batendo-se o código Morse numa tecla, os alemães chamaram o aparato de "teclado" ou *klavier*. Uma rede de rádios era uma "orquestra de câmera", ou *kapelle*. (Diziam que as transmissões que saíam da Europa ocupada para a Inglaterra emanavam de uma *Wald Kapelle* ou "orquestra dos bosques").

Os militares alemães também estavam monitorando transmissões da Europa Ocidental para Moscou. Uma das redes soviéticas mais ativas ficava em Bruxelas, comandada pelo agente soviético polonês Leopold Trepper. Os operadores de rádio do exército alemão estavam sistematicamente monitorando e gravando as transmissões para Moscou muito antes de conseguirem localizar a fonte, decifrar os códigos ou identificar os autores.

A terminologia padrão foi estendida aos "vermelhos" soviéticos, e o nome *Rote Kapelle* foi dado à operação soviética em Bruxelas. Por meio de um estranho entrelaçado de circunstâncias, esse nome também seria aplicado aos resistentes de Berlim, embora os dois grupos tivessem pouco em comum e praticamente nenhum contato.

Hans Coppi, o esforçado operador amador em Berlim, teria ficado particularmente confuso pela designação. Ele era o oposto do que os soviéticos buscavam num espião: um óbvio comunista alemão, nascido numa família de operários do KPD e educado numa "escola rural" esquerdista cujos estudantes gravitavam em torno de organizações do partido. O passado de Coppi, que incluía períodos na prisão e num campo de concentração por suas atividades no KPD, o punha em todas as listas erradas, potencialmente desastrosas para o grupo.

Mas Harro Schulze-Boysen não via nenhum problema em buscar indivíduos desse tipo. Haviam se conhecido em 1939, quando o círculo de jovens comunistas de Coppi lutava para compreender o pacto Hitler-Stalin e o que o futuro traria. Coppi relembrou a noite em que Harro, dizendo-se chamar "Hans", apareceu em um de seus encontros e lhes disse que não deveriam se desesperar. A União Soviética e os nazistas estavam numa inevitável rota de colisão, afirmara, e, quando chegasse a hora do confronto, os nazistas com toda certeza cairiam.

Quando Harro teve que substituir o operador de rádio, seu pensamento voltou-se para os jovens mecânicos e metalúrgicos que conhecera naquela noite. Hans Coppi e seus amigos não tinham nenhum conhecimento das operações soviéticas em Bruxelas nem de Leopold Trepper. Assim como os outros membros dos círculos de Berlim, nunca tinham ouvido nada sobre uma Orquestra Vermelha.[50] A ideia de que pertencesse a tal organização teria deixado Coppi atônito.

18

Outros mundos

1941

Os soviéticos haviam fracassado fragorosamente ao não escutar os alertas que lhes foram enviados. Tal coisa era incompreensível para Harro Schulze-Boysen, Arvid Harnack e Adam Kuckhoff. Mas a história era bem mais complexa, e isso os três jamais viriam a saber.

Stalin recebera avisos adicionais de todos os lugares do globo, à medida que um mundo inseguro começava a se unir contra os nazistas. As informações secretas de Harro Schulze-Boysen haviam sido as mais detalhadas, mas foram reforçadas por uma notável coleção de fontes que cobriam um amplo espectro político: o Departamento de Estado em Washington, o governo conservador na Inglaterra, um agente comunista teuto-russo em Tóquio e um exilado luterano alemão em Lucerna, dentre outros. Muitas dessas fontes serviam como canais para dissidentes antinazistas dentro da Alemanha. Todos eles acreditavam estar defendendo seus próprios interesses ao alertar os soviéticos a respeito da invasão alemã.

Os alertas de Washington resultavam dos esforços de Erwin Respondek, um economista alemão bem conectado a círculos nazistas, mas secretamente ressentido com suas políticas antissemitas e anticatólicas.

Respondek partilhava seus segredos com um funcionário da embaixada americana em Berlim chamado Sam Woods, cujo modo de operação era comprar dois assentos reservados em cinemas e enviar um dos ingressos para a fonte alemã. Durante o inverno de 1940, Respondek passou aos americanos amplos detalhes dos planos da invasão alemã fornecidos por membros da conspiração militar alemã contra Hitler. A missão americana em Berlim era agora abertamente hostil à ideia de coletar informações secretas. À medida que os nazistas progrediam no cenário que levaria a uma guerra mundial, o chefe da missão americana afirmou que era inadequado que diplomatas americanos ficassem, conforme disse ele, "andando de um lado para outro em Berlim cavucando segredos".[1] Ainda assim, Woods conseguia passar as informações para Washington.

O subsecretário de Estado, Sumner Welles, foi um dos poucos que tomaram a coisa a sério. Em 1º de março de 1941, Welles repassou o alerta de Respondek ao embaixador soviético nos Estados Unidos, Konstantin Oumansky, um stalinista esperto que havia saído incólume dos recentes expurgos. A reação soviética ao auxílio de Welles foi telefonar ao encarregado de negócios na embaixada alemã para dizer que os americanos estavam espalhando feios rumores destinados a causar danos à amizade teuto-soviética.[2]

Em 3 de abril de 1941, Winston Churchill deu instruções ao embaixador inglês em Moscou para entregar uma nota pessoal a Stalin. A mensagem descrevia a maciça concentração de tropas na fronteira soviética, coisa que os ingleses haviam descoberto interceptando mensagens codificadas alemãs.

O agente soviético Richard Sorge, que trabalhava para os soviéticos em Tóquio, enviou a Moscou um alerta ainda mais exato, especificando a data da invasão: 22 de junho.

A data foi confirmada aos soviéticos por mais uma fonte de inteligência, Rudolf Roessler, que tem sido chamado de o mais eficaz agente antinazista de toda a guerra. Roessler, um discreto jornalista da Baviera, tinha laços estudantis com um grupo de jovens que se tornaram oficiais de carreira nas forças armadas alemãs. Mudou-se para Berlim na década de 1920 e foi nomeado administrador estatal das artes na área de teatro. Suas publicações citavam Adam Kuckhoff, e ele trabalhou no ministério de Adolf Grimme, amigo de Adam.[3]

O departamento de Roessler foi expurgado pelos nazistas em abril de 1933, e ele fugiu para a Suíça no ano seguinte. Ali, estabeleceu contato com a inteligência suíça e começou a passar aos suíços informações recebidas de seus amigos militares na Alemanha, e elas eram partilhadas com a inteligência francesa. À medida que a guerra se aproximava e os suíços permaneciam neutros, Roessler voltou suas atenções para a União Soviética.

A operação de Roessler, que os soviéticos chamaram de "Lucy", enviou a Moscou suas próprias descrições detalhadas dos planos para Barbarossa. Suas informações eram passadas ao serviço de inteligência do exército soviético, enquanto as de Arvid Harnack e Harro Schulze-Boysen eram direcionadas através do NKVD. Mas todas elas apontavam na mesma direção, e todas foram ignoradas.[4] Mais de uma centena de alertas, provenientes de várias fontes, chegaram a Moscou antes que a invasão alemã ocorresse.

O alarme final soou na véspera do ataque, quando um soldado alemão desertou e cruzou as linhas. Ele informou a seus interrogadores russos que a invasão teria início às três horas da madrugada seguinte. Stalin recebeu o relatório três horas depois — e respondeu ordenando que o desertor alemão fosse fuzilado.[5]

Uma vez iniciada a invasão, a inteligência soviética tentou, desesperadamente, conseguir mais notícias de Berlim. Mas agora o acesso à embaixada soviética estava fechado. Arvid Harnack e Harro Schulze-Boysen continuaram a coletar informação diligentemente e a dividir as tarefas necessárias entre seus auxiliares, que codificavam as mensagens e as entregavam aos operadores de rádio designados. O que nenhum deles sabia era que, devido aos equipamentos de transmissão defeituosos e aos operadores inexperientes, seus esforços eram vãos.

Mas a produção de informações secretas para os soviéticos era apenas uma das arenas da oposição. Os círculos de Berlim avançaram em suas atividades em outras frentes, vendo a situação como mais urgente que nunca. A Europa Ocidental havia se submetido à Alemanha, e agora o exército alemão estava avançando a toda velocidade em direção a Moscou.[6] O público alemão parecia estar mergulhado num estupor induzido pela propaganda. Toda vitória era fácil, todo soldado alemão era heroico, toda causa nazista era nobre. Os Schulze-Boysens, os Harnacks e os Ku-ckhoffs carregavam todo o peso de terem um conhecimento privilegiado sobre o oposto disso.

Grande parte de suas informações secretas tinha a ver com a catástrofe humanitária em andamento. Os militares alemães vinham cometendo atrocidades em larga escala na Polônia desde a invasão de 1939, e membros dos círculos de Berlim estavam chocados com os relatos que vazavam das frentes. Agora, outra calamidade apavorante estava acontecendo na Rússia. Os grupos de Berlim perceberam que a União Soviética era de importân-cia estratégica absoluta; se Hitler a conquistasse, pouca coisa poderia se interpor em seu caminho.

Mas os massacres na frente soviética também afetaram membros do grupo em termos pessoais. Os Harnacks haviam visitado a União Soviética e tinham amigos lá. Greta Kuckhoff gostava muito da literatura russa e do cinema soviético *avant-garde*. John Sieg era um membro permanente do Partido Comunista, e Harro Schulze-Boysen mantinha-se apegado às suas noções (embora bizarras e desinformadas) a respeito da União Soviética e dos ideais marxistas. Eles também sabiam que os alemães estavam atingin-do especialmente os judeus, e todos eles tinham amigos e colegas judeus.

Milhões de soldados soviéticos haviam sido capturados no violento assalto inicial alemão. Os primeiros relatos recebidos por Greta Kuckhoff e seus amigos sugeriam um desastre de proporções épicas. A Europa conhecera guerras tenebrosas antes, mas os conflitos europeus anteriores haviam produzido um código militar comum conhecido como "as leis da guerra". A Convenção de Genebra e outros acordos estabeleciam que os civis deveriam ser protegidos e que prisioneiros de guerra teriam ga-rantidos certos direitos. Mas, no período que culminou com a invasão à União Soviética, Hitler deu ordens que isentavam os soldados alemães das exigências da Convenção de Genebra, com base no argumento de que leis internacionais não se aplicavam a eslavos "subumanos".[7]

Em 6 de junho de 1941, Hitler emitiu a "Ordem sobre o tratamento de comissários políticos soviéticos" (*Komisssarbefehl*), na qual abandonava todas as noções de uma guerra civilizada. Em sua luta contra o bolchevismo, instruiu ele, "as tropas devem estar cientes de que, nesta batalha, a misericórdia ou as considerações a leis internacionais com respeito a esses elementos são falsas. Eles são um perigo para nossa segurança e para a rápida pacificação dos territórios conquistados".

Qualquer prisioneiro soviético suspeito de ser um membro do Partido Comunista ou um comissário deveria ser fuzilado imediatamente. Qualquer soldado soviético encontrado em roupas civis deveria ser fuzilado imediatamente. Qualquer civil que resistisse a qualquer aspecto da ocupação era considerado um "simpatizante", a ser fuzilado imediatamente.[8]

Os soldados alemães ganharam imunidade por abusos cometidos em solo soviético, a menos que envolvessem excessos sexuais ou outras ações consideradas prejudiciais ao moral da tropa. Alguns oficiais alemães objetaram às ordens assassinas, considerando-as uma ofensa a seu código de honra. Temiam, corretamente, que as atrocidades alemãs contra a população soviética poderiam inspirar vingança se, em algum momento, o resultado do jogo se invertesse. Mas essas preocupações foram ignoradas. Muitos soldados alemães que objetaram às ordens foram fuzilados por insubordinação.[9]

Para a maior parte dos alemães, os eventos na frente oriental eram coisas distantes que ocorriam em lugares com nomes impronunciáveis. Mas, às vezes, as notícias os atingiam bem de perto. Em 1939, o economista Franz Six foi nomeado reitor do Instituto de Relações Internacionais da universidade, onde haviam lecionado Mildred Harnack e Harro Schulze-Boysen. Mas Six também era um importante nazista e um notório antissemita, e, à medida que os planos de invadir a Inglaterra avançavam, foi instruído a criar *Einsatzgruppen* encarregados da execução de intelectuais ingleses, resistentes e judeus. Quando, em vez da Inglaterra, os alemães decidiram invadir a União Soviética, Six foi nomeado chefe do *Vorkommando* em Moscou e serviu em Smolensk de 25 de julho até o final de agosto de 1941.

Franz Six participou da execução de dezenas de milhares de civis soviéticos. Em agosto, chegou um relatório descrevendo as operações de suas unidades: "*Vorkommando 'Moskau'* foi forçado a executar outras 46 pessoas, entre elas 38 intelectuais judeus que haviam tentado promover agitação e descontentamento no recentemente criado gueto de Smolensk."[10]

As legiões de prisioneiros de guerra poloneses e soviéticos tornaram necessária uma completa reforma e adaptação dos campos de concentração alemães. Dachau, perto de Munique, e Sachsenhausen, na vizinhança de Berlim, haviam sido criados em 1933 como versões permanentes dos "campos improvisados" nazistas e, mais tarde, foram ampliados como "campos de reeducação" para comunistas, socialistas, criminosos e "desviantes sociais". Alguns prisioneiros foram executados, outros forçados a trabalhar até morrer, e outros libertados. Durante as violências da Noite dos Cristais, em 1938, os locais foram usados para manter prisioneiros judeus não políticos. Mas os campos ainda não haviam se tornado cenários de execuções em massa.[11]

Isso começou a mudar com a invasão da Polônia, onde ocorreram, desde o começo, execuções em massa de civis e prisioneiros de guerra. Em 3 de maio de 1940, 1.200 prisioneiros poloneses chegaram a Sachsenhausen, onde foram submetidos a condições brutais. Um ano mais tarde, em 4 de abril de 1941, os comandantes do campo autorizaram a eutanásia para prisioneiros que estavam muito doentes ou muito fracos para trabalhar (ecoando a política instituída dois anos antes na Alemanha para os mental e fisicamente incapacitados).

Prisioneiros de guerra soviéticos começaram a inundar os campos de concentração em agosto de 1941. Muitos foram imediatamente designados como "comissários". Ao longo de oito semanas, em setembro e outubro, os alemães fuzilaram 10 mil prisioneiros soviéticos. Na cidade de Oranienburg, bem ao lado de Sachsenhausen, os residentes locais reclamaram do cheiro de carne queimada.[12] Em maio de 1940, os alemães haviam reformado alguns antigos quartéis e os transformado em campos de concentração perto de Auschwitz, um vilarejo em território polonês recentemente anexado. Heinrich Himmler ordenou que outro campo fosse construído ao lado daquele em outubro de 1941 para conter prisioneiros soviéticos que trabalhariam como escravos para grandes corporações industriais alemãs. Os prisioneiros também foram destinados a experimentos. Em setembro de 1941, o comandante do campo, Rudolf Höss, e seus assistentes selecionaram seiscentos prisioneiros de guerra soviéticos para testar um novo método de execução — um gás chamado cianeto de hidrogênio (ácido prússico), que seria liberado num cômodo fechado.[13]

Em outubro de 1941, um carregamento de mais de 10 mil prisioneiros soviéticos chegou a Auschwitz. Dentro de seis meses, somente umas poucas centenas deles continuavam vivos, e o comandante Rudolf Höss começou a procurar novos usos para o campo.

Muitas das práticas que mais tarde se tornariam infamantes foram inicialmente aplicadas aos prisioneiros de guerra soviéticos. Os oficiais do campo os dividiam em quatro grupos: "comunistas fanáticos", "politicamente suspeitos", "não politicamente suspeitos" e "adequados para reeducação". Muitos dos prisioneiros eram identificados com números escritos em seus peitos com tinta indelével, mas "comunistas fanáticos" tinham as letras AU — ou seja, Auschwitz — tatuadas no peito. O sistema de tatuagem acabou se estendendo a todo o resto dos prisioneiros de guerra soviéticos, bem como a judeus, ciganos e a outros.[14]

Por volta de setembro de 1941, o regime nazista havia cortado drasticamente as rações de alimentos para os prisioneiros de guerra soviéticos: às vezes, eles recebiam somente 600 calorias por dia. Até fevereiro de 1942, 2 milhões dos 3,3 milhões de prisioneiros soviéticos sob custódia alemã haviam perecido de fome, desabrigo, doença ou sido executados.[15] Durante o decorrer da guerra, as mortes de prisioneiros de guerra soviéticos chegariam a 3,3 milhões, um número ultrapassado apenas pelo Holocausto dos judeus; isso representava a metade da população de prisioneiros de guerra soviéticos. (Em comparação, a taxa de mortalidade entre os 231 mil prisioneiros de guerra ingleses e americanos sob custódia alemã foi de 3,6%.)[16]

Não havia nenhuma forma de o pessoal da resistência em Berlim saber a verdadeira extensão da catástrofe. Mas, graças à posição de Harro Schulze-Boysen no centro de operações da aeronáutica e de Arvid Harnack no Ministério da Economia, seu grupo tinha uma perspectiva mais detalhada que a da maioria. Eles já haviam tomado uma posição moral contrária à crescente violência e aos abusos cometidos contra os judeus, e agora arriscavam sua própria segurança para ajudar amigos judeus a escapar da perseguição. Em setembro de 1941, tiveram provas de que os destinos dos russos e dos judeus haviam começado a convergir.

Naquele mês, Hitler ordenou que os judeus alemães passassem a usar uma Estrela de Davi amarela em suas roupas. Greta Kuckhoff vivenciou o evento através dos olhos de seu filho. Um dia, quando o levou para um passeio, ele saiu correndo na direção de um garoto judeu, abraçou-o e disse: "Você pode me dar uma estrela dourada também?"[17]

Até aquele momento, grande parte da discussão pública do regime a respeito do "problema judeu" havia se centrado em como removê-los da Alemanha. Os nazistas conceberam lucrativos esquemas de deixar que os judeus comprassem sua ida para a Inglaterra, a América e a Palestina, desde que pudessem produzir os vistos e o dinheiro em espécie. De 1940 a 1942, alguns membros da hierarquia nazista consideraram seriamente uma proposta de exportar todos os judeus da Europa para a ilha de Madagascar, ao largo do litoral sul da África. Durante 1941, o círculo de Berlim continuou a auxiliar judeus perseguidos e a se desesperar com os assassinatos em massa, mas não havia nenhuma forma de eles anteciparem a verdadeira extensão do Holocausto.

Os círculos de Berlim seguiam se expandindo, e os contatos dos Harnacks, dos Schulze-Boysens, dos Kuckhoffs e dos Siegs propagavam-se em todas as direções. Um participante, o professor de idiomas Werner Krauss, chamou os resistentes de "A Sociedade das Catacumbas", evocando os labirintos subterrâneos onde os primeiros cristãos se ocultavam para escapar da perseguição romana. A maior parte dos resistentes de Berlim conhecia, no máximo, apenas um membro de outro grupo, e somente um pequeno número de grupos sabia da existência dos outros.

Os círculos se irradiavam a partir de focos improváveis, atraindo estranhas combinações de vizinhos e amigos. Um grupo girava em torno do dentista Helmut Himpel e de sua noiva, Marie Terwiel. A amizade de Himpel com os Engelsings lhe havia rendido uma cintilante lista de artistas do cinema alemão como clientes.

Mas 1941 foi um tempo desgastante para os dentistas em Berlim. Foram obrigados a dedicar a metade de seu tempo aos membros das forças armadas. E o restante de sua clientela sofria os efeitos de uma dieta pobre e de turnos de trabalho de 12 horas sem luz do sol. (Os dentes dos berlinenses "estão apodrecendo... todos ao mesmo tempo, como cubos de açúcar dissolvidos na água", escreveu o correspondente americano Howard K. Smith.)[18] Himpel adiou as consultas de seus pacientes regulares para abrir espaço para encontros clandestinos e continuou a atender pacientes judeus, ilegalmente, sem cobrar nada.[19] Himpel e outros profissionais no grupo também prestavam ajuda aos que faziam objeção de consciência, escrevendo laudos para soldados e trabalhadores na indústria bélica declarando-os "incapazes para o trabalho".

Em outras circunstâncias, Marie Terwiel teria sido considerada uma pessoa de muita sorte: bonita, cabelos negros, pianista, preparando-se para uma carreira como advogada, noiva de um homem a quem adorava. Mas seu futuro havia sido decepado pelas leis raciais dos nazistas. Por causa de uma mãe filha de judeus, foi proibida de se casar com Himpel, embora ela e a mãe fossem católicas praticantes. Pela mesma razão, também foi proibida de completar o curso de direito ou praticar qualquer profissão. Em vez disso, passou a morar com Himpel e encontrou trabalho de secretária numa indústria têxtil.

Marie tinha grande preocupação com a mãe, e dava assistência secreta a outros judeus ajudando-os a conseguir cartões de racionamento e documentos de identidade.[20] Encontrou estímulo na postura corajosa assumida pelo bispo católico Clemens von Galen. Sendo um aristocrata anticomunista, Galen havia criticado os nazistas desde o início. No verão de 1941, fez uma série de sermões denunciando a Gestapo e o Partido Nazista, culminando num ataque à política de eutanásia para os doentes mentais. Notícias de seu sermão correram rapidamente entre os círculos católicos, mas o regime não permitiu que suas declarações fossem publicadas. Marie datilografou inúmeras cópias do sermão para serem distribuídas como panfletos. Outros católicos alemães fizeram o mesmo, e em pouco tempo o sermão estava circulando secretamente por todo o país. O fato criou tamanha agitação, que Hitler foi obrigado a reverter a política oficial de eutanásia (embora a prática tenha continuado, não oficialmente, até o final da guerra).

Himpel e Marie recrutaram vários outros para as operações de publicações clandestinas. Um deles foi o jornalista John Graudenz, também paciente de Himpel. Um outro era membro de seu círculo social de música, o jovem pianista Helmut Roloff. Um conservador em termos políticos, Roloff era motivado pelo maltrato infligido a seus amigos judeus. Estava especialmente inflamado com a situação difícil em que se encontrava um vizinho de seus pais, um arquiteto judeu chamado Leo Nachtlicht que, proibido de praticar sua profissão, acabou tendo que alugar quartos para pensionistas. Um dia, Nachtlicht contou a Roloff o caso de uma jovem que alugara um de seus quartos. Quando a mandaram se preparar para a deportação, ela preferiu abrir a torneira de gás.

Roloff era amigo de várias famílias judias em apuros, inclusive de alguns vizinhos chamados Kuttner, que ele havia conhecido em 1939. Era especialmente gentil com a filha adolescente, uma garota delicada, com grandes olhos amedrontados. Após a guerra, Annemarie Kuttner escreveu que Roloff "vinha quase todos os dias, trazendo-nos provisões e ajudando-nos de todas as maneiras imagináveis. Ele escondeu uma mala nossa em seu quarto para que a Gestapo não a encontrasse. Foi um grande apoio psicológico para nós naqueles anos da mais desesperadora necessidade".[21]

Essas experiências levaram a jovem pianista a se juntar às atividades de resistência de Himpel, sem nenhum interesse especial em debates ideológicos.

Os círculos de resistência ganharam uma nota de glamour com o recrutamento de Ina Lautenschläger, integrante do círculo comunista de Hans e Hilde Coppi. A morena escultural trabalhava como modelo na *maison* de moda de Annemarie Heise, uma das mais exclusivas de Berlim. Naquela época, as modelos também atendiam a clientes e registravam vendas. Ina era popular tanto com a dona do salão quanto entre sua clientela. "Eu conhecia esposas dos grandes nazistas, oficiais de alto escalão, artistas e estrelas de cinema", recordou. Suas clientes incluíam a amante de Hitler, Eva Braun, e a esposa de Goebbels, Magda.[22] O pessoal do salão competia pelo privilégio de servir a Eva Braun. As vendedoras e os malões cheios de vestidos novos eram transportados por atenciosos motoristas da SS à residência de Hitler em Munique ou à sua casa de campo em Berchtesgaden.

Ainda assim, a dona da loja tinha uma baixa opinião a respeito dos nazistas. Frau Heise era uma amiga íntima do astro de cinema Joachim Gottschalk e de sua família. Ela confidenciou a Ina que Goebbels estava tentando forçar Gottschalk a se divorciar da esposa judia, o que em pouco tempo levaria a consequências trágicas.

No final de setembro de 1941, Ina foi convidada a desfilar numa série de shows para promover a moda alemã nas cidades ocupadas de Bruxelas e Antuérpia. Pouco antes de sua partida, Hans Coppi organizou um encontro dela com Harro Schulze-Boysen num café no centro da cidade. Harro fez perguntas sobre o programa da viagem e, poucos dias depois, Coppi passou a ela um pequeno pacote, não maior que um maço de cigarros, com instruções para entregá-lo num endereço em Bruxelas. Quando Ina chegou, uma mulher atendeu à porta e pegou o pacote sem dizer uma palavra. Ina nunca soube a identidade do destinatário.[23]

Um dos mais carismáticos entre os novos membros da resistência era uma impetuosa artista de 20 anos de idade chamada Cato Bontjes van Beek, conhecida de Libertas Schulze-Boysen. Cato era filha de um famoso ceramista holandês e de uma bailarina. Sendo ela própria uma talentosa ceramista, Cato também tinha jeito para os negócios e estava praticamente gerenciando os trabalhos de cerâmica da família antes de completar 20 anos. Depois de assistir à prisão de vizinhos judeus, ela começou a levantar recursos e juntar cartões de racionamento para ajudar outros judeus. Via com impaciência a passividade dos alemães diante da repressão. "Todo mundo está falando sobre isto, mas ninguém faz nada a respeito!", reclamou com sua família.[24]

Após as invasões da Europa Ocidental pelos nazistas, Cato e sua irmã Mietje assumiram a causa dos franceses que faziam trabalhos forçados ou eram prisioneiros de guerra. As duas jovens se postavam no metrô de Berlim esperando que os franceses fossem tocados para dentro dos vagões. Então, no último minuto, elas saltavam para o mesmo vagão. Os prisioneiros logo descobriram que podiam passar bilhetes para as garotas com listas de suas necessidades mais urgentes. No encontro seguinte, elas poriam algumas coisas nos bolsos dos homens, inclusive luvas grossas, sabonetes e cigarros, frequentemente acrescentando panfletos do grupo Schulze-Boysen.

As duas jovens enchiam cadernos de desenho com rostos de prisioneiros, às vezes percebendo seus olhares de gratidão. Tal como Helmut Roloff, Cato era uma artista com pouco interesse em afiliações partidárias ou ideologias. (Anteriormente, havia conseguido evadir-se da inscrição na organização das garotas nazistas.) Cato recrutou diversos membros da família e estudantes de arte, a maior parte deles espíritos livres com corações compassivos como o dela própria.[25]

Para alguns de seus amigos, a participação em atividades de resistência era uma forma de suportar as crueldades do regime. Um dia, Cato estava visitando a academia de arte quando notou que uma das estudantes estava a ponto de chorar. Katja Casella era uma pintora de 20 anos, bela, vibrante e imensamente talentosa que acabara de receber uma bolsa de estudos do Ministério da Cultura nazista. Ela também era judia, mas conseguira esconder isso do regime. Katja estava profundamente apaixonada pelo noivo, Karl, um estudante judeu. Ele havia sido enviado para Sachsenhausen após a Noite dos Cristais, mas seus parentes o resgataram e conseguiram mandá-lo para a Inglaterra. Era impossível para Katja comunicar-se com Karl, mas ela permaneceu ao lado da mãe do noivo e da irmã de 14 anos, Evalin, que ainda viviam em Berlim. Um dia, quando chegava para visitá-las, notou que as flores da varanda haviam desaparecido. Tinham sido deportadas para algum campo. Katja estava arrasada.

Depois de ouvir a história, Cato a olhou gravemente e disse: "Você não pode ficar sozinha hoje. Quero que conheça meu grupo."

Cato tomou o bonde com Katja e levou-a a um confortável apartamento nos arredores de Berlim. Quando entraram na sala, Katja viu uma dezena de mulheres sentadas em silêncio, ouvindo uma chacona de Bach no gramofone. Cato deixou-a por um instante. Quando retornou, Katja ficou chocada por vê-la acompanhada por um jovem muito alto num uniforme de oficial alemão.

Em tom sóbrio, o tenente perguntou a Katja o que havia acontecido à família de seu noivo. Então passou seus braços em torno dela e lhe deu um forte abraço. "Esta barbaridade tem que terminar", disse-lhe ele. "Todos nós temos que trabalhar juntos para deter aquele demônio." Ela achou sua voz cálida e reconfortante, e ganhou esperança. Por volta das sete da noite, começaram a chegar homens no apartamento, cada um com uma pasta. Cato e Katja partiram e eles foram trabalhar.

Katja Casella acabara de ter a oportunidade de vislumbrar Harro Schulze-Boysen e seu círculo enquanto se preparavam para um encontro. Ela partiu, na dúvida sobre o que vira, mas, ainda assim, reconfortada. Ali estava a prova de que era possível não se render. Juntou-se ao círculo de amigos e coconspiradores de Cato e recrutou sua melhor amiga, Lisa, para trabalhar com ela. As duas lindas garotas entregavam mensagens clandestinas e abrigavam fugitivos no pequeno estúdio de Katja.[26]

Katja aprendeu a não fazer perguntas, mas um dia Cato lhe explicou sua posição pessoal. "Imagine uma pedra, assim você poderá entender o grupo todo. Eu jogo uma pedra numa lagoa e ela faz círculos, e, num desses círculos, estão você e Lisa."

No final de 1941, os círculos haviam se espalhado e multiplicado em muitas direções. Nunca existiu uma forma de contar seus membros, já que não se mantinha nenhum registro e o conhecimento sobre outros grupos era o mínimo possível, por questões de segurança. Mas os grupos se estendiam pela profissão médica, pelos militares, a academia e as artes. Politicamente, eram constituídos por conservadores, comunistas, social-democratas e ex-nazistas. Suas afiliações religiosas incluíam católicos, luteranos, judeus e uma cartomante profissional. As idades iam de adolescentes a avós e avôs idosos, e abarcavam de aristocratas a moradores de casas de cômodo. Suas atividades estavam concentradas em algumas poucas vizinhanças de Berlim, mas seus contatos estendiam-se pelo país.

O grupo ainda dependia fortemente de transmissões de rádio estrangeiras para manter-se informado, mas a BBC, involuntariamente, estava tornando as coisas ainda mais difíceis para eles. Em 1941, um funcionário do serviço secreto inglês, inspirando-se em Churchill, teve a ideia de montar uma campanha "V de vitória" com o propósito de encorajar sentimentos antinazistas na Europa e convencer os nazistas de que estavam cercados por inimigos. As transmissões da BBC começavam com as primeiras notas da Quinta Sinfonia de Beethoven — tan-tan-tan-*tan* — que era também o sinal do código Morse para a letra "V". As audiências na Alemanha e na Europa Ocupada foram convidadas a ecoar o ritmo onde quer que pudessem, batendo nas portas, tocando apitos de trens. Mas os ouvintes clandestinos da BBC não estavam assim tão animados. Descobriram que o sonoro tema de Beethoven viajava com muita facilidade através de paredes de apartamentos e chegava aos ouvidos de ávidos informantes.

Durante o ano de 1941, os círculos incrementaram sua produção e distribuição de publicações clandestinas. Essas eram geradas por gráficas artesanais dispersas que funcionavam onde fosse possível reunir máquinas de escrever, hectógrafos e suprimentos. John Sieg, o "jornalista que virou funcionário de estrada de ferro", levava adiante uma dessas gráficas num barracão em Neukölln, junto com o jovem tipógrafo comunista Herbert Grasse.

Sieg e Grasse publicaram diversos periódicos irregulares, inclusive *21 Seiten* (*21 Páginas*) e *Vortrupp* (*Linha de fogo*). Em 1941, lançaram um novo jornal clandestino chamado *Die Innere Front* (*A Frente Interna*), que tinha Walter Husemann como colaborador. O jornal oferecia informações políticas atualizadas, listava as frequências de rádio para ouvir transmissões soviéticas e oferecia reportagens encorajadoras sobre a luta do exército soviético contra os nazistas. Instava os soldados alemães e os trabalhadores estrangeiros a não confiar na propaganda sobre uma iminente vitória nazista e buscava formas de sabotar o regime.[27] Pelo menos 15 números do *Die Innere Front* foram publicados durante dois anos, tanto em alemão quanto em francês.[28]

Neukölln, onde operava John Sieg, estava a apenas alguns quarteirões dos apartamentos dos Kuckhoffs e dos Harnacks, mas ainda representava um outro mundo. Fazia apenas alguns anos que deixara de ser um bairro de casas de cômodo, fábricas e amplos cemitérios. Agora, a poucos quarteirões a leste do apartamento de John, a antiga fábrica da National Cash

Register (uma empresa americana que produzia máquinas registradoras na Alemanha) havia sido convertida na fábrica de munições "NCR". Centenas de trabalhadores escravos foram importados da Polônia, da Rússia e da França para trabalhar ali, ao lado de alguns judeus e de muitas mulheres.[29] Pouco depois, chegou outra leva de trabalhadores escravos trazidos de países da frente oriental. Dezenas de galpões precariamente construídos foram espalhados pelo bairro, alguns deles no terreno de cemitérios. Em sua caminhada diária para pegar o metrô, John tinha que passar por galpões onde se apinhavam centenas de russos, poloneses e ucranianos mortos de frio, esfomeados e espancados. Alguns residentes de Neukölln conseguiam lhes passar furtivamente pães e batatas.[30] O círculo de John também distribuía panfletos com mensagens de solidariedade, muitos deles traduzidos para o polonês por Sophie, sua esposa.

John Sieg coordenava os esforços de publicação com seu antigo editor, Adam Kuckhoff, e Greta frequentemente o recebia em sua casa. "Ele nunca chegava de mãos vazias, e tampouco saía de mãos vazias", recordou-se ela.[31] "Ele sempre nos trazia algo... Fossem panfletos, literatura proibida ou informação sobre outras células da resistência."[32] John gostava de transportar sua literatura clandestina dentro de um volume dos *Contos de Andersen*.

Seguindo o código não escrito da atividade ilegal, Adam e John mantinham suas intensas conversas por trás de portas fechadas. A informação somente era partilhada quando necessário, para minimizar o risco coletivo. Mas Greta ainda se encrespava por ser excluída, duvidando de que os nazistas fossem aceitar sua ignorância como defesa caso o grupo fosse traído.

Ela também se preocupava com o fato de que o grupo estivesse se ampliando excessivamente. Cada mês trazia notícias de novos bolsões de antifascistas que desejavam se integrar a um esforço mais amplo. Mas seus próprios esforços pareciam insignificantes: sabonetes e luvas furtivamente passados a alguns trabalhadores escravos, escassas rações e moedas estrangeiras obtidas com grande dificuldade para amigos judeus, uns poucos panfletos enfiados em caixas de correio de amedrontados burocratas alemães. Será que seu trabalho fazia alguma diferença real?

Os líderes no centro da atividade acreditavam que enviar informações secretas aos soviéticos era a forma mais eficaz de se opor aos nazistas. Sua capacidade de obter informações era cada vez maior, mas a transmissão continuava a ser um pesadelo. Toda noite, Arvid Harnack voltava para casa, vindo do Ministério da Economia, para um segundo turno de codificação de mensagens que entregava a Hans Coppi para ser transmitidas a Moscou, mas o rádio continuava a falhar. Informações cruciais não estavam chegando ao destino.

Os agentes do serviço secreto em Moscou estavam impacientes. As informações secretas que chegavam de Richard Sorge em Tóquio e de Rudolf Roessler em Lucerna estavam fazendo uma verdadeira diferença. Eles sabiam que muitas outras informações cruciais poderiam ser fornecidas pelo grupo em Berlim, mas os rádios defeituosos deixavam-no fora de alcance.

Essa dificuldade técnica direcionou o destino dos círculos de Berlim para a órbita de um homem a quem nunca encontrariam: Leopold Trepper, o comunista polonês responsável pela operação soviética em Bruxelas. Fazia anos que Trepper vinha trabalhando para o serviço secreto soviético na Europa; escapara por pouco dos expurgos de Stalin mantendo uma posição discreta.[33] Agora, enquanto os soviéticos se esforçavam para reconstruir o que Stalin havia destruído, ordenaram que Trepper montasse em toda a Europa Ocidental uma rede de rádio para transmissão de material de inteligência. Ele permaneceu em Bruxelas, fazendo-se passar por um industrial canadense.

"Eu me tornei Adam Mikler", escreveu mais tarde. "Então Adam Mikler era de Quebec? Eu podia conversar durante horas sobre os encantos de Montreal." Trepper, é claro, nunca havia posto os pés na América do Norte.[34]

Ele lançou sua operação Bruxelas comprando uma fábrica de capas de chuva com o improvável nome de *Au Roi du Caoutchaout* (Casa do Rei da Borracha). Em pouco tempo, transformou-a num negócio de importação-exportação de capas chamado *Foreign Excellent Trench Coat Company*.[35] O negócio recrutava crédulos vendedores em todo o continente. Seus parceiros de espionagem representavam um amplo espectro de antifascistas leais. Um número considerável era de sionistas poloneses que ele conhecia desde seus primeiros tempos na Palestina. Outros eram comunistas alemães que haviam aperfeiçoado suas habilidades como falsificadores em Berlim. Um dos parceiros mais heroicos de Trepper era uma parisiense colecionadora de arte chamada Suzanne Spaak. A bela *socialite* combinava seu trabalho na inteligência com missões humanitárias, e passou grande quantidade de crianças judias clandestinas para lugares seguros.[36]

Antes da guerra, Trepper também não dispunha de rádios. Ele escreveu que, em algum momento, sua rede acabou contando com três em Berlim, três na Bélgica e três na Holanda. Mas, até junho de 1941, seus agentes lhe enviavam informações através do adido militar soviético na França de Vichy. O grupo de Trepper inventou um sistema engenhoso para contrabandear documentos pela fronteira.

> O primeiro passo era reservar um leito num carro-dormitório. Outro membro da rede, por sua própria conta, reservaria um compartimento que permaneceria vazio — e, de preferência, ficaria ao lado do primeiro. Depois que o bilheteiro tivesse passado, o agente sairia do carro-dormitório, entraria no compartimento, desaparafusaria uma luminária elétrica, ocultaria ali uma caneta tinteiro na qual estava o microfilme e voltaria para seu lugar.
>
> Em Moulins, por exemplo — a estação na linha de demarcação entre a França Ocupada e a Desocupada —, o mensageiro e sua bagagem seriam naturalmente revistados. Quando a polícia alemã abrisse o compartimento e visse que estava vazio, seguiria em frente. Depois disso, o agente só teria que recolher a caneta e toda a riqueza de informações que continha.[37]

Os soviéticos insistiram em mandar dois de seus próprios agentes para apoiar os esforços de Trepper e, talvez, também vigiá-lo. Desde o início, Trepper não teve boa impressão dos colegas. Um deles, que se apresentava como "Carlos Álamo", era um impetuoso agente amador que acabara de retornar de uma assistência à força aérea republicana na Espanha. Álamo gostava de contar vantagem a respeito de um voo solo que fizera numa missão especial. O único problema com a história, Trepper observou, era que Álamo era um mecânico, não um piloto. Trepper ficou ainda mais desalentado quando Álamo faltou ao primeiro e ao segundo encontros que haviam marcado ao ar livre porque entrou em pânico e decidiu que os belgas que passeavam no parque eram agentes inimigos. Trepper reclamou que Álamo não estava preparado para operar o rádio, havendo recebido apenas três meses de treinamento. Quando foi encarregado da loja de capas de chuva, mostrou-se tão inepto, que Trepper teve que contratar outro gerente para lhe dar apoio.[38]

Os soviéticos dobraram a incompetência de Álamo com um segundo agente, chamado Anatoli Gourevitch, cuja ideia de um disfarce eficaz era apresentar-se como um uruguaio com o codinome "Kent" (escolhido de um romance inglês de espionagem). Kent, assim como Álamo, encantava-se por estar vivendo na Bélgica e não na União Soviética. Sendo um aspirante a libertino, usava o cabelo escovinha e usualmente tirava baforadas de um cachimbo. Em pouco tempo, adquiriu uma amante loura, enquanto o colega Álamo alimentava seu gosto dispendioso adquirindo carros velozes.

Na opinião de Trepper, a competência de Kent era ainda menor que a de Álamo: "Quando Kent, recentemente saído de sua 'academia de espionagem', entrou num bar de operários num subúrbio de Paris e pediu chá, foi alvo de ridículo, mas, acima de tudo, tornou-se alvo de atenções. Para um homem do serviço secreto, isso vai contra as regras. Na escola, esqueceram-se de ensinar a Kent como passar despercebido." A situação tornou-se ainda mais séria quando Trepper precisou de ajuda para dois de seus tenentes que atuavam na clandestinidade judaica na Palestina.

> Pedi a Kent que lhes encontrasse um esconderijo muito seguro, mas ele não fez nada disso. Sophie foi posta... numa casa alugada que usávamos para fazer as transmissões, e Kamy estava vivendo com Álamo. As mais elementares exigências de segurança não haviam sido respeitadas. Se tivéssemos deliberadamente buscado produzir uma catástrofe, não poderíamos ter feito melhor.[39]

Trepper contrastou seus trapalhões soviéticos com ele próprio e seus amigos, que haviam passado metade da vida evadindo-se de *pogroms* na Polônia e escapando de ser presos por funcionários coloniais ingleses em Tel Aviv. "Essa experiência insubstituível valia mais que todos os cursos do mundo."[40]

Perto do final do verão de 1941, enquanto o exército alemão avançava rapidamente em direção a Moscou, os soviéticos ordenaram que a operação em Bruxelas os ajudasse a restabelecer contatos de rádio com suas principais fontes em Berlim. Em 26 de agosto de 1941, agentes secretos em Moscou enviaram uma mensagem de rádio a Bruxelas ordenando que Kent fosse de carro até Berlim e descobrisse qual era o problema. A mensagem codificada era tremendamente detalhada:

> Vá a Berlim e procure Adam Kuckhoff ou sua esposa em Wilhelmstrasse 18*, tel. 83 62 61, segunda escada à esquerda, andar de cima, e explique que foi enviado por um amigo de Arvid e Harro, que Arvid conheceu como Alexander Erdberg... Sugira a Kuckhoff que providencie um encontro com Arvid e Harro.
>
> Se possível, descubra com Kuckhoff:
>
> 1. Se o rádio está conectado, e por que não está funcionando.
> 2. Onde estão os amigos, e em que situação se encontram? Italijanes, Lutschisti, Leo, Karl e os outros.
> 3. Faça-os saber da transmissão a Erdberg.
> 4. Sugira a conexão com Istambul, através de um empresário soviético, ou com Estocolmo, através do cônsul, ambos em nome de von Strahlmann.
>
> Caso não consiga se encontrar com Kuckhoff, procure a esposa de Harro Schulze-Boysen, Libertas, Altenburger Allee 19, tel. 99 58 47. Explique que você vem da parte de alguém que se encontrou com Elisabeth (Schumacher) em Marquardt (perto de Potsdam). Esta ordem também se aplica se você se encontrar com Kuckhoff.[41]

---

*Este foi um erro dos soviéticos. Na verdade, os Kuckhoffs viviam na Wilhelmshöherstrasse.

Moscou também ordenou que Gourevitch, ou "Kent", obtivesse informações detalhadas do grupo e as transmitisse para Moscou logo que estivesse de volta a Bruxelas, e que os instruísse a preparar uma casa segura perto de Berlim para receber determinados visitantes.

Quando Trepper soube que Moscou havia transmitido pelo rádio os nomes e endereços reais dos contatos em Berlim, não conseguiu acreditar. "Não é possível! Eles enlouqueceram!", exclamou.[42] As mensagens eram codificadas, mas Trepper sabia que os alemães estavam ampliando dia a dia sua competência para decifrar códigos.

Trepper não podia ter certeza de uma catástrofe, mas suspeitava disso. De fato, o serviço de rádio do exército alemão começara a interceptar e gravar mensagens de Trepper dois meses antes, apenas alguns dias após a invasão soviética, e já estava trabalhando intensamente para decifrar o código.

No outono, enquanto o exército alemão marchava sobre Moscou, a atmosfera em Berlim começou a mudar. Com o rádio de ondas curtas conseguido por Falk, irmão de Arvid, Harro e Arvid podiam agora monitorar as transmissões de exilados alemães que estavam em Moscou. Isso lhes mostrou como seus relatórios secretos poderiam ter beneficiado as operações de campo, o que só fez aumentar a frustração quando suas transmissões falharam.[43]

Certa noite, Adam Kuckhoff pediu à esposa que o seguisse até o topo do telhado, embora ela reclamasse por ter de se expor a uma chuva enregelante. Ele falou rapidamente. Arvid Harnack havia insistido com ele para que a informasse de que Moscou os havia contatado através de Bruxelas. Além disso, a transmissão de rádio havia incluído seus nomes.

"Endereços também?", perguntou Greta.

"Claro! De que outra forma eles poderiam ter nos encontrado?"

Greta não se satisfez: "Por que tantos nomes? Por que não bastou apenas um?"

Adam tentou acalmá-la. Se alguém fosse enviado para trabalhar com os rádios, provavelmente iria aos apartamentos de Mildred ou Libertas, que eram mais convenientemente localizados. O máximo que essa pessoa poderia provavelmente perguntar a Greta seriam endereços.

Mais uma vez, Greta suspeitou de que era a última a saber. Talvez só estivesse sendo informada porque o visitante já estava na cidade, quase chegando à sua porta. Ela se ressentia de os homens só lhe darem metade das informações pertinentes, embora ela partilhasse os mesmos riscos que eles. Mas estava se acostumando a não fazer perguntas.[44]

Kent levou dois meses para cumprir a tarefa. Chegou a Berlim em 29 de outubro de 1941 e entrou em contato com outros agentes soviéticos na cidade.[45] Então, ligou para Schulze-Boysen pelo número de telefone enviado por Moscou. Libertas atendeu e concordou em se encontrar com ele numa estação do metrô. Explicou o problema com o rádio defeituoso e acertou um encontro dele com Harro. O casal levou Kent para seu apartamento e tiveram uma reunião de quatro horas.

A chegada de Kent foi uma total surpresa, mas Harro não se concentrou na questão da quebra de segurança. Estava satisfeito com o aparecimento dos soviéticos. Fazia meses que tentava sabotar os nazistas com suas transmissões de informações secretas sem nenhuma prova de que estivessem sendo recebidas. O exército alemão estava agora se aproximando de Moscou, e parecia que os meses seguintes poderiam determinar o resultado da guerra.

Harro esperava que Kent fosse dar bom uso a suas informações. Os dois homens se sentaram na sala de estar e Harro ofereceu ao visitante um longo cardápio de informações sigilosas militares, que Kent cuidadosamente registrou em sua caderneta.

Kent estava sob pressão de Moscou para conseguir mais informações e queria combinar outro encontro, mas Harro estava desconfiado. Ele já havia aguentado uma investigação da Gestapo e presumia que ainda estivesse sob vigilância. Se Kent o visitasse ou o chamasse novamente, seu alemão com forte sotaque russo levantaria mais suspeitas. Os dois homens trocaram endereços alternativos onde poderiam se encontrar.

Kent retornou a Bruxelas e preparou uma série de transmissões para Moscou com informações de Harro. Durante o mês de novembro de 1941, indicou a localização do quartel-general de Hitler na Prússia Oriental, conhecido como *Wolfsschanze* (Toca do Lobo), e passou informações sobre as preparações alemãs para uma guerra química.[46] Ele disse aos soviéticos que os alemães estavam se preparando para avançar até o Cáucaso, a entrada para os campos de petróleo soviéticos, antes de atacar Moscou. Harro passou as notícias adicionais de que os alemães enfrentavam severa escassez de petróleo e de provisões de campo; suas linhas de suprimento estavam seriamente sobrecarregadas. Kent também transmitiu dados cruciais passados por Harro sobre a produção alemã de aviões e as perdas ocorridas em combate.[47]

Harro havia passado aos soviéticos um rico filão de inestimáveis informações secretas, e Kent as transmitiu de Bruxelas numa maratona de sessões. Assim, ele violava todas as possíveis precauções de segurança ao ficar no ar durante longas sessões todas as noites, sete dias seguidos. Isso ofereceu aos operadores da contrainteligência alemã ótimos meios para localizar a origem do sinal. Eles rastrearam as transmissões e cuidadosamente gravaram o conteúdo codificado.[48]

Em outubro, ainda parecia impossível deter o exército alemão. Mas, durante os dois meses seguintes, a sorte começou a mudar. O aumento das informações secretas obtidas pelos soviéticos era parte da equação, e tornou-se um fator importante também para os ingleses.

No final de junho de 1941, os governos da Inglaterra e da União Soviética haviam enviado missões militares a seus respectivos quartéis-generais em Londres e Moscou para troca de informações de inteligência. (A Inglaterra enviou Noel Mason-Macfarlane, o adido em Berlim que pedira permissão para alvejar Hitler de sua janela.) No início, os ingleses haviam aconselhado aos soviéticos que se preparassem para a vitória alemã, destruindo tudo de valor e afundando a frota soviética.[49] Mas, ao longo do verão e do outono de 1941, Churchill decidiu reforçar os soviéticos, provendo-os com informações de altíssimo nível obtidas como resultado da decifragem de códigos.[50] (Isso incluía material altamente sensível que não havia sido oferecido aos americanos.)

O agente soviético em Tóquio, Richard Sorge, forneceu outras informações cruciais durante o mesmo período. Em outubro de 1941, Sorge informou a Moscou que os japoneses haviam decidido não invadir a União Soviética pelo leste — a ideia era realizar uma ofensiva totalmente diferente. Em seu último despacho antes de ser preso em 18 de outubro, Sorge detalhou os dados sobre o ataque japonês a Pearl Harbor, que desencadearia a guerra no Pacífico (e, junto com o discurso de Hitler declarando guerra aos Estados Unidos, outra guerra mundial). As informações de Sorge permitiram que os soviéticos transferissem do leste tropas frescas, preparadas para enfrentar o inverno e combater os alemães. Informações secretas começaram a fluir entre Londres e Moscou, para benefício de ambas.

Os americanos ainda estavam tentando se manter fora da guerra, mas sua neutralidade rapidamente se erodia. Roosevelt temia que uma total vitória nazista na Europa deixasse os Estados Unidos isolados e expostos. Em março de 1941, ele iniciou o apoio aos ingleses com o Programa Lend-Lease. Depois da invasão da União Soviética pelos nazistas em junho, Roosevelt decidiu ampliar o apoio a Moscou. Os Estados Unidos assinaram um acordo de ajuda aos soviéticos em outubro de 1941, e os americanos começaram a despachar veículos militares e suprimentos para o leste, dos quais havia enorme carência.

Com isso, os soviéticos ganhavam uma vantagem estratégica adicional. O exército alemão já estava literalmente atolado no inverno russo. Em novembro, a lama avariou os tanques e caminhões, e a neve estava chegando. As linhas de suprimento alemãs estavam sobrecarregadas. Isso significava que as tropas estavam ficando sem alimentos e combustíveis, preparando-se para enfrentar uma campanha de inverno no coração da Rússia com os mesmos uniformes com que haviam chegado em junho, em pleno verão.

Os nazistas demonstraram essa vulnerabilidade em dezembro, quando Hitler pediu ao povo alemão que doasse roupas quentes para seus soldados na Rússia. Numa transmissão de rádio noturna, Joseph Goebbels deu a lista detalhada dos itens necessários. O público alemão ficou furioso. Eles haviam comprado a ideia de uma invencível máquina de guerra alemã, e agora lhes diziam que seus seres queridos estavam encalhados numa frente traiçoeira, enregelante, sem nem ao menos gorros e luvas.[51] Em 4 de dezembro de 1941, as tropas alemãs haviam avançado penosamente, enfrentando um frio cada vez pior, até os arredores de Moscou. Mas o inverno chegou com força total, com temperaturas que caíram a 36 graus centígrados negativos no dia 5.

Então, em 6 de dezembro de 1941, os soviéticos deflagraram um maciço contra-ataque.[52] Os alemães defrontaram-se com cem divisões soviéticas (inclusive as 18 divisões frescas chegadas do leste) equipadas com 1.700 tanques e 1.500 aviões ao longo de uma linha de 320 quilômetros.

Horas depois, do outro lado do mundo, ocorreu outro evento que inverteu a posição dos pratos da balança: os japoneses atacaram Pearl Harbor. O golpe foi uma calamidade para os Estados Unidos, mas os antifascistas europeus o saudaram como um raio de esperança: uma vez que os Estados Unidos entrassem na guerra com seus ainda inexplorados recursos e efetivos, os fascistas poderiam ser derrotados.

Os americanos estavam tão voltados para a guerra na Europa, que alguns acreditaram haver pilotos alemães em alguns dos aviões em Pearl Harbor. Isso não era verdade, embora Hitler tivesse saudado o evento como um motivo de celebração. Os Estados Unidos declararam guerra aos poderes do Eixo no dia seguinte, e Hitler considerou que o Japão seria mais eficaz como parceiro do que os Estados Unidos poderiam ser como inimigos.[53] Como ocorria com frequência, ele estava viajando em seus pensamentos ilusórios, baseando-se numa noção vaga e desatualizada da América. Imaginava que os teuto-americanos liderariam um poderoso movimento pró-nazistas e subestimou totalmente a capacidade de conversão da indústria americana para atender às exigências do tempo de guerra.

Winston Churchill foi mais astuto. Mais tarde, escreveu que o destino de sua nação pendia de duas datas memoráveis de 1941. A primeira, disse, era 22 de junho, quando os alemães invadiram a União Soviética. Naquele dia, recordou-se Churchill, "eu soube que não perderíamos a guerra".[54] A segunda era 7 de dezembro.

À medida que a maré negativa continuava a se avolumar contra os nazistas, Harro Schulze-Boysen se comprazia em ver suas previsões se realizando, aliviado com a perspectiva de reforços vindos dos Aliados.[55] Ele continuava a escrever aos pais de seu posto na Luftwaffe, em Potsdam, em termos reservados. "A guerra está inundando partes cada vez maiores do globo", escreveu em dezembro.[56] Uma semana depois, ele atualizou seu pai, um alto oficial naval, expressando sua análise em linguagem oficial: "Na Frente Oriental, os russos parecem estar agregando tropas adicionais. Essa frente infindável, onde agora estamos na defensiva, já se tornou um problema sério."[57]

Berlim se encolheu um pouco mais. Nos dias que se seguiram a Pearl Harbor, os últimos funcionários da embaixada americana queimaram os arquivos e se prepararam para receber a declaração de guerra de Hitler. Então, foram postos num trem e levados para um campo de confinamento perto de Frankfurt, onde padeceram durante cinco meses até que pudessem ser trocados por suas contrapartes alemãs.[58]

Enquanto bombas inglesas choviam sobre cidades alemãs, os Kuckhoffs, os Harnacks e os Schulze-Boysens tentavam encontrar um equilíbrio entre suas vidas pessoais e as exigências de suas situações. Ainda estavam de posse do rádio soviético de Hans Coppi. Ser descoberto com ele significava uma sentença de morte, quer o rádio funcionasse ou não. Alguns membros do grupo eram funcionários governamentais importantes e de alta visibilidade. Outros eram comunistas, sujeitos a buscas da Gestapo a qualquer hora. O grupo revisou seus membros, tentando identificar os indivíduos mais inócuos que pudessem guardar o equipamento. Uma candidata era Oda Schottmüller, que fazia dança moderna e participara de grupos de artistas cujos espetáculos eram levados às frentes de batalha para distrair as tropas. Outras vezes, o rádio ficava guardado com uma vizinha de Greta, Erika von Brockdorff, uma secretária que trabalhava num escritório governamental de segurança industrial com Elisabeth, esposa de Kurt Schumacher.[59]

Uma noite, Greta Kuckhoff entrou correndo num abrigo durante um ataque aéreo e ficou chocada ao ver Erika carregando a reveladora valise onde estava o rádio. Greta rapidamente se deu conta de que era mais seguro trazer o rádio que deixá-lo no apartamento durante o ataque. Além disso, não era tão perceptível como ela havia temido. Misturado com pessoas e coisas no abrigo, parecia a valise de emergência que todas as mães em Berlim agora mantinham abastecidas e à mão.

Os ataques aéreos haviam se tornado um pesadelo cotidiano para os berlinenses, especialmente para os pais de crianças pequenas. Greta abominava tirar seu filhinho da cama e levá-lo para o abrigo, o que às vezes acontecia três ou quatro vezes numa noite. Ela se sentava com ele no porão frio, contando histórias, até que fosse seguro voltar para casa. Às vezes, depois de pôr o menino de novo na cama, ela e Adam se aventuravam pela noite, tropeçando em escombros e contando os prédios em chamas. Berlim ainda não estava extremamente danificada, mas, numa visita à família, o casal testemunhou um ataque devastador sobre Aachen, a antiga cidade onde nascera Adam. Encheram-se de ira, menos contra os bombardeiros ingleses, escreveu Greta, que contra os fascistas alemães cuja guerra estava deixando tantas cidades em ruínas.[60]

Ameaçava ser um Natal deplorável. Naquele inverno, Mildred Harnack havia tido uma gravidez tubária. Aos 39 anos, ela temia que nunca tivesse filhos.[61] Libertas Schulze-Boysen perdeu a avó em dezembro, e ela e Harro passaram um fim de semana melancólico participando do funeral no castelo da família.[62]

Greta e Adam queriam muito mostrar ao filho um mundo diferente daquela caricatura de mundo que havia lá fora. Quando Greta pensava em sua infância miserável, lembrava com carinho dos brinquedos que seu pai fazia para ela. Seu favorito era uma arca de Noé cheia de animaizinhos. Quando ficara grávida, havia começado uma coleção de miniaturas para o filho. No Natal de 1941, ela e Adam já haviam juntado mais de 1.200 peças, que incluíam pequenas bicicletas e famílias de porcos e gansos. Havia uma fazendinha com gado, uma vila com casas e uma floresta com guardas florestais e seus cães. Quando os Kuckhoffs falaram sobre o projeto aos amigos no exterior, começaram a receber exóticas contribuições da África, França, Inglaterra e dos Estados Unidos.

No início, o casal havia decidido deixar o presente empacotado até que o filho completasse 6 anos. Ainda faltavam dois anos para isso, mas, naquele inverno, a decisão foi contrariada. Era um dia ruim. Haviam tentado fazer uma transmissão para Moscou, mas o rádio falhava o tempo todo. Tinham acabado de rodar um novo conjunto de folhetos antinazistas, mas as pessoas hesitavam até mesmo em recebê-los. Arvid Harnack chegara ao apartamento para um tenso encontro no telhado, sob um frio terrível. Ficaram lá fora fazendo caretas e tiritando, enquanto nuvens carregadas ameaçavam desabar sobre eles.

No andar de baixo, Adam e Greta se olharam e decidiram que era hora de resgatar alguma alegria. Em pouco tempo, estavam mergulhados em seu fantástico mundo de miniaturas. Num canto da sala, prenderam uma lua e estrelinhas no teto, depois espalharam lã prateada para imitar uma paisagem de inverno. Encontraram um espelho para fazer a lagoa da família de patos e improvisaram uma colina para o moinho. Vilas, florestas e fazendas se multiplicaram pela sala, um minúsculo mundo sem nazistas, sem bombas, sem campos de concentração. Greta se deu conta de que aquilo não era mais para o filho. "Agora, estávamos construindo este mundo para nós mesmos."

Ficaram de pé, olharam o que haviam feito e viram que estava bom. O casal não teve coragem de empacotar tudo de novo. Quando Ule viu o que haviam criado, ficou de boca aberta, numa grande alegria. Greta estava feliz por não terem esperado mais um Natal, satisfeita porque os dois haviam conseguido partilhar o momento com o filho: "Meu marido sempre costumava dizer, 'Se você não faz uma coisa muito cedo, usualmente a fará muito tarde.'"[63]

19

"Angústia com o futuro da Alemanha"

1941-1942

Em 1º de novembro de 1941, a esposa de Harro, Libertas, a aristocrata sedutora e antiga assessora de imprensa da MGM, começou um novo trabalho no escritório central da Kulturfilm. Naquela nova ordem reinante, a posição era tão cobiçada quanto seu trabalho anterior na MGM. Também era politicamente delicada. A Kulturfilm era uma divisão importante do império cinematográfico nazista, terreno indiscutível de Joseph Goebbels, ministro da Propaganda e do Esclarecimento Público.

As conexões familiares de Libertas eram com o rival de Goebbels, o corpulento ministro da Aeronáutica Hermann Göring, cujo entusiasmo pelas artes dramáticas aumentou depois de seu casamento com a atriz Emmy Sonnemann. Mas Göring tinha influência limitada no mundo dos filmes: o domínio de Joseph Goebbels sobre o cinema era tão completo, que nem mesmo ele conseguia rompê-lo.

Na época em que Libertas conseguiu o emprego, os nazistas já haviam praticamente completado a consolidação de toda a indústria cinematográfica alemã. No centro dos esforços estava a gigantesca companhia Universum-Film AG, mais conhecida como UFA.

A UFA havia passado por muitas metamorfoses desde que fora criada como uma agência de filmes de propaganda durante a Primeira Guerra Mundial. A divisão da Kulturfilm onde trabalhava Libertas surgiu no final da guerra para produzir documentários educacionais totalmente alemães. Muitas pessoas tinham problemas de saúde relacionados à guerra, como tuberculose e doenças venéreas. "As feridas da guerra só podem ser curadas se nos devotarmos às tarefas da humanidade", afirmava o catálogo da Kulturfilm.[1]

No início, a UFA era um elemento autônomo na cultura de Weimar, empregando artistas esquerdistas como George Grosz e John Heartfield e lançando filmes audaciosos como *Metrópolis* e *Dr. Mabuse*, de Fritz Lang. Mas, em 1927, uma crise financeira transferiu a administração da UFA para as mãos do magnata da imprensa Alfred Hugenberg, um direitista muito ligado aos nazistas. Após 1933, o estúdio cancelou os contratos de empregados judeus. Era impossível seguir com a velha forma de fazer negócios, na medida em que os principais artistas saíram do país e as receitas de exportação foram drasticamente reduzidas devido aos boicotes estrangeiros aos filmes alemães. As empresas cinematográficas menores fecharam, o que permitiu que a UFA preenchesse o espaço. Novamente, a consolidação da propriedade ajudou o regime a aumentar ainda mais seu controle sobre todo o esquema de produção de filmes, até que se tornasse absoluto.

Em 1940, a divisão da Kulturfilm na UFA foi posta diretamente sob o controle de Goebbels. Dois anos mais tarde, os nazistas completaram a absorção de todas as outras produtoras de filme que ainda restavam na Alemanha (inclusive a Tobis Film de Herbert Engelsing) e consolidaram o maciço conglomerado que era a UFA.

Em seu novo emprego, Libertas Schulze-Boysen trabalhava com filmes sobre "arte, povos e terras alemães, e outros povos e países".[2] O tema ganhara novas e sinistras conotações. A máquina de propaganda nazista estava promovendo agressivamente o novo mapa da Europa. Terras conquistadas nas quais viviam populações étnicas alemãs eram representadas como relações perdidas que, felizmente, estavam sendo reintegradas à Mãe Pátria, e não como nações desesperadas feitas em pedaços sob uma ocupação sangrenta.

Libertas trabalhava na montagem dos filmes e em roteiros. Ela se empenhou em partilhar os frutos de seu sucesso com o amigo Adam

Kuckhoff e o recomendou como crítico cinematográfico para a posição que ela ocupara no jornal nazista *Essener Nationalzeitung*, onde havia passado o ano anterior escrevendo resenhas que atendiam às exigências nazistas. Também conseguia trabalhos avulsos para Adam na UFA, como roteirista, revisor de roteiros e produtor.[3]

Libertas encontrou-se no centro de um mundo perigoso, cheio de segredos e contradições. O regime havia instruído os cineastas alemães a manterem o público inspirado e entretido. Com a guerra se arrastando, viram-se sob crescente pressão para projetar uma alegre fachada patriótica. Mas muitos dos colegas de Libertas estavam passando por um tormento pessoal e profissional.

As constantes intromissões de Goebbels arrasavam tanto projetos quanto carreiras. Em 1938, ele se lançou sobre a bela atriz checa Lida Baarova, declarando que abandonaria emprego, esposa e filhos para fugir com ela. Hitler ficou extremamente contrariado, pois frequentemente apontava as imagens sorridentes de Goebbels, sua esposa, Magda, e sua descendência de crianças louras como evidências dos valores da família nazista. Finalmente, Hitler exigiu que Goebbels voltasse para a esposa e ordenou que Lida desaparecesse.[4]

Renate Müller foi outra artista cuja vida foi destruída pelo regime. Quando jovem, havia trabalhado na mesma época que Adam Kuckhoff no Staatstheater, e tornou-se popular fazendo papéis de ingênua em diversos filmes, inclusive na comédia *Viktor/Viktoria*, lançada em 1933. Era amiga próxima dos Engelsings e gostava de jogar pingue-pongue com eles nos feriados de verão.[5] Mas ela também se meteu em dificuldades políticas. Alguns disseram que as dificuldades decorriam de seus sentimentos antinazistas; outros sugeriram que seu problema era um amante judeu. Em 1937, Renate internou-se numa clínica em Berlim com um sério problema de saúde, não identificado. Pouco depois, a jovem atriz de 31 anos caiu de uma janela do terceiro andar e morreu. Testemunhas relataram que agentes da Gestapo haviam chegado ao local pouco antes, e houve desacordo quanto a ela haver saltado ou sido empurrada.

Em 1940, Goebbels supervisionou a produção de *Jud Süss*. Decidiu que o ator Ferdinand Marian, cujas feições morenas frequentemente lhe valiam papéis de amante latino, era perfeito para o papel do vilão judeu. Marian ficou horrorizado com a ideia, mas Goebbels o obrigou a aceitar, fazendo ameaças à segurança de seu enteado meio-judeu. Marian aquiesceu, mas isso lhe custou um colapso nervoso.[6] Terminadas as filmagens, Goebbels declarou que a encarnação de Marian como o "Judeu Süss" não estava suficientemente desprezível, e ele mesmo assumiu a tarefa de editar o filme para solucionar o problema.[7]

Atores judeus foram totalmente impedidos de trabalhar. Os atores de cabarés e de cinema Paul Morgan e Fritz Grünbaum, que somavam ao crime de ser judeus as sátiras políticas que faziam, já haviam perecido em Buchenwald e Dachau.[8]

Outras figuras populares ficavam numa área cinzenta. Uma delas era Joachim Gottschalk, um ídolo de sessões da tarde conhecido por seus desempenhos como um tipo calmo, sensível. (Ele era chamado de "o Leslie Howard alemão".) O que o comprometia era seu longo e feliz casamento com a atriz judia Meta Wolf, com quem tinha um filho pequeno, Michael. Após a Noite dos Cristais, o regime o pressionou para se divorciar. Gottschalk se recusou. Queria deixar o país com a família, mas suas possibilidades de fuga estavam limitadas por sua grande visibilidade e pelo contrato com a UFA. Continuou a aparecer em filmes muito populares, enquanto sua esposa desapareceu da vista do público.

Numa noite de abril de 1941, Meta Gottschalk sucumbiu à tentação de comparecer ao lançamento do novo filme do marido, *Die Schwedische Nachtigall* (*O rouxinol sueco*). Ali, ela encantou os importantes nazistas presentes — até descobrirem que era judia. Goebbels ordenou que ela e o filho de 8 anos fossem postos na lista dos que seriam deportados para o campo de concentração em Theresienstadt. Gottschalk implorou para ir com eles, mas os oficiais se recusaram, dizendo-lhe, em vez disso, que se apresentasse ao exército. O casal passou os poucos meses seguintes numa agonia de indecisão. Gottschalk foi proibido de trabalhar em outros filmes, mas fez algumas aparições na nascente televisão alemã. Então, essas também cessaram.

Em 6 de novembro de 1941, Gottschalk, que tinha 37 anos, e sua esposa, de 39, sedaram o filho e abriram o gás em seu apartamento, matando os três. A revista *Time* noticiou que Gottschalk deixou um testamento no qual estabelecia que seu crânio ficasse para o Deutsche Theater, onde várias vezes aparecera no papel de Hamlet, "de modo que eu possa continuar a atuar na peça, embora em outro papel, e, com minha presença pessoal, inspire meus sucessores a que deem tudo de si".[9]

Os nazistas proibiram a imprensa alemã de mencionar o incidente, mas a notícia se espalhou rapidamente e criou um tumulto público.[10] A história atingia bem de perto o círculo Schulze-Boysen. O único papel de Gottschalk naquele ano havia sido numa adaptação para o cinema do romance de Günther Weisenborn, *Das Mädchen von Fano* (*A garota que veio de Fano*), lançado em janeiro de 1941. Sua morte ocorreu apenas cinco dias depois de Libertas Schulze-Boysen começar seu novo trabalho na UFA, o estúdio de Gottschalk.

Algumas situações eram mais complicadas do que pareciam. Os atores Heinrich George e Gustaf Gründgens, que tinham um passado esquerdista, eram severamente criticados por se venderem aos nazistas. No entanto, eles ajudavam velhos amigos com problemas políticos com os quais ninguém mais ousaria lidar. Quando Heinrich George foi nomeado diretor do importante Schiller Theater, fez de Günther Weisenborn seu dramaturgo principal, embora esse estivesse proibido, havia muito tempo, de escrever qualquer coisa em seu próprio nome. Sendo um dos favoritos do regime nazista, George estava numa posição em que podia fazer um favor ao velho amigo.

Gustaf Gründgens empregou a atriz Pamela Wedeking, filha do autor banido de *Lulu* e *Despertar da primavera*, e ofereceu papéis a diversos atores que haviam sido ameaçados com a lista negra porque tinham esposas judias.[11] Mas suas vidas privadas mostravam o desgaste. Em Heinrich George, o hábito da bebida saiu perigosamente do controle. Gründgens trabalhava sob a proteção de Göring, mas com ansiedade, pois havia rumores de que Goebbels estava buscando formas de eliminá-lo por causa de seu "estilo de vida não convencional" — ele era bissexual.[12]

Um amigo dos Schulze-Boysens e dos Kuckhoffs, o advogado e produtor cinematográfico Herbert Engelsing, trabalhava no cerne dessa confusão de lealdades e traições. Entre 1937 e 1944, foi o produtor ou produtor executivo de 34 filmes estrelados pelos principais artistas e diretores alemães. Ele supervisionava sua própria divisão da Tobis Film, que manteve a marca mesmo depois de ser consumida no processo de consolidação da UFA. Em suma, Engelsing era uma das principais figuras da indústria cinematográfica, acompanhando sua encantadora esposa (descendente de judeus) a pré-estreias e vendo-se cercado pela deslumbrada hierarquia nazista.

Ingeborg Engelsing apreciava o glamour. Sua vida, escreveu ela, era "uma constante rodada de cinemas e festas". Mas ela lutava com o protocolo. No lançamento de um filme, Goebbels entrou subitamente e a companhia o saudou com um "Heil Hitler". Ingeborg ficou apavorada. Havia jurado nunca fazer uma saudação nazista por lealdade aos membros judeus de sua família. (Ela também a considerava algo "não feminino", especialmente impróprio para alguém num vestido de gala.) Ingeborg conseguiu contornar a dificuldade do momento levando a mão à cabeça para ajeitar os cabelos.[13]

A hierarquia nazista era tão sedenta de glória cinematográfica, que a comunidade do cinema frequentemente tinha permissão para flexibilizar as regras. Os nazistas se sentiam particularmente ofendidos com a deserção de Greta Garbo e Marlene Dietrich, estrelas de Weimar que haviam se mudado para Hollywood, e com o desprezo público de Marlene pelo nazismo. Mas a UFA sempre podia promover outras estrelas, às vezes ignorando detalhes inconvenientes de seus passados. Uma delas era Olga Tschechowa, a bela atriz teuto-russa. Engelsing apreciava seu trabalho, e 1939 foi um ano de glória para ambos, quando Olga estrelou duas de suas produções: *Bel Ami* e *A raposa de Glenarvon* (que incluía diálogos de Adam Kuckhoff).

Mas 1939 foi notável para Olga em outros aspectos também. Naquele ano, foi fotografada num espetacular vestido de noite durante uma recepção diplomática, reclinada sobre o ombro do próprio Hitler. Tschechowa esquivou-se de informar ao Führer que ela tinha um irmão na Rússia que trabalhava para o serviço secreto soviético ou que estava servindo de mensageira para os oficiais militares soviéticos e alemães que se opunham à guerra com a Rússia.[14]

Herbert Engelsing estava próximo de muitos integrantes da comunidade cinematográfica Babelsberg, que se opunha aos nazistas e ajudava as vítimas do regime. Ele trabalhava com Heinrich George e Gustaf Gründgens e escrevia contratos para Olga Tschechowa. Os Engelsings estavam eternamente gratos à atriz de musicais Käthe Dorsch por interceder junto a Göring e conseguir autorização para se casarem, e apoiavam os permanentes esforços da atriz para resgatar judeus perseguidos. Eram tão íntimos, que deram à filha o nome de Käthe.

Não se sabe até que ponto Herbert Engelsing levava adiante discussões políticas com seus astros e estrelas, que eram convidados frequentes dos jantares oferecidos pelo casal e usuais companheiros de coquetéis, mas as circunstâncias encorajavam a intimidade. Ingeborg escreveu que as amizades floresciam rapidamente quando os charmosos integrantes do grupo tinham que sair correndo da mesa de jantar e passar a noite agachados em atulhados abrigos antiaéreos. Por outro lado, era sempre arriscado mostrar as cartas. Alguém poderia ser desculpado por tentar ajudar um velho amigo, mas uma piada errada no momento errado poderia significar um campo de concentração ou algo ainda pior.

A sombra de Engelsing podia ser detectada em muitas áreas dos esforços de resistência dos Schulze-Boysens. A amizade entre eles era profunda, tanto em termos políticos quanto pessoais. Numa noite de novembro de 1938, os Engelsings e os Schulze-Boysens estavam a caminho de um jantar com um diplomata sueco quando, subitamente, vislumbraram uma sinagoga em chamas. Era o início da Noite dos Cristais, e os dois casais partilharam a mesma revolta e a mesma agonia. Durante o verão de 1940, os Engelsings foram convidados dos Schulze-Boysens no lago. Herbert foi fotografado num barco a vela com Libertas: era a própria figura de um advogado em férias, com traje de banho, touca e óculos de aros grossos.

Os Engelsings também se mantinham próximos dos Kuckhoffs. Em dezembro de 1941, Ingeborg Engelsing levou seu garotinho, Thomas, para ver o mundo em miniatura que Greta e Adam haviam criado para o filho. Foram os Engelsings que organizaram o encontro entre os Schulze-Boysens e os Kuckhoffs, e eles também recrutaram membros adicionais do círculo, como o amigo dentista Helmut Himpel e sua noiva, Marie Terwiel.

Herbert Engelsing também oferecia apoio material ao grupo. De acordo com um relato, ele alugou um cômodo para as atividades clandestinas de Harro no número 2 da Waitzstrasse em Charlottenburg, perto do apartamento dos Schulze-Boysens.[15] O grupo datilografava os folhetos no cômodo e os armazenava no porão de Kurt e Elisabeth Schumacher.

Engelsing e sua esposa eram particularmente ligados a Harro. Tal como ocorria com muitos de seus amigos e conhecidos, podiam se exasperar diante de sua política rudimentar, mas admiravam nele a coragem e o sentido de justiça. Harro era especialmente gentil com os filhos dos Engelsings. Herbert cuidadosamente mantinha certo grau de negação a respeito das atividades de resistência dos Schulze-Boysens, mas também criava espaço para que elas se expandissem.

A pessoa mais bem posicionada para se aproveitar desse espaço era Libertas. Quando os nazistas decidiram treiná-la para ser uma produtora de documentários, involuntariamente a expuseram a uma chocante matéria-prima.

Após a invasão da União Soviética em junho de 1941, Harro, Libertas e seus amigos foram expostos a relatórios internos sobre as atrocidades cometidas por tropas alemãs. Durante os meses seguintes, as notícias foram ficando cada vez piores. Libertas resolveu usar sua posição para criar um arquivo documentando as atrocidades. Inicialmente, pretendia usar o material para dissuadir jovens alemães de se associarem a organizações nazistas, mas, com o passar do tempo, seu propósito se ampliou. Algum dia, pensava ela, os nazistas serão levados a julgamento, e a acusação precisará de provas incontestáveis dos crimes cometidos.

Libertas começou a trabalhar juntando as informações e arquivando os resultados. As principais fontes das fotos eram os próprios soldados criminosos. Eles retornavam a Berlim portando instantâneos tirados em ação. (Os soldados estavam proibidos de fotografar execuções, mas, mesmo assim, as fotografias eram tiradas.) Libertas, por meio de uma combinação de flertes e lisonjas, conseguia que eles lhe dessem as fotos para ser copiadas na UFA. Mais tarde, Greta Kuckhoff escreveu que as imagens de Libertas mostravam "torturadores com sorrisos cínicos" posando com suas vítimas. "Os homens tinham orgulho de seus crimes. Alguns deles eram jovens, outros tinham têmporas grisalhas."

"Era uma estranha coleção", continuou Greta.

Havia fotos do massacre comandado por Ernst Röhm e — aqui, o número de fotos cresceu enormemente — fotos de interrogatórios, de "tratamentos especiais" [tortura] e da liquidação de poloneses, judeus e civis soviéticos. Libertas tinha grande habilidade para conseguir saber dos homens as razões de suas ações, se tinham filhos que os amavam, e quais seus planos profissionais. Nomes e endereços também eram coletados. Tudo tinha de ser cuidadosamente registrado. Às vezes, ela nos trazia as provas. Era um quadro chocante de retorno à barbárie.

Houve um homem que falou em termos líricos sobre a beleza, os hábitos e a utilidade de certos insetos. Era incapaz de causar dano a uma joaninha. Então, mostrou uma foto sua com um bebezinho que ele estava prestes a lançar contra uma parede.

Outro, que vivia no campo, começou mostrando fotos de seus cinco filhos de pernas magrinhas, e então, sem hesitar, pegou um instantâneo tirado "no Leste". Mostrava o momento em que ele puxava sua baioneta do corpo de um velho camponês barbado. Libs, que era como sempre chamávamos a esposa de Harro, padecia horrores com esse trabalho. Mas o realizava consistentemente, porque considerávamos necessário.[16]

O escritório da Kulturfilm era o cenário perfeito para seus esforços. A divisão de filmes educacionais partilhava os escritórios com os cineastas propagandistas da linha dura, que recebiam um fluxo constante de material das frentes de guerra. Libertas estava cercada de arquivos e filmes militares, o que significava que podia esconder seus arquivos à vista de todos. Mais raro ainda, o escritório tinha uma abundância de câmeras, máquinas de escrever e materiais que forneciam os recursos técnicos para copiar tudo sem chamar atenção.

Por volta de dezembro de 1941, estava claro que os planos militares de Hitler haviam dado terrivelmente errado. As tropas alemãs espalhavam-se por toda a Europa Ocidental, muitas delas ocupando países hostis. Erwin Rommel, um dos melhores generais, estava imobilizado na África do Norte tentando sustentar os indecisos aliados italianos de Hitler. As forças alemãs na Rússia encontravam-se agora totalmente sem saída, enfrentando o contra-ataque soviético e o brutal inverno russo. Então, os americanos entraram na guerra.

Alguns oficiais alemães haviam duvidado dos planos de Hitler desde o começo, mas foram dissuadidos pela primeira série de vitórias. Agora, buscavam formas de controlar o dano. À medida que a situação militar tornava-se mais difícil, Hitler tornava-se mais errático, comportando-se menos como um estrategista militar do que como um sociopata perseguindo vendetas privadas. No cerne de sua mania estavam os judeus.

Os historiadores discordam a respeito do momento em que os nazistas tomaram a decisão fundamental de exterminar os judeus da Europa. Alguns acreditam que as prolongadas discussões a respeito de uma colônia judaica em Madagascar seriam uma indicação de que a decisão havia sido tomada após o início da guerra. Outros argumentam que as diatribes antissemitas de Hitler em *Mein Kampf* já revelavam suas intenções mais profundas uma década antes disso.

Como quer que seja, uma vez decidido o genocídio, a hierarquia nazista empreendeu grandes esforços para ocultar os planos do público alemão. Durante os oito anos anteriores, os alemães tinham conhecimento de que "campos de concentração" funcionavam como prisões terríveis e como campos de trabalho com alto índice de mortalidade. Durante anos, haviam testemunhado prisioneiros políticos e criminosos comuns que cumpriram suas sentenças e foram soltos, ou receberam uma licença devido a seu estado de fraqueza. Muitos prisioneiros de campos de concentração morriam subitamente, muitas vezes em condições misteriosas. Mas, antes da guerra, não havia nenhuma razão para associar o termo "campo de concentração" ao conceito de assassinato em massa em escala industrial.

Em outras palavras, quando as deportações começaram, os alemães não tinham como evitar a conclusão de que algo muito ruim estava acontecendo com os judeus. Mas poucos deles possuíam os meios, ou o desejo, de descobrir exatamente o quê.

Em 18 de dezembro de 1941, Heinrich Himmler encontrou-se com Hitler e anotou em sua caderneta: "Questão judaica — ser exterminados como membros da resistência."[17] O plano foi elaborado em 20 de janeiro de 1942 numa vila elegante em Wannsee, uma área dos arredores de Berlim pontilhada de belos lagos nos quais Harro Schulze-Boysen gostava de velejar. Ali, 15 dos mais altos oficiais militares e funcionários civis nazistas se encontraram para discutir a "solução final" para a "questão judaica", presididos por Reinhard Heydrich, um oficial da SS de 38 anos de idade.

Em conjunto, o grupo formulou um plano no qual integravam toda a gama de barbaridades que já havia atingido intelectuais poloneses, prisioneiros soviéticos, pacientes psiquiátricos e judeus da Europa Oriental. Instalados em torno de uma mesa num salão elegante, bem-iluminado, os meticulosos burocratas gastaram 85 minutos montando a arquitetura básica do genocídio judeu. Os historiadores não sabem exatamente quais os oficiais que receberam cópias do Protocolo de Wannsee que resultou do encontro, mas acredita-se que foram produzidas trinta cópias e que cada uma foi lida por cinco a dez oficiais, pelo menos.[18]

Greta Kuckhoff escreveu que Harro Schulze-Boysen conseguiu ver de relance alguns documentos da reunião em Wannsee e repassou seu conteúdo a "pessoas confiáveis em vários países", que não tomaram nenhuma providência.[19] Alguns estudiosos questionam essa afirmação, e não existe nenhuma prova de que o fato tenha ocorrido. Mas se a transcrição do encontro em Wannsee tiver de fato chegado a entre 150 e 300 oficiais numa dezena de ministérios, é possível que Harro tenha visto algo e relatado seu conteúdo a contatos estrangeiros.

À medida que o círculo de Berlim descobria mais dados sobre as atrocidades que estavam acontecendo na frente oriental, Harro e Libertas sentiam-se compelidos a intensificar suas ações. Harro passou a recortar artigos de jornais nazistas com citações de membros do partido que se vangloriavam de seus crimes.[20] Libertas continuou a coletar fotos e provas filmadas no Leste e começou um arquivo com as informações que ouvia dos soldados que chegavam. Com o crescimento do arquivo de atrocidades, Harro começou a fazer pequenos encontros em sua casa para examinar o material e discutir o curso de ação a seguir.

Os Schulze-Boysens não eram os únicos colecionadores de provas. Um arquivo semelhante estava sendo feito pelo primo de Arvid Harnack, o advogado Hans von Dohnanyi, figura de destaque na conspiração de Hans Oster. Depois da guerra, Allen Dulles escreveu que os papéis do almirante Wilhelm Canaris haviam incluído a cronologia de crimes nazistas a partir de 1933, feita por Dohnanyi. Canaris tinha seu próprio fichário de líderes nazistas e de seus crimes e mantinha um diário "para informar à Alemanha e ao mundo, de uma vez por todas, sobre a culpa dessas pessoas que estavam guiando o destino da Alemanha na época".[21]

Em janeiro de 1942, os Schulze-Boysens acrescentaram mais um casal a seu círculo. John Rittmeister era um melancólico psicoterapeuta que havia estudado com Carl Jung. O doutor se descrevia como um "esquerdista pacifista" e partilhava a aversão dos Schulze-Boysens pelos nazistas e a ira diante da perseguição dos judeus. Ele e a esposa, Eva, uma ex-enfermeira, haviam juntado seu próprio pequeno grupo de dissidentes. Rittmeister ficara encorajado com os relatos de Harro sobre os reveses militares da Alemanha na frente russa e queria que os alemães soubessem que a maré havia mudado. Convenceu Harro a ajudá-lo a redigir um folheto que alcançaria uma audiência influente e explodiria os mitos da propaganda nazista.

Em 23 de fevereiro de 1942, a polícia de Berlim registrou uma perturbadora ocorrência em seus arquivos. Tratava-se de

um grande número de panfletos incendiários de seis páginas... Com o título *"Die Sorge um Deutschlands Zukunft geht durch das Volk!"* ["A angústia com o futuro da Alemanha espalha-se por todo o país"]. Os folhetos datilografados foram enviados pelo correio a várias dioceses católicas e a inúmeras pessoas em profissões intelectuais como professores, doutores, engenheiros etc.[22]

O panfleto denunciava a cultura de mentiras que os nazistas haviam impingido ao povo alemão, afirmando que

> o ministro Goebbels esforça-se em vão para jogar cada vez mais areia em nossos olhos... Mas ninguém pode negar que nossa situação piora de mês a mês... Não importa que mentiras o alto-comando invente, o número de vítimas da guerra está chegando aos milhões.[23]

Os autores argumentavam que as políticas nazistas haviam criado um círculo vicioso de conquistas e necessidades: "A luta para obter matérias-primas para o esforço de guerra apenas leva a um número cada vez maior de teatros de guerra, ou seja, a novas frentes de batalha e a mais e mais covas coletivas." Hitler assegurara aos alemães que a Inglaterra se entregaria. Mas os ingleses haviam aumentado sua determinação, e o apoio começava a chegar da América. O exército alemão estava demasiadamente estendido e disperso, e, quando chegasse o verão, veria esgotadas suas últimas reservas. Os soldados alemães morreriam mortes sem sentido no gelo e na neve, centenas de milhares deles, e o continente inteiro seria transformado num campo de escombros.

O panfleto instigava o "povo estúpido" da Alemanha a prestar atenção aos alertas antinazistas do bispo católico de Munique e do bispo luterano de Württemberg. Hitler cairia derrotado, assim como Napoleão, e os alemães precisavam encontrar um modo de não afundar com ele.

"Escreva aos soldados em ação", instavam os autores. "Faça-os saber o que está acontecendo no nosso país. Diga-lhes que os alemães não estão mais dispostos a se submeter ao jugo dos chefões do Partido Nazista... Deixem a SS saber que, do fundo da alma, o povo abomina seus assassinatos e suas traições." O folheto virava de cabeça para baixo o "Juramento ao Führer": "Cada um de nós deve fazer exatamente o contrário do que este governo demanda."

O folheto vinha assinado por "AGIS", uma homenagem a um antigo rei de Esparta que havia mobilizado seu povo contra a corrupção. O documento foi redigido por Harro Schulze-Boysen, John Graudenz e John Rittmeister. John Sieg também pode haver contribuído.

A produção e a distribuição do folheto exigiram a mobilização de um pequeno exército. Cato Bontjes, a jovem ceramista de 20 anos, e seu namorado, Heinz Strelow, datilografaram a versão original.[24] Marie Terwiel a reproduziu em sua máquina de escrever, cinco cópias de cada vez, e selecionou endereços no catálogo telefônico. John Graudenz operou o hectógrafo. Ele e Helmut Himpel rodaram e distribuíram entre trezentos e quinhentos exemplares.[25] O pianista clássico Helmut Roloff, amigo de Himpel, ajudou a envelopar, usando luvas para não deixar impressões digitais.

Os destinatários representavam uma gama extraordinária de figuras poderosas e influentes. Estavam incluídos líderes religiosos antinazistas, o meio-irmão de Hitler, Alois, e Johannes Popitz, ex-ministro das Finanças e um conservador antinazista. Um nome ainda mais notável aparecia na lista: Roland Freisler, o sanguinário secretário de Estado do Ministério da Justiça, que acabara de retornar da conferência em Wannsee sobre a "solução final".[26]

A maioria recusou-se a circular os folhetos, conforme pedido, e imediatamente os enviou à Gestapo. A polícia registrou o recebimento de 288 exemplares até meados de março.[27] Isso não era surpresa. A mera posse dos folhetos era um crime.

Agentes da Gestapo espalharam-se por toda a cidade tentando traçar a origem dos folhetos. Buscaram os autores e os hectógrafos, vasculharam as agências de correio de onde haviam sido postados e questionaram os donos de lojas que vendiam papel e envelopes. Em vão. Os amigos de Harro haviam apagado todas as pistas.

20

A *Antiwelle*

1941-1942

Ao mesmo tempo que a Gestapo corria para localizar os autores dos folhetos AGIS, o círculo estava trabalhando num documento ainda mais ousado, produzido por iniciativa de John Sieg. Recentemente, ele havia começado a trabalhar no escritório do telégrafo da ferrovia em Tempelhof, e continuava a ser um ponto de conexão entre os círculos comunistas e operários e os intelectuais de Schulze-Boysen, redigindo artigos para as publicações clandestinas dos dois grupos.

John também estava dando atenção a Sophie, sua esposa, abalada pelos recentes sofrimentos em sua família. O marido de sua irmã havia sido fuzilado pela SS na Polônia, e seu sobrinho fora deportado para Sachsenhausen. Sophie se consolava ajudando o marido nos artigos que escrevia para folhetos e para o jornal clandestino *A Frente Interna*, decidida a fazer suas traduções em polonês chegarem às mãos de trabalhadores escravos e prisioneiros de guerra.[1] O grupo também estava publicando edições de cem ou duzentos exemplares em checo, italiano e francês. Em russo era mais complicado, porque não haviam conseguido uma máquina de escrever com caracteres cirílicos. Max Grabowski tinha que copiar as letras numa chapa, a mão. Um membro do grupo, Kurt Heims, entrara para o corpo de bombeiros. Enquanto as bombas caíam sobre Berlim, ele conseguia juntar mochilas cheias de papel que resgatava de escritórios em chamas. (Os amigos comentaram que o uniforme lhe dava uma vantagem.)[2]

No início de 1942, John Sieg disse a Adam Kuckhoff que tinha um novo documento para partilhar. Chamava-se "Carta do capitão Denker a seu filho". (Em alemão, o nome Denker significa "pensador" ou "filósofo".) A carta descrevia as emoções de um antigo social-democrata ao visitar um hospital militar cheio de soldados que retornavam da frente oriental.

As origens da carta são obscuras. Greta escreveu que Sieg e Adam haviam se baseado em um material que Libertas Schulze-Boysen habilmente extraíra de soldados em licença; eles elaboraram o texto[3] e acrescentaram informações resultantes de suas próprias pesquisas. O narrador da carta descreve questões de polícia e instalações médicas com detalhes impressionantes, sem dúvida obtidos dos contatos de Sieg na resistência: esses incluíam alguns membros da Schutzpolizei (polícia civil), que havia permanecido tacitamente antifascista. Os círculos de resistência também incluíam diversos médicos com acesso a hospitais, bem como soldados que haviam acabado de retornar. John Sieg encontrara nos arquivos de Libertas Schulze-Boysen a foto de uma criança na situação descrita.[4]

Adam Kuckhoff respondeu à ideia com entusiasmo e assumiu seu antigo papel de editor para ajudar Sieg a formatar o documento de oito páginas. Tenha ou não havido um capitão Denker real, a "carta aberta" é uma representação rara e exata dos crimes de guerra alemães que estavam acontecendo, e reflete o impacto psíquico sobre um homem cuja "doença mental" representava seu último lampejo de humanidade.

A carta merece uma longa citação. Ela demonstra a determinação dos autores de lançar luz sobre as maciças violações de direitos humanos que estavam ocorrendo sem que houvesse possibilidade de uma investigação pública ou de divulgação. O estilo da carta também é admirável. Reflete o olho de John Sieg para os detalhes e o ouvido para os diálogos, desenvolvidos como leitor do realismo americano e como repórter nas ruas de Berlim. Mas a história também se beneficia da sensibilidade literária de Adam Kuckhoff, num crescendo que vai desde as alas do hospital até a conclusão devastadora. A despeito de passagens que contêm propaganda estereotipada, o trabalho surge como um doloroso e compassivo tratado sobre a loucura da guerra.

A carta começa com o narrador expressando seu choque diante do fato de seu correspondente haver entrado para a polícia militar na frente oriental, algo que contrariava seus antecedentes como um lúcido e dedicado oficial da polícia civil. Ele então continua:

No hospital público em ____, visitei recentemente alguns companheiros da polícia que foram transferidos da frente oriental, todos eles em consequência de colapsos nervosos. Você conhece a atmosfera de um hospital, aquele tipo particular de quietude. Os quartos foram alegrados com flores; os pacientes têm que ouvir música. A esses meios ridiculamente simples de elevar os espíritos foram acrescentados, como num romance, uns poucos raios de sol.

Também existe uma ala sobre a qual os camaradas me falaram quase que com um alívio envergonhado; nela estão casos ainda piores de colapso nervoso. Ali, funcionários distritais que um dia foram tipos fortes, realmente duros, saltam continuamente como cangurus, você sabe como é, e outros engatinham de um lado para outro, sacudindo as cabeças deliberadamente o tempo todo, os cabelos desgrenhados caindo-lhes sobre a face, com uma expressão, alguém me jurou, igual à de um cão são-bernardo. Ouvi dos camaradas muitas coisas chocantes. A quietude dessa ala era enganosa; as fúrias eram de uma intensidade extrema. Em sussurros, sem me olhar nos olhos, esperando que eu lhes oferecesse alguma justificação redentora, contaram de execuções em massa de civis russos, de refinadas crueldades, do infindável correr de sangue e lágrimas, de ordens brutais da SS, da inconcebível serenidade das vítimas indefesas e, sim, é claro, contaram-me muitas coisas sobre a luta clandestina da resistência, algo que me interessava extremamente do ponto de vista político e tático.

Por certo, não ofereci nem ao menos uma palavra de conforto a nenhum daqueles homens doentes, nada que os pudesse ter ajudado no medonho horror das horas escuras da noite, enquanto eles, cada vez mais apaixonadamente, relatavam suas façanhas. Estarei realmente destinado a exorcizar os espíritos daqueles que foram abatidos? Caberá a mim oferecer algum tipo de absolvição àqueles que prosseguiram me contando (embora às vezes envergonhados) que haviam cumprido ordens, mês após mês, como um tipo de tarefa rotineira, de fuzilar até cinquenta pessoas por dia?

Um desses carrascos, ainda assim deplorável — e isso lhe interessará, sendo você um especialista em criminalidade —, não consegue se livrar da lembrança de uma suja bonequinha de pano. Além disso, disse-me ele, afobado e confuso, um de seus dedos havia ficado paralisado em consequência de uma mordida violenta que recebera. Perdoe-me estar lhe passando este detalhe, já que, é claro, isso agora simplesmente é quase nada diante da tristeza diária de centenas de milhares de detalhes sobre o terrorismo praticado pelos órgãos dos que hoje estão no poder — mesmo se levarmos em conta somente os cometidos aqui na Alemanha. Você ainda se lembra de todos os horrores que me contou sobre o que ocorreu logo no início, em 1933, as incontáveis bestialidades cometidas nos calabouços da SA e da SS, nas células e câmaras de tortura da Gestapo, nos pântanos malditos e nos outros campos de concentração infernais? ...

De acordo com o que esse camarada me relatou, ele tinha que usar seu revólver nas execuções. As vítimas eram obrigadas a se ajoelhar. Então ele caminhava ao longo da fila, por detrás delas, e ia atirando na nuca de cada uma, bem de perto. Quando lhe perguntei sobre as poças de sangue, sobre como os corpos haviam caído uns sobre os outros, empilhados, ele respondeu com a objetividade e naturalidade de um anatomista — não, melhor dizendo: no tom banal de alguém que trabalha num matadouro — sem nenhuma consciência, pelo menos no que pude perceber, dos pavorosos detalhes do que ele havia feito, para não falar do significado do "Nacional-Socialismo" de seus patrões. Mas, no fim, aconteceu uma coisa que o quebrou: recebeu ordem de executar uma jovem, uma camponesa, e seus três filhos pequenos. "Por quê?", perguntei. Ele encolheu os ombros: "Era uma ordem."

A mulher segurava um bebê nos braços. Fazia um frio intenso, e ela tentava em vão — durante os dois minutos de vida que ainda lhe restavam — aquecer com seus míseros trapos a criança que chorava. Com um impotente gesto de desculpas, ela explicou que era só o que tinha; tudo o mais lhe havia sido roubado. Seu filho de 6 anos estava ajoelhado à direita; à esquerda estava a filha de 2 anos, que tateava em volta da mãe ajoelhada procurando sua boneca. Então — "a boneca também". Como eu disse, eram os restos ridículos, patéticos, de uma boneca de pano. E, depois que se ajoelhou, naquele modo desajeitado das crianças, a menina remexeu na boneca até que também conseguiu fazê-la ficar ajoelhada na neve a seu lado.

"Em quem você atirou primeiro?", eu quis saber. "Na mulher ou no bebê?"

"Ah, eu nunca teria atirado no bebê primeiro."

"Entendo, então você o poupou, pensando que talvez pudesse entregá-lo a alguém mais tarde?"

Não, disse ele, havia cada vez mais casos de desobediência entre a polícia; naquela ocasião, um homem da SS o estava espreitando de longe. De repente, o garoto de 6 anos ficou de pé e jogou-se sobre o atirador. De acordo com seu relato, deve ter havido um feroz, amargo embate entre o menino e este oficial, apenas durante alguns segundos, é claro, mas foi aí que seu dedo — o que havia ficado paralisado — levou uma mordida, de modo que teve que atirar no garoto duas vezes. Não acertou o primeiro tiro, e o segundo transformou o olho do menino numa massa sanguenta que escorria sobre seu rosto. Enquanto isso, a menina permaneceu muito quieta e simplesmente caiu, sem um som, perto da boneca. Não há mais nada a ser dito a respeito dessa boneca insignificante, exceto que ela se tornou a pequena obsessão de nosso assassino — seu "tique", de acordo com outros camaradas. Aquela boneca, aqueles restos miseráveis, haviam se tornado o foco de sua "doença", e, dentro de pouco tempo, ele seria mandado "para o andar de baixo" para ficar com os "cangurus" e os "são bernardos".

Adam Kuckhoff sugeriu a John Sieg que reescrevessem a carta do capitão Denker e a mandassem aos soldados na frente oriental. De acordo com Greta, seu marido tinha mentalidade ativista, esperando que o documento pudesse "apelar à moralidade exibida nos tempos passados. O ex-capitão social-democrata poderia fazer com que os soldados — ou, se possível, companhias e regimentos inteiros — compreendessem coisas que os conduziriam à conduta adequada".[5]

O escultor Kurt Schumacher estava agora estacionado perto de Poznań, um importante entroncamento ferroviário no caminho para a frente russa.

Ele circulou clandestinamente a carta entre os soldados. Alguns meses depois, Sieg e Kuckhoff prepararam uma segunda versão especialmente para ser distribuída entre militares. Não há nenhuma evidência de seu efeito, mas a produção da carta era, em si, um gesto importante, uma tentativa de alertar os alemães sobre os atos que os nazistas se empenhavam em ocultar. Durante a segunda metade de 1941, a natureza bárbara da ocupação alemã na frente oriental era ocultada, e chegava ao público alemão de uma forma revoltantemente deturpada.

Em 11 de julho de 1941, dias depois de as tropas alemãs cruzarem a fronteira soviética, esquadrões *Einsatzgruppen* receberam uma ordem confidencial de executar homens judeus entre 17 e 45 anos que fossem "julgados" por pilhagem. Os soldados deveriam realizar as execuções em locais isolados e estavam proibidos de tirar fotografias. As vítimas foram listadas nos registros oficiais como "bolchevistas", "resistentes" e "saqueadores", distorcendo os registros para a eventualidade de caírem em mãos de pessoas de fora.[6]

Os assassinatos em massa de judeus e outros civis foram ainda mais disfarçados, mesmo no âmbito das comunicações militares internas alemãs. As execuções eram chamadas de "tarefas especiais", "pacificação" ou *Aktion nach Kriegsgebrauch* ("ações de acordo com os costumes da guerra").[7] Numa reunião de 16 de julho, Hitler teve o prazer de anunciar que os soviéticos estavam estimulando ações de resistência nas linhas de frente alemãs, o que, a seu ver, oferecia a justificativa para que as execuções seguissem conforme ele desejava.[8]

O público alemão continuava a ser enganado pela mídia. Os filmes feitos pelo governo apresentavam soldados alemães bem apessoados que se comportavam bravamente no campo de batalha, executando perigosos "criminosos" somente para garantir a ordem nos locais ocupados. A "carta aberta" do capitão Denker era rara, no sentido de que, quaisquer que fossem suas limitações, fazia circular uma versão diferente da realidade.

A segunda revelação da "carta aberta" era a profundidade do trauma vivido pelos soldados alemães que cometiam as atrocidades. Essa informação também havia sido suprimida pelo regime. Por volta de 1940,

Heinrich Himmler já estava consciente de que suas ordens para massacrar civis poderiam ter efeitos psicológicos danosos sobre as forças policiais.[9] Em 1942, o líder da SS, Erich von dem Bach-Zelewski, foi hospitalizado numa situação semelhante à descrita na carta do capitão Denker. Conforme o parecer do principal médico da SS, o oficial sofria uma afecção nervosa parcialmente produzida pelas execuções que ele havia realizado. Acamado num hospital da SS em Berlim, ele era atormentado por súbitas lembranças das cenas de fuzilamento de judeus que havia supervisionado.[10] Tais situações eram segredos cuidadosamente mantidos. A carta do capitão Denker escrita por Kuckhoff e Sieg refletia os conteúdos de relatórios secretos vindos da frente oriental, mas passava a informação para um grupo totalmente diferente de leitores.

Os novos públicos-alvo de Harro Schulze-Boysen eram os trabalhadores escravos e os soldados nas linhas de frente, o que significava empreendimentos muito arriscados. Os integrantes do grupo muitas vezes sentiam que estavam arriscando suas vidas para revelar verdades urgentes a uma sociedade passiva, sem nenhuma prova de que seus esforços faziam alguma diferença.

Mas Harro disse a seus companheiros que suas ações teriam repercussões no futuro: "Se os russos chegarem à Alemanha (e eles chegarão), e se for para desempenharmos algum papel no país, precisamos ser capazes de mostrar que havia um significativo grupo de resistência na Alemanha. De outra forma, os russos poderão fazer conosco o que quiserem."[11]

Durante o mesmo período em que John Sieg e Adam Kuckhoff trabalhavam na carta do capitão Denker, folhetos semelhantes estavam surgindo de outra fonte. No início de 1942, diversos comunistas alemães exilados retornaram secretamente ao país num esforço de reativar suas antigas redes. Um deles, Wilhelm Knöchel, foi de Amsterdã para Berlim e estabeleceu contato com comunistas na clandestinidade. Indiretamente, suas conexões estendiam-se a alguns membros do círculo de Schulze-Boysen que tinham vínculos comunistas. Dentro de pouco tempo, Knöchel lançou sua publicação hectografada, *Der Friedenskämpfer* (O Combatente pela Paz), oferecendo relatos detalhados de atrocidades alemãs em toda a frente oriental. Os folhetos citavam soldados alemães e membros da SS que estavam "enojados e horrorizados" com as ações perpetradas por suas unidades.[12]

Numa notável "edição especial" publicada em junho de 1942, o grupo de Knöchel dava detalhes das execuções em massa de franceses, checos, alemães e noruegueses em toda a Europa. Acrescentavam uma lista especificando as companhias que haviam feito fuzilamentos em massa de prisioneiros de guerra soviéticos em Leningrado e de civis em Lvov. A publicação referia-se a uma coleção de fotografias incriminadoras que chegavam das frentes de batalha.

Tal como John Sieg, Knöchel não dispunha de tecnologia para reproduzir fotografias em sua publicação, mas o folheto usava desenhos para apresentar imagens chocantes de assassinatos em massa em valas de execução. Essas imagens têm grande correspondência com fotografias tiradas por soldados no fronte, que vieram a público somente depois da guerra. Na época, os nazistas proibiram os soldados de disseminar testemunhos ou imagens dos assassinatos em massa, sob pena das mais estritas punições. O folheto de Knöchel representava algo semelhante a uma reportagem em tempo real de um dos crimes em mais larga escala sendo cometidos contra os direitos humanos.

Não se sabe se Knöchel alguma vez se encontrou com John Sieg ou viu seus textos em *A Frente Interna*, mas seus respectivos grupos estabeleceram contato e trocaram microfotocópias de materiais por intermédio de Elisabeth Schumacher e Wilhelm Guddorf. Isso levanta a possibilidade de que alguns dos desenhos de Knöchel tenham se baseado em fotografias dos arquivos de Libertas Schulze-Boysen. (Knöchel foi preso em 1943 e executado na prisão de Brandenburgo em 1944.)

Embora a frente russa fornecesse grande parte das notícias mais importantes, a Polônia também continuava a ser uma preocupação premente. A província de Poznań está situada no centro do território que a Alemanha cedera à Polônia após a Primeira Guerra Mundial, e havia sido retomada em 1939. No verão de 1941, Kurt Schumacher foi recrutado e enviado para vigiar trabalhadores franceses mantidos em Poznań. Quando sua esposa, Elisabeth, foi visitá-lo na primavera seguinte, ficou chocada ao ver as condições de prisioneiros de guerra e judeus na Polônia. A experiência apenas aumentou seus receios pela segurança de seus parentes judeus na Alemanha.

Poucas semanas depois, Elisabeth ficou sabendo que seu tio idoso, um importante musicólogo chamado Richard Hohenemser, e sua esposa não estavam atendendo à porta. Ela entrou em contato com um amigo chegado, Philip Schaeffer, um importante sinólogo e comunista, e pediu sua ajuda para entrar no apartamento. Ele tentou entrar pela janela, descendo do telhado, mas a corda arrebentou, ele caiu na rua e ficou seriamente ferido. Acabaram descobrindo que o velho casal já estava morto, tendo aberto o gás para evitar a deportação. Elisabeth também não conseguiu salvar seu tio Moritz, que a havia sustentado enquanto estava na escola de arte: ele foi deportado para Theresienstadt.[13]

O grupo de Schulze-Boysen sabia que eventos terríveis estavam ocorrendo em países ocupados, mas precisava de provas palpáveis. No início de 1942, Libertas usou sua influência no centro da Kulturfilm para que Adam Kuckhoff dirigisse um pequeno documentário chamado *Poznań — Stadt im Aufbau (Poznań — Cidade em Reconstrução)*.

A tarefa oficial de Adam era documentar o ambicioso programa nazista de reformar a cidade e transformá-la no portal alemão para o leste. Ao mesmo tempo que judeus e católicos poloneses estavam sendo fuzilados em massa em outra parte do distrito, trabalhadores no centro da cidade descarregavam nas obras imensos blocos de mármore raro. Hitler planejava reformar o castelo de Poznań e transformá-lo em seu palácio pessoal, perfeitamente situado para saudar as tropas vitoriosas que estariam voltando da frente de batalha. Mas Kuckhoff viajou para o leste por conta própria a fim de coletar material para o arquivo de atrocidades e fazer novas aquisições para o círculo. Greta usou seus contatos e obteve permissão para visitá-lo; ficou chocada com o que viu.

Na volta, redigiu prontamente um relatório sobre "todos os tratamentos inumanos, tanto de judeus quanto de cidadãos poloneses". Descreveu como "os quiosques, usados sob lei marcial para postar sentenças de morte executadas pelas menores das infrações ou em casos de insubordinação, estavam cobertos de avisos de execução".[14] Qualquer um que tivesse olhos, escreveu Greta, poderia ver que aquele era um lugar de assassinatos em massa.

Mas Arvid Harnack informou-lhe que não haveria nenhuma possibilidade de o grupo divulgar o relatório como um folheto. Seria fácil demais para a Gestapo rastrear a informação — somente poucas pessoas tinham acesso a ela. Circular o relatório iria entregá-los imediatamente.

Durante os primeiros meses de 1942, os círculos de resistência empenharam-se em encontrar novos espaços de ação. O trabalho de inteligência estava paralisado. Tanto a missão americana quanto a soviética estavam fechadas, e os contatos por rádio haviam fracassado. Harnack, Kuckhoff e Schulze-Boysen continuaram a infiltrar membros de seus grupos nas burocracias nazistas. Harro estava satisfeito com o progresso do escritor Günther Weisenborn, que havia entrado na Empresa de Rádio do Reich, dirigida por Goebbels, em julho de 1940.

Um ano depois, Weisenborn estava participando das conferências secretas da empresa e passando os relatórios para Schulze-Boysen. Um dos benefícios de seu emprego era o acesso privilegiado a discursos de líderes estrangeiros. À noite, ele os levava para copiar em casa e então passava o texto datilografado para outro membro do círculo, que o reproduzia. Em poucos dias, discursos de Roosevelt, Stalin e Churchill estavam circulando secretamente em Berlim.[15]

Weisenborn também tentou algo para sabotar as notícias. Foi asperamente repreendido por seus "erros", mas, ainda assim, foi promovido, primeiro para chefe dos correspondentes, depois para editor cultural.[16]

O círculo continuava a reproduzir folhetos ininterruptamente. A ceramista Cato Bontjes van Beek comandava a maior parte dos esforços, escrevendo e datilografando originais enquanto John Graudenz cuidava do hectógrafo. Artistas amigos de Cato e outros membros do grupo participavam da distribuição, discretamente deixando os folhetos em estações do metrô e cabines telefônicas.

As bombas caíam cada vez mais frequentemente agora. À noite, grandes áreas da cidade ardiam em chamas. As ruínas ainda fumegavam pela manhã, enquanto vizinhos e equipes de resgate tiravam corpos dos escombros. A ansiedade e as oportunidades andavam lado a lado. Em noites de *blackout*, o círculo se reunia: soldados à paisana, acadêmicos, belas jovens estudantes de arte, operários de células comunistas. Com os nervos tensos, acolchoavam suas roupas com folhetos, enchiam as bolsas e depois se espalhavam pela cidade. Aprenderam a não chamar a atenção dos que passavam, disfarçando-se de amigas num encontro casual ou de um jovem casal agarradinho num canto escuro. Na manhã seguinte, policiais intrigados eram mandados para as ruas recolher folhetos e raspar paredes com cartazes anti-Hitler.

Os integrantes do círculo eram movidos pelo zelo, lançando-se a nobres ações num dia e a absurdas aventuras no outro. "Para ser usada à noite, o grupo também construiu uma geringonça que parecia uma valise", relatou Weisenborn. "Quando posta no chão, imprimia algum slogan antinazista na calçada."[17] É difícil imaginar o atrativo de tal coisa, que cortejava a morte apenas para deixar gravado um mísero slogan numa calçada.

Em maio de 1942, os nazistas deslancharam um novo esforço de propaganda que o círculo tomou como uma afronta pessoal. Joseph Goebbels havia concebido uma grande mostra chamada "Paraíso Soviético" que deveria ocupar a maior parte do Lustgarten, o amplo espaço público diretamente em frente à catedral no centro da cidade. Imensos painéis fotográficos representavam eslavos russos como bestas subumanas que viviam em vilarejos esquálidos onde nunca brilhava o sol. Os soldados alemães, por outro lado, eram representados como vítimas inocentes de terroristas. Mais uma vez, antissemitismo e antibolchevismo iam de mãos dadas. Os visitantes recebiam livretes oficiais que diziam:

Marxismo e Bolchevismo — As Invenções do Povo Judeu.

Desde o início, os judeus perceberam possibilidades ilimitadas para o contrassenso bolchevista no Leste. Esta afirmação apoia-se em dois fatos:

1. O inventor do marxismo foi o judeu Marx-Mordechai;
2. O atual Estado soviético não é nada mais que a realização daquela invenção judia. A própria revolução bolchevista situa-se entre esses dois fatos. Os judeus exterminaram os

melhores elementos do Leste a fim de se tornarem governantes absolutos de uma área a partir da qual esperavam estabelecer o domínio universal.

De acordo com números da polícia secreta soviética, quase 2 milhões de pessoas foram executadas durante os anos de 1917 a 1921. Um resultado direto da revolução foi a terrível fome que causou 19 milhões de vítimas entre 1917 e 1934. Mais de 21 milhões de pessoas perderam suas vidas devido a essa revolução incitada por judeus e a suas consequências. (...)

Uma prova adicional de que o Estado soviético pertence aos judeus é o fato de que as pessoas foram brutalmente sacrificadas para os objetivos da revolução judaica mundial.[18]

O aspecto mais perturbador da mostra era uma instalação sobre as medidas da SS contra "guerrilheiros". Greta e seus amigos ficaram horrorizados com as imagens. "Havia fotos mostrando os esquadrões de fuzilamento, e corpos de garotas, quase crianças ainda, horrivelmente pendurados em cordas junto com seus camaradas", escreveu ela. Greta sabia que muitos dos "guerrilheiros" eram civis russos e judeus. Ela e o marido ficaram na exibição durante duas horas, observando as multidões compactas e se perguntando o que estariam realmente pensando.[19]

O círculo decidiu agir. Iriam basear seu protesto numa tecnologia insuspeitada. Um casal do grupo, Fritz e Hannelore Thiel, havia encontrado um conjunto de carimbos de borracha para crianças. Em pouco tempo, ele foi modificado e posto em ação, servindo para imprimir pequenos adesivos encerados que podiam ser pregados em paredes e cabines telefônicas. O casal entregou os adesivos aos jovens do grupo para uma *Zettelklebeaktion* (operação cola-adesivo).

As palavras impressas debochavam da retórica de Goebbels:

Instalação Permanente
O PARAÍSO NAZISTA
Guerra Fome Mentira Gestapo
Por quanto tempo mais?

Harro Schulze-Boysen comandou o ataque. Ele acreditava que a população precisava de uma demonstração audaciosa, pública, para que se soubesse que a oposição não havia sido extinta na Alemanha. Muitos dos mais antigos do grupo se opuseram a ele. Adam Kuckhoff, Günther Weisenborn e Arvid Harnack argumentaram que a ação não valia os riscos. Mas Harro estava decidido. Reuniu uma equipe, começando com John Graudenz e Marie Terwiel, aos quais se juntaram Hans Coppi, o jovem operador de rádio, e sua esposa, Hilde. Harro também convidou um bando de jovens estudantes, inclusive alguns amigos da escola de arte de Cato e Liane Berkowitz, a garota de 19 anos, filha de um maestro russo-judeu, que havia entrado no grupo com o namorado.[20]

Na noite de 17 de maio de 1942, Schulze-Boysen vestiu seu uniforme da Luftwaffe, pegou a pistola e liderou seu bando heterogêneo pelas ruas. Ele montava guarda, pistola engatilhada, enquanto os outros se moviam pela ampla avenida arborizada e por ruelas estreitas pregando centenas de adesivos em paredes escurecidas pelo *blackout*. Tiveram o cuidado especial de cobrir as superfícies dos cartazes que faziam propaganda da mostra "Paraíso Soviético". Liane recebeu uma centena de folhetos e foi mandada para a Kurfürstendamm com um jovem soldado. Deviam se comportar como jovens namorados que passeavam de rua em rua e deixar um rastro de folhetos por onde passassem.[21]

A apenas alguns quarteirões da operação de distribuição de folhetos comandada por Harro, um jovem eletricista de cabelos escuros estava alimentando planos para levar o protesto um passo adiante. Nascido em Poznań, Herbert Baum era um comunista que havia sido forçado a trabalhar numa fábrica da Siemens. Ele e sua esposa, Marianne, tinham conseguido arrebanhar alguns jovens comunistas de Berlim e judeus esquerdistas. Promoviam encontros em sua casa, ajudavam com a imigração quando possível e mantinham vínculos com outros círculos clandestinos esquerdistas, especialmente nas fábricas. Um de seus contatos era o comunista Walter Husemann, marido de Marta Wolter e membro do círculo de Harro.

Herbert Baum era ainda mais impulsivo que Harro. Em 18 de maio, ele e seu grupo jogaram bolsas contendo bombas incendiárias na mostra da praça Lustgarten. As bombas feriram 11 pessoas e danificaram parte da mostra, mas o governo tratou de abafar o acontecimento. Quatro dias depois, a Gestapo começou o cerco. Cerca de 250 judeus foram presos em retaliação, e outros cem deles, fuzilados em Sachsenhausen.[22] Vinte e dois membros do grupo de Baum foram condenados à morte e executados. O próprio Baum passou vários dias nas celas de tortura da Gestapo e morreu em custódia. Oficialmente, sua morte foi descrita como suicídio.

Pouco depois da ação "Paraíso Soviético", Arvid Harnack pediu aos Kuckhoffs que voltassem à mostra para ver se as ações haviam deixado marcas. Greta ficou deprimida ao constatar que havia pouca evidência das bombas. O comentário nas ruas era que "os judeus haviam atacado a mostra porque não suportam a verdade".[23]

Os nervos estavam começando a fraquejar. Depois do "Paraíso Soviético", alguns membros do círculo foram se distanciando de Harro. Como ele podia arriscar as vidas de todos por um resultado tão modesto? Uma desertora potencial era sua própria esposa. Libertas Schulze-Boysen disse a Günther Weisenborn que queria sair. Ela não era um animal político, e, desde o início, alguns membros do círculo a haviam rejeitado. Apoiara o marido durante os últimos cinco anos e não queria deixá-lo numa posição difícil, mas estava amedrontada. Sentia que "cada ação os levava para mais perto da morte".[24]

Harro, por outro lado, parecia ganhar energia com os riscos. Em 19 de maio, dois dias depois da ação com o grupo, começou uma longa e animada carta para seus pais a respeito dos planos para o feriado anual de Pentecostes no lago. A temperatura parecia de verão, e ele esperava que continuasse daquele modo. "Quando a gente está trabalhando duro, passa semanas sem saber se é verão ou inverno", escreveu.[25] Libs tinha acabado de passar quatro dias em Viena em reuniões de trabalho, que tinham sido proveitosas. Parecia, disse ele, que a viagem havia feito bem a ela.

Harro e Libertas tiveram o tempo que pediram durante o feriado. Passaram os dias com membros de seu círculo, que havia se consolidado como uma verdadeira rede de amizades. No início daquele mês, Harro descrevera aos pais seus fascinantes amigos:

Há J[ohn Graudenz], um antigo jornalista, já com mais de 40 anos, que tem uma esposa gentil e duas filhas animadas.... Ele agora é vendedor e tem uma pequena vila perto de Stahnsdorf... Então há Rittmeister, pouco mais velho que eu, um psiquiatra muito conhecido. Ele mora perto de nós. Sua esposa, uma mulher miúda com dons artísticos, nos visitou recentemente... E há o jovem Horst Heilmann, de 19 anos, que no último ano e meio tem sido meu melhor aluno de relações internacionais na universidade (...) Está aqui também um rádio-operador que trabalha no alto-comando e ouve o rádio em todos os minutos de folga. E temos um dentista [Himpel] e sua namorada [Marie Terwiel], uma jovem que se parece com Libs em vários aspectos (...)

Há também os amigos antigos. Walter [Küchenmeister] e a dra. Elfriede Paul], cuja clientela, em tempos de guerra, continua crescendo (...) Kurt Schumacher, o escultor, que vigia prisioneiros em Posen [Poznań]. No início, ele estava realmente muito infeliz, mas nós o apresentamos a alguns amigos que moram na cidade, e ele se sente melhor. Weisenborn é agora uma figura muito importante no rádio (...)

O excêntrico bom humor de Harro encobria sua crescente frustração. Naquela primavera, descobrira que os alemães haviam capturado alguns livros de código ingleses e, com isso, conseguido traçar o curso de comboios aliados que trafegavam entre a Islândia e o norte da Rússia, antes mesmo de zarparem.[26] Esses comboios estendiam a linha de suprimento vital do Programa Lend-Lease através do oceano Ártico até a União Soviética. Desde o início de 1941 e durante 1942, foram entregues aos soviéticos (então cercados pelos alemães), através da "Rota Murmansk", 7 mil tanques, 350 toneladas de explosivos e 15 milhões de pares de botas fornecidos pelos Estados Unidos. Os nazistas perceberam a importância desses suprimentos e organizaram um ataque maciço contra os navios ingleses, canadenses e americanos, deslocando para a área seus submarinos, aviões e navios de guerra, entre eles o colossal *Tirpitz* (assim batizado em honra ao tio-avô de Harro Schulze-Boysen).

Harro estava ansioso para alertar o serviço secreto inglês a respeito do perigo. Em junho de 1942, ele e John Graudenz viajaram para as montanhas ao sul de Frankfurt durante várias semanas e se hospedaram no imponente castelo de Stetten, que pertencia a um amigo, na vila de Kocherstetten. A viagem foi descrita como férias, mas os dois homens tinham um objetivo mais urgente.

Em Kocherstetten, eles se encontraram com Marcel Melliand, um amigo de Graudenz. Melliand, dono de uma empresa têxtil, era um anti-fascista oculto e estava planejando viajar à Suíça a negócios. Schulze-Boysen convenceu-o a transmitir sua informação à inteligência britânica na Suíça. Mas Melliand acabou não conseguindo um visto, e a viagem foi cancelada.[27] Se a missão de Harro tivesse tido sucesso, ele poderia ter evitado um resultado arrasador. Durante o verão, os submarinos e aviões alemães devastaram os comboios Aliados.[28]

Havia uma dolorosa realidade subjacente às atividades do grupo. Hartmut, o amado irmão mais novo de Harro, estava na marinha alemã, e Falk, irmão de Arvid Harnack, estava no exército. Adam Kuckhoff tinha um filho nas forças armadas. Os três não podiam evitar o pensamento de que suas ações, realizadas para se contrapor às destruições do nazismo, também podiam pôr em risco seus entes queridos.

Harro Schulze-Boysen usou o restante do verão para prospectar novos aliados. Um contato importante foi com um amigo de Arvid Harnack, Eg-mont Zechlin, destacado professor de história e especialista em Bismarck. Na década de 1930, Zechlin havia contestado com frequência a noção de Harnack de que uma economia planejada no estilo soviético poderia ser uma resposta à depressão global. Mas essas diferenças não alteraram o respeito mútuo existente, e os dois homens tornaram-se cada vez mais próximos ao longo dos anos. Em meados de 1942, encontraram um terreno comum. Zechlin, que havia sido mutilado nas trincheiras da Primeira Guerra Mundial, escreveu:

> Éramos da mesma opinião de que se precisava pôr um fim a essa guerra sem sentido, e de que ninguém devia ter nenhum envolvimento com Hi-tler e sua gente, dado que as atrocidades na Ucrânia lhes haviam retirado todo o crédito moral. Isso se tornara a questão predominante e decisiva: a guerra estava moralmente perdida também.[29]

Concordaram que a Alemanha só poderia ser salva por pessoas dispostas a tratar os nazistas não como compatriotas repugnantes, mas como inimigos externos. Com a ajuda de Zechlin, Harro e Arvid se encontraram com Albrecht Haushofer, um professor e político que em algum momento havia sido popular entre os nazistas. Haushofer mudara de atitude e se juntara à conspiração militar contra Hitler que viria a ser conhecida como "o movimento de 20 de julho".[30] Mais tarde, Zechlin afirmou que ele esperava criar uma "coalizão funcional" e que Haushofer "estava a favor de apoiar o grupo de Harnack, cujo foco era o Leste, a fim de facilitar as negociações com os ingleses". Zechlin teve a impressão de que Harnack e Haushofer "se entenderam muito bem".[31]

Harro Schulze-Boysen e outros membros do grupo faziam frequentes tentativas de se comunicar com os exércitos de trabalhadores estrangeiros que haviam sido despachados para Berlim. Às vezes, iam beber no bar Bärenschenke, em Friedrichstrasse, em busca de recrutas estrangeiros. Tentaram persuadir céticos trabalhadores franceses a se juntarem às "legiões" que se levantariam contra o regime quando o tempo estivesse maduro. Em algum momento, a população de trabalhadores forçados na Alemanha chegou a mais de 12 milhões, e haviam sido registrados esporádicos surtos de rebelião, especialmente entre poloneses e ucranianos.[32] Os companheiros de bar tinham dúvidas a respeito de seus planos.

Mas a energia de Harro era, em geral, contagiante. De alguma forma, sua esposa ganhou fôlego novo e decidiu retornar à luta. Em julho de 1942, ela convocou ao seu escritório na Kulturfilm um jovem chamado Alexander Spoerl. O rapaz de 23 anos, cabelo à escovinha, estava intrigado. Havia recebido uma excelente oferta para trabalhar como editor de roteiros para a Kulturfilm, coisa que não fazia o menor sentido: seu pai era um escritor conhecido, mas sua própria formação era em engenharia mecânica. Spoerl explicou tudo isso àquela mulher fascinante, um pouco mais velha: ele não tinha nenhuma experiência como editor de roteiros, e a missão da Kulturfilm era, na realidade, um mistério para ele.

Libertas ouviu calmamente e, de súbito, perguntou: "Você ainda está operando sua *Antiwelle*?" Spoerl não sabia dizer sua razão para confiar naquela estranha, mas respondeu que sim. A *Antiwelle*, ou "contraonda", era uma organização antinazista que operava na indústria cinematográfica. Este era outro projeto que trazia a marca do produtor Herbert Engelsing. O nome *Antiwelle* havia sido cunhado por Heinz Landsmann, um operador de câmera da Tobis que trabalhara com Herbert Engelsing nos filmes *Philharmonik* e *Die Grosse Schatten* durante 1942. Engelsing falou a Libertas sobre Spoerl e seu envolvimento com a *Antiwelle* e conseguiu que fosse transferido para trabalhar com ela.

Libertas rapidamente delineou seus planos para a colaboração de Spoerl. Deveria ser de natureza tanto artística quanto política. Ela queria tentar expandir a influência da Kulturfilm para que tivesse um impacto sobre toda a produção de documentários na Alemanha. Naquele ponto, Spoerl concluiu que Libertas era simplesmente uma idealista, e não fazia a menor ideia de que ela fosse parte de um grupo. Mas ficou animado com a perspectiva de se envolver num esforço maior que a *Antiwelle*. Achou Libertas "encantadora", com "o instinto de uma mulher, a ingenuidade e o ardor femininos, num intelecto incrivelmente masculino". Os dois começaram uma colaboração entusiástica, fazendo experimentações com filmagens para, juntos, "produzir grandes e inovadores filmes uma vez terminado o período nazista".

Gradualmente, Spoerl percebeu que Libertas pertencia a uma organização maior. Ela o apresentou a Harro e a outros amigos, usualmente em encontros à beira do lago ou em chás vespertinos no apartamento dos Schulze-Boysens. Em julho de 1942, Spoerl recebeu sua primeira missão para a resistência. Rolos de filmes estavam chegando ao escritório vindos da frente oriental, mostrando atrocidades cometidas pela SS. Sendo um fotógrafo amador bem treinado, Spoerl foi encarregado de revelar e ampliar as imagens. Libertas tomou a iniciativa de equipar um quarto escuro no centro da Kulturfilm e conseguir uma fotocopiadora onde podiam duplicar recortes de jornais, relatórios e folhetos. Contou a Spoerl como havia levado Adam Kuckhoff para trabalhar com ela e disse que ele viajava regularmente a Poznań.[33] À noite, Spoerl levava para casa as fotos das atrocidades da SS e as ampliava para os arquivos.

A campanha na frente oriental havia chegado a um ponto sem saída, oferecendo ao círculo de Berlim momentos de esperança e euforia. Era claro que a onda havia mudado de direção. A única questão era quanto tempo levaria para que o regime caísse. Retrospectivamente, Spoerl observou que o grupo havia começado a expressar suas opiniões em público muito abertamente, preparando-se cedo demais para um conflito aberto. Membros do círculo nem ao menos sabiam definir com segurança o que seria um "conflito aberto", e Harro Schulze-Boysen não era capaz de lhes dar uma explicação. Eles supunham que a frente oriental entraria em colapso e levaria o regime de roldão. Alguns membros do grupo planejavam pegar as armas que tinham estocadas em Teupitz, um vilarejo a 40 quilômetros ao sul de Berlim, onde os Schulze-Boysens haviam comprado um pedaço de terra com parte da herança de Libertas.[34] As armas seriam usadas para ocupar agências do correio e prefeituras. Mais tarde, Spoerl avaliou que os planos eram nobres, mas ingênuos. "Se falo tão criticamente de nossas esperanças, não quero que soe, de forma alguma, como se eu estivesse depreciando o que fizemos."

> Infelizmente, subestimamos a obediência dos soldados e a capacidade de sofrimento do povo alemão, e, com a maior boa vontade do mundo, era impossível prever qual a forma que o colapso acabaria tomando. A coisa mais importante é que, sem nenhuma ajuda da população e numa época em que a Alemanha ainda estava em guerra, existiu um grupo que se lançou à ação simplesmente movido pelos ditames da consciência.[35]

Enquanto o grupo continuava com as tentativas de esclarecer o público alemão, também realizava ações mais diretas. John Sieg, trabalhando na ferrovia estatal, aglutinava em torno de si grupos de oposição existentes em fábricas alemãs. Mais tarde, Kurt Hess, um membro do grupo de John, relatou as tentativas que faziam para provocar danos: "Trens que levavam munições ou transportavam exércitos eram desviados de seu curso, ou [Sieg] fazia com que ficassem retidos durante horas sem que ninguém soubesse quem era o responsável direto."[36] Os contatos de Sieg incluíam trabalhadores da indústria bélica na fábrica de motores Hasse & Wrede, na companhia elétrica AEG e nas fábricas de armamentos Alkett. Esses trabalhadores contribuíam promovendo operações tartaruga, dando assistência a trabalhadores forçados e distribuindo literatura ilegal.

Mas os soviéticos ainda estavam voltados para sua necessidade crítica de comunicações de rádio. Durante o verão de 1942, os alemães montaram uma segunda ofensiva através da fronteira sul da Rússia, visando os campos de petróleo no Cáucaso, exatamente como Schulze-Boysen indicara. Os soviéticos queriam mais informações secretas sobre isso, e decidiram tomar medidas drásticas. Recrutaram dois comunistas alemães na União Soviética e os mandaram à Alemanha: um veterano da Brigada Internacional na Espanha e um prisioneiro de guerra alemão. No início de agosto de 1942, os soviéticos lançaram os dois de paraquedas na Prússia Oriental, transportando um novo rádio.[37] Os dois conseguiram chegar a Berlim fingindo ser soldados alemães de licença. Deveriam ficar numa casa de campo que Mildred Harnack havia preparado para eles, mas acabaram ficando com os Schumachers.[38] Os paraquedistas enviaram uma mensagem de rádio a Moscou dizendo que haviam se encontrado com Schumacher e feito contato com Harro. "O grupo antifascista cresceu consideravelmente e está trabalhando ativamente", relataram. "Têm um aparelho de rádio que está funcionando, mas, por alguma razão, não conseguem fazer contato."[39]

Os soviéticos estavam decididos a redirecionar as energias dos grupos para a produção de informações secretas. Viam as atividades antifascistas como contraproducentes, servindo apenas para pôr em risco o trabalho de inteligência. Mas os folhetos, os adesivos e os esforços de ajuda persistiram, a despeito dos esforços soviéticos para desencorajá-los.

Da perspectiva do regime, todas as atividades realizadas pelo grupo, desde montar arquivos de atrocidades até desviar trens da Reichsbahn, eram suficientes para lhes garantir uma sentença de morte ou, no mínimo, o envio para um campo de concentração. Mas, ironicamente, o grupo não foi comprometido pelas audaciosas ações de Harro Schulze-Boysen nas ruas, pelas publicações desafiadoras de John Sieg nem pela incessante preocupação de Greta Kuckhoff com seus amigos judeus. Quando o círculo de Berlim foi preso, isso se deveu à descuidada incompetência dos "profissionais" de Moscou.

21

Crime e castigo

1942-1943

Um dia, no início de setembro de 1942, Alexander Spoerl, o jovem assistente de Libertas Schulze-Boysen, se deu conta de que Adam Kuckhoff havia desaparecido. Ele ainda estava designado para produzir o documentário sobre Poznań, trabalhando no escritório da Kulturfilm em Praga. Mas havia subitamente parado de se comunicar com o escritório central, e os telegramas de Libertas para ele ficavam sem resposta. O chefe de produção da companhia em Praga apareceu em Berlim, tenso e de lábios cerrados. Então Libertas chamou Spoerl a seu escritório e começou a se afligir por causa de uma valise desaparecida. Ele não tinha ideia do que estava nela, mas, obviamente, era alguma coisa perigosa. "Pela primeira vez desde que a conhecera", escreveu mais tarde, "vi Libertas perder o controle".

Ela havia planejado visitar sua irmã Ottora na Suécia, onde vivia magnificamente depois de se casar com um conde. Göring prometera que a ajudaria a obter a permissão de viagem, mas, no último minuto, ela soube que a licença tinha sido cancelada.

Libertas ainda não havia conseguido decifrar a intrigante conversa que tivera ao telefone com a secretária de Harro alguns dias antes. Ele havia sido convocado com urgência, quando estava no escritório, para se apresentar ao seu superior, dissera a secretária, algo que tinha a ver com uma missão ao fronte. Ele saiu correndo do escritório e não voltou. Deixara para trás o casaco, as luvas e sua insígnia.

Os sinais de perigo se acumulavam. A mulher que entregava a correspondência de Libertas em seu apartamento encontrou-se com ela na escada e disse que suas cartas estavam sendo monitoradas pela Gestapo. Libertas ligou para os Engelsings e lhes disse acreditar que Harro havia sido preso e que ela estava sendo seguida. Chamaram-na para ficar com eles, mas ela rejeitou a ideia. Herbert Engelsing tentou contatar Adam Kuckhoff, mas não teve resposta. Seu amigo dentista, Helmut Himpel, também estava desaparecido.[1]

Libertas e Alexander desmontaram seus quartos escuros no centro da Kulturfilm e na casa de Alexander, destruindo os arquivos, esvaziando cestas de lixo e queimando rolos de filme que Spoerl havia escondido dentro de um rádio antigo. Então começaram a fabricar provas de sua "inocência", copiando fotos pessoais e escrevendo cartas falsas um ao outro sobre sua eterna lealdade aos ideais nazistas. As cartas foram estrategicamente espalhadas pela sala.

Libertas já havia esvaziado os esconderijos em seu apartamento onde juntavam os papéis políticos de Harro — folhetos, notas, rascunhos de ensaios — e enfiado tudo numa mala. Depositou a mala na casa de uma amiga atriz durante alguns dias, mas os nervos da jovem não aguentaram e ela pediu a um amigo de Günther Weisenborn que enviasse a ele a mala.[2]

Weisenborn teve o primeiro vislumbre de um desastre quando o amigo ligou para ele. Um jovem soldado havia deixado com ele uma valise que continha escritos estranhos, e ele estava um pouco preocupado com aquilo. Weisenborn concordou em dar uma olhada. Quando abriu a valise, imediatamente reconheceu a caligrafia de Harro e soube que o grupo havia sido comprometido. Foi a uma cabine telefônica e ligou para Schulze-Boysen na Luftwaffe. Ele não estava, e não sabiam dizer quando voltaria. Weisenborn desligou o telefone e juntou-se aos que já estavam dando o alarme. Estivera com Harro um dia antes de seu desaparecimento, quando trinta membros do círculo haviam passado o dia em Wannsee participando de uma regata. Parecia um domingo como qualquer outro, com música, comida ao ar livre e longas conversas sobre o futuro.

Um a um, os membros do círculo limparam suas casas eliminando evidências incriminadoras. Um rádio soviético foi enfiado num carrinho de bebê e lançado no rio Spree. John Graudenz pôs outro rádio numa mala grande, trancou-a e a enrolou com fios. Pretendia deixá-la com Helmut Himpel, mas Himpel sabia que, se Harro estivesse preso, ele não tardaria a ser pego também. Himpel procurou um vizinho, o pianista Helmut Roloff, que concordou em guardar a mala em seu apartamento.[3]

E, então, silêncio.

Libertas foi para a casa de Spoerl por alguns dias. Os dois caminhavam pela cidade como fantasmas, convencidos de que estavam sendo seguidos e olhados o tempo todo. Finalmente, os nervos cederam. Ela anunciou que iria tirar três meses de férias numa área da Floresta Negra onde estava o irmão de Harro. Tentaria a fronteira francesa — ou talvez pudesse saltar para a Suíça. Libertas pediu que a mãe a levasse à estação de trem.

Poucos dias depois, Alexander Spoerl fez contato com as pessoas com quem ela estaria hospedada no campo. Ficaram surpresas com o telefonema. Libertas? Nunca havia chegado lá.[4]

O pai de Harro, um oficial de carreira da Marinha, estava estacionado na Holanda. Depois que parentes o informaram de que o filho e a nora haviam desaparecido, ele correu a Berlim e ao centro de operações do serviço secreto militar para consultar seu amigo, o almirante Canaris. O almirante estava fora, mas o coronel que o substituía disse a Schulze-Boysen que a situação de seu filho era séria. A Gestapo estava cuidando do assunto. Na Prinz-Albrecht-Strasse, Schulze-Boysen soube que Harro já havia confessado suas atividades subversivas e seus atos de traição. Não conseguiu estar com o filho até 30 de setembro, quando o viu entrando na sala acompanhado de dois agentes da Gestapo, "emaciado, pálido, com profundas sombras sob os olhos".[5]

As prisões resultaram de uma sequência de erros grosseiros cometidos pela inteligência soviética. O desastre havia tido início um ano antes, em 26 de agosto de 1941, quando Moscou transmitira a seus agentes em

Bruxelas os nomes e endereços codificados de Adam Kuckhoff, Harro e Libertas Schulze-Boysen. Essa ação forneceu o texto à Gestapo, embora, de início, não conseguisse interpretar o código.

A segunda idiotice veio meses depois, quando Anatoli Gourevitch (codinome "Kent"), um dos agentes de Leopold Trepper, retornou a Bruxelas de sua visita a Berlim em outubro. Havia estado no ar transmitindo material de Harnack e Schulze-Boysen durante sete noites consecutivas, por horas seguidas. Isso deu aos alemães tempo suficiente para localizar a fonte do sinal.

Em 13 de dezembro de 1941, os agentes alemães invadiram os escritórios de Trepper em Bruxelas, onde descobriram material comprometedor e prenderam os que encontraram, inclusive a governanta belga Rita Arnould e a jovem codificadora polonesa Sophie Poznanska. Trepper e Gourevitch fugiram, mas, menos de um ano depois, foram pegos em Paris.[6] Sophie, que havia conhecido Trepper por meio de círculos judeus, sofreu meses de tortura e suicidou-se para evitar comprometer seus companheiros. Mas Rita falou, entregando nomes e informações críticas sobre o sistema de comunicações.

Cada pista do serviço secreto produzia uma colheita de prisões. Os alemães passaram meses juntando os dados e aperfeiçoando as técnicas de que precisavam para decifrar o código soviético. Até que, finalmente, em meados do verão de 1942, tiveram sucesso. Meticulosamente esmiuçaram pilhas e pilhas de mensagens interceptadas. Entre elas estava uma transmissão de Moscou fornecendo nomes, endereços e números de telefones de Adam Kuckhoff e dos Schulze-Boysens.[7]

Os nomes alemães foram uma revelação chocante. Não se tratava dos costumeiros descontentes, operários do KPD; incluíam membros da elite prussiana. Mas a identificação desses indivíduos foi apenas o primeiro passo da investigação. A Gestapo os colocou sob vigilância estrita para identificar os outros colaboradores, e cuidadosamente anotava seus contatos.

No final de agosto, um protegido de Harro os obrigou a agir. Horst Heilmann, um jovem matemático que trabalhava no serviço de inteligência militar, avistou um documento que incriminava Schulze-Boysen.

Chamou seu mentor para alertá-lo, mas não conseguiu falar com ele por telefone. Deixou uma mensagem e, quando Harro, sem saber, retornou a chamada, o superior de Heilmann atendeu e percebeu que o cerco havia sido descoberto. Movimentou-se rapidamente para controlar o dano. Em 31 de agosto de 1942, a Gestapo deu o primeiro passo, prendendo Harro Schulze-Boysen em seu escritório. Ninguém da família foi avisado.

Outras prisões se seguiram rapidamente. Em 7 de setembro, a Gestapo localizou os Harnacks à beira-mar, onde passavam férias com o professor de história Egmont Zechlin e sua esposa. (Zechlin mais tarde especulou que os Harnacks poderiam estar buscando um barco de pesca que os levasse à Suécia.)[8]

No dia 9 de setembro, agentes da Gestapo chegaram à estação ferroviária em Berlim a tempo de localizar Libertas Schulze-Boysen num trem para o oeste e levá-la presa.

Greta Kuckhoff recebeu o primeiro alerta no dia 31 de agosto. Estava se preparando para celebrar o aniversário de Adam com suas ex-esposas, a sogra e o filho pequeno. Adam chegou em casa parecendo mais sério que o usual e disse a ela que Harro Schulze-Boysen havia desaparecido de seu escritório. O casal tentou avaliar o perigo, sem chegar a nenhuma conclusão. Poucos dias depois, Adam levou adiante uma viagem de negócios programada aos estúdios cinematográficos em Praga e Greta continuou com suas tarefas usuais, sem saber o que estava acontecendo com os amigos.

Depois de presa, Libertas Schulze-Boysen foi levada ao quartel-general da Gestapo na Prinz-Albrecht-Strasse, o imponente edifício onde, quando criança, costumava brincar enquanto seu pai dava aulas. Na prisão, Libertas tinha certeza de que, no final, seu envolvimento relativamente limitado e sua linhagem aristocrática a libertariam. Um dia, conheceu uma ruiva bonita que andava por ali fazendo alguma coisa não muito clara. Libertas e a jovem, cujo nome era Gertrud Breiter, começaram uma conversa casual. Libertas estava convencida de que havia encontrado uma amiga.[9] "Só tenho um favor a lhe pedir", disse ela. "Não posso dar o endereço, mas será que você poderia alertar Hans Coppi?"

Na realidade, Gertrud era a secretária do policial encarregado de interrogar Libertas. Ela imediatamente relatou o caso a seu superior e voltou para obter mais dados. Como resultado da conversa, Hans Coppi, que havia sido recentemente recrutado para o serviço militar e baseado numa cidadezinha perto de Poznań, foi preso naquela noite, e Hilde, sua esposa, foi levada de sua casa em Berlim. As conversas de Libertas com a solícita Gertrud continuaram, e os nomes começaram a fluir: os Kuckhoffs, os Schumachers, John Graudenz e outros.[10] "Ela era muito inteligente", Gertrud Breiter observou mais tarde, "mas estava muito, muito alterada".[11] Por seu patriotismo, Gertrud foi recompensada com 5 mil marcos, uma medalha e uma carta pessoal de Heinrich Himmler.

Os Coppis foram apenas dois dos presos pela Gestapo em 12 de setembro. No mesmo dia, Adam Kuckhoff foi apanhado em Praga e Greta foi localizada em casa com o filho, Ule. Ela pediu aos agentes da Gestapo para deixar o filho no jardim de infância que havia no térreo até que a avó pudesse pegá-lo. Os agentes foram atrás, mas, antes que pudessem impedi-la, Greta disse à professora que estava sendo levada presa. Os agentes intervieram: "Frau Kuckhoff está mentalmente doente", disseram à perplexa professora. "Nós a estamos levando para um hospital. Esqueça todas essas tolices que ouviu, são um sintoma da doença."[12] Greta foi levada para o quartel-general da polícia em Alexanderplatz. Outros prisioneiros do grupo que a viram ali observaram que tinha o rosto contraído e muito pálido.[13]

Kurt Schumacher foi detido no quartel em Poznań e sua esposa, Elisabeth, foi presa em sua casa em Berlim. A Gestapo atacou seu apartamento e os estúdios, destroçando o trabalho de Schumacher. As peças destruídas incluíam um modelo em gesso para uma escultura chamada *Ajuda pacifista* e um trabalho em madeira talhada chamado *Dança da morte*.[14]

Foram atrás de John Graudenz em sua casa de campo em Stahnsdorf. Ele tentou escapar pelo porão, mas a Gestapo havia cercado a casa. Foi levado com a esposa e as duas filhas adolescentes.

O dentista Helmut Himpel e sua noiva, Marie Terwiel, foram presos em sua casa no dia 17 de setembro; no mesmo dia, também foi preso seu amigo, o pianista Helmut Roloff. A Gestapo rapidamente localizou a valise com o rádio soviético guardada na casa de Roloff, mas ainda estava trancada. Roloff disse à polícia que estava apenas guardando-a para seus amigos e não tinha a menor ideia de seu conteúdo.

No dia 20, foi a vez de Cato Bontjes van Beek e de seu pai na casa da família. (Katja Casella e Lisa Egler-Gervai, as duas estudantes de arte judias, foram alertadas por um telefonema aterrorizado do namorado de Cato. Elas saltaram num trem para a Polônia e milagrosamente evitaram ser presas.)

Günther Weisenborn e sua esposa ouviram uma batida na porta às cinco da manhã do dia 26 de setembro. Atenderam e deram com quatro homens em roupas civis, com as mãos nos bolsos.

Os porões na Prinz-Albrecht-Strasse estavam ficando cheios. Weisenborn contou mais de cem membros do grupo: médicos, professores, escritores, artistas, antigos funcionários do governo.[15] A maior parte das mulheres estava sendo mantida do outro lado do rio, na prisão de Alexanderplatz. A esposa do rádio-operador Hans Coppi, Hilde, e a jovem Liane Berkowitz, de 19 anos, estavam grávidas.

Durante o outono de 1942, as autoridades alemãs detiveram mais de 120 pessoas ligadas ao caso. O tratamento dado aos prisioneiros variava muito, bem como suas respostas. Exigia-se que os oficiais fizessem uma solicitação por escrito pedindo permissão para "interrogatórios intensificados". A tortura era meticulosamente monitorada por um médico da SS para medir o efeito sobre o estado de saúde do prisioneiro. Os registros oficiais mostraram que o interrogatório de Harro Schulze-Boysen começou com 12 golpes com o cabo de um machado. Arvid Harnack, John Graudenz e Adam Kuckhoff foram espancados com cassetetes de borracha.[16] É notável que os três homens tenham suportado a primeira rodada de torturas e obstinadamente mantivessem uma mesma linha: eles eram amigos, apenas isso. Às vezes, passavam férias juntos.

Cada prisioneiro foi meticulosamente fotografado para os arquivos: primeiro, de perfil (com a cabeça firmada contra um suporte de metal); depois, de frente e de meio perfil, às vezes com acessórios como chapéu ou óculos. Harro e Arvid pareciam relativamente bem quando suas fotos foram tomadas, mas os rostos de Helmut Himpel e Kurt Schumacher já mostravam sinais de abusos. Diversos prisioneiros usavam uniformes militares alemães. Mildred Harnack estava pálida e esquelética, enquanto Liane Berkowitz parecia prestes a cair em pranto.

Os arquivos são contraditórios quanto a quais dos prisioneiros cederam durante o interrogatório e forneceram nomes. Está claro que os membros do círculo tentaram aguentar o máximo possível para que seus amigos tivessem tempo de escapar. Em outubro, a polícia levou Arvid Harnack e Adam Kuckhoff para a "sala de Stalin", que exibia chicotes e esmagadores de dedos. Alguns relatórios afirmam que, ali, Kuckhoff entregou os nomes de Adolf Grimme e John Sieg.[17]

Poucos dias depois, em 11 de outubro, um dos contatos clandestinos de John Sieg foi encontrar-se com ele na saída do trabalho na estação ferroviária de Tempelhof em Berlim. Contrariando os hábitos, John estava atrasado. Quando finalmente apareceu, o amigo notou que estava extremamente pálido e que dois homens o seguiam de perto. Sieg passou direto por ele, sem uma palavra, apenas o encarando intensamente como sinal de que estava sendo levado preso.[18] Seu amigo continuou andando, e nunca mais o viu. A esposa de Sieg, Sophie, foi presa em seu trabalho no dia seguinte, mais ou menos na mesma hora em que Grimme e a esposa eram presos em sua casa.

Greta Kuckhoff ficou arrasada quando soube que seu marido e Harnack haviam sucumbido. "Finalmente, eles disseram tudo e entregaram todos os nomes, na crença de que as pessoas haviam conseguido fugir. Fiquei sem fala quando soube que Adam havia confessado."[19]

Ficou registrado que, em algum momento, sob intenso interrogatório, Kurt Schumacher contou à polícia sobre os agentes comunistas alemães que haviam saltado de paraquedas trazendo novos rádios, um dos quais havia estado com sua esposa. Em pouco tempo, a Gestapo estava seguindo a trilha dos agentes paraquedistas do KPD, bem como localizando a sucessão de alemães que os abrigaram em suas casas.[20] Muitos dos hospedeiros haviam sido membros do círculo de distribuição de folhetos de Schulze-Boysen, sem nenhum conhecimento de suas ligações com os soviéticos e sem nenhum envolvimento na história. Outros eram membros leais do KPD sem nenhum vínculo com Schulze-Boysen, Harnack ou Kuckhoff, mas partilharam do mesmo infortúnio causado pela negligência de Moscou.

Philip Schaeffer, um amigo de Elisabeth Schumacher, foi um dos presos que não pertenciam ao grupo. Schaeffer tentara ajudá-la a resgatar seus tios judeus idosos. Ele ainda estava no hospital devido aos ferimentos que sofrera durante a tentativa. Um grande sinólogo e membro do KPD, Schaeffer tinha pouco a ver com os círculos de Schulze-Boysen, mas, no passado, havia entrado e saído de campos de concentração por contribuir para publicações antinazistas. Ele e sua esposa juntaram-se às fileiras de prisioneiros nas câmaras de interrogatório da Gestapo.

Os membros mais experientes do KPD clandestino estavam preparados para garantir seu próprio silêncio. Em 15 de outubro, depois de três dias de tortura na Prinz-Albrecht-Strasse, John Sieg se enforcou em sua cela. Bem antes de ser preso, havia dito aos amigos que se mataria se algum dia fosse interrogado, pois seria a única forma de garantir que não trairia outros.[21] Os amigos de Sieg creditaram a este gesto a salvação de muitas vidas. Um dado notável é que diversos membros de seu círculo em Neukölln sobreviveram à guerra.

O jovem tipógrafo Herbert Grasse seguiu o exemplo de Sieg lançando-se de uma janela do quinto andar do centro de operações da polícia em Alexanderplatz no dia seguinte à sua prisão.[22] Os guardas frustraram a tentativa de Walter Husemann de fazer o mesmo, apartando-o do interrogador que ele havia agarrado e que pretendia levar consigo na queda.

Mildred Harnack também tentou o suicídio. Não estava claro se ela havia sido torturada ou não, mas estava mortalmente doente e tomada pelo desespero. Tentou se matar engolindo alfinetes, e foi punida com o confinamento numa solitária.[23]

Libertas, que, fazia muito tempo, vinha temendo por seus nervos delicados, agarrou-se à esperança de que sua família e as conexões com Göring conseguiriam salvá-la. Desde o começo, parecia estar recebendo um tratamento privilegiado. Diferentemente de outros prisioneiros, tinha permissão para se corresponder com a mãe. Podia pendurar quadros na parede da cela, ouvir rádio, ler revistas — e, de tempos em tempos, tomar um café com seu interrogador e sua encantadora secretária. Alexander Spoerl entregou a ela malas cheias de alimentos, raminhos de violetas e seus cigarros favoritos. Sua mãe foi pedir a intercessão de Göring, como já fizera no passado.

Mas aqueles eram tempos idos. "Não há nada de que me arrependa mais do que ter sido arrastado para esta história, ter promovido seu genro para o corpo de oficiais e tê-lo trazido para trabalhar no ministério", disse-lhe bruscamente o marechal de campo. "Não tenho nenhuma intenção de lhe dar a menor ajuda."[24]

As surpresas iam surgindo durante o caminho. Os prisioneiros souberam por meio de seus interrogadores que a Gestapo os estivera cercando durante meses. A polícia chegara a inventar um nome para eles: Orquestra Vermelha. Essa ideia lhes era ainda mais estranha porque o grupo nunca havia pensado em criar um nome próprio.

Também houve outras revelações. A maior parte dos círculos tinha somente cinco ou seis contatos, e apenas alguns poucos se superpunham a outros grupos. Agora, amigos, vizinhos e colegas de profissão se cruzavam no saguão, perplexos com a possibilidade de que os rostos familiares pudessem estar conectados às suas atividades secretas.

Em meados de outubro, a Gestapo deu-se por satisfeita com a investigação e considerou-a completa. Era hora de passar para os julgamentos, e havia muitos detalhes legais que deveriam ser observados. A fim de garantir uma sentença de morte, o acusador tinha que produzir uma confissão ou as declarações de duas testemunhas contra o acusado. Isso resultou numa estranha aritmética.

Günther Weisenborn soube que uma acusação havia sido feita contra ele por "uma jovem" não nomeada. Se ficasse só nisso, ele poderia escapar com uma sentença de prisão. Então, soube que também havia sido incriminado pelo escultor Kurt Schumacher, que ocupava a cela vizinha à sua. A segunda declaração significava morte.

A primeira providência de Weisenborn foi tomar uma medida de precaução, rasgando seu lençol em tiras caso viesse a precisar de um laço. Então, tentou se comunicar com Schumacher por meio de batidas na parede, o tosco alfabeto de que prisioneiros têm se utilizado ao longo da história. Finalmente, Schumacher conseguiu entender que sua declaração representava uma sentença de morte, e o amigo imediatamente prometeu retirá-la. Weisenborn perguntou o que poderia oferecer em troca. Um lápis, respondeu Schumacher. No dia seguinte, voltando de sua caminhada diária no pátio, Weisenborn conseguiu enfiar um proibido pedaço de lápis na abertura da cela de Schumacher.[25]

A maior parte das mulheres permaneceu na prisão da Alexanderplatz; normalmente, era só para homens, mas o súbito influxo de prisioneiras havia criado problemas de espaço. Dentro de pouco tempo, as mulheres receberam todo o quinto andar, onde as condições eram menos duras que nos dos homens.[26] Elas tinham permissão para cantar e conversar durante a noite. Greta Kuckhoff teve a oportunidade de encontrar algumas das outras mulheres do grupo pela primeira vez. Ela e Marta Wolter Husemann conversavam até tarde da noite. Greta admirava a jovem atriz comunista, "uma mulher esguia que usava calças pretas e um suéter de gola rulê e tinha um cabelo louro realmente muito bonito".

Cato Bontjes van Beek mantinha as mãos ocupadas cerzindo meias para os prisioneiros. Inventou um sistema para passar notas consoladoras ao amedrontado filho adolescente de Walter Küchenmeister, detido no andar inferior ocupado por homens.

Greta também se aproximou cada vez mais de Elisabeth Schumacher, a quem havia conhecido antes das prisões. As duas usualmente conversavam depois de apagadas as luzes. Com o Natal que se aproximava, a família de Elisabeth lhe enviou um arranjo de flores e velas que ela instalou na janela para dar ânimo às outras prisioneiras.[27]

Os nazistas tiveram dificuldade em absorver o choque, que repercutiu até os mais altos escalões. Hitler não tinha nenhuma dificuldade em compreender um ato de sabotagem de um comunista judeu como Herbert Baum, que havia liderado o ataque à mostra "Paraíso Soviético". De fato, tais ações confirmavam sua visão de mundo. Mas o grupo Schulze-Boysen era coisa totalmente distinta. Era liderado pelo sobrinho-neto do almirante von Tirpitz, cheio de oficiais militares em uniforme e de altos funcionários de uma meia dúzia de ministérios. A maior parte de seus destacados e educados membros só teria a ganhar com o regime, bastava fingir que concordavam.

O Führer ficou "tremendamente indignado", relatou um ajudante. Ele queria que "os bolchevistas infiltrados em nossas fileiras" fossem executados imediatamente e sem misericórdia.[28] Mas nenhum detalhe do caso deveria ser levado a público, sob nenhuma condição. As famílias dos prisioneiros estavam proibidas de falar sobre eles e foram ameaçadas com um campo de concentração caso desobedecessem.[29]

Pelo final de outubro, a Gestapo estava nos últimos estágios das prisões e investigações. Então vinha a questão do julgamento. A maior parte dos casos de sedição era dirigida ao *Volksgerichtshof* (Tribunal do Povo), conhecido por seus julgamentos sumários e frequentes sentenças de morte. No entanto, o envolvimento de Harro Schulze-Boysen e outros acusados uniformizados requeria que este caso fosse à *Reichskriegsgericht* (Corte Marcial do Reich).

Hermann Göring compreendeu que, como o homem que havia levado Harro Schulze-Boysen para seu ministério, precisava escolher o acusador cuidadosamente. Em 17 de outubro de 1942, convocou o principal juiz militar da IV Frota Aérea da Luftwaffe, Manfred Roeder, para uma reunião em seu trem especial, no vagão do comando. Encontraram-se perto da cidade ucraniana de Vinnitsa, onde Hitler e Göring haviam recentemente estabelecido um quartel-general.

Fora um ano devastador na Ucrânia. A IV Frota Aérea vinha golpeando a região com milhares de missões de bombardeio. Estava programado pelos nazistas o extermínio de 3 milhões de judeus ucranianos ao longo de 1942, e cerca de 80 mil foram fuzilados nas infames valas de extermínio somente naquele mês de outubro. Uma fotografia que sobreviveu e está no Memorial e Museu do Holocausto em Washington mostra um homem solitário ajoelhado em frente a uma vala cheia de corpos, enquanto um membro do *Einsatzgruppe D* se prepara para disparar um tiro em sua cabeça. O fundo da foto mostra a inscrição: "O último judeu em Vinnitsa." (Vinnitsa também havia sido vítima de grandes massacres cometidos por agentes de Stalin no final da década de 1930. Os alemães que ocuparam a cidade conduziram uma investigação em 1943 e contaram nas sepulturas coletivas mais de 10 mil vítimas russas e ucranianas fuziladas por Stalin.)

Parte das atribuições do cargo de juízes militares como Manfred Roeder era processar soldados que hesitavam diante de ordens. Havia 3 milhões de alemães servindo na frente oriental, e os nazistas transformavam em casos exemplares aqueles que desafiavam sua autoridade. Foi o que aconteceu a Michael Kitzelmann, um tenente de 25 anos de idade que havia recebido a Cruz de Ferro por bravura. Um católico da Baviera, Michael escrevia cartas angustiadas aos pais quando estava na frente russa, e disse aos colegas oficiais: "Se esses criminosos vencerem, eu não teria mais nenhuma vontade de viver." Foi denunciado, julgado pela corte marcial no campo e condenado por *Wehrzersetzung* (derrotismo danoso às forças armadas). Foi fuzilado em 11 de junho de 1942. Göring podia ter certeza de que Roeder, como um juiz militar que atuava na frente oriental, não estaria inclinado a simpatizar com nenhum motivo humanitário expresso pelos defensores da Orquestra Vermelha.[30]

Aos 42 anos de idade, Roeder era um veterano no sistema de justiça militar, conhecido por seu estilo agressivo na sala do tribunal e por seu belo perfil (tinha alguma semelhança com o ator Dirk Bogarde). Sua nova atribuição o levou a combinar argumentos legais criativos com conveniência política. Ele decidiria quais dos 117 prisioneiros da Orquestra Vermelha sob custódia iriam a julgamento, ciente de que Hitler havia se reservado o direito de invalidar as sentenças mais importantes, independentemente da decisão do tribunal.[31] Dentro daquele labirinto legal, havia um campo minado de natureza política, e o único erro fatal era a indulgência.

Roeder estava frustrado com a demora da Gestapo em partilhar os resultados das investigações. Finalmente, no início de novembro, recebeu os arquivos de Harro Schulze-Boysen, Arvid Harnack, John Graudenz e Hans Coppi; os de Schumacher chegaram poucos dias depois. Mas Roeder teve grande dificuldade em compreender o caso, já que não tivera acesso aos arquivos sobre o tenente Anatoli Gourevitch ("Kent"), que, naquela mesma época, estava sendo interrogado pela Gestapo na Bélgica. Gourevitch era a peça soviética do quebra-cabeça.

Pouco depois, os arquivos de Gourevitch chegaram à mesa de Roeder, e foram seguidos pela entrega do próprio Gourevitch ao centro de interrogatório na Prinz-Albrecht-Strasse. Então Roeder (ou, como Greta Kuckhoff o chamou, "o juiz sanguinário") começou o trabalho.[32] Nervosamente, Gourevitch contou à Gestapo as datas e os detalhes de seus encontros com os Schulze-Boysens e identificou suas fotografias num álbum. Acrescentou um quadro detalhado das operações soviéticas de inteligência na Europa Ocidental.[33]

Roeder mergulhou nos arquivos, montando uma narrativa que buscava explicar como aqueles membros da juventude dourada do Reich puderam participar de tamanhos atos de traição. Insatisfeito com os interrogatórios da Gestapo, encarregou-se, ele próprio, de questionar os prisioneiros, desempenhando, por algum tempo, o papel do "policial bom". Helmut Himpel comentou que ele "parecia boa gente".[34] Mas Roeder estava usando suas entrevistas para criar uma lasciva novela de corrupção e vício.

Harro Schulze-Boysen, Arvid Harnack e Adam Kuckhoff haviam confessado o trabalho que faziam para os soviéticos, de modo que os fatos básicos já estavam estabelecidos. A espionagem militar era classificada como "alta traição" e a punição era a morte. Isso estava decidido.

Mas Roeder tinha que explicar os motivos do grupo, e, ao fazer isso, decidiu assumir uma postura de superioridade moral. Harnack e Kuckhoff, acusou, haviam recebido dinheiro dos soviéticos. Isso era verdade, embora tivesse sido no início do trabalho e fossem quantias insignificantes. Ainda assim, Roeder apresentou o fato como prova de que os homens eram traidores alugados. Alguns membros do grupo tinham casos amorosos fora do casamento, o que não era um fenômeno incomum. Roeder se estendeu sobre essa evidência para enfatizar o aspecto sexual da história. A Gestapo encontrou fotos de Libertas nua, tiradas por um dos Schumachers. Embora seu pai fosse um professor de arte e ambos os Schumachers fossem artistas profissionais, Roeder decidiu que isso era uma forte evidência de vidas depravadas.

Curiosamente, Roeder assumiu uma visão mais tolerante com relação aos membros operários do KPD. Seu verdadeiro espírito vingativo estava reservado para traidores de sua própria classe e da sociedade ilustrada, ou seja, os Schulze-Boysens e Arvid Harnack.[35]

Roeder determinou que, dos 117 casos originais, 76 iriam a julgamento; os restantes seriam libertados por falta de provas. A lista foi dividida, e os julgamentos seriam feitos em pequenos grupos. Os julgamentos eram caricaturas legais. Os prisioneiros não tinham permissão de ler os processos contra eles e, em alguns casos, encontraram seus advogados pela primeira vez cinco minutos antes do início do julgamento.[36] A maior parte dos casos durou apenas poucas horas, e o veredicto foi pronunciado no mesmo dia.

As famílias dos Schulze-Boysens e de Arvid Harnack tentaram ajudar. Ainda ocupavam posições influentes no governo alemão e na indústria. O pai de Harro era um alto oficial naval, e havia primos de Arvid trabalhando em uma meia dúzia de diferentes ministérios. As prisões chegaram como um choque, mas as famílias se mantiveram firmes. Os parentes de Harro intervieram energicamente em seu favor, enquanto o irmão mais jovem de Arvid, Falk, escrevia pilhas de cartas e lutava para que seu irmão tivesse uma representação legal. Falk pediu ao primo Klaus Bonhoeffer para defender Arvid, mas ele teve que recusar. Estava excessivamente envolvido em seu próprio trabalho de resistência, e elevar sua visibilidade prejudicaria a todos. No final, somente quatro advogados se dispuseram a representar cerca de oitenta acusados em mais de vinte julgamentos.[37]

Em 16 de dezembro de 1942, foi marcado o julgamento de 13 dos principais acusados da Orquestra Vermelha, entre eles os Schulze-Boysens, os Harnacks e os Schumachers. Também constavam da lista o jornalista John Graudenz, o operador de rádio Hans Coppi e Erika von Brockdorff, a vizinha de Greta que ajudara a esconder os rádios.

O estilo de acusação de Roeder era agressivo e bombástico, mesmo para os padrões da época. Gastou grande parte do julgamento fazendo discursos para os acusados e frequentemente lhes cortava a fala antes mesmo que pudessem responder a suas perguntas. Privadamente, os juízes criticaram seus argumentos legais e observaram a dignidade dos acusados. Um por um, em declarações que iam de calmas a apaixonadas, os prisioneiros afirmaram que haviam sido motivados pela decência e pelo ódio ao regime, não por dinheiro ou sexo.[38]

Somente Libertas Schulze-Boysen destoou do grupo. Até o último instante, havia confiado em seus contatos. Seus nervos entraram em colapso na sala de audiência e ela começou a gritar que tudo era culpa de Harro. Ela queria o divórcio. Seu advogado de defesa pediu um adiamento.[39]

Os veredictos foram dados no dia 19 de dezembro. A maior parte dos acusados foi condenada à morte. O tribunal declarou que Harro Schulze-Boysen "nunca havia honestamente servido ao Estado nacional-socialista". Hartmut, o irmão mais novo de Harro, ouviu essa declaração com orgulho.[40]

Os parentes de Arvid Harnack relataram que, quando ele ouviu sua sentença de morte, ficou "radiante de alegria" porque lhe disseram, ao mesmo tempo, que sua esposa, Mildred, havia escapado da pena de morte.[41] Ela e Erika von Brockdorff foram condenadas a 10 e 6 anos de trabalho forçado, respectivamente. Mildred, na opinião dos juízes, "agira mais por lealdade ao esposo que por sua própria vontade".[42]

Mas Hermann Göring explodiu quando soube da notícia, afirmando que Hitler nunca aceitaria apenas a prisão. Ele estava certo. Quando Hitler recebeu os arquivos sobre as duas mulheres, enviou-os de volta sem assinatura nem comentário, um claro sinal de que teriam que ser novamente julgadas até que o tribunal chegasse ao resultado desejado.

Então os nazistas enfrentaram problemas de datas. De acordo com a tradição alemã, todas as execuções seriam suspensas entre o dia de Natal e o início da Epifania, 6 de janeiro. Precisavam se apressar. Também havia complicações com relação à forma de execução. Os nazistas haviam aumentado enormemente o número de sentenças de morte desde que tomaram o poder, e a guilhotina em Plötzensee já matara milhares de membros dos movimentos clandestinos alemães, checos e poloneses, bem como criminosos comuns. Agora, Hitler decidira que os líderes da Orquestra Vermelha requeriam uma forma de execução mais degradante.

O esquadrão de fuzilamento era o método preferido para militares, permitindo a eles certa dignidade. A guilhotina era rápida e relativamente suave, adequada para pessoas jovens e mulheres. A forca era o fim menos honroso, reservado a conspiradores e espiões. Com certas modificações, poderia ser também uma maneira lenta e dolorosa de morrer. Os trabalhadores começaram a instalar uma longa viga de aço com oito ganchos de açougue no galpão de execuções da prisão de Plötzensee. Desenhada especialmente para os homens da Orquestra Vermelha, ela seria posta em uso muitas outras vezes no futuro, contra outros membros da resistência.

Durante seu julgamento, Arvid pediu a seu primo Adolf von Harnack para representá-lo em questões pessoais. Mais tarde, Adolf escreveu:

> Arvid prestou um último e valioso serviço à família quando já estava diante da morte. Passou-me uma mensagem, através de seu advogado e do capelão da prisão, dizendo que, em vários de seus interrogatórios, havia sido intensamente questionado a respeito de meu irmão Ernst. Ele aconselhava que Ernst deixasse o país o mais rapidamente possível, embora houvesse apenas provas mínimas contra ele. Passei adiante essa seriíssima mensagem imediatamente. Como meu irmão não tinha nenhum tipo de envolvimento com o julgamento de Arvid Harnack, não seguiu o conselho.[43]

Ernst, que era um social-democrata, pagaria um preço terrível por ignorar o aviso de Arvid. Profundamente envolvido com a conspiração Oster-Bonhoeffer, encontrou seu fim na mesma viga de aço que Arvid, apenas poucas semanas antes que os Aliados ocupassem Berlim.

Na noite de 21 de dezembro de 1942, os prisioneiros condenados foram transportados para Plötzensee e tiveram permissão de escrever suas cartas de despedida. Harro Schulze-Boysen disse aos pais: "Esta morte combina comigo." Era o que sempre havia esperado, acrescentou.

Os pensamentos de Arvid Harnack voltaram-se para sua infância, e ele pediu que sua execução fosse acompanhada por uma celebração antecipada do Natal. Foi apoiado pelo capelão da prisão, Harald Poelchau, que estava secretamente envolvido no resgate de judeus e em atividades de resistência. Arvid, com a ajuda do capelão, recitou a história da Natividade de acordo com o Evangelho de Lucas e então cantou seu hino favorito, "Eu Oro ao Poder do Amor".[44]

Os funcionários do tribunal que observaram as execuções disseram que os enforcamentos ocorreram sem incidentes. "Pelo que pude ver, a total inconsciência se deu no exato instante em que o laço foi apertado."[45] As mulheres foram guilhotinadas. A maior parte delas foi serenamente para a morte. Somente Libertas Schulze-Boysen lutou até o fim, gritando "Deixem-me ficar com minha vida jovem!"

De modo geral, os amigos e familiares sabiam o que estava acontecendo, mas não foram informados sobre as datas das execuções. No Natal, Herbert Engelsing disse a Alexander Spoerl que os Schulze-Boysens haviam sido condenados à morte. No dia seguinte, Herbert ficou sabendo pela mãe de Libertas que sua filha já havia sido executada.[46]

Após o Natal, os casos de Mildred Fish Harnack e Erika von Brockdorff foram revistos, tratados segundo padrões mais exigentes, acrescidos de uma pitada de novas provas e de uma compreensão mais apurada dos desejos de Hitler. O tribunal condenou à morte as duas mulheres.

Não se sabe ao certo o quanto os prisioneiros sabiam dos acontecimentos além dos muros da prisão, mas teriam achado alguns deles alentadores. Um era o reconhecimento dos Aliados, que tanto se fizera esperar. Em 17 de dezembro de 1942, os Estados Unidos, a Inglaterra e dez governos assinaram a Declaração Aliada confirmando e condenando a política de extermínio de Hitler e sua perseguição aos judeus. Durante uma semana, os serviços europeus da BBC leram o documento pelo rádio diversas vezes ao dia. Somente uma minúscula minoria de alemães possuía rádios que pudessem receber transmissões estrangeiras e tinha condições seguras para ouvi-las. Ainda assim, os historiadores acreditam que o alerta salvou vidas ao encorajar alguns judeus a se esconder e a impelir não judeus a ajudá-los. Muitos dos integrantes da Orquestra Vermelha que estavam esperando a execução haviam estado envolvidos nessas atividades durante anos, sem necessidade de encorajamento externo.

Durante o mês de janeiro, a Real Força Aérea despejou sobre a Alemanha cerca de 1,2 milhão folhetos a respeito do programa nazista de extermínio. Cerca de 150 mil exemplares foram jogados sobre Berlim. Talvez alguma tenha caído dentro dos muros da prisão.[47]

Fora de suas fronteiras, as forças armadas alemãs estavam vivenciando humilhantes reveses militares. No final de outubro, foram derrotadas pelos ingleses em El Alamein, e, no mês seguinte, as forças inglesas e americanas desembarcaram na África do Norte. Na União Soviética, os alemães estavam sendo repelidos, golpeados pelo inverno e por reforços soviéticos, e cortados de seus suprimentos. A mão da resistência alemã podia ser percebida nas duas frentes. A campanha na África do Norte beneficiou-se da viagem do almirante Canaris à Espanha poucos anos antes, quando aconselhara Franco a permanecer neutro, privando os alemães da passagem estratégica de Gibraltar. Os Aliados também foram auxiliados com informações secretas sobre a campanha na União Soviética que fluíam de inúmeros alemães antifascistas, inclusive as mandadas por Rudolf Roessler da Suíça, e isso os ajudou a evitar a ofensiva nazista.

Se o grupo de Harnack e Schulze-Boysen tivesse conseguido aguentar poucos meses mais, poderia ter tido maior facilidade para ajudar. Em novembro de 1942, apenas semanas após as prisões em massa, um advogado americano chamado Allen Dulles desembarcou em Berna. Ele se descrevia como "o último americano a chegar à Suíça legalmente antes que a invasão alemã do sul da França deixasse os suíços completamente isolados".[48]

Dulles, um alto oficial da OSS (Agência de Serviços Estratégicos), estabeleceu a primeira presença séria da inteligência americana no cenário e imediatamente fez contatos com uma ampla rede de exilados alemães. Sua melhor fonte era um funcionário antifascista do governo alemão chamado Fritz Kolbe, que trabalhava na Alemanha. Kolbe contatou Dulles depois de haver sido dispensado pelos ingleses. (Quando Kolbe ofereceu seus documentos ao adido inglês em Berna, ouviu como resposta: "Não acredito em você. E, se estiver dizendo a verdade, você não passa de um grosseiro.")[49] Kolbe não desistiu e forneceu a Dulles mais de 2 mil documentos oficiais durante os 2 anos seguintes, inclusive planos para grandes ofensivas e desenhos secretos de aeronaves.[50]

Apenas seis meses antes, Harro Schulze-Boysen e John Graudenz haviam viajado até a fronteira suíça em busca de uma passagem para contrabandear informações militares para o serviço secreto inglês na

Suíça.[51] Talvez Dulles tivesse sido mais receptivo que os ingleses e certamente estava mais disposto a colaborar.

O segundo julgamento coletivo da Orquestra Vermelha aconteceu ao longo de vários dias em meados de janeiro de 1943. Os nove acusados incluíam muitos dos jovens membros recrutados por Cato Bontjes van Beek e seu namorado, Heinz Strelow, um oficial não comissionado do exército. Entre os outros estavam Friedrich Rehmer, um operário fabril e recruta do exército, e Liane Berkowitz, a jovem descendente de judeus, de 19 anos, que era sua noiva. Liane, cujo rosto desesperado espreitava sob um emaranhado de cachos negros, estava grávida de seis meses. Rehmer havia sido tirado de um hospital militar onde se recuperava de graves ferimentos sofridos na frente russa. Ele poderia estar também severamente traumatizado; no hospital, havia o registro de que falava descontroladamente e dizia: "Qualquer um que tenha visto o que fizemos na Rússia deverá pensar que é uma desgraça eterna ser chamado de alemão!"[52]

Os estudantes haviam tomado parte em uma ampla campanha de propaganda antinazista, distribuindo folhetos e pregando adesivos em cabines telefônicas, mas não tinham nenhum envolvimento com a espionagem soviética. Ainda assim, o promotor público Roeder pediu a pena de morte para todos, em retaliação por terem fornecido "ajuda e conforto ao inimigo". Na maior parte dos casos, ele conseguiu o que queria.[53]

Pouco depois da segunda rodada de sentenças de morte, alguns dos juízes começaram a ter dúvidas. Haviam tentado manter pelo menos uma aparência de legalidade, e reconheciam que Roeder estava reescrevendo a definição legal de espionagem bem debaixo de seus olhos. A Corte Marcial do Reich recomendou o perdão para as jovens Liane e Cato, de respectivamente 19 e 22 anos.

O pedido chegou ao próprio Hitler, que veementemente negou a moção. Sua decisão foi endossada por Wilhelm Keitel, chefe do alto-comando das forças armadas. O precedente havia sido estabelecido. Agora, colar adesivos antinazistas era legalmente equivalente a passar informações secretas aos soviéticos.

Durante as duas semanas seguintes, dezenas de acusados passaram pela sala do tribunal, e as sentenças de morte foram distribuídas em profusão: Hilde, a esposa de Hans Coppi, mãe de um recém-nascido, que havia ajudado a esconder um rádio; o dentista Helmut Himpel e sua noiva, Marie Terwiel, cuja solidariedade aos judeus perseguidos os levara a produzir folhetos antinazistas e guardar um rádio; Philip Schaeffer, o especialista em China e bibliotecário que havia tentado ajudar Elisabeth Schumacher a resgatar seus tios judeus.

Greta e Adam Kuckhoff foram julgados no início de fevereiro num grupo de oito acusados. Tiveram permissão para ficar juntos durante alguns minutos antes do julgamento "para falar de questões pessoais, filhos e coisas assim", conforme lhes disse o guarda. Mas Adam estava decidido a obter a ajuda de Greta para livrar Adolf Grimme, o ministro social-democrata que havia sido seu amigo desde os tempos de estudante e que também estava no grupo.[54] Os oito julgamentos foram completados em um único dia.

Depois disso, os acusados foram levados a uma sala de espera e tiveram permissão para conversar entre eles. Trocaram excitados rumores de uma impressionante derrota alemã poucos dias antes numa cidade gelada à margem do Volga chamada Stalingrado. Os guardas não prestavam atenção. "O pessoal da SS estava aproveitando seu tempo livre também, divertindo-se e nos ignorando", Greta recordou, enfurecida. "Para eles, não passávamos de pessoas mortas em seus últimos dias de férias."[55]

No dia 2 de fevereiro, foram levados de novo ao tribunal pela última vez e lhes perguntaram se queriam fazer alguma declaração final. Adolf Grimme relembrou à corte que ele era um homem de peso. Como ministro prussiano da Cultura, havia recebido o Prêmio Goethe do próprio marechal de campo Hindenburg. Nunca havia sido um comunista, era apenas um socialista religioso que havia caído sob a influência de Adam Kuckhoff.

Então veio o veredicto: Greta e Adam estavam ambos entre os condenados. Adolf Grimme não estava. Greta ficou surpreendida com a reação de felicidade e alívio de Adam com o fato de o amigo ter sido poupado. Ela achara a autodefesa de Grimme desonrosa e inadequada. Para piorar ainda mais a situação, seu marido havia gasto os últimos preciosos momentos que passariam juntos felicitando o amigo.

"Não gostei da maneira como Grimme ficava limpando os óculos o tempo todo para não ter que olhar Adam nos olhos", escreveu ela, enraivecida, anos mais tarde. "Ele também cuidou de mudar de assunto o mais cedo possível e disse a meu marido como lamentava que ele, Adam, não tivesse conseguido terminar seus escritos. Por um precioso momento, meu marido soltou minha mão para apertar a de Grimme e perguntou se ele aceitaria cuidar de seus escritos não terminados."[56] Adam Kuckhoff pode ter sabido que não teria como escapar de uma sentença de morte e decidido fazer o que pudesse para proteger seu velho amigo. Ainda assim, para sua esposa, foi difícil aceitar aquela escolha.

Greta retornou à prisão e preparou-se para morrer. Pensava obsessivamente em Grimme; a seu ver, ele havia voltado a ser um social-democrata sem personalidade, mesmo que não houvesse nada que ele pudesse ter feito para salvar Adam. Ela escrevia cartas cheias de saudade a seus pais e ao filho, e sonhava com comidas — o arenque e as panquecas de sua mãe; as ostras da Nova Inglaterra, cruas ou fritas; e as costeletas de porco assadas que havia saboreado à beira do lago congelado em Wisconsin.

Greta fez um pedido de clemência, como outros haviam feito antes dela, com pouca esperança de sucesso. O tempo passava lentamente. Em 16 de fevereiro de 1943, Mildred Harnack foi levada ao galpão de execuções em Plötzensee. Embora tivesse apenas 40 anos, seu cabelo havia ficado inteiramente branco, e ela tinha a aparência frágil e encurvada de uma mulher idosa. Passara seus últimos dias traduzindo versos de Goethe e mantendo profundas conversas com o capelão da prisão. Quando se aproximou da guilhotina, cabelos cortados bem rentes, suas últimas palavras foram: *"Und ich habe Deutschland so geliebt!"* — "E eu amei tanto a Alemanha!"

Setenta e nove acusados ligados ao grupo foram julgados num total de 19 julgamentos ocorridos nos sete meses entre 15 de dezembro de 1942 e julho de 1943. Quarenta e cinco foram condenados à morte, 29 mandados para a prisão e dois absolvidos por falta de provas.[57] Um desses era Sophie, a esposa de John Sieg. Os investigadores não conseguiram encontrar provas suficientes para indiciá-la, mas foi enviada diretamente ao campo de concentração de Ravensbrück, sem julgamento.

Os paraquedistas que haviam sido enviados de Moscou também ficaram sem julgamento. Albert Hoessler, um comunista alemão veterano da guerra civil espanhola, morreu antes, quando se encontrava sob custódia da Gestapo na Prinz-Albrecht-Strasse. Dois outros foram capturados e executados.

O caso do quarto paraquedista, Robert Barth, era muito mais complicado. Ele trabalhara como tipógrafo do *Rote Fahne* nos tempos de John Sieg, ficara preso durante um ano em Plötzensee, em 1933, e juntara-se à resistência depois de solto. Foi recrutado para o exército alemão, capturado pelos soviéticos em 1942 e então recrutado como agente soviético quando se encontrava num campo de prisioneiros de guerra. Depois de saltar de paraquedas na Alemanha, foi preso pela polícia alemã ao lado da cama de sua esposa hospitalizada e levado para a Prinz-Albrecht Strasse. A Gestapo conseguiu "convertê-lo", e ele colaborou na transmissão de mensagens de rádio falsas para Moscou nos dois anos seguintes. Depois da guerra, os soviéticos o prenderam e o devolveram à União Soviética. Foi levado à corte marcial no verão de 1945 e executado por um pelotão de fuzilamento soviético.[58]

Outra importante fonte de inteligência soviética não se saiu melhor que o grupo de Berlim. Richard Sorge, o agente soviético em Tóquio, foi preso pelos japoneses em outubro de 1941. Mantiveram-no vivo durante muito tempo após o julgamento, presumindo que ele seria valioso numa operação de troca de prisioneiros, mas os soviéticos o abandonaram. Diz-se que a resposta de Stalin à oferta foi: "Richard Sorge? Não conheço ninguém com esse nome."[59] Sorge foi enforcado numa prisão nos arredores de Tóquio em 7 de novembro de 1944.

Alguns dos acusados da Orquestra Vermelha escaparam com sentenças de prisão. Adolf Grimme e Günther Weisenborn receberam três anos por "deixar de informar às autoridades" sobre a conspiração. Foram enviados à penitenciária de Luckau, a sudeste de Berlim. O antigo ministro da Cultura prussiano e o dramaturgo trabalhavam colando sacos de papel.

Falk Harnack, o devotado irmão mais novo de Arvid, em pouco tempo se viu na linha de fogo. Em 1934, havia criado um grupo de estudantes antifascistas em Munique, onde realizava campanhas de panfletagem. Em algum momento, fez contato com os irmãos Hans e Sophie Scholl e juntou-se ao seu círculo de protesto chamado a Rosa Branca. Depois de ter sido recrutado em 1941, Falk foi designado para Chemnitz, na fronteira checa. No inverno de 1942, Hans Scholl e seus amigos viajaram para se encontrar com ele. Falk contou aos Scholls as atividades de resistência de sua família. Arvid já havia sido preso, mas Falk esperava apresentá-los a seus primos Bonhoeffer.

Mas, em fevereiro de 1943 (pouco antes da execução de Mildred Harnack), os estudantes foram traídos por um informante. Foram julgados pelo juiz Roland Freisler, que participara da conferência em Wannsee sobre a "solução final" e, poucos meses antes das prisões, recebera o folheto chamado AGIS escrito por Harro Schulze-Boysen. Freisler condenou à morte a maior parte dos estudantes, inclusive Hans e Sophie Scholl. As autoridades estavam convencidas da culpa de Falk Harnack, mas decidiram soltá-lo e usá-lo como isca que as levaria a outros membros da resistência.

O cabo Falk foi mandado para a Grécia, onde fez contato com a resistência grega por intermédio de um parente. Em 20 de dezembro de 1943, seu comandante recebeu uma ordem secreta assinada pelo próprio Himmler, contendo instruções para que Falk fosse desligado do exército e entregue à SS. Falk foi informado de que deveria pegar um avião de volta a Chemnitz. No dia seguinte, chegou ao aeroporto com seu tenente, de quem ficara amigo. Estava esperando a partida, sua bagagem já dentro do avião, quando o tenente o chamou de lado.

"É bom ou ruim?", perguntou Falk. "Não é bom", respondeu o tenente. Ele permitiu que Falk escapasse para Atenas, uma cidade que conhecia bem. Na avaliação de Falk, "era uma escolha entre uma morte certa, terrível, na Alemanha, e a chance de sobreviver na Grécia". Ainda usando seu uniforme da Wehrmacht, infiltrou-se de casa em casa à noite, ciente de que os que o abrigavam estavam arriscando suas próprias vidas e as de suas famílias. Acabou conseguindo chegar às montanhas e passou o resto da guerra combatendo ao lado dos resistentes gregos. Ali ele continuou a tradição da família, redigindo folhetos nos quais dizia às tropas alemãs que deveriam se recusar a morrer por Hitler e, em vez disso, viver por uma Alemanha livre.[60]

Em Berlim, a primavera de 1943 passou lentamente para as mulheres condenadas. Greta saboreava suas escassas rações de sol de inverno e se preocupava com a jovem Liane Berkowitz. Ainda uma adolescente, ela estava louca de preocupações com seu filho ainda não nascido. Em abril, deu à luz, na prisão feminina, uma garotinha a quem chamou de Irene. A criança foi levada embora. Liane permaneceu misericordiosamente sem saber da morte de seu bebê alguns meses depois, ocorrida em circunstâncias misteriosas em meio a uma operação de eutanásia realizada pelo governo.[61]

Em maio, enquanto outra rodada de execuções acontecia em Plötzensee, Greta foi posta para trabalhar fazendo borboletas de papel para decorar os desfiles nazistas. Às vezes, ela tinha permissão de receber preciosas visitas de seus pais e, numa ocasião, de seu filho. No final de agosto, Greta ouviu a porta de sua prisão abrir-se lentamente, não com os usuais movimentos bruscos dos guardas. Era o capelão da cela. "Agora eles estão todos mortos", lhe disse ele. "Seu marido e as jovens. Todos."[62]

Dezesseis prisioneiros haviam sido guilhotinados em 5 de agosto de 1943 entre 17h e as 17h45, com intervalos de exatamente três minutos: Adam morreu 17h06, seguido por Marie Terwiel, Hilde Coppi, Cato Bontjes van Beek e Liane Berkowitz.[63]

Muitos dos corpos das mulheres foram entregues ao dr. Hermann Stieve, um ginecologista e anatomista da Universidade de Berlim. Ele tinha interesse obsessivo pelo impacto do terror sobre os órgãos reprodutivos femininos. Quando as mulheres foram notificadas da data de suas execuções, o dr. Stieve começou a monitorar seus ciclos menstruais a fim de "observar o efeito de eventos altamente perturbadores sobre os órgãos sexuais femininos". A data de uma execução foi mudada para permitir que Stieve realizasse um exame ginecológico enquanto a mulher ainda estava viva; depois de morta, seus órgãos pélvicos foram removidos para exame. Stieve se gabava em um de seus livros de que os "materiais" chegavam a seu laboratório dez minutos depois de estarem disponíveis. Seus objetos de estudo incluíram Elisabeth Schumacher, 38; Libertas Schulze-Boysen,

29; Cato Bontjes van Beek, 22, e Liane Berkowitz, 20. As autoridades presidiárias observaram que o arranjo com o dr. Stieve poupava ao Estado as "dificuldades de lidar com enterros".[64]

No mês de fevereiro anterior, o corpo de Mildred Harnack também havia sido entregue ao instituto médico para dissecação. Mas, por um estranho golpe do destino, o dr. Stieve conhecia os Harnacks por ligações familiares. Ele reconheceu os restos de Mildred e entregou o corpo à família, permitindo que o cremassem e enterrassem suas cinzas num cemitério em Berlim.[65]

Misericordiosamente, Greta só sabia que suas amigas haviam partido. Teve uma súbita visão de sua sobrevivência como uma estranha forma de tortura, deixando-a como a última árvore de pé na floresta. Mas esses pensamentos foram interrompidos pela lembrança de seu filho: não deveria ela permanecer viva por causa dele?

Em 27 de setembro, foi novamente convocada pelo tribunal. Não teve receio — haviam matado seu marido e a condenado à morte. O que mais lhe poderiam fazer? Para seu assombro, soube que a sentença de morte estava revogada desde maio. Depois de realizadas as principais execuções, Roeder havia sido transferido para outros casos e a atenção de Hitler voltara-se para outros assuntos. Os juízes militares a interrogaram durante quatro horas e depois informaram que havia sido condenada a dez anos de prisão.

Então, outra coisa estranha ocorreu. Pouco depois de sua audiência no tribunal, Greta foi avisada de que deveria retornar para algumas formalidades. O guarda que a buscou disse que não iriam de carro, mas caminhariam até o tribunal. No início, ela ficou desconfiada, mas, logo que saíram, o guarda a chamou de lado. "Tive que levar seu marido e alguns de seus amigos para Plötzensee, e foi muito difícil para mim", confidenciou ele. "Como as pessoas podem se comportar dessa maneira? Estou muito feliz de acompanhá-la agora — e não para Plötzensee." Levou-a a um bar sossegado de onde ela pôde ligar para algumas pessoas e devolveu a ela sua carteira.

Greta ligou para seu amigo Hans Hartenstein, que a ouviu sobriamente e a aconselhou a se segurar até o final da guerra e a permanecer o mais saudável que pudesse.[66] Hartenstein convenceu os oficiais a conceder à amiga uma pequena licença antes que começasse a cumprir a pena, e ela passou o dia com ele e a família fora da cidade. Então, foi transferida para uma prisão em Cottbus, a leste de Berlim. Durante os meses seguintes, Greta passou muitas longas horas numa linha de montagem na prisão, fazendo máscaras de gás para as frentes de batalha.

22

Os sobreviventes

1943-1950

As prisões de 1942 extinguiram as atividades do círculo de Greta Kuckhoff, mas não acabaram com a resistência alemã. Durante os dois anos seguintes, as conspirações se expandiram em diversas frentes. Enquanto o exército alemão sofria contínuas derrotas na Rússia, vários militares gravitavam em torno de conspirações de oficiais para assassinar Hitler. Hans Oster e seu círculo interno mantinham contatos com destacados civis que estavam elaborando as bases para um governo democrático pós-nazismo. Uma de suas primeiras ações haveria de ser a liberação dos aprisionados em campos de concentração.

Muitos membros da família de Arvid Harnack estavam profundamente envolvidos na conspiração, que incluía Harnacks, Dohnanyis, Bonhoeffers e Delbrücks. Eles lamentaram a prisão de Arvid e tentaram ajudar da maneira possível, mas não tinham escolha a não ser manter-se afastados.

Ainda assim, o destino dos círculos de resistência começou a convergir. Em 5 de abril de 1943, enquanto as execuções da Orquestra Vermelha estavam acontecendo, o juiz da Luftwaffe Manfred Roeder fez uma visita não bem recebida ao almirante Wilhelm Canaris. O processo de acusação da Orquestra Vermelha foi considerado excepcionalmente brutal, até por membros do governo. Agora, ele vinha informar a Canaris que estava levando adiante uma nova investigação, baseando-se em suspeitas de uma vasta conspiração para derrubar o regime.

Era apenas natural que ele comunicasse isso ao almirante chefe do serviço secreto militar. Mas Roeder estava abordando o grisalho oficial não como um colega, mas como um dos principais suspeitos. Canaris foi notificado de que estava sob investigação. Seu substituto, o tenente-coronel Hans Oster, foi suspenso do cargo e posto sob vigilância.[1]

Fazia anos que os dois oficiais antinazistas vinham cortejando calamidades. No mês anterior, após o desastre em Stalingrado, Oster e Hans von Dohnanyi haviam feito duas tentativas separadas de assassinar Hitler. Sua maciça rede de conspiração veio a ser chamada de "o movimento de 20 de julho", a última e mais ambiciosa tentativa de derrubar o regime. Quatro de seus líderes civis eram primos de Harnack: Hans von Dohnanyi, os irmãos Klaus e Dietrich Bonhoeffer e Ernst von Harnack.

Nos meses anteriores, os conspiradores militares haviam de alguma forma conseguido ocultar as provas de suas várias tentativas de assassinato. A queda chegou por diferentes caminhos. Durante anos, o grupo de Oster vinha ajudando judeus perseguidos, intervindo em detenções e secretamente canalizando recursos para ajudar as vítimas a sair do país. Em 1942, Oster, Dohnanyi e Bonhoeffer conceberam um plano que chamaram de "Operação U-7" para ajudar um grupo de 13 judeus e cristãos convertidos ao judaísmo a escapar para a Suíça. Apresentaram os refugiados como "agentes do serviço secreto" e lhes forneceram moeda estrangeira e documentos falsos. Hans Oster acompanhou pessoalmente uma família judia à estação ferroviária e a embarcou no trem para a Suíça.[2]

Essas fugas requeriam altas quantias em moedas estrangeiras, que eram estritamente controladas pelo regime. Um dos emissários de Hans von Dohnanyi foi preso e o incriminou durante os interrogatórios. A Gestapo prendeu Dohnanyi, sob a suspeita de negociar moedas ilegalmente. Ele foi julgado e enviado para o campo de concentração em Sachsenhausen.[3] A Gestapo seguiu a pista que levava a Hans Oster e o prendeu em flagrante enquanto tentava destruir provas das transações de Dohnanyi. Foi demitido do emprego e posto em prisão domiciliar.

Dietrich Bonhoeffer foi preso em março de 1943. Manfred Roeder conduziu seu interrogatório na prisão, apenas três meses depois da execução de Arvid Harnack. Bonhoeffer manteve-se fiel à sua missão como pastor luterano e escreveu uma série de cartas e ensaios na prisão questionando-se se era ético mentir durante interrogatórios para proteger seus colaboradores. Chegou à decisão de que era. Bonhoeffer permaneceu sereno, na crença de que o complô para derrubar Hitler prosseguiria sem ele e de que os alemães em pouco tempo se aproximariam dos Aliados para propor a paz.

Com muitos de seus associados mais próximos na prisão, o almirante Canaris intensificou os esforços para se comunicar com os Aliados. Em abril de 1943, procurou o comandante George Earle, representante de Roosevelt em Istambul, para explorar formas de terminar a guerra rapidamente. Naquele verão, consta que ele teve um encontro na Espanha com William Donovan, o diretor da inteligência inglesa e também chefe da inteligência americana. Roosevelt desaprovou o encontro e recusou-se a responder às aproximações de Canaris.[4] Adam von Trott continuou a procurar os ingleses, correndo enormes riscos pessoais para explicar que milhões de vidas poderiam ser salvas se Hitler fosse morto e se uma paz pudesse ser negociada mais cedo — primeiro, liberando os campos de concentração e, segundo, poupando as vítimas civis alemãs dos ataques aéreos ingleses. Mas o interesse dos ingleses em dialogar com ele era menor ainda que o dos americanos.

Um dos amigos mais próximos de Trott na Inglaterra preocupava-se com o fato de que sua diplomacia clandestina o estava expondo a riscos excessivos, e expressou sua apreensão numa carta ao Ministério das Relações Exteriores. Mas Geoffrey Harrison, funcionário do ministério, deixou clara sua posição em julho de 1942, quando circulou um memorando subestimando o valor da oposição alemã. Em seguida, afirmou que não via nenhuma necessidade de tomar precauções para proteger Trott, e explicou: o valor de Trott para os ingleses, "como um 'mártir', provavelmente excede seu valor para nós na Alemanha pós-guerra".[5]

Apesar de duros interrogatórios, Bonhoeffer, Oster e Dohnanyi não disseram nada que traísse a conspiração. Mas então surgiu outra prova danosa. Os investigadores nazistas descobriram que, em vez de meramente se apropriar do dinheiro para ganho pessoal, a verdade era muito mais séria: os fundos estavam sendo usados para ajudar judeus. Os três homens também haviam se aproveitado de seus privilégios oficiais para realizar viagens destinadas a atividades contra o regime e ajudar o clero luterano dissidente a evitar o serviço militar.

Enquanto Bonhoeffer, Dohnanyi e Oster esperavam o momento de ser soltos, a conspiração militar aproximava-se do clímax. Mesmo antes da tentativa de golpe, 9.523 soldados e oficiais alemães haviam sido executados pelos nazistas sob acusações de motim e oposição política.[6] Agora, os líderes do golpe buscavam envolver a sociedade civil, os círculos religiosos e os militares. Dezenas de indivíduos haviam se apresentado como voluntários para outras tentativas de assassinato, levando armas carregadas para cerimônias oficiais e enrolando-se com explosivos como se fossem terroristas suicidas. Uma após outra, as tentativas falharam, às vezes por uma margem mínima. Hitler ainda tinha a sorte do demônio, a que chamava de *Vorsehung*, pronunciando a palavra com seu extravagante e exagerado "r" austríaco. A execrável intuição do ditador o levava a cortar atalhos e mudar seu itinerário constantemente, frustrando as mais bem planejadas tentativas.

Os conspiradores marcaram o lance final para 20 de julho de 1944, armados com os que acreditavam ser planos à prova de erros. Mas tudo saiu terrivelmente errado. Um dos líderes do golpe, o coronel Claus von Stauffenberg, deixou uma bomba numa pasta perto de Hitler na sala onde ele estava reunido com seus oficiais. Especula-se que um deles, buscando espaço para as pernas, mudou a pasta de lugar, colocando-a atrás de uma parte da mesa feita de madeira muito espessa, o que absorveu o choque quando a bomba detonou. Um único movimento aleatório determinou que Hitler acabasse ferido e enfurecido, mas não morto.

Os conspiradores militares equivocadamente presumiram que tudo dera certo e se precipitaram para tomar o governo. Mas as forças de Hitler reagiram rapidamente e mantiveram o controle. A Gestapo prendeu seiscentos suspeitos, e outros milhares de oponentes foram detidos no mês seguinte.[7] O juiz Roland Freisler, que havia julgado Falk Harnack e os estudantes do movimento Rosa Branca, foi encarregado dos julgamentos. Cerca de duzentos prisioneiros foram imediatamente executados. Inúmeros dos outros resistentes de 20 de julho encontraram seu fim no galpão em Plötzensee, consolados em suas últimas horas por Harald Poelchau, o mesmo ministro religioso que confortara Mildred Fish Harnack. Foram dependurados nos mesmos ganchos de açougue que haviam sido instalados para Arvid Harnack e Harro Schulze-Boysen.[8]

O primo de Arvid, o social-democrata Ernst von Harnack, morreu na mesma câmara em Plötzensee onde Arvid e Mildred foram executados alguns meses antes. Uma vez, fazia muito tempo, os recém-casados Arvid e Mildred Harnack o haviam visitado em seu castelo oficial, onde Mildred foi assombrada pelo fantasma de um pajem decapitado.

Outros primos de Harnack envolvidos no complô, inclusive Hans von Dohnanyi e Klaus e Dietrich Bonhoeffer, foram mandados para um campo de concentração. Durante muito tempo, os investigadores foram incapazes de provar suas ligações com a conspiração de 20 de julho. Quando a guerra se aproximava do final, suas famílias alimentavam esperanças de vê-los novamente. Mas então foi descoberta uma cópia do diário do almirante Canaris fornecendo a prova que a Gestapo vinha buscando. Agora, podiam provar que Canaris e seus oficiais da inteligência haviam sido os primeiros instigadores da conspiração. Os nazistas arrumaram um julgamento improvisado e os homens foram executados nas horas finais da guerra, quando as tropas soviéticas já haviam cercado Berlim.

Greta Kuckhoff assistiu ao alvorecer de 1945 de uma prisão fortificada na pequena cidade saxônica de Waldheim. Ela e as outras mulheres prisioneiras trabalhavam numa linha de montagem durante o dia e passavam as noites num sótão, amontoadas. Tentavam avaliar os avanços da guerra com olhadas furtivas e proibidas pela janela, ouvindo o som ameaçador dos aviões acima de suas cabeças.[9]

Finalmente, numa manhã de maio, o exército soviético chegou à prisão. Os soldados foram de porta em porta libertando os prisioneiros, que correram para encher os estômagos com pão e geleia abandonados pelos guardas. Greta não tinha nenhuma ideia da devastação que estava ocorrendo em Berlim: a batalha final havia arrasado todas as construções à vista, e soviéticos vingativos submetiam garotas e mulheres a estupros em massa. Greta achou alguns pedaços de pano e montou um arremedo de vestido, tamanho pequeno: na prisão, seu peso caíra de 53 para 44 quilos.

Fora dos muros da prisão, Greta encontrou um estranho mundo novo. Caminhou dias seguidos. Os trens eram erráticos, as pontes haviam sido destruídas. Era uma primavera magnífica e as árvores estavam carregadas de flores, mas sua atenção era atraída por corpos em decomposição espalhados à beira da estrada. Passou por fazendas que haviam sido inexplicavelmente poupadas do assalto e sentiu o aroma de café e panquecas de batata que emanava de cozinhas muito bem arrumadas. Mas, quando chegou a Berlim, o ar de normalidade desapareceu. Sua cidade era um campo de escombros que se estendia em todas as direções. Os berlinenses a chamaram de *Stunde Null* ("Hora Zero", ou "Hora Decisiva").

A primeira preocupação de Greta foi juntar-se aos seus pais e ao filho, Ule. Mas também estava ansiosa para saber dos filhos órfãos de seus companheiros executados. Localizou o bebê de Hans e Hilde Coppi, também chamado Hans, nascido na prisão dez meses antes de sua mãe ser morta. O garotinho tinha os traços finos da mãe e os olhos penetrantes do pai. Greta tomou-o como um neto e cuidou dele pelo resto de sua vida. Greta também buscou a filhinha de sua vizinha Erika von Brockdorff, que havia sido guilhotinada por esconder um dos rádios. Saskia, uma criança de rosto suave com longas tranças louras, não conseguia entender por que sua mãe a havia abandonado. Mais tarde, Saskia recordou como Greta fez amizade com pracinhas americanos judeus e como a incluía em passeios de jipe para comemorar aniversários.[10]

Depois Greta procurou as duas filhas de John Graudenz, Karin e Silva. As duas lindas adolescentes haviam sido presas e interrogadas na mesma época que seus pais, depois liberadas e enviadas de volta à casa no campo para viver por conta própria. (Seu pai foi executado; a mãe cumpriu parte da sentença na prisão e foi misteriosamente libertada antes do final da pena.) Era tarde demais para ajudar Irene, a filhinha de Liane Berkowitz, que havia morrido sob custódia nazista pouco depois de nascer.

Greta observava de perto o que se seguiu à guerra e tomava tudo o que via em termos pessoais. Notou, enfurecida, que a rendição nazista havia sido assinada pelo general Wilhelm Keitel, o mesmo homem que assinara as sentenças de morte de Arvid Harnack, dos Schulze-Boysens e de outros membros de seu grupo. Foi também Keitel quem emitiu a infame "Ordem dos comissários" autorizando o assassinato em massa de civis russos e dizendo aos soldados que "qualquer ato de misericórdia é um crime contra o povo alemão".[11] Keitel foi julgado em Nuremberg no ano seguinte. Quando recebeu a sentença de morte, pediu um pelotão de fuzilamento, mas o tribunal lhe concedeu uma morte menos honrosa, por enforcamento. Sua punição foi inadvertidamente exacerbada pelo carrasco, um pracinha americano que desempenhou mal a tarefa. Como ocorrera com os desafortunados resistentes alemães antifascistas pendurados em ganchos de açougue em Plötzensee, o general levou mais de vinte minutos para morrer.

Os membros sobreviventes do grupo de Greta haviam se dispersado. Para Günther Weisenborn, o escritor, a liberação veio sob a forma de um soldado soviético que usava um gorro de pelo de carneiro. Weisenborn havia passado o final da guerra na penitenciária de Luckau, não muito longe de Berlim. Quando as tropas russas se aproximavam da cidade, a Gestapo reuniu grupos de prisioneiros políticos e os levou para ser fuzilados. Mas os soviéticos chegaram antes da vez de Weisenborn, e coube ao escritor pôr alguma ordem no caos que se seguiu. Os prisioneiros esfomeados invadiram a cozinha, arrebentando barris de melaço e lambendo o que escorria pelo chão. Weisenborn integrou um comitê de seis que, juntos, chamaram à razão a horda desesperada.

O capitão soviético juntou os prisioneiros políticos sobreviventes e os nomeou prefeitos das cidades vizinhas. Weisenborn, o dramaturgo pacifista, de óculos, partiu para Luckau, o lugarejo mais próximo, e se apresentou ao major nazista. O nervoso oficial examinou seus papéis e rapidamente cedeu o lugar ao recém-libertado prisioneiro. O prefeito Weisenborn supervisionou o trabalho dos habitantes locais para pôr o moinho em funcionamento, reabrir a escola e enterrar os corpos espalhados pelos campos.[12] E então partiu para Berlim.

Naquele verão, Weisenborn retornou ao lugar de seus interrogatórios no quartel-general da Gestapo na Prinz-Albrecht-Strasse em busca de quaisquer sinais remanescentes de seus amigos. Quando examinava a Cela 2, onde Harro Schulze-Boysen havia esperado os interrogatórios, encontrou um pedaço de papel enfiado numa fresta. Era um poema com a caligrafia de Harro, datado de novembro de 1942, o mês anterior à sua execução. As últimas linhas diziam:

> Corda e lâmina não serão
> o último argumento,
> e os que hoje nos julgam
> não presidirão o Último Julgamento.[13]

Com o final da guerra, os antifascistas alemães podiam finalmente sair da difícil situação em que se encontravam. Ninguém sabia exatamente quantos deles havia, e tampouco se sabe dizer isso hoje, mas algumas pessoas tentaram extrapolar os números. Por exemplo, vários milhares de judeus chamados "submarinos" sobreviveram à guerra, a maior parte deles escondida por berlinenses não judeus. O escritor alemão Peter Schneider estimou que cada judeu que sobreviveu sob tal proteção requeria a colaboração de, em média, sete não judeus alemães.[14]

Um observador interessado era Eric Boehm, que fugira do país como um adolescente germano-judeu e agora retornava como interrogador do exército americano. Depois da guerra, ele começou a documentar a resistência alemã. Tentou calcular o número de alemães que haviam sofrido as consequências de assumir uma posição contra o regime, e escreveu:

> Durante um período de 12 anos, quase 3 milhões de alemães entraram e saíram de campos de concentração e penitenciárias por razões políticas — às vezes por tão pouco como uma observação crítica sobre o governo. Cerca de 800 mil desses haviam sido presos por atos abertamente antinazistas; apenas 300 mil deles ainda estavam vivos depois da guerra. Isso significa que, somente entre os "ilegais", foram 500 mil os que deram suas vidas.[15]

Boehm compreendeu que a própria ideia de uma resistência alemã deixaria perplexa sua audiência americana. Mas ele a fez recordar que a máquina de propaganda havia tornado impossível obter-se uma imagem exata do que havia acontecido na Alemanha.

Nos filmes de propaganda que mostram os desfiles nazistas, vimos as massas marchando e saudando seu Führer. Lemos a respeito de plebiscitos com 99% de aprovação. Mas, é claro, não vimos nenhum filme sobre a oposição antinazista, os campos de concentração, a distribuição sub-reptícia de folhetos ou as prisões realizadas à noite por civis aparentemente inofensivos — a Gestapo. Somente estavam em evidência os apoiadores fanáticos e as massas que davam um apoio integral ou condicional.[16]

Os sobreviventes dessa população devastada confiavam nos ocupantes aliados e, em particular, nos americanos, para realizar "o julgamento do mundo" contra seus perseguidores nazistas.

Günther Weisenborn e Greta Kuckhoff estavam entre os que aguardavam impacientemente que o Tribunal Militar Internacional estabelecido em Nuremberg fizesse justiça. Em 1946, uniram-se a Adolf Grimme e submeteram um depoimento que acusava Manfred Roeder de crimes contra a humanidade, com base em seu uso de tortura nos interrogatórios e seus métodos brutais de acusação. Falk, o irmão mais novo de Arvid Harnack que chegara recentemente de sua luta ao lado das forças da resistência na Grécia, juntou-se ao esforço. Chamou Roeder de "um dos mais sanguinários e cruéis acusadores dos antifascistas alemães".[17]

Os sobreviventes tinham certeza de que o processo contra Roeder seria simples e direto. Os advogados de acusação em Nuremberg tinham um interesse especial em julgar os juízes e advogados alemães que haviam corrompido o sistema legal nacional, querendo com isso tornar seus julgamentos um exemplo público. No celebrado "Julgamento dos Juízes" de 1948, 16 juízes nazistas foram julgados, e dez deles foram condenados e mandados para a prisão.[18] Uma das mais fortes denúncias da corte foi contra um juiz que havia condenado um homem judeu à morte por uma suposta ofensa usualmente punida com uma sentença de prisão.[19] Manfred Roeder entrava facilmente na mesma categoria. Ele havia agressivamente insistido em sentenças de morte para inúmeras vítimas, inclusive uma jovem descendente de judeus de 19 anos e grávida, Liane Berkowitz, que foi guilhotinada por colar alguns adesivos numa parede. De acordo com quaisquer critérios legais, e certamente pelos de Nuremberg, Roeder estava pronto para ser punido.

Mas, infelizmente para os sobreviventes da Orquestra Vermelha, agora havia outras forças políticas em ação. Quando o correspondente americano William Shirer retornou a Berlim em 1945, notou algumas tendências perturbadoras, como o caso de "certo tenente-coronel americano... que decididamente declara que nossa política oficial de desnazificação conduzirá os alemães ao comunismo e, por essa razão, opõe-se a ela sempre que pode".[20]

Por volta de novembro de 1945, escreveu Shirer, já havia uma pronunciada mudança no pessoal militar americano encarregado do processo.

O magnífico exército americano que desembarcou nas praias da Normandia e, em menos de um ano, abriu caminho até o Elba está se deteriorando numa rapidez assustadora. Oficiais e homens têm apenas um pensamento: voltar para casa. Os que permanecem aqui são de qualidade bastante inferior. Não sabem nada sobre a Alemanha ou os alemães e não estão preparados para governar nossa zona. Um número excessivo deles já se deixou levar pela propaganda alemã. Poucos têm alguma ligeira ideia do que era o nazismo. A maior parte, portanto, ou se opõe à desnazificação, embora seja uma ordem militar que supostamente deveriam cumprir, ou não tem nenhum interesse em fazer qualquer coisa a respeito.[21]

Entre aqueles prontos a voltar para casa estavam muitos dos pracinhas judeus que haviam feito amizade com Greta e partilhado seu desejo de ver os nazistas entregues à justiça.

Escrevendo na primavera de 1947, Shirer notou que os próprios alemães estavam se voltando, esperançosamente, para um socialismo democrático. "Se, espacialmente, eles ficaram entre os Estados Unidos e a União Soviética, assim também estavam eles em termos de ideias. Não desejavam nem nosso capitalismo desenfreado, nem o comunismo totalitário da Rússia. Buscavam algo intermediário."[22] Nessa passagem, Shirer captou o espírito ideológico do círculo de Greta em Berlim, tanto dos vivos quanto dos mortos. Mas a ocupação não facilitaria esse curso. Shirer estava desgostoso com a forma como o governo militar americano fechava acordos com nazistas notórios, perseguia sobreviventes da resistência comunista e sabotava os decretos de Eisenhower: "O que os alemães haviam feito já estava sendo rapidamente esquecido. Havia um novo inimigo e uma nova guerra no centro das atenções e das conversas: a Rússia! Os bolcheviques! Agora é a hora de combater esses canalhas!"[23]

Esses fenômenos teriam profundo impacto sobre o futuro de Greta.

Em 8 de maio de 1945, apenas uma semana depois do suicídio de Hitler, Manfred Roeder foi posto sob custódia americana como testemunha nos julgamentos de Nuremberg. Quando os três sobreviventes da Orquestra Vermelha demandaram que ele próprio fosse julgado como um criminoso de guerra, suscitaram o interesse do Corpo de Contrainteligência do exército dos Estados Unidos (CIC, na sigla em inglês). Mas os agentes do CIC viam os julgamentos de nazistas como coisa ultrapassada. Roeder lhes dissera que poderia ajudá-los a se livrar de espiões soviéticos, e acreditaram nele.

Novamente, a natureza caótica do serviço de inteligência dos Aliados conduziu a uma trapalhada. Os agentes do CIC poderiam ter poupado consideráveis transtornos se tivessem se coordenado com seus colegas ingleses. O serviço secreto inglês já havia realizado amplas investigações sobre a Orquestra Vermelha e rapidamente concluído que o grupo de Berlim havia sido movido por razões antinazistas e tinha pouca relevância para a espionagem profissional soviética no pós-guerra. Mas o CIC americano não tinha nenhuma ideia de que existira uma investigação inglesa.

Os advogados de acusação de Nuremberg também estavam descoordenados, cada um seguindo sua própria via paralela. Em janeiro de 1947, chegaram à decisão de que Manfred Roeder deveria ser processado por crimes de guerra. Em maio, o Escritório do Chefe do Conselho para Crimes de Guerra o reclassificou, passando-o de mera testemunha a "Acusado A" (um prisioneiro que deverá ser indiciado e julgado).[24] No mês seguinte, Roeder foi extensamente interrogado por Robert Kempner, um advogado judeu de Berlim que havia fugido dos nazistas e retornado como integrante da acusação em Nuremberg.[25]

Kempner convidou Adolf Grimme, sobrevivente da Orquestra Vermelha, para participar do interrogatório e confrontar Roeder pessoalmente. Grimme havia sido plenamente reinstalado em seu alto prestígio anterior, servindo agora na Alemanha Ocidental como ministro da Cultura em Hanover e como assessor da autoridade inglesa de ocupação.[26]

Greta Kuckhoff não conseguia entender as protelações no processo contra Roeder. Ela sabia que os nazistas estavam aproveitando todas as oportunidades para destruir arquivos incriminadores e temia que os registros das ordens de tortura emitidas por Roeder pudessem desaparecer antes que ele fosse julgado.

Além de sua frustração a respeito de Roeder, Greta estava sofrendo intensamente com os aspectos desencorajadores da política do pós-guerra. O público alemão exibia uma chocante ausência de arrependimento. Richard Cutler, um funcionário da OSS estacionado em Berlim, recordou que muitos oficiais do exército alemão ainda viam os erros de seu país em termos de tática, sustentando que

> O que tem sucesso está certo. O que não tem sucesso está errado. Por exemplo, foi errado perseguir os judeus antes da guerra, já que isso pôs os anglo-americanos contra a Alemanha. Teria sido certo adiar a campanha contra judeus e começá-la depois que a Alemanha tivesse vencido a guerra.

Cutler estava perplexo com o fato de que "nenhum alemão jamais me disse que a guerra resultara de um choque de princípios".[27]

Mas Greta descobriu que discussões de princípios também estavam ausentes no lado americano. Em 5 de agosto de 1947, foi convidada a falar na Rádio Berlim no quarto aniversário da execução de seu marido, junto com 11 mulheres do grupo.[28] Greta aproveitou a ocasião para discordar do livro recentemente publicado por Allen Dulles, *O movimento clandestino na Alemanha*, que louvava o movimento de 20 de julho à custa de outros esforços de resistência.

A breve passagem de Dulles que se referia ao círculo de Greta reduzia-o a "um interessante complô em 1943". Ele deixou de lado os pontos mais destacados da história do grupo e conseguiu cometer sérios erros factuais em quase todas as sentenças. Dulles tinha pouco interesse no tenente "Harold" Schulze-Boysen e em seu círculo. "Sempre usando um suéter preto, ele andava com revolucionários, surrealistas e a ralé esmulambada da 'geração perdida'."[29]

Dulles acrescentou que "Otto" Harnack era membro do grupo, mas omitiu o serviço de Arvid aos americanos e o papel desempenhado por sua esposa americana. Não fez nenhuma menção às muitas ações do grupo em benefício de judeus perseguidos.[30] Greta, ainda de luto pela perda do marido e de amigos que haviam sacrificado suas vidas combatendo os nazistas, não podia tolerar que fossem descritos como "ralé esmulambada". Ela disse à audiência berlinense da rádio que seu grupo tinha "apenas motivos nobres".[31] Mas, à altura de 1947, com a guerra fria em marcha, ninguém estava interessado nos nobres motivos do passado.

Em 28 de agosto de 1947, um funcionário do Corpo de Contrainteligência do exército americano em Berlim relatou a "escuta telefônica" de uma conversa entre Greta Kuckhoff e alguém desconhecido. Greta repetia sua crítica ao livro de Allen Dulles, que "não deu um quadro verdadeiro da Orquestra Vermelha" e os caracterizara como "apenas um grupo pequeno e sem importância de agentes da espionagem".[32]

Poucas semanas depois, enquanto os advogados de acusação estavam interrogando Manfred Roeder, Greta abriu a porta para dois americanos que traziam um conjunto diferente de questões. Um deles, cujos erros na escrita sugerem não se tratar de uma pessoa de língua inglesa, jactou-se de ter achado Greta uma pessoa ingênua:

Em 10 de outubro de 1947, este agente, usando o codinome Conrad, e o [agente especial] Jonston, usando o nome de Brown, visitaram Greta Kuckhoff em seu apartamento localizado no número 18 da Wilhelm-shöherstrasse, no distrito de Friedenau em Berlim. Fazendo-nos passar por dois esquerdistas radicais, insatisfeitos com a forma como os Estados Unidos estão tratando seus assuntos estrangeiros e especialmente a Alemanha, em pouco tempo conseguimos obter a confiança de Kuckhoff, e assuntos políticos sensíveis e da maior importância foram livremente discutidos e partilhados. Greta Kuckhoff é uma das poucas sobreviventes do movimento subversivo Harnack/Schulze-Boysen.

Os agentes escreveram que Greta "abertamente afirmou ser uma socialista radical que advoga a unidade alemã no estilo soviético, crendo que uma Alemanha unida sob um governo socialista é a única esperança para a sobrevivência e a reconstrução".

O agente do CIC também registrou o empenho de Greta em despertar a consciência do povo alemão e honrar a memória do marido e dos amigos:

> Kuckhoff ainda está interessada em fazer com que os alemães, especialmente aqueles no setor soviético, se conscientizem dos grandes sacrifícios e sofrimentos suportados pelo grupo Schulze-Boysen e, sem vacilar, usa qualquer oportunidade para divulgar toda a história.

Os agentes do CIC "Conrad" e "Brown" mostraram satisfação ao relatar que haviam conseguido induzir Greta a identificar "agentes soviéticos".

> Este agente acredita que o sr. Hans F. Johnston tem a plena confiança de Greta Kuckhoff, e isso se prova com o fato de que ela lhe passou, para o "estudo" que está realizando, grande quantidade de documentos e impressos relativos às atividades da Orquestra Vermelha. O material foi devolvido a Greta Kuckhoff após ter sido fotocopiado.[33]

Mas não havia sido necessário enganá-la. Greta sempre se orgulhava de dizer os nomes de pessoas próximas a ela que haviam morrido combatendo o nazismo. Nunca ocultou o fato de que o grupo havia passado informações aos soviéticos, como uma dentre suas inúmeras atividades de resistência.

Conforme se viu depois, a informação não teve nenhum valor para o serviço secreto dos Aliados. Os nomes fornecidos por Greta eram os mesmos que haviam aparecido no relatório da Gestapo de 1943, que já era conhecido pela inteligência inglesa havia mais de um ano.[34] No entanto, com base nesse suposto "avanço", o Corpo de Contrainteligência do exército americano abriu uma investigação sobre a Orquestra Vermelha, acreditando que havia sobreviventes à solta na Alemanha trabalhando para a inteligência soviética. E ninguém mais bem qualificado para ajudar a localizá-los, assim pensaram os oficiais do exército, que Manfred Roeder.

Em 23 de dezembro de 1947, o CIC assumiu a custódia de Roeder, efetivamente colocando-o fora do alcance dos juízes de Nuremberg. Agraciado com o codinome "Otelo", Roeder começou a manipular seus anfitriões com uma história inventada. Disse aos crédulos americanos que suas sanguinárias perseguições deviam-se apenas à necessidade de cumprir ordens — uma desculpa que não se supunha ser sustentável nos processos de Nuremberg.

Roeder desenvolveu um argumento para explicar as sentenças de morte que pedira para figuras secundárias no caso: "O Führer decretou que todo mundo que tivesse tomado parte na Orquestra Vermelha deveria ser condenado à morte imediatamente", afirmou ele. Isso era demonstravelmente falso. Inúmeros acusados haviam sido julgados e condenados à prisão, especialmente os que foram levados ao tribunal nos meses depois de Roeder abandonar o caso. Outros que haviam sido arrastados durante as operações de Leopold Trepper foram mantidos vivos para transmitir informações falsas aos soviéticos.[35] Na realidade, Hitler concentrou seu interesse nos representantes da elite alemã. A maior parte das outras sentenças foi deixada nas mãos do tribunal. Os processos comandados por Roeder resultaram em sentenças de morte para a maioria dos acusados menos importantes.

O CIC instalou Roeder junto com outros notórios prisioneiros também tomados de empréstimo às autoridades encarregadas dos crimes de guerra. Walter Huppenkothen, um oficial graduado da Gestapo, havia sido o elemento de contato com o esquadrão assassino *Einsatzgruppe I* durante a primeira onda de massacres de poloneses. Perto do final da guerra, foi ele quem ordenou as execuções de Dietrich Bonhoeffer, Hans Oster e Wilhelm Canaris. Depois da derrota da Alemanha, o chefe de Huppenkothen na Gestapo o aconselhou a ficar fora de circulação pelo maior tempo possível. "É apenas uma questão de tempo até que os americanos o procurem para ajudá-los em sua próxima luta contra o Leste", disse-lhe ele.

Uma vez detido, Huppenkothen se ofereceu para mobilizar seus contatos na Gestapo a fim de ajudar os americanos. Os integrantes do grupo se prontificaram a identificar os comunistas alemães que eles haviam mandado para campos de concentração, mas somente se os americanos pudessem lhes dar "algumas garantias".[36] *

Benno Selke, o diretor adjunto da Divisão de Provas para Nuremberg, ficou furioso quando soube que o serviço de inteligência do exército americano havia recrutado Roeder e Huppenkothen. Ele escreveu:

> Esta divisão acha difícil acreditar que o CIC, intencionalmente, tenha se utilizado de dois nazistas tão sabidamente oportunistas e inescrupulosos que, sem dúvida, teriam sido julgados em Nuremberg caso o escopo dos julgamentos tivesse sido mais amplo. O único atrativo dos dois talvez possa estar no fato de que sejam presumivelmente anticomunistas e tenham conhecimento dos métodos de atuação clandestina dos russos.[37]

Assim como Huppenkothen, Manfred Roeder sabia captar o que os americanos queriam ouvir. Entregou ao CIC os nomes de "agentes soviéticos": especificamente, Greta Kuckhoff, Günther Weisenborn e Adolf Grimme, exatamente os mesmos indivíduos que haviam registrado acusações contra ele. A lista era tão improvável quanto suspeita. Greta era a única dos três que havia tido qualquer contato com um funcionário da inteligência soviética. Fora um contato mínimo, e ocorrera somente através de seu marido. Günther Weisenborn não era membro do Partido Comunista e nem tinha vínculos soviéticos. Adolf Grimme, longe de ser um comunista, era um dos principais membros do Partido Social-Democrata, rival do Partido Comunista. Era também uma figura de destaque na Igreja luterana confessional e um elemento de ligação importante para a autoridade da zona de ocupação inglesa.

Era natural que o CIC ficasse confuso com o emaranhado de informações sobre as várias redes de espiões soviéticos descritas nos arquivos nazistas. Intencionalmente, os nazistas haviam forjado paralelos entre

---

*Nem Roeder nem Huppenkothen poderiam ser chamados de "os mais infames recrutas do CIC". Essa designação cabia, sem dúvida, a Klaus Barbie, o oficial da Gestapo conhecido como "o açougueiro de Lion" por seu zelo em perseguir judeus franceses e mandá-los para a morte. Em 1947, o CIC recrutou Barbie como agente remunerado para infiltrar-se no Partido Comunista Alemão e lhe pagou 1.700 dólares por mês. Durante os quatro anos seguintes, o serviço de inteligência do exército o protegeu contra inúmeras tentativas francesas de extraditá-lo para responder a crimes de guerra.[38] Quando não havia mais como sustentar a situação, o CIC o presenteou com documentos falsos e o despachou para a Bolívia.

as operações em Bruxelas, comandadas pelo agente soviético Trepper e associados, e os círculos de Berlim que, somente mais tarde, estabeleceram uma conexão ocasional com os soviéticos como uma de suas muitas atividades de resistência. O serviço de inteligência do exército americano esperava que Roeder os ajudasse a desemaranhar as relações entre Moscou, Bruxelas, Paris e Berlim e as possíveis redes soviéticas que se seguiriam. Mas a meta de Roeder era afastar seu próprio julgamento por crimes de guerra, e, para isso, ele precisava obscurecer os fatos.

A guerra fria gerada na Berlim do pós-guerra produziu um tipo de calafrio que, de certa forma, já era uma antecipação do surgimento do macarthismo. Um memorando do CIC de 13 de maio de 1948 apontava um artigo suspeito que havia saído na revista dos ex-alunos da Universidade de Wisconsin "glorificando Mildred Fish-Harnack como uma americana que morrera como membro de um movimento clandestino alemão". Greta Kuckhoff, observava o documento, era uma ex-aluna da Universidade de Wisconsin e poderia ter sido uma fonte para o artigo em louvor a Mildred. O autor sugeria que se investigasse a existência de atividades pró-soviéticas na universidade.

Mas o memorando também reconhecia que as acusações de Manfred Roeder estavam perdendo substância. "Os interrogatórios de Otelo não produziram nenhuma prova de que qualquer um dos sobreviventes da Orquestra Vermelha esteja atualmente engajado em trabalho de espionagem para a Rússia Soviética." Os agentes do CIC relutantemente alcançaram a mesma conclusão que suas contrapartes na inteligência inglesa — "A Orquestra Vermelha, como tal, não está mais ativa" — e começaram a se afastar de Roeder. Não havia agora nenhum obstáculo oficial a seu julgamento.

Mas então os americanos descobriram mais um empecilho. "Se Otelo [Roeder] alguma vez fosse muito pressionado", conjecturavam os oficiais, "ele poderia revelar sua relação com o CIC a fim de se proteger". Portanto, o CIC requereu que "Se e quando[Roeder] for liberado, sua liberação deve ser feita de tal modo que ele não caia sob o controle de autoridades soviéticas ou de outras patrocinadas por elas". E isso não poderia ser garantido se ele fosse levado a um tribunal internacional.

Roeder foi levado de volta aos juízes de acusação de Nuremberg, mas agora se sentia confiante de não responder às perguntas. Não precisava fazê-lo, disse-lhes ele, porque estava trabalhando para o CIC. Benno Selke, o investigador de Nuremberg, claramente frustrado com a manipulação de Roeder, protestou em um memorando de 4 de agosto de 1948 encaminhado ao general comandante do serviço de inteligência do exército:

> O interrogatório e as investigações no caso de Roeder estão seriamente comprometidos, se não totalmente paralisados, pelo fato de ele firmemente se recusar a dar informações, afirmando estar cumprindo ordens de um oficial do CIC, o tenente-coronel Hayes, de Regensburg, para quem atualmente trabalha, de acordo com sua declaração. (...)
>
> Roeder, um dos homens mais odiados na Alemanha no presente momento, que poderia facilmente se qualificar como Inimigo Público nº 1 numa democracia alemã, é um notório juiz da aeronáutica cujos métodos brutalmente cruéis e sanguinários lhe valeram o direito de atuar como "investigador e acusador" não apenas no caso da "Orquestra Vermelha", mas também em outros casos envolvendo membros do movimento clandestino alemão.[39]

Numa recente revisão dos arquivos sobre o caso ainda existentes nos Arquivos Nacionais de Washington, D.C., o Grupo de Trabalho de Cooperação entre Agências concluiu que os Aliados não estavam dispostos a incluir a Orquestra Vermelha entre os que deveriam ser justiçados após a guerra:

> O conteúdo dos arquivos deixa claro que os oficiais da inteligência Aliada não estavam interessados em possíveis crimes (uso de tortura) cometidos pela Gestapo durante a erradicação da Orquestra Vermelha, mas, sim, em saber quais informações sobre as práticas de inteligência militar soviética poderiam ser obtidas nos arquivos alemães e em interrogatórios dos alemães envolvidos no caso. (...)
>
> Apesar da prova de maus-tratos infligidos aos agentes da Orquestra Vermelha pela Gestapo, havia, aparentemente, pouco interesse da parte dos Aliados ocidentais em julgar oficiais alemães ligados à investigação. De fato, à medida que aumentavam as diferenças entre Leste e Oeste no período pós-guerra, os oficiais da inteligência americana mostraram estar interessados na Orquestra Vermelha como uma fonte de informação sobre as práticas da

inteligência soviética e sua metodologia, e não como um caso para possível julgamento após a derrota da Alemanha. O arquivo do exército americano sobre a Orquestra Vermelha claramente reflete este estado de coisas.[40]

Ironia somava-se a ironia. É difícil imaginar alguém menos qualificado para comentar metodologia e questões de espionagem que os amadores da Orquestra Vermelha, cujas ações, todas elas, haviam sido marcadas por uma ardente inépcia.

Após sua liberação, Manfred Roeder estabeleceu-se numa pequena cidade perto de Lüneberg, no norte da Alemanha. Em outubro de 1948, os oficiais de Nuremberg entregaram o caso aos tribunais alemães, mas o acusador alemão local não se empenhou em levar adiante as acusações. Greta Kuckhoff e Falk Harnack obstinadamente forneceram provas e deram entrevistas para o processo, mas, em novembro de 1951, a investigação foi suspensa.[41] (Um dos bem-sucedidos argumentos de Roeder era que ele havia agido de acordo com as leis de 1942. Se essa defesa tivesse sido levada em conta em Nuremberg, os principais líderes nazistas teriam saído em liberdade.)

Àquela altura, Roeder havia recuperado sua proeminência pública apoiando um partido radical de direita na Alemanha Ocidental. Usou sua plataforma para retomar os ataques aos integrantes da Orquestra Vermelha, acusando-os de traição em tempo de guerra. Num discurso de 25 de abril de 1951, atacou dois sobreviventes que haviam alcançado posições de distinção na Alemanha Ocidental. O social-democrata Adolf Grimme agora era diretor da Rádio Alemã do Noroeste. Helmut Roloff, um conservador político que havia se juntado à conspiração para continuar ajudando seus vizinhos judeus, era famoso como pianista concertista e professor de música.[42] Nenhum dos dois homens tinha estômago para se ocupar com Roeder, mas também estavam cansados de se defender de suas calúnias. (Depois da guerra, dizia-se que os bem recompensados sobreviventes comunistas da resistência na Alemanha Oriental relembravam "cada vez mais" suas atividades no tempo da guerra, enquanto os sobreviventes no lado ocidental, duramente atingidos pelas difamações, relembravam "cada vez menos".)

Roeder lançou mais um ataque em 1952, quando repetiu as acusações num livro intitulado *Die Rote Kapelle: Europäische Spionage* (*A Orquestra Vermelha: espionagem europeia*). A capa mostrava a covarde mão de Moscou suspensa sobre a Europa, puxando os cordões numa dezena de países. Roeder repetiu seus ataques contra Adolf Grimme, que, segundo ele, havia sido "90% convencido pela ideologia comunista de Adam Kuckhoff". Roeder expressou desprezo por aqueles que reclamavam das 44 sentenças de morte que ele havia conseguido no tribunal nazista: "Nunca se saberá quantos soldados alemães foram direta ou indiretamente vitimados por suas ações."

Roeder argumentava que as tropas alemãs lutando por seu país haviam sido traídas nas frentes de batalha. Para ele, o embate não era entre o nazismo e seus milhões de vítimas, mas entre patriotismo e traição.

> Era uma batalha do soldado alemão contra um inimigo disfarçado que o emboscava com métodos originais, mas mal-intencionados, e defendia da boca para fora as palavras "liberdade, amor à humanidade e patriotismo". A fala real dispersava-se no ar — e era uma fala de traição.[43]

Durante algum tempo, Roeder viveu na propriedade da família de sua esposa, e então se mudou para o que foi descrito como "uma vila no estilo californiano" numa pitoresca cidade chamada Glashütten, perto de Frankfurt am Main, onde foi eleito para a câmara municipal.[44] Ali ele entretinha jornalistas visitantes fazendo observações antissemitas e gabando-se de seus bons amigos na CIA.[45] Manfred Roeder nunca foi levado a julgamento, e viveu até 1971.[46]

O colega de Roeder, Walter Huppenkothen, que havia presidido os "julgamentos" nos campos de concentração e as sentenças de morte de Dietrich Bonhoeffer e Hans Oster, também escapou quase ileso. Ele foi julgado em Munique em 1950, mas o veredicto ficou pendente durante dois anos. Finalmente, em 1955, foi considerado culpado das execuções nos campos de concentração (por violar procedimentos) e sentenciado a sete anos de prisão. Nunca foi levado a julgamento por suas atividades assassinas quando comandava a Gestapo na Polônia.

Os julgamentos de Nuremberg em 1945-1946 ganharam ampla publicidade, e a palavra "Nuremberg" tornou-se um sinônimo da ideia de que criminosos de guerra, em algum momento, acabarão punidos. Na rodada inicial, 11 altos oficiais nazistas foram condenados à morte, e em 16 de outubro de 1946 dez deles foram enforcados ao amanhecer. (Hermann Göring escapou do carrasco envenenando-se no dia anterior.) Houve outros julgamentos em Nuremberg envolvendo grupos de médicos nazistas, juízes e *Einsatzgruppen*, todos acompanhados de grande publicidade: a justiça havia sido feita.

Não era o que parecia aos antigos membros da resistência alemã. Cerca de 6 milhões de pessoas haviam pertencido ao Partido Nazista, e os amplos crimes do Terceiro Reich requereram a participação de centenas de milhares. Mas, desde o começo, em novembro de 1945, até o final, em junho de 1948, o processo de Nuremberg abriu somente 3.887 casos (muitos deles envolvendo grupos de acusados). Desses casos, 3.400 foram encerrados. Apenas 489 casos — uma mísera percentagem de 13% do total — foram levados a julgamento; envolviam 1.672 acusados, dos quais 1.416 foram considerados culpados.

Menos de duzentos foram executados. Os juízes condenaram 279 deles à prisão perpétua, mas, em 1955, apenas 40 condenados de guerra nazistas ainda estavam atrás das grades (inclusive os condenados à prisão perpétua ou com sentenças de pena de morte comutadas).[47]

No final de 1945, os Aliados deram aos tribunais alemães o poder de julgar acusados de crimes contra seus concidadãos alemães e pessoas despatriadas, e, após 1950, os tribunais foram autorizados a julgar todos os crimes nazistas. Esse processo também foi frustrante. Por volta de 1992, os promotores alemães haviam iniciado procedimentos contra 103.823 indivíduos, mas somente 6.487 resultaram em condenações. Os nazistas tinham uma presença poderosa no sistema legal pós-guerra, e dezenas de milhares de casos foram obstruídos até que, em algum momento, desapareceram.[48]

Pouco depois da guerra, os Aliados começaram a facilitar o retorno de notórios nazistas à vida pública, inclusive agentes da Gestapo e funcionários de campos de concentração.

Os nazistas haviam aterrorizado democratas alemães, judeus e esquerdistas durante 12 anos e organizado um potente esquema de matanças por toda a Europa. Haviam lançado milhões de indivíduos em prisões e campos de concentração e executado, somente com relação ao fracassado complô de 20 de julho, 4.980 pessoas. Os ultrajes reverberavam de uma geração a outra. As viúvas e os filhos de oficiais da Gestapo e da SS eram tratados como sobreviventes de patriotas. As viúvas e os filhos de resistentes executados por sua participação no movimento de 20 de julho foram privados de suas pensões e chamados de traidores.

Greta Kuckhoff voltou a viver no apartamento que antes partilhara com o marido. Agora, dividia a casa com o filho Ule, de 7 anos, e uma amiga chamada Grete Wittkowski, uma comunista judia que havia escapado do Holocausto fugindo para a Inglaterra. (Wittkowski alcançaria o mais alto cargo público ocupado por uma mulher na Alemanha Oriental.) Um vizinho descreveu a sala de visitas de Greta como um museu de sua vida passada, cheia de "lembranças e móveis de couro surrados, excessivamente estofados, (...) as paredes escurecidas cobertas de quadros e fotos emolduradas. Nenhum vestígio restava da família da Gestapo que havia se mudado para lá quando Greta e Adam foram presos".[49]

Ainda assim, para onde quer que olhasse, Greta via sinais de "renazificação".

23

A vida num clima frio

1945-1981

Berlim estava num limbo. Calculou-se que a terça parte de seus edifícios havia sido totalmente destruída. Pessoas desabrigadas inundavam a cidade, sem lugar para viver e sem quase nada para comer. Mais de 5 milhões de soldados alemães retornaram das frentes, e cerca de 13 milhões de refugiados alemães e alemães étnicos chegaram do Leste.

A cidade estava tecnicamente dividida em quatro zonas de ocupação, mas, nos primeiros dias, as pessoas ainda se movimentavam facilmente entre os setores. Ainda que cercada de escombros, a população estava começando a recuperar seu antigo espírito. Prisioneiros de campos de concentração e penitenciárias juntavam-se a judeus que retornavam e a exilados esquerdistas, todos dispostos a recuperar restos de suas vidas passadas. Günther Weisenborn escreveu: "Ninguém acreditava que a divisão da cidade fosse durar. (...) Vivíamos uma vida temerária nesta cidade estranhamente inquietante, cheios de esperanças e com um olhar crítico."[1]

Os teatros estavam entre os primeiros edifícios reconstruídos e aquecidos, e os berlinenses acorriam aos montes, atraídos pelo calor e seduzidos pelo poder do teatro de interpretar os pesadelos do passado recente. Os autores sobreviventes da Orquestra Vermelha logo ressurgiram. Günther Weisenborn foi um dos primeiros. Sua peça de 1946, *Die Illegalen* (*Os ilegais*), representava o mundo do grupo Schulze-Boysen numa série de cenas curtas e bem construídas. Weisenborn a publicou um ano depois de deixar a prisão, e a peça foi apresentada em muitos lugares da Alemanha durante a década seguinte. *Os ilegais* dramatizava a ansiedade de pais que se opunham ao nazismo, mas temiam por seus filhos na resistência, e retratava os tímidos abraços dos jovens que tinham que se fazer passar por amantes para colar adesivos anti-Hitler nas paredes. No programa, Weisenborn comentava a complexidade da cultura pós-guerra:

> Entre a audiência, há pessoas corajosas e outras indiferentes; refugiados, retornados do fronte, antigos traidores e nazistas ocultos; burgueses indiferentes e pessoas jovens e esperançosas. Há viúvas de fascistas sentadas ao lado de pessoas de boa vontade, vilões perto de pessoas desesperadas, os já exauridos e os que ainda têm esperança.[2]

Três anos depois, Weisenborn publicou um pequeno volume chamado *Memorial*, que havia começado a escrever em sacos de papel ainda na prisão. O livro era uma colagem de suas reportagens em Nova York, do trabalho clandestino com Harro Schulze-Boysen e de seus tormentos na prisão. A epígrafe dizia: "Surpreende-me que ainda tenhamos as mesmas faces que tínhamos há 3 mil anos, depois de tanto ódio e sofrimento terem sido lançados sobre elas."[3]

Weisenborn gradualmente retomou seu trabalho no cinema alemão, mas nem sempre era bem recebido. Os Aliados, e particularmente os americanos, não tinham nenhum entusiasmo a respeito de explorações artísticas do passado recente. No início, as autoridades americanas proibiram a produção de novos filmes alemães, mesmo por comprovados antifascistas, e alimentaram as audiências alemãs com uma dieta leve de entretenimento hollywoodiano.

Weisenborn e Falk Harnack começaram uma colaboração com Wolfgang Staudte, um veterano da companhia teatral Volksbühne, de Piscator, que havia sido banido do teatro pelos nazistas. Em 1946, Staudte dirigiu o primeiro filme que lidava com o legado nazista, *Die Mörder sind unter uns* (*Os assassinos estão entre nós*), estrelando Hildegarde Neff. Contava a história de um sobrevivente do campo de concentração que retorna a Berlim após a guerra e encontra seu apartamento ocupado por um veterano traumatizado. Os oficiais americanos não deram a Staudte a permissão para fazer o filme, então ele o levou aos russos e o produziu na Alemanha Oriental, nos novos estúdios da DEFA, construídos sobre as cinzas da UFA em Babelsberg. O filme tornou-se um clássico do pós-guerra.

Poucos anos depois, Staudte fez *Rotação*, um filme ambicioso que mostrava um grupo de resistência similar ao de Weisenborn. A trama girava em torno de um tipógrafo que se via dividido entre o compromisso de seu cunhado com a resistência antifascista e a lealdade de seu filho à Juventude Hitlerista. Ele se une a uma campanha de produção de folhetos clandestinos, é preso pela Gestapo e por pouco não é executado. O filme mostra comunistas e não comunistas trabalhando lado a lado contra os fascistas, assistindo em silenciosa agonia enquanto as mentes de seus filhos eram deturpadas pela propaganda nazista. As autoridades de ocupação ocidentais também julgaram que este filme era inadequado para audiências alemãs pós-guerra.[4]

Os dramaturgos alemães haviam lidado com a Primeira Guerra Mundial através do *Heimkehrerdrama* (o drama da volta), que representava o retorno de um soldado para "enfrentar a dificuldade, ou impossibilidade, de reintegração numa sociedade que o rejeita como símbolo de um passado recente que ela deseja esquecer". Agora, muitos dos mesmos escritores enfrentavam uma tarefa ainda mais difícil. Dessa vez, estavam não apenas mostrando a seus compatriotas os horrores da guerra, mas os horrores que haviam envolvido a sociedade inteira. Essa tarefa absorveria Günther Weisenborn até o final de sua vida.

Os livros alemães sobre a resistência também eram desencorajados. Após a guerra, Rosemarie Reichwein, viúva de um dos conspiradores de 20 de julho e importante social-democrata, ansiava por saber mais sobre o destino de seu marido. "Acima de tudo, tentei conseguir escritos sobre a *Widerstand* [resistência] — uma tarefa difícil", disse ela numa entrevista.

Fui encontrar na Suécia o primeiro livro sobre o assunto: os diários de
Ulrich von Hassell. No início, só pôde ser publicado na Suíça (...), já que
os Aliados não gostavam de ver esse tipo de literatura. Eles simplesmente
não queriam que se soubesse ter havido qualquer tipo de resistência.[5]

Houve esforços ainda maiores para apagar o registro dos comunistas.
"Até hoje, a resistência comunista é mal compreendida", afirmou Rosemarie na década de 1990. "Obviamente, isso não é uma surpresa, já que a
República Democrática Alemã era nossa vizinha. Tínhamos medo e não
queríamos ter nada a ver com o comunismo. Mas, a despeito de tudo isso,
não devemos ignorar o fato de que os comunistas perderam mais vidas."[6]
Rosemarie Reichwein tinha um respeito especial pelas mulheres dos
círculos de resistência comunistas.

> Havia uma distinção entre nós, esposas de comunistas ativos, e as esposas
> comunistas que viviam na cidade. Lá, as próprias esposas tinham um
> papel muito ativo, distribuindo folhetos ou fazendo conexões clandesti-
> nas. Elas provavelmente fizeram mais que nós; ficávamos na retaguarda,
> aprovando o que nossos maridos estavam fazendo e dando apoio a eles,
> mas nós mesmas não estávamos diretamente na ação.[7]

Freya von Moltke, cujo marido aristocrata foi executado como antifascista, louvou o círculo de Greta Kuckhoff numa entrevista:

> Sempre senti que não havia nada que eu pudesse fazer, embora achasse
> aterrorizante tudo o que estava sendo feito pelo Nacional-Socialismo. En-
> tão havia a diferença entre mim e as mulheres da "Orquestra Vermelha".
> Elas eram pessoas que queriam fazer algo, que não aceitavam o fato de que
> nada fosse feito. Descartar toda a Orquestra Vermelha como comunistas
> não corresponde à verdade.
> Lamento não ter ido tão longe quanto elas e considero isso uma fra-
> queza minha. Mas assim era eu. Lamento, mas, se eu tivesse agido como
> elas, talvez não estivesse viva hoje, e eu sou uma mulher suficientemente
> normal para ter querido continuar viva por causa de meus dois filhos.[8]

As forças ocidentais de ocupação tinham razões políticas para suprimir a história da resistência comunista na Alemanha, mas alguns oficiais admitiram haver errado no que se referia à resistência alemã como um todo. Em seu livro de 1947, Allen Dulles francamente reconheceu que os Estados Unidos e outros governos aliados haviam falhado por não darem aos antifascistas alemães o apoio que mereciam.

> Antes da guerra, o Ocidente não levou muito a sério os argumentos daqueles alemães antinazistas que tentaram nos esclarecer. (...) Depois que Hitler iniciou a guerra e os olhos ocidentais finalmente foram abertos para o que o hitlerismo significava, ninguém queria ter nada a ver com nenhum alemão, fosse ou não nazista. Todos eram suspeitos.[9]

Nenhum dos integrantes das forças de ocupação da Alemanha Ocidental ou da Alemanha Oriental possuía um vocabulário político que abrangesse Greta e seu grupo, e os sobreviventes eram rejeitados nos dois mundos. Falk, o irmão mais jovem de Arvid Harnack, era um exemplo. Depois da guerra, teve uma carreira de sucesso no teatro alemão, o que resultou em projetos para a empresa cinematográfica DEFA, da Alemanha Oriental. Em 1949, dirigiu outro longa-metragem que confrontava diretamente o passado nazista, chamado *Das Beil von Wandsbek* (*O machado de Wandsbek*), baseado na história verídica de um humilde açougueiro que concordou em substituir um carrasco, decapitou quatro comunistas e, levado pelo remorso, suicidou-se. Após o sucesso inicial, os alemães orientais retiraram o filme de cartaz porque mostrava excessiva simpatia pelo conflito moral do açougueiro. Foi o primeiro e último filme de Falk na Alemanha Oriental. Ele partiu para a Alemanha Ocidental, onde continuou, resolutamente, a produzir filmes que falavam dos nazistas e da resistência, embora fossem de encontro à onda cultural do momento. Em 1955, ele e Günther Weisenborn colaboraram no roteiro para *Der 20 Juli* (*O 20 de julho*), dirigido pelo próprio Falk. Um dos primeiros filmes a lidar com a conspiração militar contra Hitler, ganhou um prêmio cinematográfico na Alemanha Ocidental como "um importante filme de longa-metragem que promove valores democráticos".

Falk Harnack e Günther Weisenborn retomaram sua colaboração e produziram uma versão para a televisão do romance de Weisenborn, *Der Verfolger* (*O perseguidor*), outra descrição da vida na clandestinidade. Weisenborn morreu em 1969, e Falk Harnack em 1991, ambos na Alemanha Ocidental. Nenhum dos dois jamais abandonou sua missão de defender a memória da resistência. Em seus últimos anos, Falk costumava remoer durante dias seu passado não resolvido e então telefonava para Manfred Roeder no meio da noite para acusá-lo.[10]

Greta Kuckhoff também era perseguida por seu legado. No outono de 1945, estava trabalhando num livro chamado *Adam Kuckhoff zum Gedenken: Novellen-Gedichte-Briefe* (*Em memória de Adam Kuckhoff: romances, poemas, cartas*). O exíguo volume foi publicado no ano seguinte, impresso no papel barato que se usava depois da guerra e com uma foto borrada de Adam na capa. Fazia apenas quatro meses que Greta saíra da prisão quando completou a longa introdução. Pela primeira vez em 12 anos, ela podia escrever sem medo ou sem a censura nazista. E aquela também seria a última vez em sua vida em que publicaria escritos que não tivessem que passar pela censura comunista.

Como uma viúva jovem, ela descrevia os conflitos de consciência do marido. Ele era um artista que vivia no mundo dos sentidos, respondendo extaticamente às belezas da natureza. Era um moralista que, em sua luta, empunhava os ideais de verdade e justiça. Sua forma natural de expressão era a ficção e a poesia. Ele amava a esposa e o filho do casal, Ule. Por que então havia arriscado tudo — e perdido — em sua vendeta quixotesca contra um inimigo todo-poderoso? Ela respondeu:

> Kuckhoff estava feliz por estar vivo, mas amava a liberdade e a verdade mais do que a própria vida. Estava profundamente imbuído da consciência de que não havia nenhuma possibilidade de se servir profundamente a esta verdade enquanto os falsos e selvagens ensinamentos do Nacional-Socialismo mantivessem seu controle tirânico.

Em 1933, Greta se recordava, Adam havia recebido muitos convites para sair da Alemanha e se instalar em outro lugar onde pudesse "respirar livremente e escrever". Mas ele se sentiu obrigado a declinar. "Do pequeno grupo de escritores politicamente engajados, Kuckhoff era um dos poucos que não estavam politicamente ou 'racialmente' sob ataque", Greta explica. "Ele tinha condições de ficar e, portanto, ficou."[11]

O aspecto mais impressionante do ensaio de Greta é o que ele omite: não há nenhuma menção a comunismo, Marx ou União Soviética. Em vez disso, ela fala de Deus, liberdade e da influência dos escritores americanos Theodore Dreiser e Sinclair Lewis. Mesmo Hans Otto, que foi assassinado, é citado somente como um artista aparentado e colega, sem que haja nenhuma referência ao Partido Comunista. Os escritos selecionados incluem passagens sobre teoria estética, poesia lírica e tocantes cartas de despedida. Não existe nenhuma chamada comunista às armas nem menções a obras de teoria marxista. Talvez essa breve recordação de 1933 seja o mais próximo possível a que a posteridade possa chegar daquilo que era para Greta a verdadeira estatura de seu marido.

O período de liberdade que Berlim desfrutara após a guerra estava chegando ao fim, e a guerra fria assomava inequivocamente no horizonte. Mesmo os comunistas alemães mais militantes se ressentiam dos excessos soviéticos. Populações civis alemãs haviam sido extirpadas de regiões da Prússia Oriental na qual viviam havia séculos, e a Alemanha estava sendo despojada de todo pedacinho de material industrial que os russos conseguiam carregar, inclusive dos meios e recursos para a produção de alimentos.

Mas a desilusão de Greta com os americanos também estava crescendo. Em vez de julgar Roeder, eles a investigavam. Enquanto os soviéticos comemoravam as atividades de resistência do grupo a que ela pertencera, os americanos as ridicularizavam. Ela estava chocada com a abordagem indiferente dos americanos com relação aos nazistas, reintegrando muitos funcionários públicos e recrutando outros para trabalhos de inteligência.

Em 1948, as questões chegaram a um impasse. Os Estados Unidos e os Aliados ocidentais, frustrados com os avanços soviéticos para assumir poderes e com sua recusa em cooperar com os esforços de reconstrução, decidiram introduzir um novo sistema monetário em suas zonas para dinamizar a economia. Houve uma troca de gestos hostis que culminaram na duradoura divisão da Alemanha e da cidade de Berlim.

O apartamento de Greta ficava no setor americano, mas ela estava trabalhando como assistente social para a municipalidade de Berlim, que era governada pelos soviéticos. Agora, seu pagamento, feito na moeda antiga, não valia nada fora do setor soviético. Ela empacotou suas coisas e se mudou. Havia muitas vantagens nessa decisão. Na Alemanha Oriental, a resistência era honrada, e os sobreviventes tinham garantias de amplas recompensas. Os benefícios de Greta chegariam a incluir uma bela vila em Pankow, a área de Berlim preferida pela elite do partido, e uma dacha no campo.[12] Como membro de uma classe privilegiada, ela se beneficiava com o acesso a lojas estatais e a bens escassos.

Mas a escolha de Greta baseava-se em emoções, bem como em conveniência. Em 1949, ela anunciou publicamente que estava desistindo da esperança de que Roeder algum dia fosse levado diante da justiça. "Dadas as condições na Alemanha Ocidental, não se pode esperar nenhum resultado justo", escreveu ela.[13]

Em pouco tempo, Greta descobriu que a vida na Alemanha Oriental a submetia a outras pressões. As dificuldades começaram em 30 de abril de 1945, o dia em que Hitler morreu, quando os soviéticos levaram de volta a Berlim o líder do Partido Comunista na Alemanha, Walter Ulbricht. Ele tinha uma longa e feia história. Como funcionário do Comintern na guerra civil espanhola, foi instruído a identificar nas brigadas internacionais os esquerdistas alemães "politicamente não confiáveis" e marcá-los para execução. No início da guerra, ele era hóspede de Stalin em Moscou, olhando para o outro lado enquanto Stalin assassinava centenas de seus companheiros comunistas alemães em prisões e campos de concentração soviéticos.

Agora, os hóspedes de Moscou sobreviventes voltavam a se juntar aos membros do KPD que haviam ficado na Alemanha e a outros que tinham encontrado refúgio no Ocidente. Com frequência, as perspectivas políticas variavam de acordo com as experiências de cada um. Muitos membros do KPD que permaneceram na Alemanha haviam trabalhado ao lado de não comunistas: cristãos, judeus e social-democratas. Juntos, tinham enfrentado prisões, campos de concentração e execuções.[14] Mas, de acordo com as novas regras de Moscou, qualquer resultante heterodoxia em seus perfis os tornava cidadãos de segunda classe.

Ulbricht começou o trabalho remodelando a sociedade da Alemanha Oriental e o Partido Comunista Alemão de acordo com os ditames e as necessidades dos soviéticos. Na Alemanha Ocidental, o Plano Marshall ajudaria a prevenir crises econômicas que pudessem produzir agitações políticas adicionais. Mas, no Leste, fábricas, veículos e coleções de arte foram desmontados e despachados como compensação das terríveis perdas sofridas pela União Soviética.

Os soviéticos haviam capturado mais de 3 milhões de prisioneiros de guerra alemães e exigido que muitos deles permanecessem na União Soviética em trabalhos forçados. Outros soldados que conseguiram voltar para casa vencendo as mais inimagináveis adversidades foram mandados de volta para se juntar aos que haviam ficado retidos. Alguns dos prisioneiros de guerra foram mantidos pelos soviéticos até meados da década de 1950, e mais de um milhão de prisioneiros de guerra alemães morreram em cativeiros.[15]

Um dos mais trágicos abusos soviéticos envolvia a perseguição de membros da resistência não comunista. Posteriormente, um integrante da inteligência na Alemanha Oriental, Markus Wolf, escreveu como seus chefes soviéticos usaram o processo de desnazificação como desculpa para expurgar rivais políticos:

Quando os oficiais da ocupação soviética realizaram prisões em massa de ex-nazistas e variados oponentes de Stalin, milhares de social-democratas que se opunham ao nazismo foram levados de roldão, e alguns acabaram em campos de trabalho que, ironicamente, haviam sido campos de concentração nazistas até muito recentemente. Sabíamos muito pouco sobre o que acontecia, e considerávamos o que ouvíamos apenas como uma cruel propaganda ocidental.[16]

Uma das vítimas foi Justus Delbrück, primo de Arvid Harnack e membro da conspiração de 20 de julho, que por pouco conseguira escapar de ser executado pelos nazistas. Ele foi liberado da prisão de Lehrterstrasse pelos soviéticos no final da guerra, mas preso novamente pouco depois.[17] Oficialmente, Delbrück morreu de difteria numa prisão soviética em outubro de 1945. Michael Burleigh escreve que 122.600 prisioneiros alemães foram detidos em campos especiais soviéticos imediatamente após a guerra. "Algumas dessas pessoas foram discretamente assassinadas. O número de mortes nesses campos 'como resultado de doença' chegou a 42.800."[18]

Os alemães orientais que haviam apenas recentemente escapado às envolventes mentiras da propaganda nazista eram agora surpreendidos pela versão soviética. Edith Anderson, uma vizinha de Greta vinda de Nova York, lutava para permanecer uma comunista leal, mas, desde o início, compreendeu que, de modo geral, os jornais da Alemanha Oriental eram mais "uma cortina de fumaça e um aguilhão de tocar rebanhos" do que jornais propriamente ditos. Um dos segredos mais cuidadosamente guardados era a história dos expurgos de Stalin, inclusive sua perseguição de comunistas alemães antes da guerra. Somente um punhado dos que retornavam de Moscou sabia da terrível verdade, até que foi revelada no "discurso secreto" de Khrushchev em 1956. Mais tarde, Edith Anderson especulou que a multidão de moscovitas em Berlim mantinha-se tão reservada porque todos se envergonhavam do que sabiam.

Ulbricht e seu governo tomaram medidas para cooptar os social-democratas, transformando o Partido Comunista Alemão, o KPD, no Partido da Unidade Socialista Alemã (SED). Quando o novo partido fracassou nas primeiras eleições pós-guerra, o regime respondeu banindo os outros partidos e transformando a Alemanha Oriental num Estado unipartidário. (Os alemães orientais afirmavam que o KPD e o Partido Social-Democrata haviam "mergido".) O regime de Ulbricht submeteu a Alemanha Oriental a desastrosas políticas econômicas e a medidas repressivas próprias do estado policial. Em pouco tempo, seu governo estava enfrentando ondas de oposição de trabalhadores insatisfeitos, intelectuais frustrados e dissidentes do próprio partido. Os funcionários da Alemanha Oriental tinham uma desconfiança especial dos comunistas alemães que haviam passado a guerra na Inglaterra e nos Estados Unidos. Os intelectuais ocupavam papel de destaque em sua lista, e o contingente moscovita rotineiramente os tratava como suspeitos de traição e de ligações com serviços secretos ocidentais. O chefe da inteligência, Markus Wolf, escreveu: "Na Alemanha Oriental, a palavra 'intelectual' tem uma conotação pejorativa tanto no Partido quanto no Ministério da Segurança do Estado (a polícia secreta, conhecida como Stasi). Muitos tentavam se defender das acusações de 'pensamento elitista' ou de 'imodéstia' enfatizando sua aceitação do papel de liderança da classe trabalhadora e mordendo a língua diante das idiotices perpetradas em seu nome."[19] Ainda assim, muitos dos intelectuais foram expurgados, julgados, aprisionados ou levados à morte por trabalhos forçados durante as décadas seguintes.

Um dos primeiros ataques atingiu o proeminente ator e diretor Wolfgang Langhoff. Ele era amigo de Günther Weisenborn, o comunista sobrevivente de um campo de concentração que havia tentado ajudar o grupo de Harro Schulze-Boysen quando estava exilado na Suíça. Depois da guerra, Langhoff foi nomeado diretor do importante Deutsches Theater, onde ele empregou Falk Harnack e patrocinou em 1946 um evento em memória do ator Hans Otto, assassinado pelos nazistas em 1933. Em agosto de 1951, Langhoff foi acusado de vagas conexões com Noel Field, um quacker americano comunista que havia trabalhado para a Agência de Serviços Estratégicos dos Estados Unidos. Os alemães orientais demitiram Langhoff do cargo e o episódio destruiu sua carreira. (Pessoas ainda mais desafortunadas foram expelidas do partido e da vida pública, transformadas em "não pessoas", enquanto outras foram aprisionadas sob condições inclementes.)[20]

Greta Kuckhoff, lutando contra a culpa da sobrevivência, fixou sua atenção na missão de honrar a memória do marido e dos amigos. Inicialmente, a Alemanha Oriental ofereceu a ela muitas das oportunidades que buscava. Tornou-se uma figura icônica em cerimônias de comemoração e em posses. Os órfãos da Orquestra Vermelha e filhos de sobreviventes lembravam-se de sua face pálida, grave, quando ela se curvava sobre eles para saber de suas vidas e dos estudos.

Mas agora sua própria história pessoal estava presa nas garras da política da guerra fria. Os alemães ocidentais, sob a tutela dos americanos, não estavam dispostos a admitir que comunistas alemães tivessem comandado um corajoso movimento de resistência durante o período nazista, quando muitos outros partidos políticos haviam se vendido ou desistido. A natureza heterodoxa do grupo Harnack/Schulze-Boysen, no qual comunistas se misturavam com todo tipo de tendências políticas, os deixava duplamente desconfortáveis.

Os alemães ocidentais que acreditavam que a guerra havia sido perdida porque "o momento não foi bem escolhido" viam o grupo como traidores responsáveis pelas mortes de alemães na frente russa, e não como cidadãos que estavam tentando salvar seu país da tirania e do desastre. A história da resistência antinazista foi suprimida, e o sistema legal da Alemanha Ocidental perpetuou as condenações de alemães executados por atividades de resistência: as viúvas dos oficiais e estadistas que haviam dado suas vidas na tentativa de golpe de 20 de julho não tinham o direito de receber pensões do governo até a década de 1960. Dietrich Bonhoeffer, o pastor luterano que resgatara judeus e incansavelmente se empenhara em campanhas contra abusos nazistas, só foi publicamente eximido de sua condenação legal em 1996.[21]

Os alemães orientais, por outro lado, relutavam em admitir que a resistência alemã não tivesse sido formada apenas por comunistas. Eles se apropriaram da história do grupo Harnack/Schulze-Boysen e a reescreveram de acordo com seus propósitos. Os relatos oficiais da Alemanha Oriental convenientemente omitiam o envolvimento de muitos dos não comunistas no grupo e inflavam os papéis dos comunistas. Os inúmeros vínculos dos membros da Orquestra Vermelha com os social-democratas e com instituições religiosas eram ignorados sempre que possível.

Além disso, a versão da história disseminada na Alemanha Oriental era extremamente enganadora no que se referia aos judeus. Em muitos aspectos, era uma questão de omissão. Muitos monumentos às vítimas dos nazistas eram dedicados a "antifascistas", termo entendido como sinônimo de "comunistas". Os memoriais em Sachsenhausen e em outros campos de concentração honravam prisioneiros comunistas alemães e ignoravam, em grande medida, os judeus e outras populações. Quando oficiais da Berlim Oriental inauguraram uma placa em memória dos integrantes do grupo de Herbert Baum (que atacaram a mostra "Paraíso Soviético"), designaram-nos como "comunistas", mas não se preocuparam em acrescentar que também eram resistentes judeus aguardando deportação para os campos. As versões dos alemães orientais a respeito da história Harnack/Schulze-Boysen não davam nenhum peso aos muitos capítulos relativos aos judeus, meios-judeus e aos esforços de resgatar judeus. Essas não eram áreas de interesse.[22]

Os benefícios desfrutados por Greta na Alemanha Oriental lhe custaram um alto preço. Pelo resto da vida, viveu o conflito entre desfrutar passivamente os prêmios e privilégios de membro do partido e amargamente defender seu conceito de verdade.

Ao se transferir para o Leste, Greta foi premiada com posições oficiais que exigiam a inscrição no Partido Comunista. No início, isso a levou a uma solução conciliatória. Os registros na Alemanha Oriental mostram que Greta realmente entrou no Partido Comunista após a guerra, mas funcionários do partido inventaram uma afiliação para ela em 1935.[23] Os registros tinham que ser ajustados ao mito.

Pode haver ocorrido outra solução conciliatória em questões de inteligência. Em 1947, ano em que Greta percebeu que, em vez de investigar Manfred Roeder, as autoridades americanas estavam grampeando seu telefone e enviando agentes para investigá-la, ela fez contato com o serviço de inteligência da Alemanha Oriental. Tendo recebido o codinome "Cannes", ela afirmou que tinha vínculos com americanos e ingleses na Berlim Ocidental. Em 1966, uma avaliação "altamente confidencial" concluiu que, em 1948, o arquivo de Greta havia sido "retirado" sem explicação. Em 1950, de acordo com os registros,

a conexão com "Cannes" foi restaurada, mas não há nos arquivos nenhum material relativo a algum trabalho com ela. Também não existe material descrevendo quando e em que circunstâncias Cannes foi recrutada, e em que medida os materiais que ela produziu nos anos 1947-1949 eram exatos e tinham valor. Também faltam nos arquivos informações pessoais abrangentes e exatas.[24]

Será que a conexão de Greta com o serviço de inteligência era ativa ou apenas uma exigência implícita para se trabalhar no Leste? Teria ela realmente informado contra os americanos e os ingleses ou seu alvo eram de fato os nazistas à sua volta? Quanto de informações realmente secretas contra o Ocidente poderia oferecer alguém que se mudara para a Alemanha Oriental? (Não teria o serviço de inteligência da Alemanha Oriental preferido um informante que permanecesse no Oeste?) O arquivo sobre Greta conduz a mais perguntas que respostas.

Greta ascendeu rapidamente na burocracia da Alemanha Oriental. Ganhou um lugar na primeira delegação comercial do país às nações vizinhas na Europa Oriental e à União Soviética. Em dezembro de 1950, foi nomeada presidente do Banco Central da Alemanha Oriental. Dois anos depois, presidiu uma sessão plenária numa conferência de comércio em Moscou. Os alemães orientais se vangloriavam de que aquela era, provavelmente, a primeira vez em que a conferência era presidida por uma mulher.[25]

À medida que um precário equilíbrio foi restaurado tanto na Alemanha Oriental quanto na Ocidental durante a década seguinte, as histórias reconstruídas do período nazista se solidificaram. No Ocidente, a história do grupo de Greta foi quase totalmente suprimida. A assistência de Arvid Harnack aos americanos e a tentativa de Harro Schulze-Boysen de ajudar os ingleses foram esquecidas. Donald Heath, o contato de Arvid na embaixada americana, chorou a morte do amigo pelo resto da vida, mas seu governo o desencorajou a tornar públicos os serviços de Arvid aos Estados Unidos.

A despeito de seu sucesso inicial, Greta Kuckhoff logo passou a experimentar dificuldades políticas. Os problemas começaram no início da década de 1950. Stalin morrera em março de 1953, para alívio de Greta. (Ela disse a um de seus jovens protegidos que "Stalin era ruim para o socialismo".)[26] Mas o homem forte na Alemanha Oriental, Walter Ulbricht, apostou que, no final das contas, os stalinistas da linha dura venceriam. Tentou impressioná-los com uma política de "socialismo acelerado", impondo pesadas taxas, limitando a produção de bens de consumo e reprimindo comunidades religiosas. Em 17 de junho de 1953, trabalhadores enfurecidos marcharam diante dos ministérios em Berlim. Centenas foram alvejados e mortos, muitos deles bem em frente ao antigo Ministério da Aeronáutica onde Harro Schulze-Boysen havia trabalhado.[27]

Bertolt Brecht, recém-chegado da América, acerbamente escreveu que, "como o povo havia perdido a confiança do governo", o governo comunista deveria "dissolver o povo e eleger outro".[28]

Em vez disso, o governo da Alemanha Oriental iniciou uma série de amplas investigações e prisões. Por volta de 1958, um número crescente de comunistas alemães "moderados" protestava contra as táticas linha-dura de Ulbricht, demandando a liberalização econômica e política. Muitos simpatizavam com os movimentos reformistas que estavam ocorrendo na Europa Oriental.

Uma das principais vozes a clamar por mudanças na Alemanha Oriental era um membro da alta cúpula comunista chamado Karl Schirdewan, que havia passado 11 anos em prisões e campos de concentração nazistas. Em 1958, Ulbricht atacou de novo, expurgando Schirdewan e seus seguidores e removendo legiões de funcionários do partido e do governo considerados suspeitos. O *Washington Post* noticiou que o número alcançou 30 mil.[29] Durante dias, as crianças nas escolas da Alemanha Oriental recitaram condenações a Schirdewan que liam no jornal do partido e assistiram a aulas destinadas a criticar o oficial derrubado.

Greta Kuckhoff estava entre os milhares que perderam seus postos. Poucos anos antes, havia sido magicamente transformada de prisioneira política em alta funcionária governamental. Agora, mais abruptamente ainda, era "aposentada" de sua função como presidente do Banco Central.

Em novembro de 1958, ela foi incluída numa lista de "pessoas que caíram no desagrado do Partido e foram expurgadas em fevereiro deste ano, ou seja, Schirdewan, (...) Greta Kuckhoff e Grete Wittkowski, todas enodoadas com a pecha de hostis a Ulbricht ou de darem preferência a medidas 'excessivamente suaves' relativas às metas de planejamento, à política cultural e outras". O relatório foi compilado por um analista para a Rádio Europa Livre, que pertencia ao governo dos Estados Unidos.[30] As saídas súbitas de Greta Kuckhoff e Grete Wittkowski eram especialmente notáveis por serem elas as duas únicas mulheres de destaque no "mundo desfeminilizado" (*frauenlose welt*) da política na Alemanha Oriental.[31]

Os alemães orientais pressionavam seus funcionários demitidos a alegar "motivos de saúde", e Greta obedientemente anunciou que sua asma havia piorado. Mas, privadamente, seus amigos comentaram que sua saúde parecia a mesma de sempre, e ela continuou ativa durante várias décadas ainda.[32] Algumas vítimas de 1958 (como Grete Wittkowski, com quem Greta dividia o apartamento) acabaram sendo restituídas às suas altas posições, mas Greta passou o resto da carreira trabalhando em organizações menos influentes, como o setor de relações teuto-britânicas do Conselho de Paz Alemão.

Ela nunca abandonou a Alemanha Oriental, mas nunca se ajustou inteiramente às exigências. Passava impressões contraditórias aos órfãos da Orquestra Vermelha. Censurou Saskia von Brockdorff quando a jovem decidiu emigrar para o Ocidente, mas Hans Coppi se recordou que, apesar de toda a amargura diante da maneira como era tratado o caso de Roeder, Greta sempre falava afetuosamente dos Estados Unidos e descrevia Wisconsin como "o tempo mais feliz de sua vida".

A batalha de Greta para definir seu legado não estava encerrada. À medida que os pesquisadores mergulhavam nos registros do tempo da guerra, relatos perturbadores começaram a emergir. Em 1967, o autor francês Gilles Perrault publicou um livro chamado *A Orquestra Vermelha: a anatomia do mais bem-sucedido esquema de espionagem da Segunda Guerra Mundial*. Ele construiu a narrativa em torno da caçada humana empreendida pelos nazistas contra o agente soviético Leopold Trepper na Bélgica, mas sua história necessariamente acabava envolvendo os círculos de Berlim. As passagens de Perrault sobre o círculo de Greta eram, de modo geral, favoráveis.

Mas 1970 trouxe uma refutação produzida na Alemanha Ocidental na forma de um livro chamado *Codinome: Direktor*. Greta ficou chocada quando soube que o autor, o jornalista Heinz Höhne, havia se baseado amplamente em fontes nazistas, citando longos trechos dos interrogatórios da Gestapo, das transcrições dos julgamentos e entrevistas com o próprio Manfred Roeder. Höhne entrevistou muitas fontes importantes em primeira mão e escreveu acerbas passagens sobre os abusos nazistas e os processos comandados por Roeder. Mas, ao mesmo tempo, ecoou a versão nazista de Harro Schulze-Boysen e seus associados como traidores que rezavam diante do altar do "fanatismo louco".[33] Eles "não podem ser incluídos nas fileiras da resistência alemã", argumentou. Eram apenas "uma aberração desafortunada".[34]

Höhne repetiu as acusações nazistas contra o grupo com muitos detalhes, inclusive as insinuações, invencionices e calúnias de Roeder. A acusação: que o grupo de Schulze-Boysen havia enviado "quinhentas mensagens a Moscou contendo, basicamente, informações militares".[35] Nem uma única dessas mensagens havia sido transmitida pelos rádios defeituosos, e Korotkov somente enviou um total de poucas dezenas de relatórios a Moscou durante todo o período de contato. Höhne também citou as acusações espúrias dos nazistas de que o grupo era movido por motivos mercenários, listando pagamentos fantasmas como "salários da traição".[36]

A acusação de Manfred Roeder havia sido marcada por suas lascivas alegações de condutas sexuais ilícitas, descrevendo o grupo como uma "sociedade libertina obcecada por sexo". Atribuía-se a um dos integrantes a duvidosa proeza de haver tido "relações íntimas com quatro agentes soviéticos numa única noite".[37]

Höhne repetiu a afirmação de Roeder de que Libertas Schulze-Boysen era lésbica, acrescentando que Adam Kuckhoff havia sido atraído para a conspiração por sua "apaixonada ligação" com ela. Greta Kuckhoff ficou furiosa e magoada. Não podia entender por que, anos após a guerra, as malévolas alegações nazistas contra seu círculo deveriam ser revividas para envenenar as gerações futuras.

Ao mesmo tempo, Greta estava infeliz com as distorções existentes na Alemanha Oriental. O regime havia mantido sob sigilo total os registros originais sobre a Orquestra Vermelha. O chefe da inteligência na Alemanha Oriental, Markus Wolf, escreveu:

> Eu tinha acesso mais fácil a detalhes sobre a Orquestra Vermelha em publicações ocidentais que nos arquivos de nosso próprio ministério. [O chefe da Stasi, Erich] Mielke mantinha os arquivos sobre a era nazista sob seu controle pessoal numa seção especial do Departamento de Investigações, e, por mais que eu tentasse, não consegui ter acesso a eles.[38]

Ainda assim, Wolf prosseguiu com seu forte interesse pessoal pela história. Seu pai, o físico e dramaturgo comunista Friedrich Wolf, havia trabalhado nos mesmos círculos teatrais de Hans Otto e Adam Kuckhoff. Como membro de uma família judia integrante da elite do Partido Comunista Alemão, Markus Wolf teria se orgulhado de identificar-se com as ações da Orquestra Vermelha. Mas ele era honesto o bastante para confirmar que não se tratava do ninho de espiões comunistas soviéticos que seu governo fazia parecer que fosse. De fato, escreveu ele, embora a Orquestra Vermelha fosse "uma das maiores organizações da resistência", somente "alguns poucos membros eram comunistas, e uma pequena parcela era constituída de agentes dos serviços de inteligência soviéticos". Em vez disso, Wolf ficava impressionado com a ausência de ortodoxia comunista no grupo.

> Eu estava interessado em saber como pessoas com tamanha diversidade de antecedentes e convicções políticas se dedicaram a resistir a Hitler. (...) Qual era a fonte da força interior que as impelia a nadar contra a corrente e combater um regime onisciente e selvagem? Tais questões sobre as responsabilidades morais e históricas dos indivíduos eram amplamente ignoradas pelas publicações dentro da República Democrática Alemã.[39]

Durante as duas primeiras décadas que se seguiram à guerra, o debate na Alemanha Ocidental sobre o grupo de Greta foi dominado pelo tema da traição. Ainda havia militaristas incorrigíveis que tentavam imaginar como a Alemanha poderia ter vencido a guerra, independentemente das consequências para a humanidade. O governo da Alemanha Oriental dava mais apoio aos indivíduos sobreviventes, mas não estava seguro a respeito da natureza do grupo. Imediatamente após a guerra, os nomes de Harro Schulze-Boysen, Arvid Harnack e Adam Kuckhoff eram desconhecidos entre a liderança do KPD, que supunha serem eles parte da conspiração de 20 de julho.

A situação havia começado a mudar na década de 1960. Os livros de Gilles Perrault e Heinz Höhne coincidiram com novas medidas em Moscou e Berlim que demandavam a propriedade da Orquestra Vermelha como uma iniciativa do Partido Comunista. A história do grupo esteve ausente dos livros de história da Alemanha Oriental até 1969.

De repente, o grupo estava na ribalta. Erich Mielke, o famoso chefe da Stasi, decidiu promover a ideia de que sua agência era inspirada pelos serviços da Orquestra Vermelha à inteligência soviética. No final de 1969, o regime soviético distribuiu honrarias aos membros do grupo, inclusive a concessão póstuma da Ordem da Bandeira Vermelha, completada com a inscrição "Trabalhadores do Mundo, Uni-vos". (Um funcionário soviético teve que viajar à Alemanha Ocidental para entregá-la aos aristocráticos genitores de Harro Schulze-Boysen.)

Naquele mesmo ano, os alemães orientais montaram uma grande mostra sobre Harro Schulze-Boysen, John Sieg e Wilhelm Guddorf, enfatizando Sieg e Guddorf como membros do Partido Comunista e deixando de lado a maioria do grupo, que não era. Erich Mielke reuniu um arquivo de documentos e entrevistas da Orquestra Vermelha, e isso resultou numa grande produção de livros, artigos e mostras na Alemanha Oriental, tudo como parte de uma campanha de propaganda destinada a criar a ficção de uma "ininterrupta continuidade da resistência liderada pelo KPD". O acesso ao arquivo propriamente dito continuava vetado.

Greta ficou profundamente perturbada com a mostra. Ela reconheceu que Sieg havia sido um membro ativo do grupo, embora fosse uma pessoa "excessivamente ocupada com muitas coisas". Mas Guddorf era, no máximo, uma figura marginal, tendo entrado no grupo já bem tarde, distribuindo folhetos e contribuindo pouco para as ações do círculo. A lembrança mais forte que tinha dele envolvia suas discussões com Harro, que se opunha às vãs tentativas de Guddorf de impor a ortodoxia do KPD.

Greta apelou ao Instituto de Marxismo-Leninismo do Partido, que era responsável por reinterpretações históricas, e informou que o KPD nunca reconhecera o trabalho de seu grupo — na verdade, seu marido havia tentado contatar a liderança do partido e nunca tivera a honra de receber uma resposta. Não existia nenhuma base possível para sugerir que o círculo havia estado "sob a direção da liderança do KPD em Moscou".[40]

Greta disse a um entrevistador da Alemanha Oriental que a mostra a havia deixado "doente". Seu marido e ela própria eram tratados como "figuras periféricas", o que dificilmente refletia o nível das atividades ilegais que desenvolviam.[41] Então decidiu que o único antídoto era escrever seu próprio livro.

Mas seu esforço foi rapidamente superado por esforços rivais. Heinz Höhne estava trabalhando numa série para a televisão na Alemanha Ocidental baseada em seu próprio livro. (O tom picante era sugerido pelo título de um dos episódios: "A Orquestra Vermelha: acabou a brincadeira.") Os alemães orientais correram para criar sua própria versão cinematográfica, com um nome excepcionalmente esquecível: *KLK para PTX* (baseado no sinal de rádio dos soviéticos). Greta ficou decepcionada: as pessoas encarregadas da produção não acharam necessário consultá-la. Não foi procurada nem mesmo pela atriz que a representava no filme.[42]

Agora, em 1971, Greta sentou-se com um editor da Alemanha Oriental para discutir a conclusão de seu livro, com uma motivação renovada. "A vida tornou-se tão amargamente difícil", disse ela. "Para mim, o livro de Höhne é revoltante."[43]

Mas, enquanto Greta estava decidida a combater o livro de Höhne, os editores na Alemanha Oriental tinham em mente um objetivo totalmente diverso. Queriam um livro que pusesse os comunistas da Alemanha Oriental durante o período nazista numa posição moral superior. Eles estavam contando a história de como o Comitê Central do KPD havia liderado um heroico período de 12 anos de resistência contra os fascistas. O problema com o relato de Greta era que ela não obrigaria sua vida a se ajustar ao mito.

As editoras na Alemanha Oriental estavam longe de ser independentes. Controlado pelo governo através do Ministério da Cultura, o Departamento de Literatura incluía uma repartição de funcionários do serviço de inteligência que operavam na área de publicações.[44]

No início, Greta não se privou de fazer exigências. "Se a New Life Publishers for demorar muito e quiser usar um papel de má qualidade, terei que publicar meu livro na Alemanha Ocidental", ela os informou. Tratava-se, provavelmente, de uma ameaça vazia. Mas seus aborrecimentos estavam apenas começando. Os guardiões do Estado acharam que suas memórias eram politicamente inaceitáveis.

O editor de Greta objetou ao tom de seu manuscrito e lutou, linha por linha, tanto a respeito de amplas questões políticas quanto de ninharias. Quando Greta escreveu que seu pai era um "fabricante de instrumentos musicais", o editor exigiu saber por que ela era tão pretensiosa. O que havia de errado com o termo marxista adequado, "trabalhador"?

As reclamações prosseguiam indefinidamente. Greta se recusava a mostrar deferência à União Soviética e ao Partido Comunista Alemão. Por que ela precisava mencionar "a destruição da oposição trotskista na Rússia"?

Por que escrevia com tanto ardor sobre seus amigos Hans Hartenstein e Adolf Grimme, ambos social-democratas, enquanto o tratamento dado aos comunistas e ao partido era sempre "crítico" e "generalizante"?[45]

Greta foi instruída a contrabalançar a total falta de provas de que seu marido ou Arvid Harnack tivessem alguma vez sido membros do Partido Comunista. (O máximo que podiam dizer sobre Arvid era que ele havia "trabalhado com comunistas" antes de 1933.)[46]

Os comunistas alemães certamente haviam estado ativos na resistência, mas, para os alemães orientais, isso significava ignorar os outros resistentes. Greta escreveu que, depois de sua prisão, havia planos de "outros esforços de resistência em ampla escala, como, por exemplo, o dos oficiais". O editor replicou: "O golpe de 20 de julho de 1944 não pode ser classificado como um 'esforço de resistência'."[47]

Quando Greta se referiu ao Grupo Baum como "comunistas judeus", o editor lhe disse que o termo "judeu" era irrelevante. "Eles estavam engajados numa luta de classes, não numa luta de raças." Mas Greta sabia que os comunistas alemães podiam optar por sair do partido, enquanto aos judeus não era permitida nenhuma escolha.

O editor teve um chilique quando Greta escreveu que os nazistas queriam um país "livre de judeus, comunistas, ciganos e, acima de tudo, de qualquer um com alguma habilidade para pensar por si próprio".

"Esta é a terminologia do fascismo", enfureceu-se o editor. "Não segue nenhuma crítica política ou partidária. A luta não era de raças, mas de classes, e a grande pressão era contra a classe trabalhadora revolucionária e o KPD, não contra aqueles com 'habilidade para pensar por si próprios'."

"Não era de raças" era a maneira de os alemães orientais afirmarem que Greta havia violado um julgamento histórico oficial: para eles, os Holocaustos de judeus e ciganos eram negligenciáveis quando comparados à repressão que sofrera o KPD.

Quando Greta criticou as políticas vacilantes dos comunistas com relação à década de 1930, seus editores responderam que "sua compreensão das políticas do KPD relativas à criação da união dos trabalhadores e da frente popular alemã está apresentada somente da perspectiva de memórias negativas e de uma avaliação pessimista da correta linha estratégica do KPD".

Numa prosa estupidificante, própria do partido, o editor informou a seus superiores que a mulher claramente precisava de cuidados:

Sua subjetividade estreita, resultante das inúmeras experiências pessoais e das opiniões pessoais fixas que marcam o perfil desta autora, requer a objetificação deste livro de acordo com todos os termos demandados pela literatura do partido, no sentido leninista.

Greta não estava disposta a ver o drama central de sua vida "objetificado no sentido leninista". No entanto, esta era a condição para a publicação. Em seus comentários gerais, o editor relatou: "Durante todo este manuscrito, existe uma permanente polêmica indireta contra os círculos do KPD que eram supostamente 'hostis a intelectuais'." Greta ousara sugerir, escreveu ele, que esses militantes do KPD temiam que intelectuais como ela e seus amigos "tentassem ser independentes (e, portanto, perigosos!)".[48]

No cerne da disputa estava o esforço do regime de fabricar uma história de resistência unificada, liderada pelo Comitê Central do KPD. Repetidas vezes, o relato factual de Greta solapava essa invencionice.

Greta contava como seu grupo se interessava pelas análises feitas pela *Auslandsleitung*, ou seja, pela liderança do KPD no exterior, que incluía os postos avançados em Paris, Praga e Amsterdã. Seu editor a censurou, insistindo em que ela mudasse a referência para o "ZK", ou Comitê Central baseado em Moscou.

O desacordo a respeito do papel do Comitê Central do KPD tinha implicações profundas. Durante a década de 1930, Stalin eliminou do Comitê os elementos de mentes independentes e os substituiu por seus apaniguados. Ele também visou inúmeros dos líderes no exílio em Praga, Paris e Amsterdã. E prosseguiu assassinando centenas de comunistas alemães e entregando centenas de outros à Gestapo.

Esses assassinatos ocorreram durante o mesmo período em que Greta e seu grupo estavam buscando novas formas de se opor aos nazistas: ajudando judeus, recrutando diversos novos membros e tentando influenciar os Estados Unidos. (Ao mesmo tempo, buscavam, inutilmente, fazer contato com a liderança do Partido Comunista Alemão que se encontrava fora do país.)

Ainda assim, o problema, de acordo com o editor na Alemanha Oriental, era que Greta não oferecia uma "representação adequada das lutas empreendidas pelas organizações do partido, do status de liderança do Comitê Central do KPD e do lugar histórico da Organização Harnack/Schulze-Boysen dentro do quadro geral da luta antifascista na Alemanha".

Greta tinha razões para omitir o Comitê Central. Durante anos, ele seguira cegamente as instruções de Stalin, ajudando os nazistas a derrubar a República de Weimar e, em 1939, apoiando o Pacto Teuto-Soviético de Não Agressão. Greta, junto com outros incontáveis antifascistas alemães, havia sofrido as consequências diretas do ataque de Stalin à esquerda alemã e da resposta vacilante frente à consolidação do poder dos nazistas. Por que haveria ela de enfeitar as forças que haviam devastado sua vida?

Ela batalhou com o editor a respeito das mudanças. Constam relatos de horas de acaloradas discussões, e uma áspera troca de correspondência entre ela e o editor chegou a trinta páginas. Greta ganhou terreno em alguns pontos e perdeu em outros. Existem provas do texto que ela foi obrigada a mudar, mas não há como medir a extensão da censura que impunha a si mesma.

Todas as rodadas de discussões a faziam lembrar que, da perspectiva do regime, o propósito de sua história de vida era manufaturar um mito. Não existira nenhum bloco monolítico de resistentes que estivessem seguindo uma estratégia ditada pelo Comitê Central do KPD. Essa fantasia dos alemães orientais e dos soviéticos foi construída em cima da mitologia paranoide da Gestapo. A realidade era muito mais confusa — mas também muito mais irrefutável. A resistência alemã consistia em muitos grupos fragmentados — inclusive Greta e seus amigos, os círculos do KPD e o movimento de 20 de julho — envolvidos em muitas atividades, às vezes se sobrepondo, às vezes com objetivos involuntariamente conflitivos.

O livro de Greta, *Vom Rosenkranz zur Roten Kapelle: Ein Lebensbericht* (*Do rosário à Orquestra Vermelha: uma história de vida*), foi apenas uma vitória parcial. Suas memórias foram publicadas em 1972, a tempo para as comemorações de seu septuagésimo aniversário. Elas indicavam o traçado geral que percorrera na vida, mas deixavam muitos detalhes reveladores nas sombras impostas pela censura.

Os alemães orientais cobriram Greta de prêmios, e durante os anos seguintes ela foi convidada para uma série de cerimônias em homenagem aos recentemente redescobertos mártires da Alemanha Oriental. Adam Kuckhoff foi homenageado com um anel viário em Berlim. Mildred Harnack teve uma faculdade com seu nome em Berlim, no distrito de Lichtenberg. O nome de John Sieg foi dado a uma escola técnica num bairro que havia sido totalmente destruído pelas bombas, Friedrichshain, não longe de Neukölln. Como uma ironia final, Sieg, que havia sido torturado durante dias pela Gestapo antes de pôr um fim à própria vida, foi perpetuado numa medalha concedida pela Stasi, a polícia secreta da Alemanha Oriental.

O livro de Greta continua a ser um enigma. Ouvindo as vozes combativas que soam em suas páginas, o leitor precisa conjecturar quais as passagens que correspondem ao supervisor editorial da autora e quais representam os pensamentos de uma mulher. Lido atentamente, o livro ainda sugere os contornos de uma vida extraordinária, devotada a seus ideais, sua família e seus amigos. Começa com a jovem tímida, a estudante a caminho de sua grande aventura em Wisconsin, e acompanha sua saga até o momento em que afunda sob o peso de sua inimaginável história.

Greta Kuckhoff morreu em 11 de novembro de 1981, aos 79 anos. Os órfãos da Orquestra Vermelha lembravam-se dela como uma mulher de gentil dignidade e retidão, que oferecia apoio e sustento, mas também expressava rigorosa desaprovação quando cometiam alguma falta. A despeito de uma educação privilegiada, seu próprio filho, Ule, nunca conseguiu muita coisa na vida. Suicidou-se aos 51 anos de idade, em 1989 — o ano em que caiu o Muro de Berlim e a Alemanha Oriental deixou de existir.

Felizmente, a deturpada autobiografia de Greta não é o único registro de sua voz. Uma versão diferente, mais clara, emergiu num de seus escritos anteriores. Em 1947, ela produziu um ensaio descrevendo sua reação a um elogiado romance chamado *The Seventh Cross* (*A sétima cruz*), a história de um comunista que foge de um campo de concentração na década de 1930. A romancista, Anna Seghers, era uma comunista judia que escapara dos nazistas e escrevera seu livro no México, baseando-se em entrevistas com emigrados recém-chegados. O romance entrou na lista dos mais vendidos em muitos países e foi transformado num filme popular nos Estados Unidos, estrelado por Spencer Tracy. (Hollywood alterou as afiliações do personagem comunista.)

Anna Seghers descreveu as vidas de alemães comuns que viviam sob o regime nazista, inclusive alguns que arriscaram suas vidas para ajudar os prisioneiros. Mas a resposta de Greta ao livro chegou quase à ira. A seu ver, o livro levantava as questões erradas. Não estava interessada em ganhar crédito pelas ações que ela e seus amigos realizaram por convicção, mas queria saber o que todas as outras pessoas estavam fazendo na época:

A situação era tal que, pelo menos após 1945, tinha que ser deixado claro para os leitores que eles também deveriam ter tomado parte na luta — teria havido menos vítimas. A mim parecia — e ainda parece — que, num livro sobre essa época, todos os cidadãos devem ser desafiados, de modo que finalmente possam ver com clareza que não se tratava de uma questão de vítimas: era uma questão de *obras*, de ações mais inteligentes, bem pensadas. Um pouco menos de medo, um pouco mais de amor pela vida em umas poucas centenas de milhares, e a guerra não teria sido possível, ou teria terminado mais cedo.

A simpatia pelos lutadores que não alcançaram a vitória somente tem sentido se atingir como um raio a consciência das pessoas que, até então, haviam permanecido indiferentes ou endurecidas: isto lhes diz respeito agora — e deveria tê-las preocupado naquela época. Não fujam da questão. Vocês não precisam dizer que sentem muito; simpatia é evasão. É consoladora, e permite que a pessoa diga um *ego te absolvo* sobre as ações maléficas que ela própria cometeu ou, pelo menos, permitiu que acontecessem; é uma absolvição com a qual nada é basicamente mudado.[49]

Greta reconhecia que uma mudança social dramática, para o bem ou para o mal, frequentemente é alcançada por minorias apaixonadas. Se terão sucesso ou não, isso depende de conseguirem atingir uma massa crítica. Greta não tinha tempo a perder com os inúteis discursos moralistas daqueles que adiaram a ação até que o regime caísse, mantendo-se em silêncio, na segurança ou no exílio. Ela não distinguia entre comunistas ou socialistas, católicos ou judeus. Para ela, o mundo estava dividido em duas categorias: os que fizeram alguma coisa e os que não fizeram nada.

Epílogo

Aos que nasceram depois

O galpão de execuções em Plötzensee ainda permanece de pé, convertido num memorial. A guilhotina foi retirada, mas os ganchos de açougue ainda estão pendurados na mesma viga. O quartel-general da Gestapo na Prinz-Albrecht-Strasse foi danificado durante a guerra e demolido logo depois. Os contornos das celas de interrogatório no porão ficaram expostos durante muito tempo, e as paredes que sobraram foram usadas para uma mostra sobre os prisioneiros que estiveram ali, inclusive os Harnacks, os Kuckhoffs e seus amigos. Agora, o lugar foi transformado num memorial permanente.

O Complexo Bendler abriga um tipo diferente de memorial. No centro de operações militares onde foi deslanchada a conspiração de 20 de julho agora está o Gedenkstätte Deutscher Widerstand (Memorial da Resistência Alemã), um imenso arquivo que comemora as várias formas da resistência alemã, inclusive a Orquestra Vermelha. É uma intimidante exibição de conhecimentos especializados, quase inteiramente em alemão, e desconhecida pela maior parte dos visitantes estrangeiros.

O Ministério da Aeronáutica onde trabalhou Harro Schulze-Boysen conseguiu escapar, de alguma forma, à destruição. Agora funciona como o Ministério das Finanças. Depois da guerra, alguns versos de um poema de Harro (recuperados em sua cela por Günther Weisenborn) foram entalhados acima de uma janela sobre o portal de entrada:

Wenn wir auch sterben sollen
So wissen wir: Die Saat
Geht auf. Wenn Köpfe rollen, dann
Zwingt doch der Geist den Staat.

"Glaubt mit mir an die gerechte Zeit, die alles reifen lässt."

Embora tenhamos que morrer,
disto sabemos bem: a semente
continua a germinar. Cabeças rolarão, mas
o Espírito, ainda assim, suplanta o Estado.

"Juntem-se a mim na crença no tempo justo,
no qual tudo amadurecerá."

A maior parte dos sobreviventes do círculo de Berlim foi adiante e viveu vidas produtivas. Além de Greta Kuckhoff, Günther Weisenborn e Adolf Grimme, havia também a dra. Elfriede Paul, Sophie Sieg e Helmut Roloff. Elfriede cumpriu pena numa prisão nazista até o fim da guerra e depois retomou a prática da medicina na Alemanha Oriental. Sophie Sieg, libertada do campo de concentração de Ravensbrück pelo Exército Vermelho em abril de 1945, voltou a Neukölln e tornou-se a funcionária comunista responsável pelo serviço de saúde local. Durante anos, aquela velhinha de óculos foi muitas vezes conduzida pelo partido a cerimônias de homenagem ao seu marido. Ela morreu em 1987, dois anos antes da queda do Muro de Berlim.

Helmut Roloff, o jovem pianista, foi salvo por seu amigo, o dentista Helmut Himpel, que convenceu a Gestapo de que Roloff não tinha a menor ideia do que estava dentro da valise. Roloff foi solto depois de alguns meses de interrogatórios. Ele se tornou um famoso concertista e professor de música na Berlim Ocidental e morreu em 2001. Herbert e Ingeborg Engelsing sobreviveram à guerra, mas seu casamento não resistiu. Ingeborg mudou-se para a Califórnia, casou-se novamente, escreveu suas memórias e fez um doutorado em literatura alemã. Ela morreu em Carmel em 2007.

Os anos após a guerra também trouxeram muitos sofrimentos. Um deles foi o surto de suicídios entre alemães que não conseguiram chegar a um acordo com o passado. Stella Mahlberg, que Harro teve como amante perto do fim da vida, matou-se em 1947; na época, segundo consta, estava sendo interrogada pelos americanos.[1] Gustaf Gründgens, o ator esquerdista que havia feito um pacto do diabo com os nazistas, tomou uma overdose de comprimidos para dormir em 1969.

O período do pós-guerra não ofereceu nenhuma alegria a muitos dos funcionários soviéticos que haviam trabalhado na espionagem durante a guerra. Em contraste com os agentes amadores em Berlim, o personagem dos arquivos da Orquestra Vermelha que mais se aproximava da definição técnica de um espião soviético profissional era Leopold Trepper. Ele sobreviveu à guerra como resultado do esforço do serviço secreto alemão de transmitir desinformações para os soviéticos. Após 1945, retornou a Moscou, onde Stalin o encarcerou na infame prisão de Lubyanka durante uma década. Foi finalmente libertado e retornou à Polônia, mas então fugiu do país diante do antissemitismo polonês. Morreu em Jerusalém em 1982.[2]

Um destino semelhante aguardava Anatoli Gourevitch, o colega de Trepper que, como o agente "Kent", havia visitado os Kuckhoffs e os Schulze-Boysens em Berlim. Gourevitch sobreviveu à guerra em custódia, como outro beneficiário da campanha alemã de desinformação contra Moscou. Ao fim da guerra, voltou à Rússia e foi mandado diretamente para Lubyanka. Depois de 16 meses de interrogatórios, os soviéticos o condenaram a vinte anos num gulag. Foi libertado numa anistia geral em 1955.[3]

O outro verdadeiro profissional da inteligência na saga da Orquestra Vermelha foi Alexander Korotkov, o agente soviético que recrutara Arvid Harnack em Berlim. Ele se saiu melhor que seus colegas, escapando dos expurgos de Stalin e conseguindo a posição de representante residente do KGB na parte de Berlim ocupada pelos soviéticos. Uma vez, Markus Wolf o ouviu numa roda de colegas do KGB, contando histórias do passado e partilhando as experiências do grupo durante a repressão da revolta na Hungria em 1956. Em 1961, Korotkov morreu de um ataque cardíaco enquanto jogava tênis em Moscou; tinha 51 anos.

Os acadêmicos, escritores e artistas da Orquestra Vermelha deixaram uma notável herança literária e artística, mas poucos de seus trabalhos podem ser encontrados impressos atualmente. Isso vale até mesmo para Günther Weisenborn, cujo livro sobre a resistência alemã é amplamente citado por estudiosos e cuja peça sobre a clandestinidade foi um importante marco da cultura pós-guerra.

Um crítico literário escreveu recentemente:

> Hoje, Weisenborn é praticamente desconhecido; desde sua morte, em 26 de março de 1969, poucas de suas peças têm sido apresentadas, e seus romances praticamente desapareceram. Ele não era um dramaturgo experimental, usava técnicas dramáticas convencionais. É provável que as peças venham a ser vistas basicamente como documentos sobre a vacuidade e os horrores do nazismo.[4]

Isso sugere que narrar "a vacuidade e os horrores do nazismo" não é atividade que valha a pena. Mas a obra de Weisenborn oferece um conhecimento em primeira mão sobre o funcionamento interno do fascismo e da resistência, algo que escritores exilados poderiam apenas imaginar.

Os membros dos círculos de resistência, tanto os executados quanto os sobreviventes, deixaram diversos filhos que escreveram seus próprios livros. Hans Coppi era o filho de Hans e Hilde Coppi. Seus pais foram executados antes de ele completar 1 ano de idade. Ele cresceu na Alemanha Oriental e formou-se em engenharia, mas, com o tempo, desenvolveu um ávido interesse pela história de seus pais e da organização a que pertenciam e tornou-se um famoso especialista no assunto. Após a reunificação da Alemanha, ele se juntou ao professor Johannes Tuchel, diretor do Memorial da Resistência Alemã, para coletar, sistematizar e publicar estudos acadêmicos sobre o grupo.

Os documentos remanescentes foram espalhados por uma metade do globo, na Alemanha Oriental e Ocidental, na Rússia e nos Estados Unidos. Somente depois do final da guerra fria os historiadores puderam começar a criar uma narrativa unificada. Coppi e Tuchel fizeram mais que quaisquer outros para montar uma pesquisa histórica sobre o grupo e para reverter a longa sequência de distorções e equívocos produzidos pela Guerra Fria.

Em 2000, a jornalista Shareen Brysac publicou um livro sobre Mildred Harnack, *Resistindo a Hitler*, baseado em inúmeras entrevistas e extensas pesquisas nos arquivos americanos e soviéticos. Brysac apresentou ampla evidência do trabalho de inteligência de Arvid Harnack para os americanos e os soviéticos, expondo suas atividades antifascistas sob uma nova luz. É claro que grande parte da documentação ainda está por ser descoberta, seja em coleções privadas americanas, em sótãos alemães ou nas profundezas dos arquivos do Kremlin.

O artista Stefan Roloff é filho do pianista clássico Helmut Roloff, que deu assistência a Helmut Himpel, Marie Terwiel e seus companheiros. Durante os anos de 2002 e 2003, Stefan lançou um documentário e um livro sobre o pai e seus associados, baseando-se em entrevistas com Helmut e com outros sobreviventes e utilizando suas próprias técnicas cinemáticas inovadoras. Essa foi a primeira abordagem abrangente do tema da Orquestra Vermelha e do período que se seguiu à guerra. Ele realizou exaustivas pesquisas em arquivos sobre os interrogatórios da Gestapo, os procedimentos legais irregulares e as subsequentes investigações americanas.

O nome de Libertas Schulze-Boysen tem sido mantido vivo por uma sequência de eventos peculiares. Na época em que foi presa, Libertas esperava encontrar abrigo na casa de sua irmã Ottora, que era casada com o conde Carl Ludwig Douglas e morava na Suécia. No ano seguinte à execução de Libertas, o casal teve uma filha que recebeu o nome da tia. Dagmar Rosita Astri Libertas Douglas veio a se tornar a duquesa de Marlborough na Inglaterra. Como Rosita Marlborough, ela continuou a tradição artística da família e tornou-se uma exímia pintora que exibe em Londres e Nova York.

A memória de Harro Schulze-Boysen tem sido dedicadamente cultivada por seu irmão mais novo, Hartmut, que se tornou um diplomata altamente conceituado na Alemanha e serviu como cônsul alemão em Nova York. Ele sempre se orgulhou da coragem do irmão, a despeito das mudanças políticas que se sucederam na Alemanha.

Se a história é escrita pelos vitoriosos, a fama tende a ficar com os que tiveram sucesso, e não com os que tentaram o impossível. Bertolt Brecht, expressando todo o seu ódio dos nazistas enquanto se encontrava no exílio, escreveu um poema solicitando a compreensão das futuras gerações, pedindo que resistissem ao impulso de julgar os esforços de outros caso não tivessem partilhado as mesmas circunstâncias. Suas palavras poderiam servir de epitáfio para Greta Kuckhoff e seus amigos.

> Eram poucas as nossas forças. A meta achava-se muito distante.
> Claramente visível, embora eu provavelmente não fosse alcançá-la.
> Assim passou o tempo que me foi concedido na terra.
>
> Vocês, que emergirão da onda avassaladora que nos tragou a todos,
> Lembrem-se também, quando falarem de nossas fraquezas,
> Dos tempos sombrios dos quais puderam ser poupados.[5]

Que se saiba, a última sobrevivente do círculo de Berlim é Katja Casella. Quando era uma estudante de 20 anos, juntou-se à sua melhor amiga Lisa Egler-Gervai para apoiar o grupo. As duas lindas jovens serviam como mensageiras e abrigavam fugitivos, aprendendo a nunca fazer perguntas. Estavam entre os judeus que participavam das atividades de resistência ao lado de luteranos, católicos, comunistas, socialistas, conservadores e artistas sem um portfólio político, todos decididos a lutar contra um inimigo comum.

Katja quase foi presa, mas conseguiu fugir para a Polônia. Depois da guerra, reencontrou seu noivo, Karl Meirowsky, e os dois se casaram. Poucos anos depois, ela abriu um "cabaré surrealista" em Berlim chamado *Die Badewanne* (*A Banheira*), que combinava apresentações artísticas modernistas e uma violenta sátira social. As cenas curtas espicaçavam oficiais covardes da era nazista e apresentavam mortes por guilhotina e suicídio. Chegavam ao clímax lançando luzes agressivas nos olhos do público enquanto os personagens exigiam saber quem ali era um nazista.

Em algum momento, Katja e Karl se cansaram de confrontações e se retiraram para a ilha de Ibiza, na Espanha. Ali, ela pintou quadros e mais quadros: telas grandes, brilhantes, com desenhos abstratos, pungentes representações de faces banhadas de tristeza e luz.

Sessenta e cinco anos depois do tempo em que a Gestapo varria as ruas de Berlim fazendo prisões, Katja ainda estava recebendo visitantes em sua modesta casa num subúrbio ao norte da cidade. A pintora estava perto dos 90 anos e quase cega, mas ainda era uma pessoa vibrante e bela, com um olhar cheio de vida e uma risada forte, gutural. Suas pinturas estavam penduradas nas paredes da casa, algumas delas ecoando a influência de seu professor, Marc Chagall. Todos os aspectos de sua vida refletiam a essência da Orquestra Vermelha que os historiadores ideológicos nunca puderam captar: o espírito livre que reage à injustiça e à afronta escolhendo lançar-se à ação, quaisquer que sejam os riscos.

Katja havia conhecido anos de felicidade no casamento com o amor de sua vida. Após a morte de Karl, ela permaneceu em Ibiza, retornando à Alemanha somente quando seu estado de saúde a obrigou. Viveu tranquilamente em Berlim, sem ter certeza de que os nazistas realmente haviam desaparecido. Mas quando em companhia confiável, ela queria falar sobre os velhos tempos. Lembrava-se de todos os detalhes de seu primeiro encontro com a Orquestra Vermelha, naquele dia arrasador em que a mãe e a irmã de Karl foram deportadas. Ela se lembrava das mulheres reunidas em silêncio na sala de visitas, a chacona de Bach no gramofone, Cato sentada ao seu lado no sofá.

E então o jovem tenente da Luftwaffe, alto, cabeça como a de um galgo, veio ao seu encontro e a envolveu com os braços, dizendo: "Esta barbaridade tem que terminar. Todos nós temos que trabalhar juntos para parar aquele demônio." Com aquelas palavras, Harro Schulze-Boysen transformou-a de vítima em resistente.

Agradecimentos

Este livro beneficiou-se da generosidade de muitas pessoas. Começo com agradecimentos especiais aos meus antigos estudantes na Alemanha. Nicola Liebert me deu aulas particulares de alemão, apresentou-me a Rilke e ensinou-me muitas coisas sobre a história e a cultura alemãs. Kirsten Grieshaber empenhou-se numa batalha literária com a edição das memórias de Greta Kuckhoff publicadas na Alemanha Oriental e ofereceu-me frequentes encorajamentos durante o caminho. Deborah Steinborn tem sido de imensa ajuda, oferecendo-me as dádivas de uma leitura atenta, um abrigo em Hamburgo e horas passadas com a pequena Charlotte, para me animar.

Outros prestaram uma assistência oportuna com as traduções. Heidi Philipsen leu e resenhou os romances de Adam Kuckhoff, avaliando-os. Margit Rustow partilhou suas recordações do período e decifrou cartas na complicada caligrafia alemã antiga. Amelie Wilmanns provou-se uma maravilhosa assistente de pesquisa em Berlim. Bernard Pötter e sua família nos recepcionaram em Kreuzberg e nos auxiliaram em incontáveis situações. Devo muito a Erika Hall e também às suas inigualáveis mãe e filha. As memórias de Erika sobre os tempos de guerra me permitiram capturar o clima da vida diária na Alemanha nazista, e ela também se dedicou a minuciosas leituras de obras literárias fundamentais e à revisão de traduções.

Stefan Roloff é ímpar em sua categoria. Espero que seu livro, *Rote Kapelle*, encontre a audiência que merece nos Estados Unidos. O documentário que complementa o livro, *A Orquestra Vermelha*, traz até nós, vividamente, a experiência da resistência e o faz de um modo que nenhum outro meio de comunicação pode fazer. Espero ansiosamente seu próximo trabalho: um livro e um documentário sobre Katja Casella Meirowsky e o tema dos sobreviventes. Stefan tem mostrado audácia ao desafiar noções ultrapassadas e convenções caducas, e tem sido infinitamente generoso em me oferecer suas análises de especialista, materiais de pesquisa e sua amizade. Sua mãe, Inge Roloff, ofereceu-me um refúgio acolhedor em Zehlendorf, junto com seus dons artísticos musicais e muitos comentários sábios. Eu gostaria muito de ter conhecido também Helmut Roloff.

O professor Volker Berghahn foi excepcionalmente gentil ao ler uma versão preliminar do manuscrito e lançar luz sobre as excentricidades da história alemã durante nossas conversas. Sou grata a Peter Hoffman por sua original erudição e pelo tempo que dedicou a discussões comigo. Hans Coppi partilhou seu conhecimento enciclopédico sobre a Orquestra Vermelha e guiou-me pelos descomunais arquivos do Gedenkstätte Deutscher Widerstand em Berlim. Também me beneficiei dos excelentes conhecimentos de Johannes Tuchel e de suas inúmeras ideias brilhantes. Rainer von Harnack ofereceu muitas lembranças pessoais de seu extraordinário parente, Falk Harnack, bem como uma inestimável arca cheia de papéis de família. Fui inspirada por uma apresentação de Hartmut Schulze-Boysen alguns anos atrás, e admiro sua coragem e dedicação ao legado do irmão.

Fiquei mortificada com as entrevistas que fiz aos filhos de membros da Orquestra Vermelha, dos quais a maior parte sofreu a perda de um dos pais ou de ambos. Seus sacrifícios lhes foram impostos sem seu consentimento, mas seus pais seguramente agiram por amor a eles. Saskia von Brockdorff e Karin Graudenz estavam entre os que gentilmente me receberam e responderam às minhas perguntas.

Não há palavras para exprimir minha gratidão por ter conhecido Katja Meirowsky, a última sobrevivente, que se saiba, da Orquestra Vermelha; ela foi localizada por Stefan Roloff. Katja é uma verdadeira força da natureza e uma pintora formidável. Espero que este livro possa contribuir para um grande renascimento do interesse por sua história e sua arte.

Essas pessoas informaram minhas opiniões e corrigiram muitos de meus erros, mas não podem ser consideradas responsáveis pelos equívocos que permaneceram. Esses devem ser vistos como exclusivamente meus.

Tive muita sorte com meus amigos. Cornelia Bessie e Michel, seu marido hoje falecido, ofereceram-me necessários e valiosos conselhos e apoio desde o início. Cornelia tem sido uma pedra de toque para mim tanto a respeito da arte de escrever quando dos mistérios da Alemanha. Também fiquei grata pelo encorajamento de meus colegas na Universidade de Columbia, Seymour Topping e Kenneth Jackson. O trabalho de Aryeh Neier deflagrou muitas das questões exploradas neste livro. Muitos outros amigos, inclusive Jane Owen, Marge Sorensen e Kevin O'Kane, ajudaram-me, com seu interesse, a manter viva a minha fé.

Ofereço meus sinceros agradecimentos aos representantes do consulado da Alemanha em Nova York, que foram muito além de suas obrigações para me ajudar, e exemplares em todos os sentidos. Também agradeço a meus colegas na comunidade de direitos humanos, inclusive o Observatório de Direitos Humanos e o Comitê para a Proteção dos Jornalistas. Este livro nasceu de uma perspectiva de direitos humanos, e esses colegas me ajudaram a conceber uma nova moldura para esses eventos históricos.

Grande parte deste livro baseia-se numa documentação que só agora começa a vir à luz. Os temas de que trato serão afetados por materiais que surgirão mais tarde. Esses são os riscos da profissão, e apenas espero que aqueles que venham depois de mim reconheçam meus esforços bem-intencionados de dar sentido a esta história complicada a partir do material que consegui encontrar.

Agradeço à minha agente Heather Schroeder, na ICM, e à editora Kate Medina, da Random House, que acreditaram neste livro desde o início. Jonathan Jao, da Random House, enriqueceu o manuscrito com suas excelentes notas.

Este livro não teria sido possível sem a pesquisa compilada pelo Memorial da Resistência Alemã (Gedenkstätte Deutscher Widerstand), uma instituição notável. Espero que um número maior de americanos o explore quando visitar Berlim. A Biblioteca Butler, em Columbia, e a Biblioteca Pública de Nova York também ofereceram materiais valiosos. Uma bolsa que recebi da McCloy alimentou minha pesquisa num momento fundamental, e a bolsa da Guggenheim sustentou uma longa e particularmente espinhosa fase do trabalho. Ofereço meus sinceros agradecimentos às fundações, aos fundadores e aos quadros de pessoal.

Sou grata à minha família por viver comigo e com este projeto durante todos esses muitos anos. Meus pais — com os incontáveis tios e tias, primos e aparentados que estiveram presentes durante o período — forneceram-me um quase insaciável interesse por tudo que estivesse relacionado com a Segunda Guerra Mundial. David e Julia foram companhias agradáveis e tolerantes, explorando os lugares assombrados de Berlim e aceitando que eu convertesse a sala da família num arquivo sobre a resistência alemã.

Meu agradecimento mais efusivo vai para George Black. Fui imensuravelmente afortunada por poder me beneficiar de seus conselhos como escritor e de sua perspicácia como editor durante todo este árduo processo. Sua assistência com traduções foi indispensável. Generosamente, ele serviu de caixa de ressonância, crítico e companheiro a cada passo do caminho, desde a estação de trem de Berlim, a Görlitzer Bahnhof, até nosso próprio e privado festival de filme de Erwin Geschonnek. Em grande medida, o que quer que este livro tenha de bom deve-se a ele.

Notas

1. Greta vai para a Amerika

1. Greta Kuckhoff, *Vom Rosenkranz zur Roten Kapelle,* p. 25.
2. Ibid., p. 37.
3. Ibid., p. 23.
4. V. R. Berghahn, *Modern Germany,* p. 71.
5. Otto Friedrich, *Before the Deluge,* p. 52.
6. A Alemanha havia estabilizado sua moeda no ano anterior. Agora, os 500 marcos de Greta valiam cerca de 110 dólares.
7. Kuckhoff, *Vom Rosenkranz zur Roten Kapelle,* p. 45.
8. Shareen Brysac, *Resisting Hitler,* p. 51.
9. Kuckhoff, *Vom Rosenkranz zur Roten Kapelle,* p. 83.
10. Ibid., p. 88.
11. Hans Coppi, Jürgen Danyel e Johannes Tuchel, orgs., *Die Rote Kapelle im Widerstand,* p. 97.

2. Greta e Adam

1. Greta Kuckhoff, *Vom Rosenkranz zur Roten Kapelle,* p. 96, 93.
2. Ibid., p. 94.
3. Os alemães estavam profundamente ressentidos com as exigências dos franceses, mas esses não haviam esquecido as punitivas reparações que a Alemanha extraíra deles depois da Guerra Franco-Prussiana de 1871 nem a devastação da guerra recente.
4. Otto Friedrich, *Before the Deluge,* p. 174.
5. Ibid., p. 301.
6. Kuckhoff, *Vom Rosenkranz zur Roten Kapelle,* p. 98.
7. Ibid., p. 99.

8. Jessner era usualmente mencionado na mesma frase que seus principais rivais: Max Reinhardt, o gênio por trás do Deutsches Theater, e Erwin Piscator, que dominava o teatro popular de Berlim, levando o teatro de vanguarda a operários e moradores de cortiços. Em conjunto, esses três gigantes revolucionaram o teatro ocidental.

9. A posição de dramaturgo teve origem na Alemanha no século XVIII e somente se disseminou nos teatros nos Estados Unidos no final do século XX.

10. Kuckhoff, *Vom Rosenkranz zur Roten Kapelle,* p. 100.

11. Adam Kuckhoff, "Arbeiter und film", em *Fröhlich Bestehn,* p. 106.

12. Friedrich Schiller, *Guilherme Tell,* Ato II, Cena ii.

13. David Eggenberger, *An Encyclopedia of Battles,* p. 7-8.

14. Otto Rudolf, *Memoirs,* Cologne Zentralarchiv für Kriegstheater.

15. Dieter Gòtze, artigo online "Ein Idealist der Linken: Adam Kuckhoff".

16. Detalhes sobre o trabalho de Kuckhoff como editor da *Die Tat* em www.luise-berlin.de, e índice da revista.

17. Soube-se depois que Diederichs estava nos meses finais de uma doença fatal.

18. Nota: Esta é a cronologia fornecida por Regina Griebel, Marlies Coburger e Heinrich Scheel em *Erfasst?,* que coincide com as datas no livro de Greta Kuckhoff, *Vom Rosenkranz zur Roten Kapelle.* Outras fontes situam Adam no teatro um ano mais tarde.

19. Tony Meech, "Brecht's Early Plays", *Cambridge Companion to Brecht,* p. 49.

20. Ilse Brauer e Werner Kayser, *Günther Weisenborn,* p. 68; "Günther Weisenborn", Viktoria Hertling, *Dictionary of Literary Biography.*

21. Ver Meech, *Cambridge Companion to Brecht,* p. xix. Edições anteriores da peça incluem crédito à contribuição de Weisenborn, às vezes como coautor, às vezes como dramaturgo. Poucas das edições modernas reconhecem a participação de Weisenborn; Brecht era conhecido por atrair colaboradores para seus projetos e depois apresentar-se como único autor dos resultados. Ver a introdução de *A Mãe* por Bertolt Brecht, traduzida por Lee Baxandall. A versão anterior de Weisenborn teve como coautor o dramaturgo do Volksbühne, Günther Starki. Outros colaboradores no projeto de Brecht eram o compositor Hanns Eisler e o diretor Slatan Dudow.

22. Martin Esslin, *Brecht: The Man and His Work,* p. 48.

23. Carola perdeu a noite de abertura para poder acompanhar o esposo em seu leito de morte, mas integrou o elenco da versão filmada, e Brecht usou sua foto na capa do trabalho publicado.

24. A peça é também conhecida como *Luise Millerin.* Serviu de base para a ópera de Verdi com o mesmo título.

25. Curt Trepte e Jutta Wardestzky, *Hans Otto.*

26. Ibid., p. 20.

27. Ibid., p. 19.

28. Ibid., depois da p. 80.

29. Hans Otto, reproduzido em ibid., encarte depois da p. 88.

30. Em 1932, o Partido Comunista soviético decretou que o "Realismo Socialista" passava a ser a única estética aceitável. O teatro soviético tornou-se literalista e pedante, e os modernistas comunistas em Berlim caíram em desgraça. Dramaturgos de vanguarda como Brecht haviam aderido ao comunismo como uma forma de rebelião, e acabaram dando com filisteus soviéticos que demandavam um tipo próprio de ortodoxia. Esse paradoxo continuaria a perseguir os artistas comunistas durante todo o século XX.

31. Greta Kuckhoff, *Adam Kuckhoff zum Gedenken,* p. 11.

32. Kuckhoff, *Vom Rosenkranz zur Rote Kapelle,* p. 102.

3. Berlim

1. Mildred Fish à mãe, 18 de outubro de 1930, arquivo do Memorial da Resistência Alemã (Gedenkstätte Deutscher Widerstand), a partir daqui citado como arquivo GDW.

2. Shareen Brysac, *Resisting Hitler,* p. 82-87.

3. Mildred Fish à mãe, 18 de outubro de 1930, arquivo GDW. Naquela noite, Mildred assistiu a uma peça chamada *O círculo de giz,* de um jovem poeta tuberculoso que escreveu com o pseudônimo Klabund. Ele havia morrido precocemente dois anos antes. Sua esposa, Carola Neher, retirou-se para acompanhar os últimos tempos de vida do marido e perdeu o papel principal em *A ópera dos três vinténs.* Em 1925, Max Reinhardt, do Deutsches Theater, produziu a primeira versão da peça de Klabund, na qual Brecht serviu como dramaturgo. Depois da guerra, Brecht escreveu sua própria versão, que chamou de *O círculo de giz caucasiano.*

4. Mildred Fish à mãe, 27 de novembro de 1930, arquivo GDW. Um dos palestrantes era o editor da revista *The Nation,* que viera de Nova York em visita e atualizou Mildred a respeito da crise de desemprego nos Estados Unidos. Ver Brysac, *Resisting Hitler,* p.96.

5. Brysac, *Resisting Hitler,* p. 96.

6. O total na Alemanha era de 562.612, comparados com apenas 51 mil na França e 46 mil na Inglaterra. Gordon A. Craig, "Berlin, the Hauptstadt", *Foreign Affairs,* julho/agosto de 1998, p. 164.

7. David Clay Large, *Berlin,* p. 25.

8. Ibid., p. 26.

9. Durante a década de 1920, a Alemanha publicava cerca de 7 mil periódicos, mais de 4 mil jornais diários e semanais e 30 mil títulos de livros por ano. Oron J. Hale, *The Captive Press in the Third Reich,* p. 1, 143.

10. Ibid., p. 4.
11. Ibid., p. 3.
12. Atualmente, as cidades polonesas de Cztuchów e Walcz.
13. John Sieg, *Einer von Millionen Spricht,* p. 8.
14. Uma década depois, Halfeld era conhecido como um escritor nazista e publicava maçantes textos de prosa antissemita.
15. Sieg, *Einer von Millionen Spricht,* p. 20.
16. Ibid., encaixe após p. 64.
17. *Protokoll des Genossen Hermann Grosse,* 29 de setembro de 1967, arquivo GDW.
18. "Nebel" significa "neblina".
19. Heinrich Scheel, introdução a Sieg, *Einer von Millionen Spricht,* p. 9.
20. Em janeiro de 1924, mês da morte de Lenin, Stalin pediu um encontro privado com representantes dos comunistas alemães em Moscou, extraindo deles informações sobre a estrutura partidária alemã e as melhores formas de controlá-la. Alan Bullock, *Hitler and Stalin,* citando Ruth Fischer, p. 194.
21. Ibid., p. 206.
22. Ibid., p. 426.

4. As massas e a mídia

1. Greta Kuckhoff, *Vom Rosenkranz zur Rote Kapelle,* p. 105.
2. Ibid.
3. O quadro de Leuppi, de 1933, não tem título.
4. Kuckhoff, *Vom Rosenkranz zur Rote Kapelle,* p. 105.
5. Ibid., p. 114.
6. Os social-democratas haviam mudado o governo temporariamente para a cidade de Weimar depois da Primeira Guerra Mundial, tentando evitar os distúrbios civis em Berlim.
7. Mildred Fish à mãe, 29 de outubro de 1931, arquivo GDW.
8. Mildred Fish à mãe, 29 de dezembro de 1928, arquivo GDW.
9. Mildred Fish à mãe, 1º de fevereiro de 1930, arquivo GDW.
10. Mildred Fish à mãe, 18 de outubro de 1930, arquivo GDW.
11. Alexandra Richie, *Faust's Metropolis,* p. 349. A trajetória da sátira política berlinense estava refletida na carreira do compositor Friedrich Holländer. Em 1926, ele podia se dar ao luxo de debochar do sistema político fazendo uma atriz cômica proclamar: "Ponham todos os homens para fora do Reichstag. (...) sua vaidade os cegou. (...) Estão mandando o país todo privada abaixo." Em 1931, aproveitando a onda de sucesso resultante de suas canções para Marlene Dietrich, ele abriu um cabaré chamado *Tingeltangel.* Àquela altura, grande parte do repertório dedicava-se a atacar os nazistas. Uma cançoneta sobre Hitler incluía o refrão: "Mentiroso! Mentiroso! Mentiroso! Mentiro-

so!". Holländer fugiu do país em 1933. Ver http://www.cbs.com/specials/rise_of_evil/cast/hollander.shtml.

12. Peter Fritzche, *Germans into Nazis,* p. 150.

13. Ibid., p. 133.

14. Ibid., p. 189.

15. Detlef Mühlberger, *The Social Bases of Nazism, 1919-1933* (2003), p. 46. Ver também Fritzche, *Germans into Nazis,* p. 188.

16. Fritzche, *Germans into Nazis,* p. 157.

17. Russel Lemmons, *Goebbels and Der Angriff,* p. 36.

18. William Shirer, *The Rise and Fall of the Third Reich (Ascensão e queda do Terceiro Reich,* Ed. Civilização Brasileira, 1962, p. 180-182.

19. Isso pode ser claramente observado em dois pôsteres de campanhas nazistas anteriores a 1933. Um pôster da eleição de 1932 mostra uma grande cruz com uma suástica no centro, propagandeando os "mártires" nazistas que haviam tombado nas batalhas de rua. Outro pôster anterior a 1933 mostra uma figura angelical, parecida com São Jorge, postada ao lado de um nazista e enfiando a espada num dragão identificado com as siglas do Partido Comunista e do Partido Social-Democrata. Ver http: / /www.calvin.edu/academic/cas/gpa/postersl.htm.

20. O manuscrito havia ficado parado durante oito anos antes de ser finalmente lançado em 1929 por Eher Verlag, o editor nazista.

21. Lemmons, *Goebbels and Der Angriff,* p. 37.

22. O termo, tomado emprestado da engenharia elétrica, referia-se ao processo de sincronização de fase entre dois motores.

23. Jan-Christopher Horak, "Prometheus Film Collective".

24. Diário de Goebbels, 10 de outubro de 1939. Citado em Michael H. Kater, "Jazz in the Third Reich", *American Historical Review* 94, n. 1, fevereiro de 1989, p. 31.

5. As coisas desmoronam

1. Citado em Shareen Brysac, *Resisting Hitler,* p. 110.

2. Jonathan Wright, *Gustav Stresemann: Weimar's Greatest Statesman,* p. 211.

3. Regina Griebel, Marlies Coburger e Heinrich Scheel, *Erfasst?,* p. 72.

4. Brysac, *Resisting Hitler,* p. 107.

5. Ibid., p. 107-119.

6. Ibid., p. 110. Ver também Wolfgang Schivelbusch, *The Culture of Defeat,* p. 307. O novo diretor, Friedrich Schönemann, considerava que Walt Whitman [1819-1892], um dos poetas favoritos de Mildred, era um dos "intelectuais perdedores" do Norte porque lastimava o custo humano da Guerra Civil.

7. Brysac, *Resisting Hitler,* p. 110-111.

8. Ibid., p. 117; Griebel, Coburger e Scheel, *Erfasst?,* p. 60.
9. Assim designada em homenagem a Grigori Potemkin, um cortesão de Catarina, a Grande.
10. Brysac, *Resisting Hitler,* p. 117.
11. Ibid., p. 123.
12. Martin Kitchen, *Cambridge Illustrated History of Germany,* p. 253.
13. Richard Evans, *The Coming of the Third Reich,* p. 317.
14. Roderick Stackelberg et al., *The Nazi Germany Sourcebook: An Anthology of Texts,* p. 130-132.
15. Até hoje não se sabe quem foram os responsáveis pelo incêndio.
16. A Reichsbanner era uma organização de massa militante apoiada pelos social-democratas.
17. Citado em Evans, *The Coming of the Third Reich,* p. 330-331.
18. Ibid., p. 331.
19. William Shirer, *Ascensão e queda do Terceiro Reich,* p. 195 do original em inglês.
20. Brysac, *Resisting Hitler,* p. 128.
21. Evans, *The Coming of the Third Reich,* p. 357.
22. Mildred Fish à mãe, 2 de maio de 1933, arquivo GDW.
23. Evans, *The Coming of the Third Reich,* p. 357.

6. A tomada do poder

1. Max Reinhardt morreu em Nova York em 1943. Jessner morreu em Los Angeles em 1945. Piscator morreu na Alemanha Ocidental em 1966.
2. Ilse Brauer e Werner Kayser, *Günther Weisenborn,* p. 68. O dadaísta Richard Hülsenbeck, coautor de Weisenborn, fugiu para Praga no dia seguinte e reinventou-se como "Charles Hubeck," um famoso psicanalista de Nova York.
3. Eric Johnson, *Nazi Terror: The Gestapo, Jews, and Ordinary Germans,* p. 162.
4. Ibid., p. 534.
5. Ibid., p. 162.
6. Lion Feuchtwanger, *The Oppermanns,* p. 279.
7. Shareen Brysac, *Resisting Hitler,* p. 128.
8. 26 de fevereiro [1928?], arquivo GDW.
9. Brysac, *Resisting Hitler,* p. 111.
10. Mildred Fish à mãe, 7 de agosto de 1934, arquivo GDW.
11. Brysac, *Resisting Hitler,* p. 126. Mais tarde, Massing emigrou para os Estados Unidos e lecionou em Columbia e Rutgers; depois da guerra, retornou à Alemanha.
12. Greta Kuckhoff, *Vom Rosenkranz zur Rote Kapelle,* p. 117.
13. Ibid., p. 120.

14. Mannheim fugiu para a Inglaterra, onde se tornou um dos principais intelectuais da Escola de Economia de Londres.

15. Kuckhoff, *Vom Rosenkranz zur Rote Kapelle,* p. 120-121.

16. Regina Griebel, Marlies Coburger e Heinrich Scheel, *Erfasst?,* p. 72.

17. Mordecai Paldiel, *The Path of the Righteous: Gentile Rescuers of Jews During the Holocaust,* p. 170-173.Em 1967, a entidade encarregada da Memória dos Mártires e Heróis do Holocausto (Memorial Yad Vashem, em Jerusalém) reconheceu Wegner (e também Oskar Schindler) como "Justo entre as Nações". Ver também www.yadvashem.org/righteous/index_righteous .html.

18. O relato mais detalhado da experiência de Sieg em Berlim foi publicado depois da guerra por seu amigo Heinrich Scheel (por uma editora da Alemanha Oriental).

19. *The Guardian,* 16 de março de 1933.

20. Reinhard Rürup, *Topography of Terror,* p. 93; John Sieg, *Einer von Millionen Spricht,* p. 10. Haubach, que foi várias vezes preso e mandado para um campo de concentração por suas atividades antinazistas, foi enforcado em Plötzensee em janeiro de 1945.

21. Entrevista com Hermann Grosse, arquivo GDW, p. 3.

22. John Sieg, *Einer von Millionen Spricht,* p. 10. Karl Ernst foi assassinado por seus companheiros nazistas em 1934 durante a "Noite das Facas Longas".

23. Citações de Goebbels e material sobre o rádio em David Welch, *The Third Reich: Politics and Propaganda,* p. 38-39.

24. Conforme noticiado no *Völkischer Beobachter* em 12 de maio de 1933. Esta citação e o material que se segue sobre a queima de livros estão em http://dizzy.library.arizona.edu/images/burnedbooks/goebbels.htm.

25. Robert Gellately, *Backing Hitler,* p. 21.

26. Ibid., p. 58-59.

27. Ver Museu do Holocausto nos Estados Unidos, http://www.ushmm.org/w1c/article.php?lang=en&ModuleId=10005263, gravações filmadas em Oranienburg.

28. Gellately, *Backing Hitler,* p. 59.

29. Albert Speer, *Spandau: The Secret Diaries,* p. 261.

30. Ibid., p. 103.

31. Ibid.

32. Curt Trepte e Jutta Wardetzky, *Hans Otto: Schauspieler und Revolutionär,* p. 131.

33. Citado em ibid., p. 68.

34. Ibid., reproduzido depois da p. 88.

35. Bergner seguiu sua carreira em Londres, Reinhardt em Hollywood e Nova York, com resultados ambíguos. Eles nunca recuperaram o sucesso que haviam desfrutado na Alemanha de Weimar.

36. Klaus Mann, *Mephisto* (*Mefisto*, Ed. Estação Liberdade, 2000), p. 238. Em 1981, uma versão cinematográfica do romance ganhou o Oscar de melhor filme estrangeiro.

37. Trepte e Wardetzky, *Hans Otto*, p. 71.

38. Armin-Gerd Kuckhoff, *Hans Otto Gedenkbuch*, 1948, p. 46.

39. Kuckhoff, *Hans Otto Gedenkbuck*, p. 85-86. Ver também Rürup, *Topography of Terror*, p. 50.

40. Haffner refere-se a Adalbert Matkowsky (1857-1909), um famoso ator alemão que trabalhou em Hamburgo e Berlim.

41. Sebastian Haffner, *Defying Hitler*, p. 195.

42. Kuckhoff, *Hans Otto Gedenkbuch*, p. 91.

7. Negação e conformidade

1. Peter Hoffmann, *The History of the German Resistance*, p. 251.

2. Shareen Brysac, *Resisting Hitler*, p. 131.

3. Richard J. Evans, *The Coming of the Third Reich*, p. 382. Ver também www. britannica.com.

4. Greta Kuckhoff, *Vom Rosenkranz zur Rote Kapelle*, p. 115.

5. Ibid., p. 125

6. Ibid., p. 124-125.

7. Vinogradov era o jovem e charmoso diplomata que logo começaria um turbulento caso amoroso com Martha Dodd, a filha do embaixador americano.

8. Stephen Koch, *Double Lives*, p. 136. Não se tem ideia da identidade de "Faigt".

9. Esses exercícios secretos violavam o Tratado de Versalhes.

10. O autor Stephen Koch reproduz o memorando e especula sobre seu significado em *Double Lives*, seu livro sobre Willi Münzenberg. Mas sua interpretação do memorando inclui inúmeros erros (inclusive a grafia dos nomes de Kuckhoff e de Niedermayer). Ele também associa Vinogradov a Martha Dodd, embora o namoro entre eles só pareça haver começado no ano seguinte. Dada a mistura das identidades políticas dos indivíduos no memorando de Radek, parece que eles representavam uma lista de possíveis contatos, e não agentes soviéticos confirmados. Niedermayer morreu num campo de prisioneiros de guerra soviéticos depois da guerra; Vinogradov e Radek foram executados nos expurgos de Stalin, Vinogradov em 1938 e Radek em 1939.

11. De fato, Thälmann desapareceu em 1933. Foi mantido em confinamento solitário numa série de prisões e campos de concentração durante 11 anos, até ser finalmente fuzilado em Buchenwald em agosto de 1944.

12. Pierre Ayçoberry, *The Social History of the Third Reich*, p. 39.

13. Ver Sergio Bologna, "Nazism and the Working Class," traduzido por Ed Emery. Apresentação feita na Câmara do Trabalho de Milão, 3 de junho de 1993.

14. John Sieg, *Einer von Millionen Spricht,* p. 10; e GDW, http://www.gdwberlin. de /b17/b17-2-flug-e.php.

15. Sieg, *Einer von Millionen Spricht,* p. 11.

16. Evans, *The Coming of the Third Reich,* ilustração após a p. 222.

17. Ver www.calvin.edu/academic/cas/gpa.

18. Ver documentário da BBC de 1992, *Goebbels: Master of Propaganda,* conforme citado em http: //194.3.120.243/humanities/igcsehist/term3/persuasion/resources.htm.

19. *Kuhle Wampe* também foi exibido em Nova York, bem como o filme de propaganda nazista de 1939, *Der Feldzug in Polen,* que provocou aplausos na plateia. Ver Sabine Hake, *Popular Cinema in the Third Reich.*

20. "A Nazi Youth Film," *New York Times,* 7 de julho de 1934.

21. George imediatamente contratou Günther Weisenborn, antigo colaborador seu e de Brecht, como dramaturgo principal.

22. Ronald Taylor, *Berlin and Its Culture,* p. 267.

8. Passando para a clandestinidade

1. Entrevista da autora com Genie Allenby, outubro de 2007.

2. Shareen Brysac, *Resisting Hitler,* p. 125.

3. Ver Museu do Holocausto dos Estados Unidos, http://www.ushmm.org/bonhoeffer/ b3.htm.

4. *Holocaust Encyclopedia,* Museu do Holocausto, ver http://www .ushmm.org/w1c/article.php?lang=en&ModuleId=10005206.

5. Brysac, *Resisting Hitler,* p. 152.

6. Ibid., p. 142.

7. Ibid., p. 147.

8. Nigel Hamilton, *Reckless Youth,* p. 108; e o site da Universidade George Mason, http://hnn.us/articles/697.html. Ver Doris Kearns Goodwin, *The Fitzgeralds and the Kennedys,* p. 470. O jovem Kennedy lutou na Segunda Guerra Mundial e morreu durante uma missão aérea contra os nazistas em 1944.

9. Brysac, *Resisting Hitler,* p. 141.

10. Ibid.

11. Robert Tucker, *Stalin in Power,* p. 275.

12. Brysac, *Resisting Hitler,* p. 156.

13. Ibid, p. 169.

14. http://www.traces.org/marthadodd.html#livingquarters.

15. Greta Kuckhoff, *Vom Rosenkranz zur Rote Kapelle,* p. 189-190.

16. Brysac, *Resisting Hitler,* p. 177, citando correspondência com Maxwell Perkins.

17. Ibid., p. 196.

18. Ibid.
19. Ibid., p. 196-197.
20. Ibid., p. 231.
21. Ibid.

9. O Expresso de Praga

1. Ver arquivos sobre John Sieg, arquivo GDW. Ver também Ian Kershaw, *The Nazi Dictatorship,* p. 208.
2. Giles MacDonogh, *A Good German,* p. 72.
3. Shareen Brysac, *Resisting Hitler,* p. 199.
3. Arquivos sobre John Sieg, arquivo GDW, p. 33-34. John Sieg, *Einer von Millionen Spricht,* introdução.
5. SOPADE Berichte, novembro de 1935, citado em Detlev Peukert, *Inside Nazi Germany: Conformity, Opposition, and Racism in Everyday Life,* p. 64.
6. David Barclay e Eric Weitz, *Between Reform and Revolution,* p. 364.
7. Ver Tim Mason, "The Workers' Opposition in Nazi Germany", *History Workshop Journal,* citando coleção da Biblioteca Wiener, Londres, p. 4-6.
8. Arquivos de John Sieg, arquivo GDW, p. 15-21.
9. John Sieg, *Einer von Millionen Spricht,* p. 11.
10. Ibid., encartes de fotos.
11. Stephan Hermlin, *Die Erste Reihe,* p. 186.
12. Regina Griebel, Marlies Coburger e Heinrich Scheel, *Erfasst?,* p. 154, 240.
13. Hans Coppi e Geertje Andresen, orgs., *Dieser Tod Passt zu Mir,* p. 256.
14. Ibid., p. 243.

10. O clube de cavalheiros

1. Greta Kuckhoff, *Vom Rosenkranz zur Rote Kapelle,* p. 196.
2. Shareen Brysac, *Resisting Hitler,* p. 201.
3. Regina Griebel, Marlies Coburger e Heinrich Scheel, *Erfasst?,* p. 60.
4. Brysac, *Resisting Hitler,* p. 197.
5. Os sindicalistas organizaram jogos alternativos na Ilha Randall, em Nova York.
6. Douglas Chandler, "Changing Berlin", *National Geographic,* fevereiro de 1937, p. 131-170. Durante a Segunda Guerra Mundial, Chandler transmitiu propaganda nazista pelo rádio com o nome de "Paul Revere". Depois da guerra, foi condenado à prisão perpétua.
7. William Dodd Jr. e Martha Dodd, orgs., *Ambassador Dodd's Diary,* p. 430.
8. Ibid., p. 400.
9. Ibid., p. 403.
10. Ibid., p. 414.

11. Martha, a filha de Dodd, privada de seu status, continuou a ter casos com soviéticos e a jogar seus amantes uns contra os outros. Publicou vários livros de sucesso nos Estados Unidos sobre sua experiência em Berlim. Casou-se com um americano rico esquerdista e indispôs-se com o Comitê de Atividades Antiamericanas (HUAC) de Joseph McCarthy após a Segunda Guerra Mundial. O casal fugiu para Praga, onde ela morreu em 1990.

12. https://www.cia.gov/cia/publications/oss/art02.htm. Ver também H. Montgomery Hyde, *Room 3603,* p. 151.

13. No final da década de 1930, Dwight Eisenhower, então um tenente-coronel do exército, fez uma crítica contundente aos oficiais do serviço secreto militar: "Senhores socialmente aceitáveis; poucos conheciam as noções básicas do trabalho de inteligência. Os resultados eram quase totalmente negativos, e a situação era agravada pelo costume de se ter adidos militares durante muitos anos num mesmo posto, em vez de se exigir habilidade para a tarefa, qualificação essencial para alguém ser indicado como chefe da Divisão de Inteligência do Departamento da Guerra." Joseph Persico, *Roosevelt's Secret War,* p. 11.

14. Ver http://cryptome.org/fdr-astor.htm; Jeffery M. Dorwart, "The Roosevelt-Astor Espionage Ring", *New York History, Quarterly Journal of New York State Historical Association* 62, n.3, julho de 1981, p. 307-322.

15. Richard Breitman, *Official Secrets,* p. 24.

16. Kuckhoff, *Vom Rosenkranz zur Rote Kapelle,* p. 182.

17. Ibid., p. 194-195.

18. Ver Theodor Pfizer, "Hans Hartenstein, ein preussischer Schwabe," *Schwäbische Heimat,* nº. 1, 1979. Ver também Kuckhoff, *Vom Rosenkranz zur Rote Kapelle,* p. 172.

19. Griebel, Coburger e Scheel, *Erfasst?,* p. 202.

20. Kuckhoff, *Vom Rosenkranz zur Rote Kapelle,* p. 176-177.

21. Ibid., p. 199.

11. Um país distante

1. Robert H. Keyserlingk, *Austria in World War II: An Anglo-American Dilemma,* p. 43.

2. Robert Gellately, *Backing Hitler,* p. 46. Para os antecedents de Coffey, ver James Allan Matte, *Forensic Psychophysiology Using the Polygraph,* p. 29.

3. Agostino von Hassell e Sigrid MacRae, *Alliance of Enemies,* p. 22.

4. Citado em Allen Dulles, *Germany's Underground,* p. 16.

5. Leopold Trepper, *The Great Game (O grande jogo,* Ed. Portugália, s/d), p. 23. A maior parte dos amigos de Trepper estabeleceu-se na comunidade judaica autônoma de Birobidzhan, que Stalin havia criado na fronteira com a Manchúria. O local atraiu comunistas judeus de todo o mundo, inclusive

da Flórida e da Califórnia. Ver "Stalin's Forgotten Zion," http://www.swarthmore.edu/Home/ News/biro/html/ panel01.html.

6. Robert Tucker, *Stalin in Power*, p. 506. Um dos colegas de sala de Trepper era o iugoslavo Josip Broz, cujo apelido era "Tito". Ver Trepper, *O grande jogo*, p. 38 do original em inglês.

7. Ver Robert Conquest, *The Great Terror* (*O grande terror: os expurgos de Stalin*, Ed. Expressão e Cultura, 1970), p. 485-488.

8. Alexandra Richie, *Faust's Metropolis*, p. 619-620.

9. Ruth Fischer, *Stalin and German Communism*, p. 44. Neumann também ficou conhecido por ordenar o assassinato de dois policiais berlinenses anticomunistas em 1931.

10. Conquest, *O grande terror*, p. 401 do original em inglês.

11. Tucker, *Stalin in Power*, p. 507.

12. Bertolt Brecht, *Journals 1934-1955*, p. 20.

13. Regina Griebel, Marlies Coburger e Heinrich Scheel, *Erfasst?*, p. 240.

14. Conquest, *O grande terror*, p. 402 do original em inglês.

15. Tucker, *Stalin in Power*, p. 510.

16. Stephen Walsh, *Stalingrad: The Infernal Cauldron*, p. 16.

17. Conquest, *O grande terror*, p. 344, 394 do original em inglês.

18. Shareen Brysac, *Resisting Hitler*, p. 214.

19. Ibid., p. 215.

20. Stefan Roloff e Mario Vigl, *Die Rote Kapelle*.

21. Citado em Brysac, *Resisting Hitler*, p. 227.

22. Donald Heath a Sumner Welles, 21 de outubro de 1940, biblioteca FDR, ver http://www.fdrlibrary.marist.edu/psf/box31/t296j05.html. Citado em Roloff e Vigl, *Die Rote Kapelle*, p. 123-124.

23. Citado em Brysac, *Resisting Hitler*, p. 227.

24. Roloff e Vigl, *Die Rote Kapelle*, p. 124. Donald Heath Jr. tornou-se um funcionário do serviço de inteligência dos Estados Unidos e serviu como testemunha dos esforços de Arvid Harnack em benefício dos americanos.

25. Brysac, *Resisting Hitler*, p. 425.

26. Ver John Weitz, *Hitler's Banker*.

27. Brysac, *Resisting Hitler*, p. 425, citando um relatório do Departamento de Estado sobre o tráfego de mensagens de telégrafo de 16 de setembro de 1937, que citava o *Völkischer Beobachter*.

28. Richard Grunberger, *The 12-Year Reich: A Social History of Nazi Germany, 1933-1945*, p. 401-402.

29. Grunberger, *The 12-Year Reich*, p. 402.

30. Peter Hoffmann, *The History of the German Resistance*, p. 252.

31. Terry Parssinen, *The Oster Conspiracy of 1938*. Ver também Hoffmann, *The History of the German Resistance*, p. 90-91, 255; e Brysac, *Resisting Hitler*, p. 299.

32. Parssinen, *The Oster Conspiracy of 1938*, p. 158.

33. Ibid., p. 186.

34. Brysac, *Resisting Hitler,* p. 249.

35. Entrevista da autora com Richard Hottelet, 14 de dezembro de 2006.

36. Donald Heath Jr., citado em Brysac, *Resisting Hitler,* p. 270.

37. Brysac, *Resisting Hitler,* p. 250-251; e Hoffmann, *The History of the German Resistance,* p. 117-119.

12. O jantar

1. Regina Griebel, Marlies Coburger e Heinrich Scheel, *Erfasst?* dizem que a data foi 1939, mas Hans Coppi a situa no outono de 1940.

2. Griebel, Coburger e Scheel, *Erfasst?,* p. 72.

3. Karl-Heinz J. Schoeps, *Literature and Film in the Third Reich,* p. 259.

4. Edwin Zeydel, "A Survey of German Literature During 1937", *Modern Language Journal* 22, n. 7, 1938, p. 516. Zeydel foi muito contido em seu elogio; listou Kuckhoff entre os escritores alemães secundários e considerou que seu romance "tinha muito de um estudo de caso, não podendo ser visto como uma obra de arte".

5. A Tobis Film surgiu de uma empresa maior chamada Deutsche Tonfilm. Em 1928, a Deutsche Tonfilm fundiu-se num conglomerado chamado Tonbild Syndicat, cujo nome foi reduzido para "Tobis". A companhia foi concebida para monopolizar a tecnologia de produção de filmes sonoros na Alemanha. Ver Klaus Kreimeier, *The UFA Story,* p. 179.

6. Ingeborg Malek-Kohler, *Im Windschatten des Dritten Reiches,* p. 144.

7. Perto do final da guerra, Langbehn foi preso, torturado e executado por seu envolvimento no complô de 20 de julho.

8. A Tobis foi totalmente integrada à UFA em 1942, mas ainda produzia seus próprios filmes.

9. Malek-Kohler, *Im Windschatten des Dritten Reiches,* p. 142.

10. Ibid., p. 148-149. O filme de Dorsch lançado em 1936 foi *Die Frau ohne Bedeutung,* uma versão alemã de *Uma mulher sem importância,* de Oscar Wilde.

11. Malek-Kohler, *Im Windschatten des Dritten Reiches,* p. 157-158.

12. Entrevista da autora com Robby Lantz. Gustaf Gründgens, outro favorito de Göring e objeto do desprezo de Klaus Mann, também usava sua influência para ajudar colegas que sofriam sob os nazistas; ver Malek-Kohler, *Im Windschatten des Dritten Reiches,* p. 163. Klaus, filho de Thomas Mann, escrevendo do exílio em Paris, apresenta uma visão sarcástica a respeito de Emmy Göring em seu romance *Mefisto:* "Dizia-se dela, com admiração, que às vezes intercedia junto ao marido a favor de judeus em altas posições sociais; no entanto, os judeus continuavam a ser mandados para campos de concentração. Lotte era chamada de "o Anjo Bom do primeiro-ministro";

no entanto, a crueldade do marido não havia se aplacado desde que ela começara a influenciá-lo."

13. Ver David Clay Large, *And the World Closed Its Doors: The Story of One Family Abandoned to the Holocaust*, p. 111.

14. Malek-Kohler, *Im Windschatten des Dritten Reiches*, p. 182-183.

15. Greta Kuckhoff, *Vom Rosenkranz zur Rote Kapelle*, p. 226; Griebel, Coburger e Scheel, *Erfasst?*, p. 58; Shareen Brysac, *Resisting Hitler*, p. 235.

16. Elsa Boysen, *Harro Schulze-Boysen*, p. 6.

17. Ibid., p. 8-9. Ver também Stefan Roloff e Mario Vigl, *Die Rote Kapelle*, p. 95.

18. Heinz Höhne, *Codeword: Direktor*, p. 158-159.

19. O escritório ficava na Eichhornstrasse, perto da Potsdamer Platz.

20. Kuckhoff, *Vom Rosenkranz zur Rote Kapelle*, p. 227-228; Brysac, *Resisting Hitler*, p. 127.

21. Günther Weisenborn, "Reich Secret", em Eric Boehm, *We Survived*, p. 193.

22. Kuckhoff, *Vom Rosenkranz zur Rote Kapelle*, p. 128.

23. Hans Coppi e Geertje Andresen, orgs., *Dieser Tod Passt zu Mir*, p. 162.

24. Brysac, *Resisting Hitler*, p. 128.

25. Coppi e Andresen, *Dieser Tod Passt zu Mir*, p. 226 — literalmente, *"Man solle die alten Kamellen lassen".*

26. Incluíam o escultor Kurt Schumacher e Walter Küchenmeister. Ver Griebel, Coburger e Scheel, *Erfasst?*, p. 130.

27. Malek-Kohler, *Im Windschatten des Dritten Reiches*, p. 160.

28. Thomas Doherty, *Pre-Code Hollywood: Sex, Immorality, and Insurrection in American Cinema, 1930-1934*, p. 94, 385.

29. Brysac, *Resisting Hitler*, p. 233; Hans Coppi e Johannes Tuchel, *Libertas Schulze-Boysen und die Rote-Kapelle*, p. 10.

30. A indústria cinematográfica americana parecia tolerar isso: "A atitude quanto à questão é que as empresas americanas não podem se dar ao luxo de perder o mercado alemão, quaisquer que sejam as inconveniências com as mudanças de pessoal", noticiou a revista *Variety*. Doherty, *Pre-Code Hollywood*, p. 94.

31. Coppi e Tuchel, *Libertas Schulze-Boysen und die Rote Kapelle*, p. 13.

32. Coppi e Andresen, *Dieser Tod Passt zu Mir*, p. 206, 212.

33. Ibid., p. 228.

34. Ibid., p. 229-230.

35. Malek-Kohler, *Im Windschatten des Dritten Reiches*, p. 184.

36. Ibid., p. 159.

37. Ibid.

38. Depois da guerra, Göring disse a seus entrevistadores em Nuremberg: "Hitler não gostava de esculturas em madeira, mas era um entusiasta de bronze ou pedra. Eu prefiro madeira. Hitler era um alemão do sul — um austríaco, na

verdade —, e eu era mais influenciado pela minha ancestralidade do norte da Alemanha." Leon Goldensohn, *The Nuremberg Interviews* (*As entrevistas de Nuremberg*, Companhia das Letras, 2005), p. 106.

39. Höhne, *Codeword: Direktor,* p. 167.

40. Weisenborn, *Memorial,* p. 183; Sigrid Bock e Manfred Hahn, *Erfahrung Nazideutschland,* p. 255.

41. A peça de Weisenborn *Die Neuberin,* escrita sob o nome "Christian Munk", foi um grande sucesso. Teve uma versão cinematográfica estrelada por Käthe Dorsch, a atriz que, seduzindo Göring, conseguiu permissão para judeus deixarem o país e para o casamento dos Engelsings.

42. Griebel, Coburger e Scheel, *Erfasst?,* p. 168.

43. Ver Malek-Kohler, *Im Windschatten des Dritten Reiches.*

44. Coppi e Andresen, *Dieser Tod Passt zu Mir,* p. 256.

45. Ibid. Ver também Wulf Koepke, "Günther Weisenborn's Ballad of his Life," em Neil Donahue e Doris Kirchner, orgs., *Flight of Fantasy,* p. 235. Toda a Alemanha estava aferrada à metáfora da epidemiologia. Outro exemplo foi o clássico de 1938, *La Habanera,* dirigido por Douglas Sirk e estrelado por Zarah Leander e Ferdinand Marian. O filme mostra cientistas alemães superando seus rivais da Fundação Rockefeller e conseguindo vencer uma epidemia em Porto Rico.

46. Günther Weisenborn, *Memorial,* p. 212-214. Citado em Wulf Koepke, "Günther Weisenborn's Ballad of his Life," Neil Donahue e Doris Kirchner, orgs., *Flight of Fantasy,* p. 246, fn. 13.

47. Coppi e Andresen, *Dieser Tod Passt zu Mir,* p. 244.

13. A festa de aniversário

1. Hans Coppi e Geertje Andresen, orgs., *Dieser Tod Passt zu Mir,* p. 237. Ver também Regina Griebel, Marlies Coburger e Heinrich Scheel, *Erfasst?,* p. 58-59. Dissel sobreviveu à guerra e tornou-se um importante astro do cinema na Alemanha Oriental. Alguns de seus melhores filmes *(Naked Among Wolves, The Gleiwitz Case, The Architects)* tratavam de temas ligados à resistência ou à dissidência.

2. Coppi e Andresen, *Dieser Tod Passt zu Mir,* p. 229.

3. Ibid., p. 252. Ver também Shareen Brysac, *Resisting Hitler,* p. 237.

4. Coppi e Andresen, *Dieser Tod Passt zu Mir,* p. 252-253.

5. Brysac, *Resisting Hitler,* p. 238.

6. Stefan Roloff e Mario Vigl, *Die Rote Kapelle,* p. 104.

7. Hans Sussmann, "Errinerungen des KPD-Mitglieds Hans Sussmann", Deutsches Historisches Museum, www.dhm.de/lemo/forum/kollektives-gedaechtnis/ 043/index.html.

8. Coppi e Andresen, *Dieser Tod Passt zu Mir*, p. 240, 255.

9. Roloff e Vigl, *Die Rote Kapelle*, p. 104.

10. Griebel, Coburger e Scheel, *Erfasst?*, p. 130.

11. "Nós somos os soldados da turfa" (*We are the peat bog soldiers*) foi gravado por Norman Luboff, pelos cantores folclóricos Theodore Bikel e Tom Glazer, e por Ernst Busch, entre muitos outros.

12. David Barclay e Eric Weitz, *Between Reform and Revolution*, p. 366.

13. Griebel, Coburger e Scheel, *Erfasst?*, p. 100. Langhoff tornou-se uma das principais figuras do teatro alemão do pós-guerra e era chamado de "o Gustaf Gründgens comunista". Ver Wolfgang, Schivelbusch, *In a Cold Crater*, capítulo 3.

14. Coppi e Andresen, *Dieser Tod Passt zu Mir*, p. 270.

15. Günther Weisenborn, "Reich Secret", em Eric Boehm, *We Survived*, p. 195.

16. Coppi e Andresen, *Dieser Tod Passt zu Mir*, p. 270.

17. Embora a promoção tenha sido bem recebida, não era sinal de um favor especial. Harro levou cinco anos para chegar ao posto de tenente, um progresso nada excepcional num período de rápida expansão militar.

18. Weisenborn, "Reich Secret", em Eric Boehm, *We Survived*, p. 192.

19. Coppi e Andresen, *Dieser Tod Passt zu Mir*, p. 275.

20. Roloff e Vigl, *Die Rote Kapelle*, p. 104.

21. Robert Tucker, *Stalin in Power*, p. 603.

22. Ibid., p. 606-607, e Michael Burleigh, *The Third Reich*, p. 669.

23. Robert Conquest, *O grande terror*, p. 402 do original em inglês.

24. Ruth Fischer, *Stalin and German Communism*, p. 446, 605.

25. "Poland: Misery, Pride and Fear Call the Tune for the Post-War State Called Poland," *Life*, 29 de agosto de 1938, p. 46-56.

26. Coppi e Andresen, *Dieser Tod Passt zu Mir*, p. 277.

27. George Kennan, *Memoirs, 1925-1950*, p. 108.

28. Coppi e Andresen, *Dieser Tod Passt zu Mir*, p. 278-280.

29. Hugo Buschmann, citado em Coppi e Andresen, *Dieser Tod Passt zu Mir*, p. 280.

14. A Frente Interna

1. John Waller, *The Unseen War in Europe*, p. 17.

2. William Shirer, *Ascensão e queda do Terceiro Reich*, p. 596 do original em inglês.

3. Richard Breitman, *Official Secrets*, p. 84.

4. Peter Hoffmann, *The History of the German Resistance*, p. 265.

5. Terry Parssinen, *The Oster Conspiracy of 1938*, p. 7.

6. Hoffmann, *The History of the German Resistance*, p. 103.

7. Shareen Brysac, *Resisting Hitler*, p. 228; e Giles MacDonogh, A *Good German*, p. 235. Entrevistas da autora com Genie Allenby e Rainer von Harnack.

8. Brysac, *Resisting Hitler,* p. 258.

9. Ibid., p. 259.

10. Ibid., p. 240.

11. Eric Boehm, *We Survived,* p. xviii.

12. Nicholaus Wachmann, *Hitler's Prisons,* p. 56. Durante os 14 anos do governo de Weimar, houve 1.141 sentenças de morte, mas somente 184 pessoas foram executadas, e muitos líderes influentes defendiam a abolição da pena de morte. Ver também Brigitte Oleschinski, *Gedenkstätte Plötzensee,* p. 15.

13. Brysac, *Resisting Hitler,* p. 226.

14. Stefan Roloff e Mario Vigl, *Die Rote Kapelle,* p. 124.

15. Welles era sobrinho e homônimo do famoso abolicionista Senador Charles Sumner.

16. Colhido numa rede de intrigas a respeito de sua vida pessoal, Welles foi forçado a abandonar o Departamento de Estado alguns anos depois.

17. Donald Heath a Sumner Welles, 21 de outubro de 1940, Biblioteca FDR (online), caixa 31.

18. Russell S. Garner, "My Brush with History", *American Heritage Magazine,* setembro/outubro de 1990. Quando era um jovem agente do FBI, Garner seguiu Trott até o Monumento a Washington, em Mount Vernon, e a uma convenção pacifista e, de repente, Trott o abordou na rua, "com um sorriso divertido de quem sabia das coisas" e lhe perguntou como chegar à embaixada alemã. "Nossa investigação não produziu nenhuma evidência indicando que ele tivesse se engajado em atividades subversivas quando estava em Washington, (...) pela muito boa razão de que era um dedicado antinazista e um jurado inimigo de Adolf Hitler, um fato que só fui saber muito tempo depois da guerra", escreveu ele.

19. Ver "Restless Conscience" por Hava Beller, PBS. Ver também Hoffmann, *The History of the German Resistance,* p. 117-119. Trott escreveu um memorando sobre a situação alemã, que foi ignorado pelo governo Roosevelt. Um exilado alemão, editor de um jornal, tentou ajudá-lo a publicar uma versão em *The Atlantic,* mas o esforço também falhou.

20. Em 1944, Trott tentou marcar uma reunião com o embaixador soviético na Suécia por meio do sociólogo Gunnar Myrdal. Ver Walter A. Jackson, *Gunnar Myrdal and America's Conscience,* p. 184. Ver também memórias de Zechlin, arquivo GDW; Brysac, *Resisting Hitler,* p. 106, 319.

21. Hoffmann, *The History of the German Resistance,* p. 252.

22. George Kennan, *Memoirs,* p. 118. Kennan lamentou sua posição anos depois e, tal como Allen Dulles, escreveu que os Estados Unidos haviam perdido uma importante oportunidade de trabalhar com a resistência alemã. Kennan acreditava que toda a política dos Estados Unidos havia se baseado num con-

junto de premissas falsas que enfatizavam a necessidade de pôr a Alemanha "em seu devido lugar", descartando a possibilidade de trabalhar com alemães antifascistas para salvar vidas e evitar calamidades.

23. Leopold Trepper, *O grande jogo*, p. 102-103 do original em inglês.
24. Brysac, *Resisting Hitler*, p. 280; David Murphy, *What Stalin Knew*, p. 97.
25. Michael Burleigh, *The Third Reich*, p. 669.
26. Regina Griebel, Marlies Coburger e Heinrich Scheel, *Erfasst?*, p. 61. Ver também Roloff e Vigl, *Die Rote Kapelle*, p. 115-116.
27. Greta Kuckhoff, *Vom Rosenkranz zur Rote Kapelle*, p. 236-237.
28. Ibid., p. 238.
29. Brysac, *Resisting Hitler*, p. 270.
30. Roloff e Vigl, *Die Rote Kapelle*, p. 121.
31. Kuckhoff, *Vom Rosenkranz zur Rote Kapelle*, p. 260.
32. O diretor de *Glenarvon*, Max Kimmich, frequentemente contratava Adam para escrever diálogos. A carreira de Kimmich havia disparado depois de ele se casar com a irmã mais nova de Joseph Goebbels. Ver Kuckhoff, *Vom Rosenkranz zur Rote Kapelle*, p. 261.
33. Ibid.

15. "A Nova Ordem"

1. Arquivo John Sieg, arquivo GDW, p. 31.
2. John Sieg, *Einer von Millionen Spricht*, prefácio.
3. Greta Kuckhoff, *Vom Rosenkranz zur Rote Kapelle*, p. 259.
4. Entrevista com Hermann Grosse, arquivo GDW, p. 7.
5. Kuckhoff, *Vom Rosenkranz zur Rote Kapelle*, p. 274.
6. Ver Stefan Roloff, e Mario Vigl, *Die Rote Kapelle*, p. 85.
7. Graudenz foi elogiado na revista *Scribner* em 1939.
8. Ver Bauhaus-Archiv, http://www.bauhaus.de/english/bauhausl919/kunst/kunst_mappe_gropius.htm.
9. Entrevista da autora com Karin Graudenz Reetz, novembro de 2007.
10. Regina Griebel, Marlies Coburger e Heinrich Scheel, *Erfasst?*, p. 98-99, 106-107.
11. Entrevista da autora com Sophie Templar-Kuh, fevereiro de 2007.
12. Terry Parssinen, *The Oster Conspiracy of 1938*, p. 172-173.
13. Agostino von Hassell e Sigrid MacRae, *Alliance of Enemies*, p. 79.
14. John Waller, *The Unseen War in Europe*, p. 126. Ver também Joachim Fest, *Plotting Hitler's Death*, p. 141.
15. Entrevistado em "Restless Conscience" (documentário) por Hava Kovav Beller.
16. Allen Dulles, *Germany's Underground*, p. 60-61.
17. Parssinen, *The Oster Conspiracy of 1938*, p. 174.

18. Ver Anne O'Hare McCormick, "Four Capitals of Destiny", *New York Times Magazine*, 23 de abril de 1939.

19. William Shirer, *Berlin Diary* (*Diário de Berlim* (Ed. Record, 1970), p. 336.

20. Ibid., p. 451.

21. Ibid., p. 460-601.

22. Waller, *The Unseen War in Europe*, p. 154-156.

23. Hans Coppi e Geertje Andresen, orgs., *Dieser Tod Passt zu Mir*, p. 301; Ingeborg Malek-Kohler, *Im Windschatten des Dritten Reiches*.

24. Coppi e Andresen, *Dieser Tod Passt zu Mir*, p. 304-305.

25. Ibid., p. 304.

26. Alexander Kirk a Marguerite LeHand, 19 de junho de 1940, www.fdrlibrary. marist .edu/box31/a296g07.html.

27. Como escreveu Doris Kearns Goodwin, "Os [Estados Unidos] careciam de uma indústria bélica. Sua capacidade industrial estava voltada para a produção de carros, máquinas de lavar e geladeiras, áreas nas quais tinham a liderança mundial". *No Ordinary Time*, p. 23.

28. Philip Knightley, *The First Casualty*, p. 260.

29. Marie Vassiltchikov, *The Berlin Diaries*, p. 22.

30. Brigitte Oleschinski, *Gedenkstätte Plötzensee*, p. 22.

31. O Instituto de Anatomia e Biologia da Universidade Friedrich Wilhelm ficava perto da Escola de Medicina do Hospital de Caridade. Ver http://www .charite. de/ch/presse/chronik/chrengl2.html.

16. Todos os mais loucos rumores possíveis

1. Marie Vassiltchikov, *The Berlin Diaries*, entrada de 15 de janeiro de 1940.

2. Ver Tadeusz Piotrowski, *Poland's Holocaust*, p. 23-24.

3. Agostino von Hassell e Sigrid MacRae, *Alliance of Enemies*, p. 77.

4. Joachim Fest, *Plotting Hitler's Death*, p. 116-118.

5. Citado em Giles MacDonogh, *A Good German*, p. 208.

6. Blaskowitz passou o resto da guerra na frente ocidental. Foi preso como um criminoso pequeno de guerra em Nuremberg, mas morreu em circunstâncias misteriosas enquanto esperava o julgamento. Mais tarde, Stieff foi promovido a major-general. Juntou-se à conspiração de 20 de julho contra Hitler e foi torturado e executado em 1944. Ver Fest, *Plotting Hitler's Death*, e MacDonogh, *A Good German*. Outros generais que protestaram contra os assassinatos cometidos pelos *Einsatzkommandos* incluíam Walter von Brautitsch, Wilhelm Ulex e Wilhelm von Leeb. Ver von Hassell e MacRae, *Alliance of Enemies*, p. 77.

7. William Shirer, *Diário de Berlim*, p. 542-543 do original em inglês.

8. *Deutsche Wochenschau*, 16 de outubro de 1940.

9. Stefan Roloff e Mario Vigl, *Die Rote Kapelle,* p. 125.

10. Ibid., p. 108, e Hans Coppi e Geertje Andresen, orgs., *Dieser Tod Passt zu Mir,* p. 315.

11. Coppi e Andresen, *Dieser Tod Passt zu Mir,* p. 315.

12. Ver Ansgar Diller, org., *Rundfunkpolitik im Dritten Reich.* Munique, DTV, 1980.

13. Hans Coppi, Jürgen Danyel e Johannes Tuchel, orgs., *Die Rote Kapelle in Widerstand gegen den Nationalsozialismus,* p. 110-112; e Shareen Brysac, *Resisting Hitler,* p. 262-268.

14. David Murphy, *What Stalin Knew,* p. 262.

15. Ibid., p. 208.

16. Coppi, Danyel e Tuchel, *Die Rote Kapelle,* p. 112.

17. Murphy, *What Stalin Knew,* p. 102.

18. Coppi e Andresen, *Dieser Tod Passt zu Mir,* p. 313-314.

19. Shareen Brysac, *Resisting Hitler,* p. 283.

20. Murphy, *What Stalin Knew,* p. 97.

21. Ibid.

22. Ibid., p. 257.

23. O nome foi inspirado num monarca do século XII, Frederico I, chamado de "Barbarossa". Ele governou o Sacro Império Romano e expandiu seu território através de conquistas.

24. Murphy, *What Stalin Knew,* p. 97; e Brysac, *Resisting Hitler,* p. 272.

25. Coppi e Andresen, *Dieser Tod Passt zu Mir,* p. 320.

26. Ibid.

27. Ibid., p. 322.

17. O caminho para Barbarossa

1. As citações seguintes dos relatórios de Harnack e Schulze-Boysen são de David Murphy, *What Stalin Knew,* p. 99-101.

2. Hans Coppi e Geertje Andresen, orgs., *Dieser Tod Passt zu Mir,* p. 320.

3. Ibid., p. 324.

4. Hans Coppi, Jürgen Danyel e Johannes Tuchel, *Die Rote Kapelle im Widerstand gegen den Nationalsozialismus,* p. 113. Ver também Agostino von Hassell e Sigrid MacRae, *Alliance of Enemies.*

5. Murphy, *What Stalin Knew,* p. 167-169; ver também p. 97.

6. Coppi, Danyel e Tuchel, *Die Rote Kapelle,* p. 114.

7. Ibid.

8. Alan Bullock, *Hitler and Stalin,* p. 707.

9. 12 de março de 1941, Coppi, Danyel e Tuchel, *Die Rote Kapelle,* p. 115.

10. Ibid., p. 119.
11. Ibid., p. 122-123.
12. Bullock, *Hitler and Stalin,* p. 779.
13. Coppi e Andresen, *Dieser Tod Passt zu Mir,* p. 336.
14. Ibid., p. 329-330.
15. Coppi, Danyel e Tuchel, *Die Rote Kapelle,* p. 128.
16. Coppi e Andresen, *Dieser Tod Passt zu Mir,* p. 328.
17. Shareen Brysac, *Resisting Hitler,* p. 286.
18. Memorando de Merle Cochran para o secretário Morgenthau, 8 de maio de 1941.
19. Greta Kuckhoff, *Vom Rosenkranz zur Rote Kapelle,* p. 276.
20. Ibid., p. 279.
21. Brysac, *Resisting Hitler,* p. 285.
22. Kuckhoff, *Vom Rosenkranz zur Rote Kapelle,* p. 280.
23. Brysac, *Resisting Hitler,* p. 287.
24. Ibid., p. 286; Stefan Roloff e Mario Vigl, *Die Rote Kapelle,* p. 34.
25. Kuckhoff, *Vom Rosenkranz zur Rote Kapelle,* p. 284-285. Carl von Ossietsky (1889-1938), um jornalista pacifista, foi um dos primeiros a criticar os nazistas. Recebeu o Prêmio Nobel da Paz quando ainda estava preso num campo de concentração, e morreu pouco depois.
26. Murphy, *What Stalin Knew,* p. 100.
27. Ibid.
28. Coppi, Danyel e Tuchel, *Die Rote Kapelle,* p. 133; Regina Griebel, Marlies Coburger e Heinrich Scheel, *Erfasst?,* p. 131. Schumacher estava na Terceira Companhia do Batalhão 662.
29. Griebel, Coburger e Scheel, *Erfasst?,* p. 84-85; Coppi e Andresen, *Dieser Tod Passt zu Mir,* p. 336.
30. Coppi e Andresen, *Dieser Tod Passt zu Mir,* p. 336.
31. Griebel, Coburger e Scheel, *Erfasst?,* p. 166.
32. Brysac, *Resisting Hitler,* p. 245.
33. Ibid., p. 277.
34. Murphy, *What Stalin Knew,* p. 101.
35. Coppi, Danyel e Tuchel, *Die Rote Kapelle,* p. 137.
36. Murphy, *What Stalin Knew,* p. 101.
37. Coppi e Andresen, *Dieser Tod Passt zu Mir,* p. 336; e Coppi, Danyel e Tuchel, *Die Rote Kapelle,* p. 137.
38. Murphy, *What Stalin Knew,* p. xv.
39. Michael Burleigh, *The Third Reich,* p. 485-487, 492.
40. Murphy, *What Stalin Knew,* p. 163.
41. Ibid.

42. Bullock, *Hitler and Stalin,* p. 792.
43. Burleigh, *The Third Reich,* p. 492.
44. Murphy, *What Stalin Knew,* p. 259.
45. Kuckhoff, *Vom Rosenkranz zur Rote Kapelle,* p. 290-291.
46. Brysac, *Resisting Hitler,* p. 435. Os três eram Rose Schlösinger, Karl Behrens e Leo Skrzypczynski. Tinham passados políticos distintos; conheceram-se nas aulas noturnas de Mildred Harnack e entraram no grupo.
47. Brysac, *Resisting Hitler,* p. 290.
48. Ibid.
49. Coppi, Danyel e Tuchel, *Die Rote Kapelle,* p. 137. Ver também Brysac, *Resisting Hitler,* p. 290.
50. Griebel, Coburger e Scheel, *Erfasst?,* p. 84-85. Entrevista da autora com Hans Coppi, 21 de novembro de 2007, arquivo GDW.

18. Outros mundos

1. John H. Waller, *The Unseen War in Europe,* p. 198.
2. Joseph Persico, *Roosevelt's Secret War,* p. 98-99.
3. Roessler chefiou a Deutsches Bühnen-Volksbundes, ou Associação Alemã do Teatro, durante a administração do ministro prussiano da Cultura, Adolf Grimme, amigo de Adam Kuckhoff. As publicações de Roessler continham inúmeras citações de Kuckhoff. Ver Gaetano Biccari, *"Zuflucht des Geistes?": Konservativrevolutionäre, faschistische und nationalsozialistische,* p. 65.
4. Roessler sobreviveu à guerra, mas levou para o túmulo as identidades de seus contatos militares. Os arquivos da inteligência revelam nada mais que codinomes e patentes no exército alemão e na força aérea. Pelo menos um historiador militar suíço, Hans Rudolf Kurz, explorou a possibilidade de que Harro Schulze-Boysen fosse uma das fontes de Roessler, baseando-se numa publicação de Roessler de 1941, *The War Scenario and the Conditions for the War's Conduct,* escrita com o pseudônimo "R. A. Hermes". Kurz sugeriu que o livro correspondia às áreas de especialidade militar de Harro e ecoava sua idiossincrática teoria da atividade revolucionária antifascista. Ver R. A. Hermes, *Die Kriegesschauplatze und die Bedingungen der Kriegführung* (Lucerna: Vita-Nova-Verlag, 1941); Hans Rudolf Kurz, *Nachrichten Zentrum Schweiz: Die Schweiz im Nachrichtendienst des zweiten Weltkriegs,* p. 39-40. Gilles Perrault, o autor francês do livro *L'Orchestre Rouge* (*A Orquestra Vermelha*), de 1967, descarta a ideia de Harro como Hermes, e assim também o faz o especialista alemão Hans Coppi.
5. Persico, *Roosevelt's Secret War,* p. 101.
6. Depois de conquistada a União Soviética, Hitler planejava voltar sua atenção novamente para a conquista da Inglaterra. Os nazistas compuseram uma

"lista de inimigos" com 2.300 ingleses marcados para prisão ou execução sob a ocupação alemã. A maior parte era composta de judeus. Outros incluíam Virginia Woolf, E. M. Forster e Noël Coward. Ver *The Independent,* 3 de março de 2000.

7. Os nazistas argumentaram que não estavam legalmente obrigados a oferecer tratamento humano aos prisioneiros soviéticos porque a União Soviética não havia ratificado a Convenção de Genebra sobre Prisioneiros de Guerra (1929) nem se comprometido com as Regras da Guerra da Convenção de Haia (1907). Ver http://www.ushmm.org/wlc/ article.php?lang=en& ModuleId=10007183.

8. A *Kommissarbefehl* de Hitler datada de 6 de junho de 1941 foi cancelada em 6 de maio de 1942 com o argumento de que produzira um efeito contrário ao esperado, pois aumentava a determinação dos soviéticos de resistir.

9. Cerca de 30 mil soldados da Wehrmacht foram executados pelos notórios tribunais militares durante a guerra por ofensas que incluíam ajuda a judeus, crítica ao regime e deserção. Ver "Germany Considers Rehabilitating Soldiers Executed for Treason" (A Alemanha considera reabilitar soldados executados por traição), Spiegel Online, 29 de junho de 2007.

10. Ver http://www.einsatzgruppenarchives.com/trials/fsix.html para as acusações pós-guerra.

11. As ordens de prisão instruíam a polícia a visar "judeus ricos", e muitos prisioneiros judeus foram libertados mediante o pagamento de resgates.

12. Entrevista da autora com Hans Coppi, 22 de novembro de 2007, GDW. Ver também http: / /www.ushmm.org/wlc/article.php?lang=en& ModuleId=10007183.

13. (a) http://www.chgs.umn.edu/Visual_Artistic_Resources/Public_Holocaust_Memorials/Sachsenhausen_Concentration_Ca/Introduction_Sachsenhausen_/introduction_sachsenhausen_.html. (b) http://www.ushmm.org/wlc/article.php?lang=en&ModuleId=10007183.

14. Ver George Rosenthal, "The Evolution of Tattooing in the Auschwitz Concentration Camp Complex", http://www.chgs.umn.edu/Educational _Resources/Curriculum/Auschwitz_Tattooing/auschwitz_tattooing.html.

15. Ver http://www.ushmm.org/wlc/article.php?lang=en&ModuleId =10007183. Ver também Mark Roseman, *The Wannsee Conference,* p. 42.

16. http://www.ushmm.org/wlc/article.php?lang=en&ModuleId =10007178.

17. Greta Kuckhoff, *Vom Rosenkranz zur Rote Kapelle,* p. 275.

18. Howard K. Smith, "Berlin: Autumn 1941", *Reporting World War II: Part I,* Library of America, 1995, p. 226.

19. Regina Griebel, Marlies Coburger e Heinrich Scheel, *Erfasst?,* p. 120. Stefan Roloff e Mario Vigl, *Die Rote Kapelle,* p. 42-43.

20. Roloff e Vigl, *Die Rote Kapelle*, p. 42-43.

21. A mãe de Kuttner foi assassinada em Auschwitz, mas ela e o irmão sobreviveram e emigraram para o Queens. Annemarie Klimmeck *née* Kuttner, 16 de outubro de 1963 (arquivo Roloff). Entrevistas com a família Roloff. Ver também Roloff e Vigl, *Die Rote Kapelle*, p. 49ff.

22. Entrevista publicada em Norbert Molkenbur e Klaus Hörhold, *Oda Schottmüller: Tänzerin, Bildhauerin Antifaschistin, Eine Dokumentation*, p. 44-46.

23. Ver também Griebel, Coburger e Scheel, *Erfasst?*, p. 90.

24. Tim van Beek, citado em Roloff e Vigl, *Die Rote Kapelle*.

25. Ver John Michalczyk, *Resisters, Rescuers, and Refugees*, p. 72-74.

26. Entrevista da autora com Katja Casella Meirowsky, Pankow, 18 de novembro de 2007.

27. Griebel, Coburger e Scheel, *Erfasst?*, p. 193.

28. Sobreviveu apenas um único exemplar, do número 15. Ver http://www.gdw-berlin.de/b17/b17-2-flug-e.php.

29. James Edward Young, *Texture of Memory*, p. 42.

30. *Memorial Zwangsarbeiter* na Hermannstrasse, em Neukölln.

31. Kuckhoff, *Vom Rosenkranz zur Rote Kapelle*, p. 259.

32. Ibid.

33. Leopold Trepper, *O grande jogo*, p. 102 do original em inglês.

34. Ibid., p. 140.

35. Ibid., p. 97.

36. O marido de Suzanne Spaak colecionava as obras de René Magritte, que pintou um delicado retrato dela em 1936. Suzanne foi presa pelos alemães por causa de seu trabalho para Trepper e assassinada em 1944, 13 dias antes da libertação de Paris.

37. Trepper, *O grande jogo*, p. 134 do original em inglês.

38. Ibid., p. 99-100.

39. Ibid., p. 147.

40. Ibid., p. 139.

41. Roloff e Vigl, *Die Rote Kapelle*, p. 135.

42. Shareen Brysac, *Resisting Hitler*, p. 306-307.

43. Kuckhoff, *Vom Rosenkranz zur Rote Kapelle*, p. 311.

44. Ibid., p. 308-309.

45. Tratava-se do "Grupo Arier", que incluía Ilse Stöbe, a jornalista e membro do KPD que vinha trabalhando para a inteligência soviética desde 1929. Seu grupo também tinha dificuldade de manter contato com Moscou após a invasão. Ver Griebel, Coburger e Scheel, *Erfasst?*, p. 86.

46. Trepper, *O grande jogo*, p. 132 do original em inglês.

47. Brysac, *Resisting Hitler*, p. 308-310.

48. Ibid., p. 312.

49. Richard Breitman, *Official Secrets,* p. 241.

50. Ibid., p. 104.

51. Ian Kershaw, *Hitler: 1936-1945: Nemesis,* p. 453.

52. Ibid., p. 442.

53. Ibid.

54. Waller, *The Unseen War in Europe,* p. 211.

55. Hans Coppi e Geertje Andresen, orgs., *Dieser Tod Passt zu Mir,* p. 342.

56. Ibid., p. 343.

57. Ibid., p. 344.

58. George Kennan, *Memoirs,* p. 136-137. Kennan, que servia como um tipo de conselheiro no campo, comentou que seus colegas passavam o tempo reclamando sobre as rações de alimentos que recebiam, iguais às dos civis alemães.

59. Griebel, Coburger e Scheel, *Erfasst?,* p. 158, 160.

60. Kuckhoff, *Vom Rosenkranz zur Rote Kapelle,* p. 297.

61. Brysac, *Resisting Hitler,* p. 304.

62. Coppi e Andresen, *Dieser Tod Passt zu Mir,* p. 345.

63. Kuckhoff, *Vom Rosenkranz zur Rote Kapelle,* p. 314-318. Para passagens sobre a visita de Ingeborg Engelsing, ver Ingeborg Malek-Kohler, *Im Windschatten des Dritten Reiches,* p. 215.

19. "Angústia com o futuro da Alemanha"

1. Ver "UFA Kulturfilm", Instituto de Cinema Alemão, Frankfurt, www.film-portal.de.

2. Hans Coppi e Johannes Tuchel, *Libertas Schulze-Boysen und die Rote Kapelle,* p. 14.

3. Ibid., p. 14-16. Ver também Heinz Höhne, *Codeword: Direktor,* p. 178.

4. Ingeborg Malek-Kohler, *Im Windschatten des Dritten Reiches,* p. 211. Baarova de fato desapareceu, até que foi redescoberta décadas mais tarde por Fassbinder e participou do elenco de *As lágrimas amargas de Petra von Kant.*

5. Ibid., p. 168.

6. Ibid., p. 143.

7. Ibid., p. 210.

8. Morgan morreu em 1938 e Grünbaum morreu em janeiro de 1941.

9. *Time Magazine,* 9 de março de 1942.

10. Ver entrada sobre Gottschalk e o cinema alemão em http://www.umass.edu/defa/filmtour/sjmarriage.shtml.

11. Malek-Kohler, *Im Windschatten des Dritlen Reiches,* p. 163. Incluíam Erich Ziegler, Paul Henckels e Theo Lingen.

12. Ibid.
13. Ibid., p. 162.
14. Anthony Bevor, *The Mystery of Olga Chekhova*, p. 152.
15. Heinz Höhne, *Codeword: Direktor,* p. 171.
16. Greta Kuckhoff, *Vom Rosenkranz zur Rote Kapelle,* p. 157-158.
17. Christopher Browning e Jürgen Matthaus, *The Origins of the Final Solution,* p. 410.
18. Mark Roseman, *The Wannsee Conference and the Final Solution,* p. 149.
19. Kuckhoff, *Vom Rosenkranz zur Rote Kapelle,* p. 309-310.
20. Shareen Brysac, *Resisting Hitler,* p. 299.
21. Allen Dulles, *Germany's Underground,* p. 73. Desconhece-se em que medida os grupos Schulze-Boysens e Canaris/Dohnanyi sabiam dos esforços paralelos um do outro para criar o arquivo. Havia diversas figuras que se movimentavam entre os dois círculos, incluindo Albrecht Haushofer, um professor de geopolítica, e Werner von Trott. O diário de Canaris foi capturado pela Gestapo e supostamente destruído.
22. Brysac, *Resisting Hitler,* p. 437.
23. "Die Sorge um Deutschlands Zukunft geht durch das Volk!", panfleto do arquivo GDW, inverno de 1941-42.
24. Hans Coppi e Geertje Andressen, orgs., *Dieser Tod Passt zu Mir,* p. 349.
25. Entrevista com Helmut Roloff, "A Orquestra Vermelha" (documentário).
26. Stefan Roloff e Mario Vigl, *Die Rote Kapelle,* p. 70.
27. Coppi e Andresen, *Dieser Tod Passt zu Mir,* p. 350.

20. A *Antiwelle*

1. Entrevista com Sophie Sieg, arquivos John Sieg, arquivo GDW.
2. Entrevista com Max Grabowski, 8 de fevereiro de 1967, arquivo GDW.
3. Entrevista da autora com Hans Coppi, novembro de 2007.
4. Greta Kuckhoff, *Vom Rosenkranz zur Rote Kapelle,* p. 315-317.
5. Ibid., p. 307.
6. Richard Breitman, *Official Secrets,* p. 48.
7. Ibid., p. 92, 98.
8. Ibid., p. 54.
9. Ibid., p. 48.
10. Ibid., p. 111.
11. Shareen Brysac, *Resisting Hitler,* p. 299.
12. Ver Beatrix Herlemann, *Auf verlornenem Posten: Kommunistischer Widerstand im Zweiten Weltkrieg: Die Knöchel Organisation,* p. 44, 64 e 104. Ver também *Der Friedenskämpfer, Sonderausgabe Juni 1942,* do arquivo GDW.

13. Regina Griebel, Marlies Coburger e Heinrich Scheel, *Erfasst?*, p. 103.

14. Kuckhoff, *Vom Rosenkranz zur Rote Kapelle*, p. 319.

15. Günther Weisenborn, "Reich Secret", em Eric Boehm, *We Survived*, p. 195.

16. Ibid. Ver também Griebel, Coburger e Scheel, *Erfasst?*

17. Günther Weisenborn, "Reich Secret", em Eric Boehm, *We Survived*, p. 194.

18. Ver Arquivo da Propaganda Alemã, Randall Bytwerk, http://www.calvin.edu/academic/cas/gpa/paradise.htm.

19. Kuckhoff, *Vom Rosenkranz zur Rote Kapelle*, p. 318.

20. Griebel, Coburger e Scheel, *Erfasst?*; "Die Rote Kapelle", www.gdw-berlin.de.

21. "Die Rote Kapelle", www.gdw-berlin.de.

22. Entrevista da autora com Hans Coppi, novembro de 2007.

23. Kuckhoff, *Vom Rosenkranz zur Rote Kapelle*, p. 321.

24. Griebel, Coburger e Scheel, *Erfasst?*, p. 279.

25. Hans Höhne e Geertje Andresen, orgs., *Dieser Tod Passt zu Mir*, p. 360.

26. Heinz Mime, *Codeword: Direktor*, p. 209.

27. Coppi e Andresen, *Dieser Tod Passt zu Mir*, p. 361. Ver também Griebel, Coburger e Scheel, *Erfasst?*, p. 176.

28. O comboio PQ17, que partiu da Islândia para Murmansk em 27 de junho de 1942, perdeu dois terços de seus 34 navios mercantes em pouco mais de uma semana. Ver o site da Marinha Mercante dos Estados Unidos, www.usmm.org.

29. Heinrich Scheel, *Vor den Schranken des Reichskriegsgerichts*.

30. Harro também falou com Werner von Trott, cujo irmão diplomata, Adam von Trott, estava profundamente envolvido na conspiração. Talvez tivesse sido melhor para Harro falar com Adam, que estava promovendo a ideia de uma ampla frente única. Werner von Trott, um aristocrata comunista, defendia a noção de "migração interior", ou seja, permanecer na Alemanha, mas afastar-se da sociedade. Ele tinha uma relação de conflito com o irmão ativista. Ver Giles MacDonogh, *A Good German*.

31. Egmond Zechlin, "Arvid und Mildred Harnack zum Gedächtnis", arquivo GDW.

32. MacDonogh, *A Good German*, p. 264.

33. Spoerl relatou que eles também trabalharam com os produtores de documentários Wolf e Edith Hardt. Wolf Hardt havia sido um dos câmeras de Leni Riefenstahl para seu documentário sobre os Jogos Olímpicos de 1936.

34. Brysac, *Resisting Hitler*, p. 448.

35. Alexander Spoerl, "Memoir of Libertas Schulze-Boysen", arquivo GDW.

36. Karl Hess, declaração, arquivos John Sieg, arquivo GDW.

37. De acordo com alguns relatos, eles levavam dois rádios.

38. Brysac, *Resisting Hitler*, p. 314.

39. Ibid.

21. Crime e castigo

1. Ingeborg Malek-Kohler, *Im Windschatten des Dritten Reiches,* p. 193.
2. A atriz era Reva Holsey e o diretor era Oscar Ingenohl. Ver Heinz Höhne, *Codeword: Direktor,* p. 223.
3. Ibid.
4. Ver Alexander Spoerl, "Memoir of Libertas Schulze-Boysen", arquivo GDW; e Greta Kuckhoff, *Vom Rosenkranz zur Rote Kapelle,* p. 321-325.
5. Malek-Kohler, *Im Windschatten des Dritten Reiches,* p. 195.
6. Poznanska havia sido recrutada por Leopold Trepper num kibutz da Palestina havia mais de uma década. O Estado de Israel concedeu a ela uma condecoração póstuma por haver lutado contra os nazistas. Ver Neri Livneh, "A Woman Called Zosha", *Ha'aretz,* 25 de abril de 2003.
7. Shareen Brysac, *Resisting Hitler,* p. 315.
8. Ibid., p. 318.
9. Stefan Roloff e Mario Vigl, *Die Rote Kapelle,* p. 153.
10. Hans Coppi e Geertje Andresen, orgs., *Dieser Tod Passt zu Mir,* p. 371.
11. Höhne, *Codeword: Direktor,* p. 230-231.
12. Kuckhoff, *Vom Rosenkranz zur Rote Kapelle,* p. 326.
13. Roloff e Vigl, *Die Rote Kapelle,* p. 155.
14. Regina Griebel, Marlies Coburger e Heinrich Scheel, *Erfasst?,* p. 131.
15. Günther Weisenborn, "Reich Secret", em Eric Boehm, *We Survived,* p. 192.
16. Höhne, *Codeword: Direktor,* p. 241.
17. Brysac, *Resisting Hitler,* p. 338.
18. Memórias "Bezirksleutung", p. 43, arquivos John Sieg, arquivo GDW.
19. Höhne, *Codeword: Direktor,* p. 231.
20. Ibid., p. 232-233.
21. Roloff e Vigl, *Die Rote Kapelle,* p. 195.
22. Höhne, *Codeword: Direktor,* p. 240. Ver também Peter Steinbach e J. Tuchel, orgs., *Lexikon des Widerstandes.*
23. Brysac, *Resisting Hitler,* p. 342. Ver também Höhne, *Codeword: Direktor,* p. 240.
24. Spoerl, "Memoir of Libertas Schulze-Boysen", arquivo GDW.
25. Weisenborn, "Reich Secrets", em Boehm, *We Survived,* p. 201-202.
26. Entrevista com Karin Graudenz Reetz, "A Orquestra Vermelha" (documentário).
27. Kuckhoff, *Vom Rosenkranz zur Rote Kapelle,* p. 348, 357ff.
28. Höhne, *Codeword: Direktor,* p. 245.
29. Entrevista com Johannes Haas-Heye, "A Orquestra Vermelha" (documentário).
30. Martin Gilbert, *The Second World War,* p. 332.

31. Höhne, *Codeword: Direktor*, p. 247.

32. Ibid., p. 252-254.

33. Brysac, *Resisting Hitler*, p. 340.

34. Entrevista com Helmut Roloff, "A Orquestra Vermelha" (documentário).

35. Höhne, *Codeword: Direktor*, p. 263-265.

36. Entrevista com Johannes Tuchel "A Orquestra Vermelha" (documentário).

37. Brysac, *Resisting Hitler*, p. 351-352.

38. Höhne, *Codeword: Direktor*, p. 269.

39. Ibid.

40. Entrevista com Hartmut Schulze-Boysen, "A Orquestra Vermelha" (documentário).

41. Egmont Zechlin, "Arvid und Mildred Harnack zum Gedächtnis", arquivo GDW.

42. Höhne, *Codeword: Direktor*, p. 271-272.

43. *Ernst von Harnack: Jahre des Widerstands 1932-1945*, Gustav-Adolf von Harnack, org., p. 158.

44. Ibid.

45. Höhne, *Codeword: Direktor*, p. 282.

46. Spoerl, "Memoir of Libertas Schulze-Boysen", arquivo GDW.

47. Richard Breitman, *Official Secrets*, p. 156.

48. Allen Dulles, *Germany's Underground*, p. 125.

49. R. W. Johnson, "Cads, a review of Persico, *Roosevelt's Secret War*", *London Review of Books*, 4 de abril de 2002.

50. Lucas Delattre, *A Spy at the Heart of the Third Reich*.

51. Coppi e Andresen, *Dieser Tod Passt zu Mir*, p. 361.

52. Höhne, *Codeword: Direktor*, p. 275.

53. Ibid., p. 276.

54. Kuckhoff, *Vom Rosenkranz zur Rote Kapelle*, p. 364, 373ff.

55. Ibid., p. 373.

56. Ibid.

57. Ibid., p. 383

58. Griebel, Coburger e Scheel, *Erfasst?*; entrevista da autora com Hans Coppi, 7 de agosto de 2003.

59. David Murphy, *What Stalin Knew*, p. 90.

60. Material sobre Falk Harnack em correspondência com Rainer von Harnack, 19 de setembro de 2007. Katerina Kritsiki, *Der Anteil deutscher Antifaschisten am Widerstandskampf des griechischen Volkes im zweiten Weltkrieg*; carta do dr. Günter Groll para Richarda Huch, 31 de maio de 1947 (documentos Harnack/Roloff). Ver também entrevista com Käthe Braun, *Neues Deutschland*, 3 de fevereiro de 1993, p. 3.

61. "Die Rote Kapelle," www.gdw-berlin.de.

62. Kuckhoff, *Vom Rosenkranz zur Rote Kapelle*, p. 386.
63. Griebel, Coburger e Scheel, *Erfasst?*, p. 354.
64. "Power, Responsibility and Abuse in Medicine: Lessons from Germany", William E. Seidelman, em Rochelle L. Millen, (org.), *The Holocaust: A New Guide for Educators*, p. 327.   Brigitte Oleschinski, *Gedenkstätte Plötzensee*, p. 28, 46-47. Ver também Doris Claudia Mandel, *Die Zähmung des Chaos*, p. 138. Stieve nunca foi investigado por suas ações, e era um pesquisador médico muito prestigiado na Alemanha Oriental até sua morte, em 1952.
65. Brysac, *Resisting Hitler*, p. 394.
66. Kuckhoff, *Vom Rosenkranz zur Rote Kapelle*, p. 391.

22. Os sobreviventes

1. Peter Hoffmann, *The History of the German Resistance*, p. 293.
2. Terry Parsinnen, *The Oster Conspiracy of 1938*, p. 179; Hava Kovav Beller, "The Restless Conscience" (documentário).
3. Hava Kovav Beller, "The Restless Conscience" (documentário).
4. Agostino von Hassell e Sigrid MacRae, *Alliance of Enemies*, p. 343.
5. Giles MacDonogh, A *Good German*, p. 230-231.
6. Eric Boehm, *We Survived*, p. xviii.
7. Ver Hoffmann, *The History of the German Resistance*, p. 510-523.
8. Poelchau também participou ativamente das atividades de resistência. Ajudou muitos dos prisioneiros, secretamente levando mensagens a suas famílias. Também vasculhava lugares bombardeados procurando documentos de identidade que depois seriam adotados por judeus. Ver também Peter Schneider, "The Good Germans", *New York Times Magazine*, 13 de setembro de 2000; e Ian Kershaw, *Hitler: 1936-1945: Nemesis*, p. 693.
9. Greta Kuckhoff, *Vom Rosenkranz zur Rote Kapelle*, p. 418.
10. Entrevista da autora com Saskia von Brockdorff, Berlim, novembro de 2007.
11. Robert Solomon Wistrich, *Who's Who in Nazi Germany*, p. 137.
12. Günther Weisenborn, "Reich Secret", em Boehm, *We Survived*, p. 210.
13. Hans Coppi e Geertje Andresen, orgs., *Dieser Tod Passt zu Mir*, p. 373-374.
14. Schneider, "The Good Germans", *New York Times Magazine*.
15. Boehm, *We Survived*, p. xviii.
16. Ibid., p. xxi.
17. Shareen Brysac, *Resisting Hitler*, p. 384.
18. Quatro foram absolvidos, um morreu durante o julgamento e outro teve o julgamento anulado devido a uma doença grave.
19. Esses julgamentos serviram de base para a peça apresentada na Broadway, *O julgamento de Nuremberg*, cuja versão para o cinema, com Spencer Tracy e Marlene Dietrich, ganhou um Oscar em 1961.

20. William Shirer, *The End of a Berlin Diary* (*Fim do diário de Berlim*, Ed. Record*)*, p. 223.

21. Ibid., p. 224.

22. Ibid., p. 357.

23. Ibid., p. 356.

24. Norman Goda, "Tracking the Red Orchestra: Allied Intelligence, Soviet Spies, Nazi Criminals", em Richard Breitman, et al., *U.S. Intelligence and the Nazis,* p. 298-299.

25. Ver "Reversal of Fortune: Robert Kempner", http://www.ushmm.org/wlc/ article.php?lang=en&ModuleId=10007164. Numa virada da sorte, Kempner, que no passado havia sido um assessor legal da polícia prussiana, conduziu o julgamento de Hermann Göring, o homem que o havia demitido em 1933 por atividades antinazistas. Göring tomou cianureto antes do dia marcado para seu enforcamento, em outubro de 1946.

26. Regina Griebel, Marlies Coburger e Heinrich Scheel, *Erfasst?*, p. 203.

27. Richard Cutler, *Counterspy*, p. 64.

28. Essas incluíam Marie Terwiel, Cato Bontjes van Beek, Hilde Coppi e Liane Berkowitz. As imensas instalações da Rádio Berlim, que antes se chamava Rádio Reichs, de Goebbels, onde Günther Weisenborn havia trabalhado, estava agora em mãos soviéticas. Ver Markus Wolf, *Man Without a Face* (*O homem sem rosto*, Ed. Record, 1997), p. 38.

29. Allen Dulles, *Germany's Underground,* p. 100.

30. Os próprios registros de Dulles eram ambíguos. Ele recebeu algumas das primeiras informações a respeito do Holocausto e, privadamente, expressou seu sofrimento pelo destino dos judeus. Mas aconselhou que as notícias não fossem tornadas públicas para não provocar o antissemitismo nos Estados Unidos e na Inglaterra. Ver introdução à nova edição de *Germany's Underground.*

31. Arquivo Greta Kuckhoff, arquivo GDW.

32. Major Earl S. Browning, memorando do Corpo de Contrainteligência do Exército dos Estados Unidos, 28 de agosto de 1947, National Archives.

33. Major Earl Browning, memorando do CIC, 20 de maio de 1948, National Archives.

34. Goda, "Tracking the Red Orchestra", em Breitman et al., *U.S. Intelligence and the Nazis,* p. 299.

35. Ibid.

36. Ibid., p. 301.

37. Ibid., p. 302.

38. Barbie permaneceu na Bolívia de 1951 até 1983. Finalmente, foi extraditado para a França e morreu numa prisão francesa em 1991. Ver Ted Morgan, "The Barbie File," *New York Times Magazine,* 10 de maio de 1987, e "Klaus Barbie, 77, Lyons Gestapo Chief," obituário, *New York Times,* 26 de setembro de 1991.

39. Memorando reproduzido em Breitman, et al., *U.S. Intelligence and the Nazis,* p. 305.

40. Ver Paul Brown, "Report on the IRR File on The Red Orchestra," http:/ / www.archives.gov/iwg/research-papers/red-orchestra-irr-file.html.

41. Brysac, *Resisting Hitler,* p. 385-386.

42. Goda, "Tracking the Red Orchestra" em Breitman et al., *U.S. Intelligence and the Nazis,* p. 302.

43. Manfred Roeder, *Die Rote Kapelle: Europäische Spionage,* p. 13, 33-36.

44. Stefan Roloff e Mario Vigl, *Die Rote Kapelle,* p. 332.

45. Ver Giles Perrault, *A Orquestra Vermelha.*

46. Goda, "Tracking the Red Orchestra", em Breitman et al., *U.S. Intelligence and the Nazis,* p. 314-315. A justiça de Nuremberg não foi necessária para o juiz nazista Roland Freisler, o "juiz da forca" do Tribunal Popular. Freisler havia sido o flagelo da resistência alemã, condenando à morte mais de 2 mil prisioneiros, inclusive os jovens do movimento Rosa Branca e grande número dos militares conspiradores de 20 de julho. Em fevereiro de 1945, apenas três meses antes do final da guerra, um ataque aéreo dos Aliados a Berlim atingiu o tribunal onde Freisler se encontrava, e ele morreu esmagado nos escombros. Tinha nas mãos a pasta de uns dos conspiradores de 20 de julho, que, assim, escapou da execução.

47. Harold Marcuse, *Legacies of Dachau,* p. 98.

48. Michael Burleigh, *The Third Reich,* p. 805.

49. Edith Anderson, *Love in Exile,* p. 64.

23. A vida num clima frio

1. Citado em Ronald Taylor, *Berlin and Its Culture,* p. 288.

2. "Günther Weisenborn", em Viktoria Hertling, *Dictionary of Literary Biography* (2005-06).

3. Günther Weisenborn, *Memorial,* p. 267.

4. Nas décadas seguintes, Staudte colaborou em diversos projetos de filmes tanto com Weisenborn quanto com Falk Harnack, na Alemanha Oriental e também na Ocidental.

5. Rosemarie Reichwein, citado em *Courageous Hearts: Women and the Anti-Hitler Plot of 1944* by Dorothee von Meding, p. 97.

6. Ibid., p. 94-95.

7. Ibid., p. 88.

8. Freya von Moltke, citado em von Meding, *Courageous Hearts,* p. 69.

9. Allen Dulles, *Germany's Underground,* p. 22.

10. Entrevista da autora com Rainer von Harnack, outubro de 2007.

11. Greta Kuckhoff, *Adam Kuckhoff zum Gedenken,* p. 11.

12. Ver Edith Anderson, *Love in Exile,* p. 66, e entrevista com Saskia von Brockdorff em novembro de 2007.

13. Shareen Brysac, *Resisting Hitler,* p. 386.

14. Houve experiências diversas. Depois do início da guerra, os prisioneiros políticos em geral eram menos maltratados que os prisioneiros judeus. Em alguns casos, prisioneiros políticos em campos de concentração abusavam dos prisioneiros judeus e os exploravam. Em outros casos, os protegiam, ajudavam e colaboravam com eles.

15. Michael Burleigh, *The Third Reich,* p. 512. Este número horrendo ainda está muito abaixo da taxa de soviéticos que morreram como prisioneiros na Alemanha. Ver Alon Rachamimov, *POWs and the Great War,* p. 107.

16. Markus Wolf, *O homem sem rosto,* p. 40 do original em inglês.

17. Dulles, *Germany's Underground,* p. 76.

18. Burleigh, *The Third Reich,* p. 803.

19. Wolf, *O homem sem rosto,* p. 65 do original em inglês.

20. O caso do comunista americano em questão, Noel Field, permanece um mistério. Ver Anderson, *Love in Exile,* e *Time Magazine,* 19 de novembro de 1954.

21. Em 1956, um tribunal da Alemanha Ocidental havia decidido contra a punição do juiz que o condenara à morte, argumentando que ele havia agido para "defender o direito do Estado de se preservar". Ver Alan Cowell, "After 50 Years, German Court Exonerates Anti-Hitler Pastor," *New York Times,* 16 de agosto de 1996.

22. Para dados adicionais sobre o tratamento do Holocausto na Alemanha Oriental, ver Jeffrey Herf, *Divided Memory.*

23. Regina Griebel, Marlies Coburger e Heinrich Scheel, *Erfasst?,* p. 71.

24. Documentos sobre Greta Kuckhoff, arquivo GDW.

25. Ou "Notenbank". Ver http://www.politeia.uni-bonn.de/archiv/ kuckhoff/ kuckhoff al3.html.

26. Entrevista da autora com Hans Coppi, novembro de 2007.

27. Ver Wolf, *O homem sem rosto,* p. 61-62 do original em inglês.

28. Peter Thomson e Glendyr Sacks, *Cambridge Companion to Brecht,* citando as *Elegias de Buckow* (ca 1953), p. 215. Em 1954, um dos jovens protegidos de Brecht, Martin Pohl, foi preso sob falsa acusação de anarquismo; ele sofreu abusos e foi condenado a quatro anos de prisão. O dramaturgo empenhou-se intensamente para libertá-lo e ficou enfurecido com o relato de Pohl sobre o tratamento que recebera da Stasi. Brecht morreu subitamente dois anos mais tarde. Pouco depois, o chefe interino da Stasi fez um discurso secreto denunciando Brecht e sua intenção de registrar uma queixa sobre o tratamento

dado a Pohl. Algumas pessoas da Alemanha Oriental chegaram a suspeitar de que a Stasi tivesse tido alguma participação em sua morte. Ver Peter von Becker, "Erich Mielke und des Dichters Herzschlag," *Tagesspiegel*, 14 de agosto de 2006.

29. *Washington Post*, 20 de julho de 1958.
30. Arquivos da Open Society, http://www.osa.ceu.hu/files/ holdings/ 300/8/3/ text / 24-1-12.shtml.
31. Joanne Sayner, *Women Without a Past?: German Autobiographical Writings and Fascism*, p. 236.
32. Ver Wolf, *O homem sem rosto*, p. 56-57 do original em inglês.
33. Heinz Höhne, *Codeword: Direktor*, p. 336.
34. Ibid., p. 333-334.
35. Ibid., p. 329.
36. Ibid., p. 262.
37. Ibid., p. 263.
38. Wolf, *O homem sem rosto*, p. 341 do original em inglês.
39. Ibid., p. 342.
40. Hans Coppi e Geertje Andresen, orgs., *Dieser Tod Passt zu Mir*, p. 13-17. Entrevista com Stefan Roloff, setembro de 2008.
41. Entrevistas de Greta Kuckhoff com Biernat, arquivos de Greta Kuckhoff, arquivo GDW.
42. O filme da Alemanha Oriental foi lançado em 1971. A série de televisão de Höhne foi ao ar em 1972.
43. Arquivos de Greta Kuckhoff, arquivo GDW.
44. Wolf, *O homem sem rosto*, p. 114 do original em inglês.
45. "Bemerkungen zum Manuskript von Genossin", Greta Kuckhoff, dezembro de 1971, arquivo GDW.
46. Ibid., p. 12, 14.
47. Ibid., p. 28.
48. "Bemerkungen zum Manuskript von Genossin", Greta Kuckhoff, dezembro de 1971, arquivo GDW.
49. Greta Kuckhoff, "Begegnung mit dem Siebten Kreuz Über Anna Seghers", p. 151, em Anna Seghers, *The Seventh Cross*, p. 427.

Epílogo: Aos que nasceram depois

1. Regina Griebel, Marlies Coburger e Heinrich Scheel, *Erfasst?*, p. 171.
2. Marcus Wolf, *O homem sem rosto*, p. 208 do original em inglês. Ver também http://www.wilsoncenter.org/index.cfm?topic_id=1409 & fuseaction=topics. item&news_id=105150.

3. A anistia de 1955, aplicada aos "cidadãos soviéticos que deram assistência aos invasores estrangeiros na Grande Guerra Patriótica de 1941-1945". Ver http://www.peoples.ru/military/scout/gurevich/.

4. *"Günther Weisenborn," em Victoria Hertling, Dictionary of Literary Biography.*

5. De "An die Nachgeborenen," em Bertolt Brecht *Werke: Gedichte 2. Vol. 12,* p. 85-87.

Bibliografia selecionada

Livros

Accoce, Pierre e Pierre Quet. *A Man Called Lucy, 1939-45*. Coward-McCann, Inc., Nova York, 1966.

Anderson, Edith. *Love in Exile: An American Writer's Memoir of Life in Divided Berlin*. Steerforth Press, Hanover, N.H., 1999.

Andrew, Christopher e Vasili Mitrokhin. *The Sword and the Shield: The Mitrokhin Archive and the Secret History of the KGB*. Basic Books, Nova York, 2000.

Ayçoberry, Pierre. *The Social History of the Third Reich*. The New Press, Nova York, 1999.

Barclay, David E. e Eric D. Weitz, orgs. *Between Reform and Revolution: German Socialism and Communism from 1840 to 1990*. Berghahn Books, Oxford e Nova York, 1998.

Baum, Vicki. *Grand Hotel*. International Collectors Library, Garden City, 1957. (*Grande Hotel*). Ed. Abril Cultural, 1974)

_____. *Hotel Berlin '43*. Doubleday, Doran & Company, Nova York, 1944. (*Hotel Berlim*, Ed. Globo, Porto Alegre, 1944).

Berghahn, V. R. *Modern Germany: Society, Economy and Politics in the Twentieth Century*. Cambridge University Press, Cambridge, 1987.

Biccari, Gaetano. *"Zuflucht des Geistes"?: Konservativ-revolutionäre, fascistische and nationalsozialistische*. Gunter Narr Verlag, Tübingen, 2001.

Blumenthal, W. Michael. *The Invisible Wall: Germans and Jews, a Personal Exploration*. Counterpoint, Washington, 1998.

Bock, Sigrid e Manfred Hahn. *Erfahrung Nazideutschland: Romane in Deutschland 1933-1945*. Aufbau Verlag, Berlim e Weimar, 1987.

Boehm, Eric H. *We Survived: Fourteen Histories of the Hidden and Hunted in Nazi Germany*. Westview Press, Boulder, Colo., 2003.

Boysen, Elsa. *Harro Schulze-Boysen: Das Bild eines Freiheitskämpfers.* Komet-Verlag, Dusseldorf, 1947.

Brauer, Ilse e Werner Kayser. *Günther Weisenborn.* Hans Christians Verlag, Hamburgo, 1971.

Brecht, Bertolt. *Journals, 1934-1955.* Routledge, Nova York, 1993.

———. *Werke: Gedichte 2. Vol. 12,* Aufbau Verlag, Berlim, 1988.

Breitman, Richard, Norman J. W. Goda, Timothy Naftali e Robert Wolfe. *U.S. Intelligence and the Nazis.* Cambridge University Press, Nova York, 2005.

———. *Official Secrets: What the Nazis Planned, What the British and Americans Knew.* Hill and Wang, Nova York, 1998.

Breuer, William. *Top Secret Tales of World War II.* Wiley & Sons, Nova York, 2000.

Browning, Christopher R. e Jürgen Matthaus. *The Origins of the Final Solution: The Evolution of Nazi Jewish Policy, September 1939—March 1942.* University of Nebraska Press, Lincoln, Neb., 2007.

Brysac, Shareen Blair. *Resisting Hitler: Mildred Harnack and the Red Orchestra.* Oxford University Press, Nova York, 2000.

Bullock, Alan. *Hitler and Stalin: Parallel Lives.* Vintage Books, Nova York, 1993.

Burleigh, Michael. *The Third Reich: A New History.* Hill and Wang, Nova York, 2000.

Carr, E. H. *The Comintern and the Spanish Civil War.* Macmillan, Londres e Basingstoke, 1984.

Ceplair, Larry. *Under the Shadow of War: Fascism, Anti-Fascism, and Marxists, 1918-1939.* Columbia University Press, Nova York, 1987.

Conquest, Robert. *The Great Terror: A Reassessment.* Oxford University Press, Nova York, 1990. (*O grande terror: os expurgos de Stalin.* Ed. Expressão e Cultura, 1970).

Coppi, Hans. *Harro Schulze-Boysen — Wege in den Widerstand: Eine biographische Studie.* Verlag Dietmar Fölbach, Koblenz, Alemanha, 1995.

Coppi, Hans e Geertje Andresen. *Dieser Tod Passt zu Mir: Harro Schulze-Boysen, Genzgänger im Widerstand.* Aufbau-Verlag, Berlim, 1999.

Coppi, Hans, Jürgen Danyel e Johannes Tuchel, orgs. *Die Rote Kapelle im Widerstand gegen den Nationalsozialismus.* Gedenkstätte Deutscher Widerstand, Berlim, 1994.

Coppi, Hans e Johannes Tuchel. *Libertas Schulze-Boysen und die Rote Kapelle.* Gedenkstätte Deutscher Widerstand, Berlim (s.d.).

Cutler, Richard W. *Counterspy: Memoirs of a Counter-Intelligence Officer in World War II and the Cold War.* Potomac Books, Dulles, Va., 2005.

Delattre, Lucas. *A Spy at the Heart of the Third Reich: The Extraordinary Story of Fritz Kolbe.* Atlantic Monthly Press, Nova York, 2005.

Dodd, Martha. *Sowing the Wind.* Harcourt, Brace & Co., Nova York, 1945.

———. *Through Embassy Eyes.* Harcourt, Brace & Co., Nova York, 1939.

Dodd, William E. Jr. e Martha Dodd, orgs. *Ambassador Dodd's Diary.* Harcourt, Brace & Co., Nova York, 1941.

Doherty, Thomas. *Pre-Code Hollywood: Sex, Immorality, and Insurrection in American Cinema, 1930-1934*. Columbia University Press, Nova York, 1999.

Donahue, Neil e Doris Kirchner, orgs. *Flight of Fantasy: New Perspectives of Inner Immigration on German Literature, 1933-1945*. Berghahn Books, Nova York e Oxford, 2005.

Dulles, Allen. *Germany's Underground*. MacMillan, Nova York, 1947.

Eggenberger, David. *An Encyclopedia of Battles*. Dover Books, Mineola, N.Y., 1985.

Esslin, Martin. *Brecht: The Man and His Work*. Doubleday, Nova York, 1961.

Evangelischen Akademie Berlin (Ocidental) Im Evangelischen Bildungswerk. *In der Gestapo-Zentrale Prinz-Albrecht-Strasse 8: Berichte ehemaliger Häftlinge*. Evangelischen Akademie Berlin (Ocidental), 1989.

Evans, Richard J. *The Coming of the Third Reich*. The Penguin Press, Nova York, 2004.

Fest, Joachim C. *Plotting Hitler's Death*. Macmillan, Nova York, 1997.

Feuchtwanger, Lion. *The Oppermanns*. Carroll & Graf, Nova York, 2001.

Fischer, Ruth. *Stalin and German Communism*. Harvard University Press, Cambridge, Mass., 1948.

Fleming, Thomas. *The New Dealers' War: FDR and the War Within World War II*. Basic Books, Nova York, 2001.

Foner, Philip Sheldon. *The T.U.E.L. 1925-1928: A History of the Labor Movement in the United States*. International Publishers Co., Long Island City, N.Y., 1994.

Friedrich, Otto. *Before the Deluge: A Portrait of Berlin in the 1920s*. Harper & Row, Nova York, 1972.

Fritzche, Peter. *Germans into Nazis*. Harvard University Press, Cambridge, Mass., 1999.

Gellately, Robert. *Backing Hitler: Consent and Coercion in Nazi Germany*. Oxford University Press, Nova York, 2001.

Gilbert, Martin. *The Second World War*. Macmillan, Londres, 2004.

Goldensohn, Leon. *The Nuremberg Interviews*. Random House, Nova York, 2005. (*As entrevistas de Nuremberg*, Companhia das Letras, 2005).

Gollwitzer, Helmut, Käthe Kuhn e Reinhold Schneider, orgs. *Dying We Live: The Last Messages of Men and Women Who Resisted Hitler and Were Martyred*. Pantheon, Nova York, 1956.

Goodwin, Doris Kearns. *The Fitzgeralds and the Kennedys: An American Saga*. Macmillan, Nova York, 1991.

————. *No Ordinary Time*. Simon & Schuster, Nova York, 1995.

Griebel, Regina, Marlies Coburger e Heinrich Scheel. *Erfasst? Das Gestapo-Album zur Roten Kapelle*. Audioscop, Halle, 1992.

Grunberger, Richard. *The 12-Year Reich: A Social History of Nazi Germany, 1933-1945*. Da Capo Press, Cambridge, Mass., 1995.

Gründgens, Gustaf. *Briefe, Aufsätze, Reden*. Deutscher Taschenbuch Verlag, Munique, 1970.

Haffner, Sebastian. *Defying Hitler*. Picador, Nova York, 2003.

Hake, Sabine. *Popular Cinema in the Third Reich*. University of Texas Press, Austin, 2002.

Hale, Oron J. *The Captive Press in the Third Reich*. Princeton University Press, Princeton, N.J., 1964.

Hamilton, Nigel. *Reckless Youth*. Random House, Nova York, 1992.

Harnack, Gustav-Adolf von, org. *Ernst von Harnack: Jahre des Widerstands 1932-1945*. Verlag Günther Neske, Pfullingen, 1989.

Hassell, Agostino von e Sigrid MacRae. *Alliance of Enemies: The Untold Story of the Secret American and German Collaboration to End World War II*. St. Martin's Press, Nova York, 2006.

Henderson, Nevile. *Failure of a Mission, Berlin 1937-1939*. G. P. Putnam's Sons, Nova York, 1940.

Herf, Jeffrey. *Divided Memory: The Nazi Past in the Two Germanys*. Harvard University Press, Cambridge, Mass., 1997.

Herlemann, Beatrix. *Auf verlorenem Posten: Kommunistischer Widerstand im Zweiten Weltkrieg*. Verlag Neue Gesellschaft, Bonn, 1986.

Hermlin, Stephan. *Die Erste Reihe*. Verlag Neues Leben, Berlim, 1985.

Hoffmann, Peter. *The History of the German Resistance 1933-1945*. The MIT Press, Cambridge, Mass., 1977.

Höhne, Heinz. *Codeword: Direktor: The Story of the Red Orchestra*. Coward, McCann & Geoghegan, Nova York, 1971.

Hyde, H. Montgomery. *Room 3603*. The Lyons Press, Guilford, Conn., 2001.

Innes, C. D. *Erwin Piscator's Political Theatre: The Development of Modern German Drama*. Cambridge University Press, Nova York, 1972.

Isherwood, Christopher. *Goodbye to Berlin*. Penguin Books, Londres, 1974. (*Adeus a Berlim*, Ed. Brasiliense, 1985).

Jackson, Walter A. *Gunnar Myrdal and America's Conscience*. University of North Carolina Press, Chapel Hill, 1990.

Jacobi, Jutta. *Zarah Leander: Das Leben einer Diva*. Hoffman und Campe, Hamburgo, 2006.

Johnson, Eric. *Nazi Terror: The Gestapo, Jews, and Ordinary Germans*. Basic Books, Nova York, 1999.

Kennan, George. *Memoirs: 1925-1950*. Pantheon, Nova York, 1967.

Kershaw, Ian. *Hitler: 1936-1945: Nemesis*. Norton, Nova York, 2001.

_____. *The Nazi Dictatorship: Problems and Perspectives of Interpretation*. Arnold, Londres, 2000.

Keyserlingk, Robert H. *Austria in World War II: An Anglo-American Dilemma*. McGill-Queen's Press, Montreal, 1990.

Kitchen, Martin. *Cambridge Illustrated History of Germany*. Cambridge University Press, Nova York, 2000.

Klemperer, Klemens von. *German Resistance Against Hitler: The Search for Allies Abroad.* Oxford University Press, Nova York, 1994.

Knightley, Philip. *The First Casualty: The War Correspondent as Hero and Myth-Maker from the Crimea to Iraq.* Johns Hopkins University Press, Baltimore, Md. 2004.

Koch, Stephen. *Double Lives. Enigma Books, Nova York, 1994.*

Koehler, John O. *Stasi: The Untold Story of the East German Secret Police.* Westview Press, Boulder, Colo, 1999.

Koestler, Arthur. *The Invisible Writing.* Macmillan, Nova York, 1954.

Kreimeier, Klaus. *The UFA Story.* Hill & Wang, Nova York, 1996.

Kritsiki, Katerina. *Der Anteil deutscher Antifaschisten am Widestandskampf des griechischen Volkes im zweiten Weltkrieg,* dissertação. Universidade Rostock, 1971.

Kuckhoff, Adam. *Der Deutsche von Bayencourt.* Rowohlt, Berlim, 1937.

_____. *Fröhlich Bestehn: Prosa, Lyrik, Dramatik.* Aachen, 1985.

_____. (com Peter Tarin). *Strogany und die Vermissten.* Universitas Verlag, Berlim, 1941.

Kuckhoff, Armin-Gerd. *Hans Otto Gedenkbuch.* Verlag Bruno Henschel und Sohn, Berlim, 1948.

Kuckhoff, Greta, org. *Adam Kuckhoff zum Gedenken: Novellen, Gedichte, Briefe.* Berlim, 1946.

_____. *Vom Rosenkranz zur Roten Kapelle - Ein Lebensbericht.* Verlag Neues Leben, Berlim, 1974.

Kurz, Hans Rudolf. *Nachrichten Zentrum Schweiz: Die Schweiz im Nachrichtendienst des zweiten Weltkriegs.* Verlag Huber, Frauenfeld e Stuttgart, 1972.

Large, David Clay. *Berlin.* Basic Books, Nova York, 2000.

_____. *And the World Closed Its Doors: The Story of One Family Abandoned to the Holocaust.* Basic Books, Nova York, 2003.

Lemmons, Russel. *Goebbels and Der Angriff:* University of Kentucky Press, Lexington, 1994.

MacDonogh, Giles. *A Good German: A Biography of Adam von Trott zu Solz.* Overlook Press, Woodstock, Nova York., 1992.

MacMillan, Margaret. *Paris 1919.* Random House, Nova York, 2003.

Malek-Kohler, Ingeborg. *Im Windschatten des Dritten Reiches.* Verlag Herder, Freiburg, 1986.

Malraux, Andre. *Days of Wrath [Le temps du mépris].* Random House, Nova York, 1936.

Mandel, Doris Claudia. *Die Zähmung des Chaos.* Gegenbergsche, Halle, Alemanha, 1999.

Mann, Klaus. *Mephisto.* Penguin, Nova York, 1983. (*Mefisto.* Ed. Estação Liberdade, 2000).

Marcuse, Harold. *Legacies of Dachau: The Uses and Abuses of a Concentration Camp, 1933-2001.* Cambridge University Press, Nova York, 2001.

Matte, James Allan. *Forensic Psychophysiology Using the Polygraph: Scientific Truth Verification - Lie Detection*. J. A. M. Publications, Williamsville, N.Y., 1998.

McDonough, Frank. *Opposition and Resistance in Nazi Germany*. Cambridge University Press, Nova York, 2001.

Meding, Dorothee von. *Courageous Hearts: Women and the Anti-Hitler Plot of 1944*. Berghahn Books, Oxford e Nova York, 1997.

Michalczyk, John J. *Resisters, Rescuers, and Refugees: Historical and Ethical Issues*. Rowman & Littlefield, Lanham, Md. 1997.

Millen, Rochelle L., org. *The Holocaust: A New Guide for Educators*. NYU Press, Nova York, 1996.

Molkenbur, Norbert e Klaus Hörhold. *Oda Schottmüller: Tänzerin, Bildhauerin, Antifaschistin*. Henschelverlag, Berlim, 1983.

Möller, Horst, Volker Dahm e Hartmut Mehringer, orgs. *Die tödliche Utopie: Bilder, Texte, Dokumente, Daten zum Dritten Reich*. Instituts für Zeitgeschichte, Munique e Berlim, 1999.

Mühlberger, Detlef, org. *The Social Bases of Nazism, 1919-1933*. Cambridge University Press, Cambridge e Nova York, 2003.

Murphy, David E. *What Stalin Knew: The Enigma of Barbarossa*. Yale University Press, New Haven, Conn., 2005.

Noakes, J. e G. Pridham. *Nazism 1919-1945, Vol. 2: State, Economy and Society 1933-1939*, e *Vol. 3: Foreign Policy, War and Racial Extermination*. University of Exeter Press, Exeter, Inglaterra, 1995.

Oleschinski, Brigitte. *Gedenkstätte Plötzensee*. Gedenkstätte Deutscher Widerstand, Berlim (ano desconhecido).

Paldiel, Mordecai. *The Path of the Righteous: Gentile Rescuers of Jews During the Holocaust*. KTAV Publishing House, Jersey City, N.J., 1992.

Parssinen, Terry. *The Oster Conspiracy of 1938: The Unknown Story of the Military Plot to Kill Hitler and Avert World War II*. HarperCollins, Nova York, 2003.

Payne, Stanley G. *The Spanish Civil War, the Soviet Union, and Communism*. Yale University Press, New Haven e Londres, 2004.

Perrault, Gilles. *The Red Orchestra*. Simon & Schuster (Pocket Books), Nova York, 1970.

Persico, Joseph. *Piercing the Reich: The Penetration of Nazi Germany by American Secret Agents during World War II*. Viking, Nova York, 1979.

_____. *Roosevelt's Secret War*. Random House, Nova York, 2001.

Peukert, Detlev. *Die KPD im Widerstand: Verfolgung und Untergrundarbeit an Rhein und Ruhr 1933 bis 1945*. Peter Hammer Verlag GmbH, Wuppertal, 1980.

_____. *Inside Nazi Germany: Conformity, Opposition, and Racism in Everyday Life*. Yale University Press, New Haven, Conn., 1989.

Piotrowski, Tadeusz. *Poland's Holocaust*. MacFarland & Co., Londres, 1997.

Poelchau, Harald. *Die letzten Stunden: Erinnerungen eines Gefängnispfarrers.* Verlag Volk und Welt, Berlim, 1987.

Rachamimov, Alon. *POWs and the Great War: Captivity on the Eastern Front (Legacy of the Great War)* Berg Publishers, Oxford, Inglaterra, 2002.

Remarque, Erich Maria. *Spark of Life.* Dell, Nova York, 1964. (*Centelha de vida,* Ed. José Olympio, 1954).

Richie, Alexandra. *Faust's Metropolis: A History of Berlin.* Carroll & Graf, Nova York, 1998.

Roeder, Manfred. *Die Rote Kapelle: Europäische Spionage.* Siep-Verlag, Hamburgo, 1952.

Roessler, Rudolf, org. *Das Nationaltheater.* Bühnen-Volksbund, Berlim, 1929-1933.

_____ org. *Thespis* (1929-1933). Bühnen-Volksbund, Berlim, 1929-1933.

Roloff, Stefan e Mario Vigl. *Die Rote Kapelle.* Ullstein, Berlim, 2002.

Roseman, Mark. *The Wannsee Conference and the Final Solution.* Metropolitan Books, Nova York, 2002.

Roth, Karl Heinz e Angelika Ebbinghaus, orgs. *Rote Kapellen - Kreisauer Kreise - Schwarze Kapellen: Neue Sichtweisen auf den Widerstand gegen die NS-Diktatur 1938-1945.* VSA Verlag, Hamburgo, 2004.

Rürup, Reinhard, org. *Topography of Terror: Gestapo, SS and Reichssicherheitshauptamt on the "Prinz—Albrecht-Terrain".* Verlag Willmuth Arenhövel, Berlim, 1997.

Sayner, Joanne. *Women Without a Past?: German Autobiographical Writings and Fascism,* Rodopi, Amsterdã e Nova York, 2007.

Scheel, Heinrich. *Vor den Schranken des Reichskriegsgerichts: Mein Weg in den Widerstand,* edição q, Berlim, 1993.

Schivelbusch, Wolfgang. *The Culture of Defeat: On National Trauma, Mourning, and Recovery.* Metropolitan Books, Nova York, 2003.

_____. *In a Cold Crater: Cultural and Intellectual Life in Berlin, 1945-1948.* University of California Press, Berkeley e Los Angeles, 1998.

Schlabrendorff, Fabian von. *The Secret War Against Hitler.* Westview, Boulder, Colo. 1994.

Schoeps, Karl-Heinz J. *Literature and Film in the Third Reich.* Camden House, Rochester, N.Y., 2004.

Schweitzer, Eva. *Amerika und der Holocaust: Die Verschwiegene Geschichte.* Knaur Taschenbuch Verlag, Munique, 2004.

Seghers, Anna. *The Seventh Cross.* David R. Godine, Boston, 2004.

Shirer, William L. *Berlin Diary: The Journal of a Foreign Correspondent, 1934-1941.* Knopf, Nova York, 1941. (*Diário de Berlim,* Ed. Record, 1970).

_____. *The End of a Berlin Diary.* Knopf, Nova York, 1947. (*Fim do diário de Berlim,* Ed. Record, 1947).

_____.*The Rise and Fall of the Third Reich.* Simon & Schuster, Nova York, 1960. (*Ascensão e queda do Terceiro Reich,* Ed. Civilização Brasileira, 1962).

Sieg, John. *Einer von Millionen Spricht: Skizzen, Erzählungen, Reportagen, Flugschriften.* Dietz Verlag, Berlim, 1989.

Sozialdemokratischen Partei Deutschlands (Sopade). *Deutschland-Berichte.* Verlag Petra Nettelbeck, Frankfurt-am-Main, 2001.

Speer, Albert. *Spandau: The Secret Diaries.* Macmillan, Nova York, 1976.

Stackelberg, Roderick et al. *The Nazi Germany Sourcebook: An Anthology of Texts.* Routledge, Nova York, 2002.

Steinbach, Peter e J. Tuchel, orgs. *Lexikon des Widerstandes, 1933-1945.* Verlag C. H. Beck, Munique, 1998.

Taylor, Ronald. *Berlin and Its Culture.* Yale University Press, New Haven, Conn., 1997.

Thomasett, Michael C. *German Opposition to Hitler: The Resistance, the Underground, and Assassination Plots, 1939-1945.* McFarland & Co., Jefferson, N.C., 1997.

Trepper, Leopold. *The Great Game.* McGraw Hill, Nova York, 1977. (*O grande jogo,* Ed. Portugália, s/d.)

Trepte, Curt e Jutta Wardetzky. *Hans Otto: Schauspieler und Revolutionär.* Henschelverlag, Berlim, 1970.

Tucker, Robert C. *Stalin in Power: The Revolution from Above, 1928-1941.* W. W. Norton & Company, Nova York, 1990.

Vassiltchikov, Marie. *The Berlin Diaries.* Vintage, Nova York, 1988.

Wachmann, Nicholaus. *Hitler's Prisons: Legal Terror in Nazi Germany.* Yale University Press, New Haven, Conn., 2004.

Waller, John H. *The Unseen War in Europe: Espionage and Conspiracy in the Second World War.* Random House, Nova York, 1996.

Walsh, Stephen. *Stalingrad: The Infernal Cauldron.* St. Martin's Press, Nova York, 2000.

Watt, Donald Cameron. *How War Came: The Immediate Origins of the Second World War 1938-1939.* Pantheon, Nova York, 1989.

Weisenborn, Günther. *Die Illegalen.* Berlim, 1948.

———. *Memorial.* Aufbau-Verlag, Berlim, 1948.

Weiss, Peter. *The Aesthetics of Resistance.* Duke University Press, Durham e Londres, 2005.

Weitz, John. *Hitler's Banker.* Little, Brown, Boston, 1997.

Welch, David. *The Third Reich: Politics and Propaganda.* Routledge, Nova York, 2002.

Welles, Sumner. *The Time for Decision.* World Publishing Company, Cleveland e Nova York, 1945.

Willett, George. A *Few Days in Russia.* George F. O'Connell Printing Company, Nova York, 1936.

Willett, John. *Art and Politics in the Weimar Period.* Pantheon, Nova York, 1978.

Wistrich, Robert Solomon. *Who's Who in Nazi Germany.* Routledge, Nova York, 2001.

Wolf, Markus. *Man Without a Face*. Crown Publishers, Nova York, 1997. (*O homem sem rosto*, Ed. Record, 1997)

Wright, Jonathan. *Gustav Stresemann: Weimar's Greatest Statesman*. Oxford University Press, Nova York, 2002.

Young, James Edward. *Texture of Memory: Holocaust Memorials and Their Meaning*. Yale University Press, New Haven, Conn., 1993.

Artigos

Baxandall, Lee, trad. Introdução a *The Mother,* de Bertolt Brecht. Grove Press, Nova York, 1989.

Becker, Peter von. "Erick Mielke und des Dichters Herzschlag." *Tagesspiegel*. 14 de agosto de 2006.

Bologna, Sergio. "Nazism and the Working Class". Apresentação à Câmara do Trabalho de Milão, 3 de junho de 1993.

Brown, Paul. "Report on the IRR file on The Red Orchestra". http://www .archives. gov/iwg/research-papers/red-orchestra-irr-file.html.

Chandler, Douglas. "Changing Berlin". *National Geographic*. Fevereiro de 1937.

Cowell, Alan. "After 50 Years, German Court Exonerates Anti-Hitler Pastor." *New York Times*, 16 de agosto de, 1996.

Craig, Gordon A. "Berlin, the Hauptstadt." *Foreign Affairs*. Julho/agosto 1998.

Dorwart, Jeffery M. "The Roosevelt-Astor Espionage Ring." *New York History, Quarterly Journal of New York State Historical Association,* 62, n. 3. Julho de 1981.

Garner, Russell S. "My Brush with History." *American Heritage Magazine*. Setembro/ outubro de 1990.

Goda, Norman J. W. "Tracking the Orchestra: Allied Intelligence, Soviet Spies, Nazi Criminals." Em *US. Intelligence and the Nazis* (Breitman et al). Cambridge University Press, Nova York, 2005.

Goetze, Dieter. "Ein Idealist der Linken: Adam Kuckhoff." www.luise-berlin.de, 1997.

Hahn, Manfred. "Ein Linker im Widerstand: Günther Weisenborn: 'Die Furie'", *Erfahrung Nazideutschland: Romane in Deutschland 1933-1945*. Aufbau Verlag, Berlim e Weimar, 1987.

Hertling, Victoria. "Günther Weisenborn." *Dictionary of Literary Biography*. Thomson-Gale, Farmington Hills, Mich., 2005.

Hoffmann, Peter. Introdução à nova edição de *Germany's Underground*, de Allen Dulles. Da Capo Press, Nova York, 2000.

Horak, Jan-Christopher. "Prometheus Film Collective." *Jump Cut,* n. 26. Dezembro de 1981.

Johnson, R. W. "Cads, a review of Persico, *Roosevelt's Secret War.*" *London Review of Books*. 4 de abril de 2002.

Kater, Michael H. "Jazz in the Third Reich." *American Historical Review,* vol. 94, n. I. Fevereiro de 1989.

Koch, Stephen. "Lying for Truth: Münzenberg and the Comintern." *The New Criterion.* Novembro de 1993.

Life (editorial). "Poland: Misery, Pride and Fear Call the Tune for the Post-War State Called Poland." *Revista Life,* 29 de agosto de 1938.

Livneh, Neri. "A Woman Called Zosha." *Ha'aretz.* 25 de abril de 2003.

Mason, Tim. "The Workers' Opposition in Nazi Germany". *History Workshop Journal,* n. 11. Primavera de 1981.

McCormick, Anne O'Hare. "Four Capitals of Destiny." *New York Times Magazine.* 23 de abril de 1939.

Meech, Tony. "Brecht's Early Plays". *Cambridge Companion to Brecht,* orgs. Peter Thomson e Glendyr Sacks. Cambridge University Press, 1994.

Morgan, Ted. "The Barbie File". *New York Times Magazine.* 10 de maio de 1987.

Pfizer, Theodor. "Hans Hartenstein, ein preussischer Schwabe". *Schwäbische Heimat,* n. 1, 1979.

Schneider, Peter. "The Good Germans". *New York Times Magazine.* 13 de fevereiro de 2000.

Smith, Howard K. "Berlin: Autumn 1941". *Reporting World War II: Part I,* Library of America, Nova York, 1995.

Zeydel, Edwin. "A Survey of German Literature During 1937". *Modern Language Journal,* 22, n. 7. 1938.

Material de arquivos

Correspondência de Donald Heath. www.fdrlibrary.marist.edu/psf/box31/t296j05.html

Materiais sobre as atividades de resistência alemãs nos arquivos do Gedenkstätte Deutscher Widerstand, incluindo:

"Arvid and Mildred Harnack zum Gedächtnis", Prof. Dr. Egmont Zechlin. Maio de 1945.

"Bemerkungen zum Manuskript von Genossin", Greta Kuckhoff. Dezembro de 1971.

Entrevista com Max Grabowki. 2 de agosto de 1967.

Entrevista com Hermann Grosse. 29 de setembro de 1967.

Entrevista com Kurt Heims. 31 de agosto de 1967.

Entrevista com Willy Schumacher. 1º de novembro de 1967.

Correspondência de Arvid e Mildred Harnack.

Correspondência de Greta Kuckhoff.

Entrevistas de Greta Kuckhoff com Karl Heinz Biernat.

Memórias de "Bezirksleutung."

Memórias de Libertas Schulze-Boysen, por Alexander Spoerl.

Papéis de família

Ernst von Harnack (Rainer von Harnack).
Helmut Roloff (Stefan Roloff).
Repositório de Registros Investigativos do Exército dos Estados Unidos (IRR), The National Archives.

Websites

O projeto da Bauhaus que utilizou a foto de John Graudenz
www.bauhaus.de/english/bauhaus1919/kunst/kunst_mappe_gropius.htm
Sobre a propaganda nazista (Russel Lemmons)
www.calvin.edu/academic/cas/gpa
Sobre o serviço secreto dos Estados Unidos
www.cia.gov/cia/publications/oss/art02.htm
Entrevistas com membros da resistência alemã
www.dhm.de/lemo/forum/kollektives-gedächtnis/043/index.html
Sobre a queima de livros por Goebbels em 1933
www.dizzy.library.arizona.edu/images/burnedbooks/goebbels.htm
Sobre julgamentos de Einsatzgruppen no pós-guerra
www.einsatzgruppenarchives.com/trials.fsix.html
Sobre cinema alemão
www.filmportal.de
Website do Gedenktätte Deutscher Widerstand
www.gdw-berlin.de
Sobre expurgos na Alemanha Oriental (Schirdewan et al.): Open Society Archives (arquivos da rádio Europa Livre)
http://www.osa.ceu.hu/files/holdings/300/8/3/text/24-1-b12.shtml.
Sobre comboios Aliados para a União Soviética
www.usmm.org
Sobre o holocausto e abusos contra prisioneiros de guerra soviéticos
www.ushmm.org
Sobre o holocausto e gentios justos
www.yadvashem.org

Documentários

"Bonhoeffer". 2006, por Martin Doblmeier.
"Jeder Tod war mir ein tiefer Schmerz." Harald Poelchau, Gefängnispfarrer 1933-1945. 2001, por Irmgard von zur Mühlen.
"The Red Orchestra". 2002, por Stefan Roloff.
"The Restless Conscience". 1991, por Hava Kovav Beller.
"Widerstand: Kampf gegen Hitler". 1995, por Michael Kloft.

Créditos das fotos

1. Gedenkstätte Deutscher Widerstand, Berlim.
2. Gedenkstätte Deutscher Widerstand, Berlim.
3. Gedenkstätte Deutscher Widerstand, Belim.
4. Cortesia da autora.
5. Cortesia da autora.
6. Cortesia da autora.
7. Bok Berlim, Carl Weinrother, 2008.
8. Cortesia da autora.
9. Cortesia da autora.
10. Cortesia da autora.
11. Donald Heath, Jr.
12. Cortesia da autora.
13. Gedenkstätte Deutscher Widerstand, Berlim.
14. Gedenkstätte Deutscher Widerstand, Berlim.
15. Gedenkstätte Deutscher Widerstand, Berlim.
16. Gedenkstätte Deutscher Widerstand, Berlim.
17. Cortesia da autora.
18. Gedenkstätte Deutscher Widerstand, Berlim.
19. Cortesia da autora.
20. Gedenkstätte Deutscher Widerstand, Berlim.
21. Gedenkstätte Deutscher Widerstand, Berlim.
22. Cortesia da autora.
23. Gedenkstätte Deutscher Widerstand, Berlim.
24. Cortesia da autora.
25. Gedenkstätte Deutscher Widerstand, Berlim.

26. Cortesia da autora.
27. Cortesia da autora.
28. Gedenkstätte Deutscher Widerstand, Berlim.
29. Cortesia da autora.
30. Cortesia da autora.
31. Stefan Roloff.
32. Karin Reetz.
33. Tim Bontjes van Beek.
34. Katja Meirowsky.
35. Cortesia da autoria.
36. Gedenkstätte Deutscher Widerstand, Berlim.
37. Gedenkstätte Deutscher Widerstand, Berlim.
38. Gedenkstätte Deutscher Widerstand, Berlim.
39. Cortesia da autora.
40. Cortesia da autora.
41. Gedenkstätte Deutscher Widerstand, Berlim.
42. Gedenkstätte Deutscher Widerstand, Berlim.
43. Cortesia da autora.
44. Gedenkstätte Deutscher Widerstand, Berlim.
45. Gedenkstätte Deutscher Widerstand, Berlim.
46. Gerald Wesolowski.

Índice

Este livro foi composto na tipologia Adobe
Garamond Pro, em corpo 11,5/16, e impresso em
papel off-white no Sistema Digital Instant Duplex
da Divisão Gráfica da Distribuidora Record.